ShiJi Yu ZhongGuo ShiXue

《史记》与中国史学

杨燕起　著

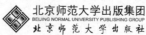

北京师范大学出版集团
BEIJING NORMAL UNIVERSITY PUBLISHING GROUP
北京师范大学出版社

图书在版编目(CIP)数据

《史记》与中国史学/ 杨燕起著. —北京：北京师范大学出版社，2015.9

（北京师范大学史学探索丛书）

ISBN 978-7-303-18427-9

Ⅰ．①史… Ⅱ．①杨… Ⅲ．①中国历史－古代史－纪传体②《史记》－研究 Ⅳ．①K204.2

中国版本图书馆 CIP 数据核字(2015)第 018657 号

营 销 中 心 电 话 010-58805072 58807651
北师大出版社学术著作与大众读物分社 http://xueda.bnup.com

出版发行：北京师范大学出版社 www.bnup.com
　　　　　北京市海淀区新街口外大街 19 号
　　　　　邮政编码：100875
印　　刷：大厂回族自治县正兴印务有限公司
经　　销：全国新华书店
开　　本：787 mm×1092 mm 1/16
印　　张：25
字　　数：400 千字
版　　次：2015 年 9 月第 1 版
印　　次：2015 年 9 月第 1 次印刷
定　　价：79.00 元

策划编辑：刘松弢　　　　　责任编辑：赵雯婧　曹欣欣
美术编辑：王齐云　　　　　装帧设计：王齐云
责任校对：陈　民　　　　　责任印制：马　洁

出版说明

　　在北京师范大学的百余年发展历程中，历史学科始终占有重要地位。经过几代人的不懈努力，今天的北师大历史学院业已成为史学研究的重要基地，是国家"211"和"985"工程重点建设单位，首批博士学位一级学科授予权单位。拥有国家重点学科、博士后流动站、教育部人文社会科学重点研究基地等一系列学术平台。科研实力颇为雄厚，在学术界声誉卓著。

　　近年来，北师大历史学院的教师们潜心学术，以探索精神攻关，陆续完成了众多具有原创性的成果，在历史学各分支学科的研究上连创佳绩，始终处于学科前沿。特别是崭露头角的部分中青年学者的作品，已在学术界引起较大反响。为了集中展示北师大历史学院的这些探索性成果，也为了给中青年学者的后续发展创造更好条件，我们组编了这套"北京师范大学史学探索丛书"，希冀在促进北师大历史学科更好发展的同时，为学术界和全社会贡献一批真正立得住的学术力作。这些作品或为专题著作，或为论文结集，但内在的探索精神始终如一。

　　当然，作为探索丛书，特别是以中青年学者作品为主的学术丛书，不成熟乃至疏漏之处在所难免，还望学界同仁不吝赐教。

北京师范大学历史学院

北京师范大学史学理论与史学史研究中心

北京师范大学史学探索丛书编辑委员会

2014 年 3 月

目　录

导　论

上　篇

中　编

下　编

导　论

史家之绝唱　无韵之《离骚》

一、司马迁的身世及其所处时代

《史记》被鲁迅誉之为"史家之绝唱，无韵之《离骚》"，它在史学和文学方面的重要价值，使之成为我国文化发展史上的一颗璀璨的明珠，而备受人们称赞。

《史记》的作者是西汉著名的史学家、文学家、思想家司马迁。司马迁字子长，汉左冯翊夏阳（今陕西韩城市）人，生于汉景帝中元五年，即公元前145年（依王国维说），约死于汉武帝征和三年即公元前90年或稍后，一生大致与汉武帝的统治相始终。司马迁的父亲司马谈也是一位史学家，生活在汉之文、景、武时期，卒于武帝元封元年（公元前110年），享年50余岁。《史记》实际上是司马谈在武帝任命他为太史令时就已开始写作，而最终由司马迁接续完成的，这也开创了我国古代私家著史中父子共同完成一部史书写作的先例。

司马谈、司马迁父子对他们先祖在远古掌管天文观测、从事星占术和在周代开始断断续续地担任史官的业绩感到自豪和骄傲。司马谈在担任太史令以后，以继承和发扬先祖的光荣传统为己任，开始实施写史的计划。司马谈在《史记》写作过程中的贡献，可以简略概述为三方面：第一，他撰著了《论六家要旨》，对春秋末期孔子创设儒学以后所出现的学术界百家争鸣的局面做出了总结，第一次提出了"家"的概念，将诸种学术论定为阴阳、儒、墨、名、法、道六家，并分别概括出各家的学术特征，在奠定此后我国学术研究和分类的基础方面做出了重大贡献，同时也为《史记》写作提供了明确的学术认识的指导原则；第二，他奋然以当代周公、孔子自命，立志继《春秋》以兴盛"天下之史文"，并已经开始对历史进行了相关的考察研究，同时积累了各方面的资料和考虑了初步的体例设计，且具体撰著了某些篇卷；第三，为了培养写史的继承人，司马谈创造条件对司马迁进行了有益的培养和教育，关于这方面，司马迁后来有非常明确的表述。元封元年(公元前110年)，汉武帝到泰山去举行封禅大典，朝廷大小官员以能随从皇帝参加这样的大典为无上光荣。行进到洛阳附近的时候，司马谈因重病不能前进了，他感到特别悲伤，恰好在这时，奉命出使西南的司马迁回来要向皇帝报告任务完成的情况，见到了病危中的司马谈，司马谈叮嘱司马迁牢记"孝"德来完成自己未竟的写史事业。由此，司马迁接受了遗命，表示坚决遵从，不敢疏忽。随即司马谈带着痛苦和遗憾离开了人世。司马迁从小生活在民间，在龙山以南和黄河北岸的地区体验了耕种和放牧的农家风情。在父亲有意识的培养教育下，十岁就开始学习《尚书》《左传》《国语》《世本》一类的古文典籍，随后跟着父亲到达长安，聆听过孔安国讲《古文尚书》、董仲舒讲《公羊春秋》，这些经历都为他后来学术上的造诣打下了坚实的基础。二十岁开始，司马迁在父亲的安排下，可能以"宦学"的身份周游全国，"二十而南游江、淮，上会稽，探禹穴，窥九疑，浮于沅、湘，北涉汶、泗，讲业齐、鲁之都，观孔子之遗风，乡射邹、峄，厄困鄱、薛、彭城，过梁、楚以归"。司马迁三十岁前后，汉武帝任命他做郎中，"奉使西征巴、蜀以南，南略邛、笮、昆明，还报命"。这些经历，加上司马迁后来出任太史令和中书令，随从武帝出巡的经历，使他一生的足迹，除了未及相当于今日长城以北和两广的地区外，达到了汉代当时版图陇山以东的整个范围。这对于他接触并了解各地的自然风光和风土人情以及下层民众的痛苦等都有极大的好处，从而也增强了他对世事的观察辨析能力，为他后来的写史创造了非常有利的条件。

司马迁的一生，有两件事对他影响最大。第一件是司马谈辞世时的遗嘱。司马谈临终对他讲述了家世的光荣历史，更表述了自己立志作史的决心。眼看无法完成，司马谈嘱托司马迁千万不能忘记自己"所欲论著"的宏伟事业，并教导他"且夫孝始于事亲，中于事君，终于立身。扬名于后世，以显父母，此孝之大者"，要求司马迁以周公、孔子为榜样，以其"论载"来歌颂"海内一统"的汉家天下。于是，司马迁在父亲面前低下头流着眼泪表示了决心："小子不敏，请悉论先人所次旧闻，弗敢阙。"①这就是说，仅就这一短暂的场景而言，司马迁所承受的是一种传统文化的无穷力量及其所要求的坚毅品质，这对他后来在异常困难的情况下来完成《史记》写作有决定性的作用。第二件是李陵事件。天汉三年(公元前98年)，司马迁因为"政治上糊涂"，替投降匈奴的李陵辩护，触怒了汉武帝，又因为家境贫寒拿不出钱赎罪，而被判处了宫刑。这对司马迁来说是个莫大的打击。受宫刑就意味着与宦者为伍，这使他感到极度的羞耻，曾经因此产生过自杀念头，但他还是坚毅地活下来了。"所以隐忍苟活，幽于粪土之中而不辞者，恨私心有所不尽，鄙陋没世，而文采不表于后也"(《报任安书》)。可以看出，还是父亲的遗训帮助他在痛苦中做出了正确选择。不过由于这一亲身遭遇，司马迁对封建专制主义的评述态度是更加客观冷静了，已经不完全如司马谈最初设计的那样一味歌颂。他能更清醒地全面认识社会，并站出来对某些黑暗现象进行了揭露和批判，从而也使《史记》获得了更强的政治和学术生命力。

元封元年(公元前110年)，司马谈去世，元封三年(公元前108年)司马迁继任太史令，负责观察天象、记载史事和掌管皇家图书的事项，这期间他参加了《太初历》的制订。李陵事件后他担任中书令，其职事相当于皇帝的随从秘书，自此直到离世前他历尽艰辛，利用业余时间全身心地完成了《史记》五十二万六千五百字的写作，给中国的文化发展史奉献出一部光辉巨著，并为史学的建立竖立起一座堪称典范的丰碑。

应该看到，司马谈、司马迁父子之所以能相继合力完成《史记》写作，除了他们主观上的顽强奋斗，更是深广的社会历史背景下的时代所造就的。

促使《史记》在汉武帝末年完成的社会历史条件包括几个方面。西周以来，中国出现了大一统局面，社会生活内容发展更加丰富了，虽然其后有过春秋战国时期的分裂，但经过秦的武力征伐，国家又重新归于统一；汉

---

① 以上引文均见《史记·太史公自序》。本书所引《史记》文字，均据中华书局点校本1959年9月版。

家接续这个态势，至武帝时已是空前的开拓繁荣了，这就需要有一部史书来反映这一巨大的时代变化。在政治领域中，经过较长时期的社会历史发展，大一统局面下的社会矛盾有所加剧，并不断显露出来，人们不能不注意探求国家社会长治久安的政策方法，于是需要有一部能全面总结成败兴坏历史经验的著作来完成这样的任务。而且，儒学产生后出现的各种政治学术思潮，可以使人们从不同的角度观察分析社会现象，提出不同的治理社会的策略和主张。如《论六家要旨》所表明的那样，当时已有非常丰富的思想材料可供凭借，帮助人们进行深入思考，从而得出恰当的认识上的结论。同时，较长时期较为稳定统一的局面及相关的政策环境，使得汉武帝时期的图书文献资料已经充实到足备历史总结的需要。总之，历史发展到汉武帝时代，社会需要及政治、物质、思想上已为一部全面的历史著述的产生准备了条件。加上司马谈、司马迁父子的个人天赋和努力，《史记》应运而生。因此，可以说，司马迁《史记》的博大精深，正是汉武帝的雄才大略在史学上的真实体现。

二、《史记》的重大史学成就

《史记》在史学上的重大成就，可以归结为如下四个方面。

（一）撰写出我国历史上第一部通史

在《史记》出现以前，我国古代只有文告汇编、断代编年、地区国别、谱牒世本之类的史书，《史记》才是第一部通史。这部通史，在时间上记载了自远古经夏、商、周、春秋、战国、秦以至汉武时代，跨越原始社会、奴隶社会并进入封建社会，总共长达三千年的史事；在内容上记载了整个历史时期的政治、经济、军事、文化、学术、天文、地理以至于医术、占卜等无所不包的社会生活，所以说它具有百科全书的性质；在地域上除主要记述汉武帝时期国家版图中心地区的史事之外，还包括了周边少数民族和域外国家，视野所及为当时已知"天下"的全部社会生活状况，所以它又同时具有某种世界史的性质。值得注意的是司马迁对这部通史的表述，有着非常明确的划分阶段的特点。依据历史事势的发展，司马迁将三千年的通史划分为春秋以前、春秋、战国、秦楚之际、汉代五个阶段，并精辟地概述出各阶段的特征，而集中表现司马迁对这些特征认识的是"表"及其序文。代指春秋以前阶段的是《三代世表》，虽然其序文没有关于该阶段的论述文字，但实际内容是强调中国本土上世系的产生与延续，以及随后出现的对后世影响深远的分封的形成。其他阶段的特征如五霸争雄、七国扰攘、号令三禅、中央集权与地方分权的矛盾等，分别在《十二诸侯年表》《六国年表》《秦楚之际月表》《汉兴以来诸侯王年表》四篇序文中做了明确的论述说明。阶段的划分及其特征的说明，显示出司马迁具有极其高明的历史见解。同时，《史记》这部通史撰史所确定的一些原则，也影响了我国古代的史学。首先是通观原则，后代直接标明有"通"史特点的《史通》《文史通义》《通典》《通志》《通考》《资治通鉴》等，直接有着《史记》通史影响的痕迹；其他许多类别的史书，虽然没有直接标明"通"字，但也在不同性质、不同程度上受《史记》影响。在中国历史上，是否具有"通"识，常常是评论史家史识高低的重要标志。其次是统系原则，《史记》记述统一、强调统一、歌颂统一，它第一个在思想上确立了统一在中国历史上的地位和作用。在各朝各代的前后连接上，《史记》第一次建立起了中国自黄帝以来朝廷的正宗统系，后代史家在处理分裂与统一关系时，即使是天下处于分崩离析的状态，也都注意探寻能够代表着统系的实际主宰力量，尽管各家认识上有分歧，但均关注统系的存在却是一样的。再次是实录原则，司马迁写通史不是凭空想象出来的，他是依据当时所能见到的典籍文献、档案资料，综合亲身的实地考察采访，加以考证才写出来的。司马迁赞赏古代史家的"直书"精神，努力将它贯彻到通史中去。《史记》中尽管有些记事的材料有出入，或不一定准确，但总体来说除传说时代以外，它确是信史，这是毋庸置疑的。班固在史学观点上批评司马迁，但他也不能不颂扬《史记》"善序事理，辨而不华，质而不俚，其文直，其事核，不虚美，不隐恶，故谓之实录"①。由此，是否具有"实录"的精神，是评价后代史家著述价值的必备条件。最后是厚今原则。《史记》是通史，跨越时间很长，但它记述

---

① 《汉书·司马迁传赞》。

的重点是近现代，尤其是当代。秦汉这段时间共 150 余年，在整个《史记》记事的三千年中只占很小的一部分。十二本纪，秦汉占了七篇；十表，除前三表外，余七表全是秦汉；七十列传，自卷二十三、二十四邹阳、贾生以后全是记秦汉的，只有极少数篇章内容涉及秦汉以前，而其中从卷四十七《魏其武安侯列传》以后又基本上是记汉武帝时期的，光汉武一代所记人物事迹就约有 20 篇。《史记》薄古厚今，尤其重在写当代史，既说明当时写史所具有的较为宽松的进步的时代气氛，同时也表明司马迁敢于指陈现实的巨大勇气。后代写史的条件越来越严酷，但《史记》所确定的厚今原则，直到今天仍然具有重要意义。

(二)创设了纪传体史书体例

在《史记》以前有过《尚书》《春秋》《左传》《国语》《战国策》《禹本纪》《山海经》《穆天子传》《世本》《秦纪》《楚汉春秋》以及年纪谱牒等多种史书记述形式，但从体例上来看都不完整、规范，至《史记》才创制了包括本纪、表、书、世家、列传五种体裁综合为一体的"纪传体"史书体例。

1. 本纪

刘知幾《史通》说"天子曰本纪，诸侯曰世家"，意思是说记载天子事迹的体裁称为本纪，记载诸侯事迹的体裁称为世家，这个说法只看到了《史记》运用本纪、世家体裁的表面，而没有深入了解司马迁创设的本意。司马迁自己说"罔罗天下放失旧闻，王迹所兴，原始察终，见盛观衰，论考之行事，略推三代，录秦汉，上记轩辕，下至于兹，著十二本纪"。这就明确了写作本纪的主旨。就本纪而言，《史记》不只是记天子事迹，而是通过历史上帝王世系年代传承的记述体现历史的时间性，表示天下发展大势。《史记》十二本纪中，《五帝本纪》《秦本纪》《项羽本纪》《吕太后本纪》是最有争议的，但正体现了司马迁的上述思想意图。《五帝本纪》记黄帝、颛顼、帝喾、尧、舜，是将黄帝作为中国历史大势的开创人物，并以禅让开始来体现一种德治模式；《夏本纪》《殷本纪》《周本纪》是一般形式的编年纪事，德盛德衰影响政治成败的记述非常明显。按正统的观点来说，周王朝以后就是秦王朝了，自然以《秦始皇本纪》来接续就可以了，但司马迁却在中间横插了一篇《秦本纪》。秦在春秋战国时期只是一个诸侯国，司马迁不把它写入世家却写入本纪，是为了表示秦以武力统一天下的过程，正是由儒家德治转入法家力治的关键步骤，不记述这一步骤，天下大势演变的原貌显现不出来。中国历史秦代后是汉代，《秦始皇本纪》以后接续《高祖本纪》就可以了，但司马迁又列出一篇《项羽本纪》。项羽不入列传，不入世家，却列入本纪，是为了说明项羽以武力灭秦以后，自称西楚霸王，分封十八诸侯，直至楚汉相争失败，其事迹系于当时的天下大势，所以列他入本纪。项羽的最终失败，也说明残暴的武力统治均会短命而亡，不可久安，刘邦是个宽大长者而终于取胜，说明德力统治的又一次转化。古人说"牝鸡之晨，唯家之索"，是说妇人不可以主政，但司马迁和这个看法相左，不立"惠帝本纪"而立《吕太后本纪》，是从实事求是出发，认为当时真正掌握国家大权的是吕太后，就可以将她写入本纪，勇敢地撤去了在统治权上区别男女的偏见。吕后继刘邦之后，继续执行休养生息政策，无为而治，使生产得到发展，民众逐渐富足起来，她之所行是以道家学术为先的德力结合以德为先的统治方案，又是天下大势发展的重要一环。经文帝、景帝，自流放任的结果导致社会矛盾尖锐起来，至武帝时内法外儒的公羊学说占据了主导地位，司马迁写的《今上本纪》当是这样一种天下大势思想的表述，然而这篇本纪是亡佚了，我们已不可窥其原貌。《史记》本纪是全书的一个总纲，体现这个"纲"的作用的，除给予重要历史事件确定相应的时间位置及表明它的背景以外，主要价值是实事求是地表现出了历史发展的天下大势，这是应该明确的。

2. 表

这种体裁具有纵横交错、简明扼要、众事纷繁、一目了然的特点。司马迁说："既科条之矣。并时异世，年差不明，作十表。"它辅助本纪，也起着"纲"的作用，而重要的是十表的设置显示了历史发展的阶段性。在结构形式上，十表可以分为四种情况。《三代世表》以世系为主，所重在帝王世次，它以此为经。全表又分为两截，前半截以不居帝王位的世次为纬，后半截以鲁至曹十国世次为纬，总的内容是"观百世之本支"。《十二诸侯年表》《六国年表》《秦楚之际月表》《汉兴以来诸侯王年表》以地为主，故年经(月表以月为经)而国纬，总的内容是"观天下之大势"，因此这四表在年代显示上成为十表的骨干部分，贯穿着全史。《高祖功臣侯者年表》以下四年表以时为主，故国经而年纬，具见汉初六朝百有余年侯家的盛衰始末，并见惠景间的四朝事势和建元以后诛伐四夷的情况，总的内容是"观一时之得失"。《汉兴以来将相名臣年表》以大事记为主，年经而职纬，也就是首列纪年为经，次四格分列大事记、相位、将位、御史大夫位，旁行为纬，观其事可察人君治忽之机，可定人臣贤不肖之分，总的内容是"观君臣之职分"。其实观百世之本支，观一时之得失，观君臣之职分，也是从不同侧面考察政治事势，所以，表所包含的内容，就是以不同形式，结合具体的事态发展，来表现历史发展过程中的天下大势。

3. 书

此种体裁，《汉书》改称为"志"，由于它是专记典章制度的，后代演变而为典制体，而其创始之源当出自《史记》。司马迁说："礼乐损益，律历改易，兵权山川鬼神，天人之际，承敝通变，作八书。"《史记》八书，记礼、乐、律、历、天官、封禅、河渠、平准。司马迁把礼乐摆在前面，可见他非常重视礼乐制度在统治中的作用，实是显示了先秦时期的社会政治特征。律，本应指音律，但《史记》依司马迁自己的说法主要是记军事制度。这前三篇均已遗佚，今之所存学者多论定为补篇，是以难见其原貌。历，是记历法的，今之所见可能有后人的窜乱；可能由于看法上的分歧，司马迁没有记述《太初历》的制订过程和具体内容，故使人至今不能通晓它的真貌，也是一个缺憾。天官，是记天象与五行星占的，其中有些迷信思想，但主要是属于自然科学的内容，司马迁是当时有名的天文学家，此篇在科学史上有重要价值。封禅，是封建时代的政治大事，它可以神化皇权，不能不记，但此篇对汉武帝极具讽谏意义。河渠，记兴修水利，是农业社会发展的重要举措。平准，以汉武帝时期的均输平准取名，重点是讲当时的财政策略。八篇中礼、乐、律、封禅属政治领域，历、天官、河渠属自然科学，平准属财政经济。由于草创且有缺失，八书内容不如后来《汉书》十志那么完备、全面。其中天官、河渠、平准是《史记》中的精彩篇章。

4. 世家

这是一种较为独特的体裁，后来的正史中很少有这种体裁，它的产生确实与周初以来的诸侯分封有密切关系，但它也绝非全然如刘知幾所说"诸侯曰世家"。司马迁自己说："二十八宿环北辰，三十辐共一毂，运行无穷，辅拂股股之臣配焉，忠信行道，以奉主上，作三十世家。"故创作世家的主旨是"拱辰共毂"维护大一统，符合这个条件的人物入世家，否则即使如吴王刘濞、淮南衡山二王以及韩信等都不能入世家，因为他们背叛、违抗朝廷。这是世家体裁的主旨所在。三十世家大体上分为四类，都是符合这一主旨的。一类是前十六篇春秋、战国时的列国诸侯；一类是孔子、陈涉两位历史上有特殊贡献的人物，孔子一生的学说是维护君权的，陈涉是刘氏王朝的开路人，都是名副其实的"拱辰共毂"者；一类是刘氏王朝皇家的宗亲后室；一类是汉家重臣萧何、曹参、张良、陈平、王陵、周勃周亚夫父子，他们是绝对尊崇拥护汉室的。写法上大体分为两种：列国世家形同本纪，写出了各重要诸侯国各自的发展形势；其他世家形同列传，其中孔子、陈涉及汉初重臣诸世家，是《史记》中的著名篇章。

5. 列传

这是纪传体史书的重要组成部分，记述从远古传说时代到司马迁时代的当世人物，总共七十篇。其中第一篇写伯夷、叔齐，实际是议论重于事迹，相当于列传的总序，表明了司马迁评述人物史事的重要观点。从第二篇管仲、晏婴起，才是实际人物的传记。历史上人物这么多，司马迁选择立传人物的标准他自己说得很清楚，就是"扶义倜傥，不令己失时，立功名于天下"[①]。义、时、功名、天下是基本要素。前二至七篇，除韩非、吴起外属春秋时代人物；八至二十八篇，除邹阳、贾生外属战国时代人物，其中多数人物与秦朝的兴亡关系密切；二十九至四十六篇，为秦亡汉兴至景帝时人物；从四十七篇起是汉武帝时代的人物，其中包括九篇类传，四篇周边少数民族传及二篇涉及域外国家的传。从形式上列传又分几种：专传，即专为某一重要人物设传，此中包括少数民族传和域外国家传；合传，即数人合为一传；附传，即某一人物事迹附在他人传中；类传，即将某一类人物汇在一起立传；自序，实为专传，因功能有别，有的学者将它

---

① 上引均见《史记·太史公自序》。

单列为一类；还有一种叫附见，即在为他人写传时提及某人的事迹功德影响，如纪信、王蠋、毛遂等就是，有时附见人物的历史作用并非都不重要。司马迁记述人物，重要的是通过人物事迹来写历史，使史事具体化，它是相辅于本纪、表的"纲"以成书的。列传是《史记》中的精华部分。

（三）标志着中国史学自觉的开始

司马迁阐明自己的写史目的是"究天人之际，通古今之变，成一家之言"，"稽其成败兴坏之理"（《报任安书》）。对此略加探寻，正足以表明司马迁深邃的作史思想。

1. 究天人之际

中国古代传统文化思想的一个重要特征是倡导天地人的合一，是说明人们需要认识天地自然的客观条件及其相应的规律，以规范自身的行为来适应并驾驭自然，使之为人类的利益服务；人们如果不能遵循这种规律，甚或违抗它，破坏了自然环境和客观条件，就会遭受报复而蒙受灾难。所以对天人关系认识的命题，本身就极具深刻的哲理价值。

司马迁关于"天"的认识，包含着三方面的概念。一是指自然的天，如日月五星以及风云雷雹等天文气候现象，《天官书》集中对此做了表述，所以司马迁同时是中国古代一位伟大的天文学家。二是指人格神的天命、天意以至善恶报应之类，《伯夷列传》论述中的质询较集中地表述了司马迁对这方面的怀疑态度："或曰：'天道无亲，常与善人。'若伯夷、叔齐，可谓善人者非邪？积仁洁行如此而饿死！且七十子之徒，仲尼独荐颜渊为好学。然回也屡空，糟糠不厌，而卒蚤夭。天之报施善人，其何如哉？盗跖日杀不辜，肝人之肉，暴戾恣睢，聚党数千人横行天下，竟以寿终。是遵何德哉？此其尤大彰明较著者也。若至近世，操行不轨，专犯忌讳，而终身逸乐，富厚累世不绝。或择地而蹈之，时然后出言，行不由径，非公正不发愤，而遇祸灾者，不可胜数也。余甚惑焉，傥所谓天道，是邪非邪？"三是指历史事势发展中人为因素以外的各种客观条件相结合所组成的一种无形力量，而具体表现为历史发展的总趋势和作为某人成事的历史背景之类的"势"。从历史学的角度分析，这第三方面的认识，接近于形成一种事势规律性的认识。司马迁讲人们可以顺势立功成名而不可违抗，反过来人们的作为又可以造势而为总的事势发展增加新因素、新力量。司马迁记事论事，很强调"时""势"，这就贯穿了天地人合一的思想，使他在史学上做出了杰出贡献。

汉武帝时代的主要思想是天人感应与阴阳五行学说相结合的公羊学。司马迁也受公羊学的思想影响，表现为他主张大一统、忠君、德治等。《史记》中也流露出某些迷信思想，但在总体上，司马迁对天人感应和阴阳五行相结合的学说不仅不感兴趣，反而是持批判态度的，所以他从哲学思想的高度来探究天和人之间的关系时，也就有否定人格神存在的重要意义。

2. 通古今之变

司马迁主张通观古今的变化，内容包含着多个方面。首先是原始察终，讲究研究清楚历史事件的来龙去脉以及其过程的变化。历史本身就是一个变化的过程，如果对过程的始终、本末都不清楚，又如何认识历史，找寻其中的法则呢。其次是事势之"渐"，注意到渐变。他认识到一个事件的巨变，并非一朝一夕突然产生的，而是有个长久的渐变过程，《史记》中常说"所从来久矣"就是这个意思，这就是说事势的发展有一个形成积累的阶段，在这个阶段中有很多条件变化在制约和影响历史的发展，分析掌握了其中的缘由，才有可能恰当地评价历史事件。再次是见盛观衰，这是司马迁一个很高明的见解。他认识到历史事势发展到兴盛的时候，内中常常暗藏着衰败的迹象，人们要善于观察，找出衰败的迹象采取措施进行调整，否则事势就会由盛转衰从而出现另外的面貌。《平准书》中所言"物盛而衰，固其变也"，非常明确地说明了这一点。最后是承敝通变。一位新的政权统治人物，当他接续的是前代破败局面的时候，就要注意找出破败的原因，从而采取相应的措施加以改正，转危为安，以便促进社会历史的发展，形成长久的新的稳定局面，从秦到汉的转变就是一个非常明显的例子。由于司马迁能够依据原始察终、事势之"渐"、见盛观衰、承敝通变的方法来通观历史的变化，所以他对许多重大历史事件做出了较为合理的说明，如他关于三千年通史天下大势的思想，关于从姜齐到田齐转变的认识，关于秦能统一六国的原因和六国必然灭亡的事理的解释，关于汉之文、景到武帝时政策转变的看法，关于社会生产和流通对政治风气影响的阐发，无一不体现他关于通观古今变化的思想成就。司马迁关于通观古今变化的思想继承了古代《易》学、老子、荀子的变革思想，因而也是传统辩证法认识在历史学上的合理运用。

3. 成一家之言

司马迁所说的"家"，指的就是史学家，它标志着汉武帝时期史学的崛起和史学家在思想政治学说上独树一帜的雄心和勇气。所说的一家之"言"的标志，是他恰当地处理了几个关系。首先是继承与创新。司马迁一再声明要继《春秋》作史，而且他也是尊崇至圣孔子和先代贤人的；但是他又并不全然以圣人的是非为是非，亦步亦趋地完全跟在圣人后面往前跑，而是结合时势发展及具体史事，做出了自己的恰当结论和评价，体现出他勇于在继承传统的基础上进行创新。其次是学术与政治。司马迁认识到各种学术思想归根到底都是服务政治的，都要为解决现实政治生活的难题提出自己的看法，只不过是有自觉不自觉的区别而已。正如其父司马谈所说"直所从言之异路，有省不省耳"，所以《史记》在记述学术人物时，着重指出他的政治主张并给予评价。司马迁自己写史、从事学术活动是勇于面对现实，指陈是非的，他的看法有时和当朝政治措施不一致的时候，就称述直谏，并敢于对他认为失误的举措提出批评。再次是宏观和微观。司马迁考察天人关系，通观古今变化，追寻时势发展脉络，纵论汉家天下得失，其宏观识力高远，气势磅礴。然于项羽自刎乌江的悲壮、刘邦登皇帝位的得意、吕后待人之刻薄、文帝在位之仁德，以及蔺相如之智、廉颇之诚、韩信之谋、萧何之忠、季布之刚、窦婴之贤、李广之勇、张汤之酷、游侠之义、佞幸之媚、李斯之患得患失、荆轲之悲歌慷慨、滑稽之谈笑解难、商贾之息财致富，等等，司马迁以其透彻的观察力，对相关的物情事理、人物品格进行了极意的表露刻画，从而使《史记》的描述细致入微地深入社会的每个角落，触及人们的内心世界。最后是个人与时代。司马迁作为史家，他的成长、经历、学识以及业绩，包括他的遭遇，都体现了时代的造就及其特色，反过来他又以通观的历史记述表现和赞赏了这个时代，然而自身的处境又使他得以窥测出政治的弊端、社会的黑暗，对此他也愤然疾笔进行了揭露、谴责。《史记》也就是这个伟大时代的一幅逼真的图画，其秀美、其缺憾，都是这个时代社会现实的反映，这正是《史记》实录的真谛，突现了杰出史家的尽心尽责。

4. 稽其成败兴坏之理，述往事，忠来者

这是直截了当地提出历史学的功能问题，即在通观中找出社会历史变化的法则，以及诸多的经验教训，以供未来的人思考、借鉴。《高祖功臣侯者年表》的序文中说："居今之世，志古之道，所以自镜也，未必尽同。帝王者各殊礼而异务，要以成功为统纪，岂可绲乎？观所以得尊宠及所以废辱，亦当世得失之林也，何必旧闻？"所谓"自镜""成功""得失"，就是指历史学要考察成败兴坏的事理。《史记索隐》解释说"言居今之代，志识古之道，得以自镜当代之存亡也，言观今人臣所以得尊宠者必由忠厚，被废辱者亦由骄淫，是言见在兴废亦当代得失之林也"。借鉴思考意思非常明白，还增加了"兴废"的含义，更加强调从当代政治中汲取经验教训，这是《史记》为什么要重视写当代史的原因所在。这样，古今、成功兴坏、得失的道理都说明了，可以说司马迁是毫不讳言历史学应起的作用，这对历史学的建立同样具有重要意义。

(四)突显了人的社会主体作用

历史上对人的自身有个认识的过程。据专家研究，从远古到殷商末年，可说是神、天史观占统治地位。宗周以下，是神意史观。孔、墨对神意史观继承的同时又有所否定，而创设了先王史观，先王史观已是一种很明显的英雄史观。这以后的学者对古圣先王也已不是毫无保留地尊崇，而是只注重历史的进化和社会发展的现实，重视人的主观能动性并考虑到了人民群众的作用，从而否定先王史观而提出了进化史观，这时已经推移到战国末期了。由此前进，到西汉中期，司马迁继承从远古到先秦的历史认识成果，结合对现实的深入观察和思考，就可以将神、人作用于历史的认识提高一步，从而在对史学的创建中，确立起人在社会历史中的主体地位，姑且可以将它称之为主体史观。

历史认识上神人关系的变化，春秋时期是一个转变的关键。而能够促使司马迁在对历史的观察中，建立起人在历史发展中的主体地位这一看法，还与如下的情况有密切关系。第一是社会政治变化带来的影响。早期是天子受天命而君临天下，天子的权威代表天意，礼乐征伐自天子出，不可侵犯。后来，礼乐征伐不是自天子出，而是自诸侯出了。又后来也不是自诸侯出，而是"陪臣执国命"了。再后来，又是家臣控制起大夫来了。在政权下移的过程中，权谋智略的作用非常明显，新兴势力已经知道争取人心的向背了。第二是春秋至战国及其以后战事频繁，军事行动成为社会生活重要内容，动用兵力的规模越来越大。城濮之战，对立双方参战人员加在一起不过几万人，而到战国末年，仅秦坑杀赵之长平军就达45万。秦统一后，防御北方匈奴就有蒙恬所率的30万人。楚汉战起，刘邦率领五诸侯的军队凡56万往东去进攻项羽。汉景帝时平定吴楚七国叛乱，周亚夫率36位将军，各方面的军队加在一起也有数十万，而吴王刘濞自称可具精兵50万，还说可得南越王30万兵力的支持，实际双方对峙所动员的兵力达100多万。战争有物的因素，但打仗是依靠士兵的血肉之躯，主要靠人为的行动。第三是秦末农民大起义，挣扎在死亡线上的普通农民揭竿而起，一举推翻了秦王朝，这使任何天命、神意的说教都软弱无力。第四是司马迁所强调的国富民强与生产流通有非常密切的关系。广大的四民之业的发展与天时、地利、人和有关，却与天命、神意离得太远了，而农渔工商四业的兴旺与否，却是决定社会历史发展的重要一环。第五是科学技术发展的影响，尤其是天文学、历学和医学的发展，对认识天人关系有着重要的思想解放作用，而在这三方面，司马迁正有着学术专精的观察和辨析能力。先秦以来，人神观念的变化与人的作用的不断体现是相辅相成的。司马迁一方面继承了这种神人观念认识的发展趋势；另一方面又以现实的变化做基础，以一种哲理的思考，利用人自身在时代大潮中显示的巨大力量，将已有的神人关系认识加以充实提高，促使自己在观念上前进到一个新的境界，从历史演进的角度，认识到人在历史发展中的主体地位。《史记》所认识的人在历史发展中的主体地位，看到了人有层次结构的群体作用。《史记》的本纪、表、书、世家、列传五种体裁，综合来看，其实是一种社会历史结构的反映。《史记》将整个社会划分为五个层次。第一层次是帝王、时势主宰者，他们处在社会的中心地位，这是"本纪"所记述的人物。第二层次是诸侯、贤圣、领袖人物与国家重臣，这是"世家"所包括的人物，他们起着"拱辰共毂"的作用。第三层次是谋臣将相，他们中有的人在中央朝廷，有的人在诸侯王国，他们是第一、二层次中帝王与国君的出谋划策者、政令执行人，在具体的政治、军事活动中，他们的实际作用很大。这三层人在《史记》记载中非常突出。第四层次是士大夫，他们比较靠近社会的最底层，有时能反映出一些民众的痛苦呼声与愿望要求。第五层次是社会的直接生产者，如《货殖列传》所说的农渔工商，这一层次中有些人被奴役，但他们中蕴藏着巨大的能量，是有可能促使国家出现"土崩"之势的潜在力量，他们的集体行动可以改变历史的某些进程，秦末农民起义就是这样。这部分人在全社会是最多的，司马迁能注意并深刻认识到他们的特殊作用，正是促使他认识到人在历史发展中主体地位的重要因素。司马迁认为社会历史的形成和运转，五个层次的人都在起作用。五个层次形成了整个的社会结构，这反映了封建时代基本的社会状况，从而也就解决了荀子所论"人们在生活实践中各方面的发展形成了社会"这样一个哲理问题，这正是《史记》认识到人在历史发展中的主体地位的重要表现。从社会结构角度整体地反映各阶层人群的历史活动，是纪传体史书形成的基本价值所在，也就是《史记》所体现的人在历史发展中的主体地位的第一个重要特色。

《史记》全方位地叙述了社会历史中人的活动的创造性和主动精神，体现了社会发展和生活内容的丰富多彩。"书"体中除礼、乐之外，律历、天官、河渠、平准的出现，表现出驾驭天地条件以与自然斗争，和制约人的自身行为来为社会服务的企图。《史记》在对过去史书记载内容偏重的军事、政治、外交、学术方面继续给予深刻关注之外，经济活动的重要价值，第一次专门在史书中摆上了社会历史讨论的范围。当社会发展滞后，外族入侵胁迫，国弱民困，国家处于一个关键时刻的情况下时，司马迁注意到改革所起到的社会前进驱动力的作用，而对改革给予了恰当的记述与评论。德治、法治、儒法道的相互吸收与融合，有效地服务于中央集权，人的思想之适应于形势而不断求其统治法术完善的企图得到了充分的体现。人自身是个生物体，有其本身生存活动的规律，人在谋求维护健康和种族繁衍中，医学的发展，使其自身的活动能力得到了延续与保证。从远古到秦汉这一段长的历史时期中，人类社会生活的主要内容，《史记》都是有记载和反映的，这是它作为通史特点的一个方面，正好体现出人在历史发展中主体功能的更加全面的发挥。在强调人的自觉能动性的时候，司马迁注意到，人的自身欲望才是形成社会历史活动的真正源泉，人形成历史的一切活动正是从这里开始的。这是一个非常高明的见解，已经指出了人在历史发展中的主体地位这个较为本质的问题，正是历史学发展自觉意识的一个杰出表现。

三、《史记》的文学成就

《史记》是一部历史著作，同时也是一部文学著作，而且是中国历史上的第一部传记文学作品，因此毛泽东曾称司马迁是"中国古时候的一位文学家"。关于《史记》的文学成就，我们可从叙事文学、人物塑造、史文评论三方面来说。

（一）叙事"雄深雅健"为千古之至文

叙事，是历史文学的基础。凡是历史著作，都需要将它所涉及的时间、空间范围内出现的重要事件、人物活动以及产生的社会影响，和能给予人们的启示与借鉴作用讲述清楚，这当中叙事就是完成这一任务的基本表现手法。因此，叙事功能实现的好坏，在很大程度上就决定着这部历史著作有没有文学价值及其文学价值的高低。

《史记》是一部杰出的叙事文学作品，它的特点有以下几个方面。

首先，从"胸中固有一天下大势"（顾炎武语）出发，《史记》宏观上构建了一个叙事的总体框架，把不同性质、不同层次内容的事物以不同的体裁进行叙述。因此，《史记》在创设了本纪、表、书、世家、列传五体的同时，也为它的文学叙述做出了各自独立而又相互融为一体的全景式的精美设计。《史记》记述的是从远古到汉武帝时代三千年的史事，全书五十二万六千五百字，如果都用一种体式来表述，不仅会烦琐不堪，而且还会枯燥乏味，但是司马迁采用"本纪""世家""列传"来记帝王、诸侯、将相以及一般臣民，突出了以人物为中心的历史观念，又以编年或传记分别出时空和人物地位作用的不同，成为它叙述的主线；并用"书"将相关的政治经济文化制度展现在人们面前，使社会历史内容能够充实、丰满；还运用"表"这一特殊的叙述形式，纵横交错，以极其精炼的文字，表述出不同的历史进程和事物发展的联系；其精致绝伦之处，实是美不胜言。而且在五体内部，人物与制度、篇卷定置先后、行事抉择与表现等也都有匠心独具的斟酌考量。《史记》五体，固然是其重要的史学成就，同时也是它的叙述文学总体设计方面的一种创造。

其次，《史记》的叙事是以"峻洁"①，"雄深雅健"②著称的。"峻"，是指直截果决，能抓住本质，"洁"是指事绪繁多，却叙次明晰，因此"峻洁"的中心是精炼，是直捣要害，惜墨如金，不多一字，不少一字。《史记》的叙述语言有雄豪的气势，浑厚的风格，典雅的文字，矫健的笔锋，能够表现历史的万千气象，把握历史进程的关键。由于作者识力高明，洞观最要，往往对人对事可以做到排除枝蔓，突现本质。例如，写《项羽本纪》，抓住秦末起事、巨鹿之战、破秦分王、败走垓下几件事，把项羽的气概和他在灭秦中的作用，以及他英雄一世终致自刎的可歌可泣的事迹叙述得淋漓洒脱。"故下笔万言，滔滔滚滚，如长江大河，激石滩高，回山潭曲，鱼龙出没，舟楫横飞，要是顺流东下，瞬息千里，均无有滞碍处耳。"③让人觉得项羽可敬可亲，因而使其故事为千古所传诵。值得注意的是，《史记》的叙事同时表现出裁制千古的语言驾驭能力。《史记》许多内容是依据《尚书》《左传》《国语》《战国策》、先秦诸子、《楚汉春秋》等历史著述编纂而成的，这些著述的体例和语言风格很不一致，但司马迁都能在"峻洁"中将它们熔铸在一起而不现斧凿的痕迹。这得益于司马迁有开阔的胸怀、圆润的笔力，历史上的风云变幻、人世间的纵横捭阖，尽在他的点染之中，而其帅帐之谋略、战术之应机，又若黄山云雾，变化莫测。故《史记》能将三千年的史事描绘成一幅幅动人的画卷，令人叫绝。

最后，《史记》的叙事是意旨深远，寄兴悠长。宋代史学家吕祖谦曾经

---

① 柳宗元语，见《柳柳州集·报袁君秀才书》。

② 韩愈语，见《新唐书·柳宗元传》。

③ 吴敏树：《史记别钞》下卷《项羽本纪》。

评论说："太史公之书法，岂拘儒曲士所能通其说乎？其义旨之深远，寄兴之悠长，微而显，绝而续，正而变，文见于此而义起于彼，有若鱼龙之变化，不可得而踪迹者矣。读是书者，可不参考互见，以究其大指之所归乎。"①这就是说，《史记》的叙事各篇，篇篇都有主题，它是遇到一种主题，便成一篇文字。《史记》的叙事是写人写事的，但它又不是单纯的写人写事，而是通过写人写事来写历史，是要写出社会思想、人生品味。《史记》不仅要做到文如其人，文如其事，还要通过"文"体现人、事的本质特征，揭示一种社会活动的规律。有古代学者说《史记》难读，不是说它的文字难读，而是说它叙事后面的蕴意难以领会，难以揭示。所以清人程余庆在谈到如何领悟《史记》文字时，有一段话特别能给人以启发。他说："良由《史记》一书，有言所及而意亦及者，有言所不及而意已及者；有正言之而意实反者，有反言之而意实正者；又有言在此而意则起于彼，言已尽而意仍缠绵无穷者。错综迷离之中而神理寓然，是非求诸言语文词之外，而欲寻章摘句以得之，难矣。"②可知，在《史记》的叙事之中是饱含着意蕴、神理的。由此，并知《史记》叙事的一个独特之处，就是"寓论断于序事"。司马迁对所叙述的人和事，是有他自己的看法和认识的。这些看法和认识，他有时候会直接说出来，但很多时候，在大部分文篇里，司马迁自己不站出来说话，而是把他对事物的认识、要说的话通过事实过程的委婉叙述、一些场景和气氛描写、人物的彼此对话等传达给读者。这样做，既可以使叙述的文字通顺流畅，不会因为时而出现评论语而发生文意梗塞；还便于使所叙述的情事形象生动，富于哲理并显现幽默、俊俏；也可以避免因为直接的评论所产生的社会龃龉、疑虑，而使作者遭受不测，并使作品的流传受到阻碍，毕竟作者的有些批评认识是不会为时俗所容易理解接受的。《淮阴侯列传》是记述韩信事迹的。韩信与萧何、张良并称汉初三杰，是帮助刘邦取得天下的重要谋臣和得力助手，但他最后是以谋反的罪名被族诛的。全传通过写韩信年轻时穷困但非常讲信义，又通过写萧何月下追韩信

① 转引自王玉璋：《中国史学史概论》，30页，重庆，商务印书馆，1944。
② 程余庆：《史记集说·序》，上海交通图书馆印行本。

表明他是一个"国士无双"的帅才，接着写他在楚汉相争、荥阳对抗时开辟第二战场，领军平定了北方的魏、赵、燕、齐等势力以后，会师垓下消灭了项羽，特别是其中写他做了齐王以后，项羽派人策动他反汉，他发表了洋洋洒洒的言论表白了他绝对不会背叛刘邦的心迹，最后是项羽失败，"飞鸟尽，良弓藏，狡兔死，走狗烹"，却又列举了刘邦加给他的似有似无、不明不白的"莫须有"的罪名以及将他诛灭的结果；传中也写出他有追求功利，遇事容忍，以及缺乏防人之心的怯弱品质。如此叙来，而最终揭示出他因"功高震主"而又不知自敛以受害的内在规律性，从而激发人们对他功业的尊重与无限同情。对此，有学者曾评论"通观《淮阴侯列传》，作者只着意写历史并不写评论，而韩信的生平既跃然纸上，他在事功上的成就及他的非其罪而死也就历历可见了。但《淮阴侯列传》的更大成功还在于通过韩信的生平，写出了当年局势由汉开始拜将定策，到楚汉对峙、到汉兴楚灭的历史发展过程，写出了楚汉对抗的矛盾到汉统治集团内部矛盾的转化。写一个人的生平，绝不脱离当时整个的局势而孤立地去写，这是《史记》的很大的出色之处。在《淮阴侯列传》里用了一小半的篇幅写韩信的非其罪而死，这在司马迁不是偶然的，这表现他反对封建专制主义的一个侧面"①。《淮阴侯列传》是《史记》中寓论断于序事的最典型的篇章之一，通过这则评论，对于《史记》寓论断于序事的重要叙事特点和价值的认识，可以起到窥一斑而见其全豹的作用。

(二)塑造出众多栩栩如生的人物形象

先秦的史册典籍大多是以写事为主。《春秋》依年月记事，文辞非常简略，只一两个字或一句话。《左传》阐释《春秋》，也是依年月记事，把人的活动分散在各年之中。《国语》依事记言，《战国策》重在记策士的纵横说词，《论语》记语录，《孟子》记论辩，《庄子》记寓言，《老子》《墨子》多记理论，其他诸子多为申述学术政治主张，他们都重在记事，人物的活动附丽在记言记事之中，只有《穆天子传》《晏子春秋》才逐渐向以写人为中心靠近，而《史记》则是完成了从写事为中心到写人为中心的转变。《史记》在文

---

① 白寿彝：《司马迁寓论断于序事》，载《北京师范大学学报》，1961 年第 4 期。

学上第一位的成就是写人，《史记》实为中国写人文学之祖。《史记》写人，塑造了众多的栩栩如生、传颂千古的人物形象。《史记》塑造人物，一定会清楚交代这些人物各自的活动背景。例如，《秦楚之际月表序》中说："初作难，发于陈涉；虐戾灭秦，自项氏；拨乱诛暴，平定海内，卒践帝祚，成于汉家。五年之间，号令三嬗，自生民以来，未始有受命若斯之亟也。"从互见法的角度看，这就非常概括地把陈涉、项羽、刘邦三人活动的历史背景说明得清清楚楚，而且三人活动的相互联系，以及他们最终所起的作用也都有了明确的交代，还在总体上说明了秦亡汉兴之际历史变化的剧烈迅速。《史记》塑造人物，常常要描述人物的性格特征，甚至包括他的神态，如《秦始皇本纪》写秦始皇说："秦王为人，蜂准（高鼻子），长目，挚鸟膺（胸），豺声，少恩而虎狼心，居约易出人下，得志亦轻食人。"这是一个凶残人的暴戾形象和性格。《高祖本纪》写刘邦就不是这样，而是说："高祖为人，隆准而龙颜，美须髯，左股有七十二黑子。仁而爱人，喜施，意豁如也。常有大度，不事家人生产作业。及壮，试为吏，为泗水亭长，廷中吏无所不狎侮。好酒及色。常从王媪、武负贳（赊）酒，醉卧，武负、王媪见其上常有龙，怪之。高祖每酤留饮，酒雠数倍。及见怪，岁竟，此两家常折券弃责（债）。"这里把民间神化刘邦的传说记下了，说他有天子相，仁而爱人，豁达，并且好饮酒，还好色，喜欢轻侮下属，赊了账年终可以不还钱，多少有点流氓气味。但是他性格中的"仁而爱人"，司马迁没有忽略，刘邦正是凭着宽大长者的性格形象，才得到当时民众拥护而成就大业的。又如《吕太后本纪》写吕后，"吕后为人刚毅，佐高祖定天下，所诛大臣多吕后力"，她对刘邦起了重要的辅佐作用。但是她对情仇也是够狠毒的，先杀掉刘邦最喜爱的戚夫人的儿子赵王，"赵王少，不能早起。太后闻其独居，使人持鸩饮之"；接着残害戚夫人，"太后遂断戚夫人手足，去眼，煇耳，饮瘖药，使居厕中，命曰'人彘'"。因为孝惠帝庇护戚夫人和赵王，吕后"乃召孝惠帝观人彘。孝惠见，问，乃知其戚夫人，乃大哭，因病，岁余不能起。使人请太后曰：'此非人所为。臣为太后子，终不能治天下。'孝惠以此日饮为淫乐，不听政，故有病也。"惠帝不听政，正中吕后的下怀。这是写吕后为了满足自己的权欲，连自己的儿子都不顾，没有比她更残忍的了。《史记》写人物，常常精彩地展现人物活动的场景，有名的如蔺相如的秦廷叱王，廉颇的负荆请罪，荆轲的刺秦王，刘邦的置酒沛宫，项羽的鸿门宴、自刎乌江，魏其武安的东朝廷辩等，对当时的活动气氛、人物情志都有充分的展现，起到了戏剧化的生动效果。《史记》写人物，还注意表现人物的心理。宋代学者提出，人物塑造"写其形，必传其神；传其神，必写其心"。写心，就是要揭示人物内心的活动以显示人物的内在精神实质。比如，秦始皇巡游会稽，项羽看见的时候说"彼可取而代也"。刘邦在咸阳时看到秦始皇的时候则喟然叹息："嗟乎，大丈夫当如此也！"同样是看见秦始皇，项羽、刘邦两人的心态就截然不同，项羽是表示出雄心，要取代秦朝天下，后来他终于灭亡了秦朝；刘邦则表现出欣赏的态度，有作为的人应该做出大事业，后来他正好也登上了皇帝宝座。刘邦做了天子以后，为了规范朝廷上大臣们的行为，让叔孙通制订了一套朝廷礼仪，以显示出天子的尊严。一次正式朝仪演习结束后，刘邦就说"吾乃今日知为皇帝之贵也"，一副志得意满的神情跃然纸上，他确是实现了自己的人生愿望，怎能不高兴呢！又如写陈涉在替人家佣耕时，对同伴说"苟富贵，无相忘"。同伴奇怪他作为雇农，怎么能够富贵呢，陈涉叹息同伴们太没有志向，说："嗟乎，燕雀安知鸿鹄之志哉！"这表明陈涉的心理活动，一方面他有远大志向，另一方面他的志向从根本上说还是追求富贵，还有一方面也是怪别人小看了他，他没有能够找到知音。陈涉年轻时的心态，支配了他一生的行动。《史记》写人的心理，常常是随文点示，所以多见出现欲、疑、恶、恐、乐、慰、惮、畏、羞、欢、憎、惭、忍、悔、厌、悦、愿、怜、爱、诈、念、怪、伤，以及阴谋、犹豫、怨望、鞅鞅等词语。

《史记》是历史著作，它需要依靠诸多原始文献和亲身考察的资料进行撰写，但它同时又是文学著作，除了有精致活泼的叙述语言之外，还能塑造众多的人物形象。二者之能够如此完美地统一，关键在于利用原始文献时，在总体上不违背历史真实的情况下，在局部、细节上对人物形象进行了艺术加工。这种加工可以称之为再创作。再创作过程中，司马迁在细节描写、人物心理和语言、情节结构、背景等诸多方面，采取了增润生发、补缺申隐、夺胎换骨、移花接木（移甲作乙）、以意敷衍、合理想象等许多手法，使人物具有一种可信而更丰满的形象，从而产生有如后代小说的效果，增强了它的文学性、艺术美，这不仅在理论上是可行的，而且在实践上也是成功的。《史记》开创了我国历史传记文学的先河，为后代历史传记文学的发展打下了基础，树立了楷模。《史记》是后代文学家必读的教科书。①

（三）表现出汉代文学的自觉倾向

谈《史记》文学，还应该提到评论。史家在叙事中必定有思想见解的直接表述，这是司马迁历史思想和文学思想体现的一个重要方面。《史记》中的评论，可以有三个部分。首先是以叙事而可兼作评论的篇章，突出的例子是《论六家要旨》，主父偃、徐乐、严安等《论伐匈奴》及《屈原传》的论说段落，还有虽不是评论但可以表现作者文学认识的、直接录入的古代散文，如《乐毅报燕惠王书》《邹阳狱中上梁王书》一类。其次是十表序及它篇序文，这是纵观天下大势的总评及对具体世事的见解阐发，一般谈文学的人都不提及它，实际它是《史记》精华部分之一的重要表现。最后是诸篇论赞，这部分是金玉竞彩，深寓哲理，如议论辩驳、行事交代、社会百态、因果联系、道德谴责、指陈现实、赞扬正义、典模称颂等，显现出指点江山的豪情、气质。《史记》的评论，常与叙事结伴而行。有些文篇既为叙事，亦为评论；看起来是在叙事，实际却是评论：叙事中夹杂着评论，评论中点化着叙事。在一些评论中，《史记》已经表现出汉代文学的自觉倾向。受政治和哲学的影响，先秦著述常是文史不分的，这种现象，在司马迁生活的时代仍然存在。但从《史记》的叙述兼评论看，司马迁已能逐渐从文体上把学术与文学区别开来，并在立传中给予文学家以一定的独立地位，收录了他们的作品且有相应的评说。后代史家注意到，像司马相如的作为并不干预朝廷的大事，司马迁为他立专传，就是取他的文章特别著名，因而写了贾谊和司马相如也就可以展现汉代赋作的壮丽。司马迁的做法为班固所继承，而到范晔的《后汉书》则创设有《文苑传》，专记文学家一

①　以上参见可永雪：《〈史记〉文学成就论说》，呼和浩特，内蒙古教育出版社，2001。

类人，所以《史记》的做法，成为后世文苑之权舆。

《史记》提出"发愤著书"理论，在揭示文艺与现实的密切关系上有其意义。司马迁在《太史公自序》中说："夫《诗》《书》隐约者，欲遂其志之思也。昔西伯拘羑里，演《周易》；孔子厄陈蔡，作《春秋》；屈原放逐，著《离骚》；左丘失明，厥有《国语》；孙子膑脚，而论兵法；不韦迁蜀，世传《吕览》；韩非囚秦，《说难》、《孤愤》；《诗》三百篇，大抵贤圣发愤之所为作也。此人皆意有所郁结，不得通其道也，故述往事，思来者。"在这里，司马迁实质上探讨了文学与政治的关系、文学创作的内在动力与作品和作家理想等问题，这在中国文论史上产生了深远影响。

司马迁发展了先秦时期的"美""刺"理论，强调了文学的讽喻作用。他认为屈原的《离骚》："上称帝喾，下道齐桓，中述汤武，以刺世事。明道德之广崇，治乱之条贯，靡不毕见。"特别强调一个"刺"字。他评论司马相如的辞赋也强调其讽谏作用："相如虽多虚辞滥说，然其要归引之节俭，此与《诗》之风谏何异。"司马迁认为历史无疑有借鉴作用，但同样文学也具有"自镜"的作用。由于司马迁有了对文学作用的认识，因而他才有如《报任安书》所表示的那样，之所以要忍辱负重，就是因为有"鄙没世而文采不表于后也"的壮志情怀，他要借《史记》"立言"，文采要流传于后世，这已经表现出司马迁对于文学独立价值的初步认识。

司马迁的评论中还初步建立了文学批评的原则。司马迁在评论作品时能做到知人论世，把作品放到一定的背景中去认识，并且将作品风格与作家思想品格联系起来。例如，他在《屈原贾生列传》中评价屈原《离骚》："屈平疾王听之不聪也，谗谄之蔽明也，邪曲之害公也，方正之不容也，故忧愁幽思而作《离骚》……其文约，其辞微，其志洁，其行廉，其称文小而其指极大，举类迩而见义远。其志洁，故其称物芳。其行廉，故死而不容……推此志也，虽与日月争光可也。"这是既谈到了《离骚》的创作背景，又说明了屈原的创作风格。他还在该篇的论赞中说，"余读《离骚》、《天问》、《招魂》、《哀郢》，悲其志。适长沙，观屈原所自沉渊，未尝不垂涕，想见其为人"，对屈原文学创作的一生极其动情。学者研究认为，这种评价作品的方法，具有创作论、作品论、批评论的特点，无疑对后代的文学评论产生了积极的启迪作用。

司马迁自己反复申言《史记》的著述宗旨是"成一家之言"，这不仅是历史学上的一个首创，而且在文学史上也自成思想体系，具有划时代的意义，因为文学也不是单纯的文学，也要表明作者的创作思想和创作理论。司马迁在《十二诸侯年表序》中阐述和创立了"《春秋》义法"，目的在于强调作品既要有丰富的内容，又要有完善的形式，同时指出褒善贬恶、是非分明同样也是文学的任务。一般认为，中国文学的自觉时代是魏晋以后，但这一新潮的出现并非偶然，汉代的文艺思想为其奠定了坚实的基础，当是文学自觉化的先声，《史记》就是一个证明。

四、《史记》续补、注释及版本

本节介绍有关《史记》的续补、注释及版本的简略情况。

《史记》初名《太史公书》，130篇，成书后是"藏之名山，副在京师"的，后于汉宣帝时由司马迁的外孙杨恽传出，才流向民间。至班固作《汉书》，《艺文志》中就说它"十篇有录无书"，同时也说有"冯商所续《太史公》七篇"，然未具体说明所缺何篇及所续之内容。自宋代吕祖谦开始，关于《史记》缺篇的多少及其真伪，学者争论不休，意见分歧，难为定论。《史记》传世已超过二千年，文化沉积，有些篇卷如《孝景本纪》《汉兴以来将相名臣年表》及《礼书》《乐书》二序之类，权且以司马迁之原作视之，也是一种处置方法。《史记》记事迄于武帝末年，其后不断有人续作，刘知幾《史通·古今正史》把这件事表述得很明白，他说："《史记》所书，年止汉武，太初已后，阙而不录。其后刘向、向子歆及诸好事者，若冯商、卫衡、扬雄、史岑、梁审、肆仁、晋冯、段肃、金丹、冯衍、韦融、萧奋、刘恂等相次撰续，迄于哀、平间，犹名《史记》。至建武中，司徒掾班彪以为其言鄙俗，不足以踵前史；又雄、歆褒美伪新，误后惑众，不当垂之后代者也。于是采其旧事，旁贯异闻，作《后传》六十五篇。其子固以父所撰未尽一家，乃起元高皇，终于王莽，十有二世，二百三十年，综其行事，上下通洽，为《汉书》纪、表、志、传百篇。"这里又说明了《史记》与《汉书》相连续的关系。

《史记》的注释，传统的有三家注，即刘宋裴骃的《史记集解》，唐司马贞的《史记索隐》及唐张守节的《史记正义》。三家注原系独立成书，后于北宋刊刻时将其散列在正文之下，与《史记》原文合为一书。至清有梁玉绳的《史记志疑》，详考《史记》记事，结论较为准确，时评甚高。清人的注释之作还有多种。现代有陈直的《史记新证》别具特色，为研究者所重视。此外，日本人泷川资言所撰《史记会注考证》，流传颇广，亦为人们所熟知。当代出版的有关全著或选本注释以及译文之书较多，读者可依情况选择参考阅读。

《史记》的版本很多，仅择其要者言之。古本残卷现存最早的当数北宋刊本的《史记集解》，现藏国家图书馆。通行的旧本，现在最早的有南宋黄善夫刻本，经商务印书馆影印，收在《百衲本二十四史》中，另外，还有明嘉靖、万历间南北监刻的《二十一史》本，和毛氏汲古阁刻的《十七史》本，以及清乾隆四年(公元 1739 年)武英殿二十四史附考证本。其中，1986 年12 月上海古籍出版社及上海书店将武英殿本编辑影印为《二十五史》(加上《清史稿》)全十二册本，多有流行。今见《史记》最普通的本子，是中华书局于 1959 年 9 月出版的点校本，这已是当今最精善、最流行、最实用的本子了。

五、《史记》研究史略

《史记》这部我国历史上重要的史学和文学名著，对后代史学和文学的发展有着深刻的影响。历代对它的续补、注释、评议、考证等多方面研究，形成了一个庞大的规模。

后世对《史记》的研究，依时间划分，大致可以分为五个阶段。

(一)唐中以前时期

《史记》在民间流布后人们进行的第一项较为广泛的活动，就是对它的续补，或是增补《史记》的"有录无书"之篇，或是接续完整西汉一代的史事。而这一活动的本身，就已经确凿无疑地证明《史记》所记述的远古至西汉武帝时历史的重要价值，及其引起社会广泛关注的深刻程度。其后，《汉书》的出现，在学术上完全可以视为是受《史记》影响而产生的直接结果。然而《汉书》的问世，同时也是对《史记》进行评论的正式开始。班固批评司马迁"是非颇谬于圣人"，并做出结论，认为《史记》是"论大道而先黄、老而后六经，序游侠则退处士而进奸雄，述货殖则崇势利而羞贱贫，此其所蔽也"①。班固这一正统史家利用写史权力所说的话，加上随后王允的"谤书"之议，"昔武帝不杀司马迁，使作谤书，流于后世"②，对《史记》一个时期内的流传和影响并非有利，致使它在社会上的地位不如《汉书》，表现在魏晋期间，注释《史记》者仅寥寥数家，而注释《汉书》者却有二十余家之多。只是到了南北朝刘宋时裴骃汇合徐广、臣瓒等的《音义》撰为《集解》，才逐渐改变了这一面貌。裴骃看待《史记》有着坚定的信念，评为"虽时有纰缪，实勒成一家，总其大较，信命世之宏才也"。不然，他是不会为《史记》作《集解》的。然而他也还是表述了当时的现实，"以为固之所言，世称其当"③，东汉以后延续的近两千年中，对《史记》评论的重要一点，就是围绕着班固（也包括王允）对司马迁立论的这一看法而展开的，或是或否，争论不休，反映着各个作者的不同见解及其对时代需要的诸多变化，以此形成了贯穿《史记》研究史中的一条主要线索，这是值得注意的。在裴骃的影响下，至唐中叶而有司马贞的《索隐》和张守节的《正义》这样的注释之作出现，使它们与《集解》一起而形成《史记》的"三家注"。"三家注"的形成，正是这一阶段的《史记》研究中表现出时代特征的重要成就。它们对以后《史记》的传播起了积极作用，以至今日仍是辨析《史记》文字音义的主要依据。而溯源究本，裴骃应是《史记》研究的第一位功臣。

《史记》的流布，使魏晋南北朝时期私家撰史形成风气，因而出现了一个史书繁富的局面。诸多史家要从司马迁的思想、学术和撰著的体例与方法上汲取营养，为达此目的，舍研究《史记》则别无他求。故此，他们中的一些人也相继发表出各自的看法。例如，葛洪以为《史记》文篇"词旨抑扬，

① 《汉书·司马迁传赞》。
② 《后汉书·蔡邕传》。
③ 上引均见《史记集解序》。

悲而不伤，亦近世之伟才"①，袁宏评司马迁记事"信足扶明义教，网罗治体"②，裴松之以为"史迁纪传，博有奇功于世"③，范晔立议"迁文直而事核"④等，都是他们的颇具心得之言。这同时也为客观地评价《史记》开创出一种实为冷静的气氛，对后来《史记》研究的发展是有益的。而刘勰《文心雕龙·史传》所言迁书"故本纪以述皇王，列传以总侯伯，八书以铺政体，十表以谱年爵，虽殊古式，而得事序焉"的评论，就历史承续关系而言，也就成了《史通》批议的先河。

《史记》流传后所造成的积极影响，促使刘知幾能对在此以前的史学做出比较的综合研究而撰著为《史通》。《史通》既从体例的角度对史学进行总结，自然对《史记》有着诸多的评论。可以说，刘知幾是历史上第一个广泛地评论了《史记》的史学家。尽管刘知幾所采取的态度是"扬班抑马"，但是他对《史记》的评论仍有许多精到的见解，其思想之新颖，在开阔人们视野的同时，打破了东汉以来班固对《史记》评论所设置的模式，将人们的认识开始引导到一种哲理思考的高度，从而将对《史记》的研究推上了第一个高峰。其"六家""二体"的立说，无异于有力地宣扬了《史记》在史学中的重要地位和作用。《史通》给予人们的深刻启迪，使它成为《史记》研究史上独具理论成就的一座丰碑，在这个意义上，刘知幾亦不失为《史记》研究的功臣。

(二)唐中叶经宋元到明的时期，其中以宋代的成就更为突出

这个阶段有几个显著的特点。

第一，这个时期先后出现了两次古文运动，文学家相继提倡学习并推重《史记》，改变了《史记》被轻视的局面。

在刘知幾稍后出现的韩愈、柳宗元，是唐代所兴起的古文运动的倡导者，他们极力赞扬《史记》，自称要学习司马迁的为文。韩愈说，"汉朝人

---

① 刘歆、葛洪：《西京杂记》卷四，上海，上海古籍出版社，1991。

② 袁宏：《后汉纪序》，见荀悦：《两汉纪》，下册，1页，北京，中华书局，2002。

③ 陈寿：《三国志》卷六注，北京，中华书局，1959。

④ 《后汉书·班彪列传》。

莫不能为文，独司马相如、太史公、刘向、扬雄为之最"①。柳宗元则以一个"洁"字精点出司马迁文章的特色，"洁"包含有精确、明白、流畅、不堆砌辞藻的意思。到了宋代，苏氏父子苏洵、苏轼、苏辙三人，虽不满于司马迁对黄老思想的称誉，但他们都热烈赞颂《史记》的文学成就。苏洵说，"迁之词淳健简直，足成一家"②。苏辙以为司马迁之文辞"疏荡"，"颇有奇气"，并指出这是由于司马迁有不平凡的经历，周游天下名山大川与豪杰交往所形成的。"其气充乎其中，而溢乎其貌，动乎其言，见乎其文，而不自知也。"③在这方面，马存也有对司马迁的文学成就更加淋漓尽致的描述，他说："子长平生喜游，方少年自负之时，足迹不肯一日休，非直为景物役也，将以尽天下大观以助吾气，然后吐而为书。今于其书观之，则其平生所尝游者皆在焉。南浮长淮，溯大江，见狂澜惊波，阴风怒号，逆走而横击，故其文奔放而浩漫。望云梦洞庭之陂，彭蠡之潴，含混太虚，呼吸万壑，而不见介量，故其文停蓄而渊深。见九疑之芊绵，巫山之嵯峨，阳台朝云，苍梧暮烟，态度无定，靡蔓绰约，春妆如浓，秋饰如薄，故其文妍媚而蔚纤。泛沅渡湘，吊大夫之魂，悼妃子之恨，竹上犹有斑斑，而不知鱼腹之骨尚无恙者乎？故其文感愤而伤激。北过大梁之墟，观楚汉之战场，想见项羽之暗哑，高帝之谩骂，龙跳虎跃，千万兵马，大弓长戟，交集而齐呼，故其文雄勇戟健，使人心悸而胆栗。世家龙门，念神禹之巍功，西使巴蜀，跨剑阁之鸟道，上有摩云之崖，不见斧凿之痕，故其文斩绝峻拔而不可攀跻。讲业齐鲁之都，睹夫子之遗风，乡射邹峄，彷徨乎汶阳洙泗之上，故其文典重温雅，有似乎正人君子之容貌。凡天地之间，万物之变，可惊可愕，可以娱心，使人忧，使人悲者，子长尽取而为文章，是以变化出没，如万象供四时而无穷，今于其书而观之，岂不信乎！"④这一评述，以其高尚的情志，将《史记》文篇的造就与壮丽的祖国山河和恢宏的民族气质联系在一起，既引人入胜，亦耐人寻味，实为发自作

---

① 《昌黎先生集》卷十八《答刘正夫书》。
② 《苏老泉先生全集》卷九。
③ 《栾城集》卷二十三《上枢密韩太尉书》。
④ 见凌稚隆《史记评林》卷首。

者心灵之绝构，足见他对《史记》文章体味的深透。宋代其他学者，如宋祁、欧阳修、曾巩、秦观、唐庚、陆游、黄庭坚等人，对《史记》也都有评议。例如，曾巩劝导词人陈后山要熟读《史记》三两年，而后才能谈论文章；欧阳修自称癖好司马迁的传记，精心模仿，据说他每写文章，都要先读《史记》中的《日者列传》数遍；唐庚称赞司马迁"敢乱道，却好"，还将司马迁和杜甫并提，说："作文当学司马迁，作诗当学杜子美。"①

第二，受《史记》所开创的"通史家风"的影响，在刘知幾《史通》以后，史学家对于《史记》精深研究的结果，已经注意到从通观的角度来研究历史了。

这阶段出现了唐杜佑的《通典》，宋司马光的《资治通鉴》和郑樵的《通志》，以及元马端临的《文献通考》，充分体现了司马迁的史学思想及《史记》的史书体例给中国史学带来的变化。与此同时，这期间史家对《史记》评论的增多，也值得注意。郑樵对《史记》甚为推崇，他称《史记》为"六经之后，惟有此作"②，指出司马迁的重大贡献在于"通"。他说自从班固《汉书》断代为史之后，"会通"之旨就失传了。于是他努力发扬"会通"的传统而撰著了《通志》，郑樵应是在理论上正式提出从"通"的角度评论《史记》的第一人，在《史记》的研究史上具有重要的地位。宋代吕祖谦认为《史记》书法义旨深远、寄兴悠长，评价也很高。吕祖谦写作了《大事记》，还有《解题》，是按时间顺序把《史记》所记述的周敬王三十九年(公元前481年)以后的内容经过增补而加以编定和说明。他还第一次在历史上对《史记》的十表进行了总的分析，并对"有录无书"的十篇逐一进行了考辨，对推动关于《史记》的研究提出了重要的课题。

宋代还出现了其他重要的《史记》评论著作，如黄震的《黄氏日钞·史记》和叶适的《习学纪言·史记》。黄震对《史记》颇为推崇，他评论《史记》集中在义理和历史人物的析议方面，只略涉及史实。叶适是南宋永嘉学派的集大成者，他学问渊博，对《史记》的评议颇有新异独到的见解。

第三，这个时期开始出现了研究《史记》的三类专门性著作。

一类是比较之作。这就是宋倪思、刘辰翁的《班马异同评》和明许相卿

---

① 见《文录》。

② 《通志·总序》。

的《史汉方驾》，他们多偏重文字上的比较，虽然不是思想上总体上的比较，但这种比较性研究有利于进一步扭转轻视和贬低《史记》的局面。

一类是辨惑之作。金代文学家王若虚承袭宋代学者的疑古精神，从采摭之误、取舍不当、议论不当、文势不相承接、姓名冗复、字语冗复、重叠载事、疑误、用虚字多不安、杂辨十个方面，对《史记》广为疑惑，仍然是代表了班固以后封建正统学者关于《史记》的一些看法，其诸难点多偏激之词。但王若虚的辨惑之作历来为研究《史记》的学者所重视，因为他提出的疑惑，有利于加深对《史记》的研究。

一类是汇评之作。明代，在唐顺之、茅坤、杨慎等人所发起的古文运动的影响下，学者竞相评论《史记》，一时成为风气，《史记》也因此而被提高到了更高的地位。明代学者除一些综合性的研究（如柯维琪的《史记考要》，是继"三家注"以后一部系统的考论性著作）之外，其主要特点是深入字里行间，逐篇评点批注，因而出现了所谓"评点""评钞"一类的专门著作。其中归有光的评点《史记》是最为典型的，他用五色笔圈点，对后来影响很大。在"评点""评钞"的基础上，进而有人又将此种评议集中起来，按篇编排，名之曰"评林""汇评"。据粗略统计，这种著述迄于明末竟达三十余种之多。其中又以凌稚隆汇辑的《史记评林》质量较好，可以视为这类著述的代表性作品，也是明代《史记》研究的重要成就。但总的说来，明人评论《史记》，由于受宋明理学的影响，且因评点《史记》成为时尚，又往往每篇必评，故多浮泛夸耀之词，流于空洞，且彼此重复，极少创见，故大多价值不高，而遭到后代的批评。

第四，需要提出的是，宋代活字印刷术的发明，使《史记》的流传进入了一个新的历史时期。

活字印刷术为明、清及其后对《史记》的研究提供了重要的物质条件，亦使后代对《史记》的研究增加了版本、校勘、诠释、评点、辨伪的大量内容，扩展了对《史记》的研究范围。

（三）清代，这是《史记》研究的兴盛时期

据粗略统计，清代大约有300多位学者接触过《史记》的研究，这个规模是空前的。与明代学者夸夸其谈的风气相反，清代《史记》研究的风气大变。明代偏重于文，清代偏重于史；明代学者流于虚，清代学者立于实。清代乾嘉是学术繁盛时期，极重考据。受其影响，这个时期的《史记》研究亦重在考证。有名之作，如杭世骏的《史记考证》，王鸣盛的《史记商榷》，赵翼的《史记考异》，钱大昕的《史记札记》，王念孙的《史记杂志》，以及王元启的《史记三书正说》和《史记三书释疑》等。梁玉绳在这些人之后，花费了19年的工夫写成《史记志疑》，就当时一些史事和文字上的争论问题做出判断，极为精审，故此一般的争论性问题，都可以从他的结论中找到答案，所以钱大昕为此书作序，称它"足为龙门之功臣，袭《集解》《索隐》《正义》而四之矣"。在梁玉绳撰就《史记志疑》八十多年之后，张文虎撰成《校刊史记集解索隐正义札记》，在乾嘉考证成果的基础上发展一步，就《史记》一些字的衍、倒、错、缺等用十七种版本进行对勘，择善而从，又广征博引，以资参证，将考证引向了更为细密的途径。张文虎校勘的成就，为此后中华书局《史记》点校本的出现奠定了可贵的基础。此后，清末还有郭嵩焘的《史记札记》，李慈铭的《史记札记》和沈家本的《史记琐言》，也都是考证性的著作。

清代研究《史记》的成就，并不局限于考证方面。在评论上，清代较前人也有进一步的深入发展，诸多考证学家同时兼有精彩的评论是很常见的。例如，赵翼所评《史记》体制即为名言："司马迁参酌古今，发凡起例，创为全史。本纪以序帝王，世家以记侯国，十表以系时事，八书以详制度，列传以志人物，然后一代君臣政事，贤否得失，总汇于一篇之中。自此例一定，历代作史者遂不能出其范围，信史家之极则也。"[1]梁玉绳在评论班固"讥史公是非颇谬于圣人"时，论断为"此文人之习气，各自弹射，递相疮痏，蹈袭抵梧，目睫不见，所谓笑他人之未工，忘己事之有拙"[2]，也不失为一得之见。

清代出色的评论之作，先后有方苞的《望溪先生文集·读史记》，李晚芳的《读史管见》，牛运震的《史记评注》，邱逢年的《史记阐要》，丁晏的

---

① 《廿二史札记》卷一。
② 《史记志疑》卷三十六。

《史记余论》，吴汝纶的《评点史记》等。方苞是清代桐城派的领袖，虽站在儒家立场，但能注意从通古今之变的角度阐发出《史记》的意义。例如，他说"迁序十表……周之衰，礼乐征伐自诸侯出，事由五伯，而其微兆，则在共和之行政。秦并六国，以周东徙，乘其险固形势，故僭端早见始封。自虞、夏、殷、周及秦代，兴皆甚难，而汉独易，以秦之重而无基也。先王之制，本以安上而全下，故惟小弱，乃能奉职效忠。此数义者，实能究天人之分，通古今之变"①，就是一个很好的例证。方苞的评论，对后来牛运震、吴汝纶影响很大。李晚芳有近似王允"谤书"之说的观点，但其评论较为深刻，有独到见解。

清代所有评论中，最杰出的当推章学诚。章学诚虽不是专评《史记》，但《文史通义》涉及评议《史记》的有几十处之多，且独树一帜，有创新意义。章学诚对司马迁评价甚高，他说："夫史迁绝学，《春秋》之后，一人而已。其范围千古，牢笼百家者，惟创例发凡，卓见绝识，有以追古作者之原，自具《春秋》家学耳。"②章学诚在刘知幾才、学、识三长之外，以为良史还必须具备史德。所谓史德，"谓著书者之心术也"。他说心术粹，就会气昌、情挚，写出来的文章就是好文章。以此他高度评价屈原和司马迁，说："夫《骚》与《史》，千古之至文也。其文之所以至者，皆抗怀于三代之英，而经纬乎天人之际者也。"他不同意"百三十篇皆为怨诽所激发"和"斥其言为谤书"③的说法；他还有"马则近于圆而神，班则近于方以智"，"迁书体圆用神"，"班氏体方用智"的结论④，都是很有见地的。

清代学者的评论，亦开始注意经济问题，有评论《货殖传》的专著（姚康《白白斋货殖传评》）出现。

清代评论《史记》的另一重要成果，是对《史记》"表"的研究，这比宋代郑樵、吕祖谦是大为发展了。清乾隆时的汪越、徐克范的《读史记十表》，及道光间潘永季的《读史记札记》，是两部专论史表的著作。对史表的意

---

① 《望溪先生文集》卷二《书史记十表后》。

② 《文史通义·申郑》。

③ 上引均见《文史通义·史德》。

④ 《文史通义·书教下》。

义、作用阐述得极为细致，填补了前代的空白。

清代关于《史记》文学方面的评论，在吴见思的《史记论文》之后，还有汤谐的《史记半解》，尚熔的《史记辨证》等。然而吴见思的评论《史记》，也不仅仅局限于文学方面，比如，他在提出《汉兴以来将相名臣年表》为何缺序的见解时，在政治方面的识见就很发人深省："自古之待功臣者，每以汉高为口实，将如淮阴之钟室，布越之菹醢，相如萧相国之谨伤，而上林一请，不免于下吏。噫，亦薄甚矣！故子孙习之，而申屠嘉不免于呕血，周亚夫不免于饿死。至孝武之世，丞相多至自杀，而将帅以坐法抵罪失侯者，往往而有。此史公《年表》之所以作也。史公生于此时，目击心慨，未免言之过甚，故后人削之，而序论之所以阙乎。呜呼，孔子《春秋》皆口授，而定、哀之间多微辞，岂无故哉！"[①]汤谐特别赞赏马存关于《史记》文学成就的见解，亦认为司马迁周游全国对形成他的文学风格有着重要的作用。

(四)清以后至民国时期

这个时期的基本倾向，是以近代资产阶级民主思想对《史记》做综合概括的研究，在司马迁史学思想的研究方面有新的突破，较集中地表现在刘咸炘、齐树楷、李长之三人的著述上。

刘咸炘所作《太史公知意》出版于1931年，此书较广泛地辨析了前人对《史记》的意见，提出了一些值得注意的看法。刘咸炘继承与发挥了章学诚的史学思想，在研究《史记》时尤其强调"知意"。因之，他注意到司马迁写史是以"信六艺，表孔子，以正百家"和"究天人之际，通古今之变"，"原始察终，见盛观衰"为宗旨的，而后一点他认为尤其重要。[②] 这的确接触到了司马迁写史的重要思想实际。而齐树楷、李长之比刘咸炘则有进一步的地方。齐树楷作《史记意》，出版于1923年，在刘咸炘《太史公知意》之前早出八年；李长之的《司马迁的人格与风格》一书，是他抗战期间在大学的讲义，出版于1948年，思想更开阔一些。他们二人都能注意从时势发展的角

---

① 《史记论文·汉兴以来将相名臣年表》。

② 见《太史公知意·序论》。

度，论说司马迁有从历史发展的总趋势出发，阐述和评议历史事件和人物的思想，这是非常积极的。例如，齐树楷说："势自有力存乎间。一时之趋势，非不奔腾澎湃，崩流倒峡，然渴可立待，则偶然之势，不可尝执者也。至于盈科后进，放乎四海，虽有大力，莫之能逆，乃必至之势，且盘固不可动摇者也。势既有分，则审势乘势之识尚焉。尝见今人于势，多误认偶然者为大势所趋，潮流所赴，不敢逆。或且随而俱下，于障川回澜之意无所知，是昧于审势者也。需为事贼，躁亦覆亡，皆昧于乘势者也。或不知根本盘固之定势，妄欲从根本改造，能发不能收。则又于势之本体，毫末无所见，徒为蚍蜉之撼，井蛙之跳，又在不足齿数之列矣。"①这反映了时代的进步，反映了人们对社会发展较深刻的认识。李长之还对《史记》产生的时代特点，司马迁思想的学术渊源、历史观点、政治观点，《史记》各篇的具体作者、著作年代及其风格等问题进行了广泛的探讨，很能给人以启发，是一部很有参考价值的研究之作。

这个时期，梁启超也以新的眼光探讨了《史记》的意义，提出史学的任务是尽可能反映社会的全貌，不应让历史著作成为帝王的家谱，他认为《史记》在一定程度上做到了这一点。梁启超把《史记》和世界古代史学名著，如希罗多德的《历史》相比较，指出《史记》的体系比之那种单纯的人物传记要成熟得多，肯定了《史记》在世界史学发展中的地位。他还对司马迁的经济思想进行了研究，以近代世界资本主义发展的经济状况和某些原理来阐释《货殖列传》的意义，强调了经济对社会生活的重要性，有助于人们认识司马迁经济思想的价值。受其直接影响，潘吟阁即撰述出《史记货殖列传新诠》，第一次系统地对《货殖列传》的全篇做出总的分析，对指导人们阅读《货殖列传》有重要作用。梁启超还有关于《史记》"其列传则人的记载，贯彻其以人物为历史主体之精神"②的话，尤启人思窦，值得探究。

这个时期还有四种带有考证性质的著述，有益于《史记》研究。王国维所著《太史公行年考》，是对司马迁的生平活动带有概括总结性的著作，实

北京师范大学史学探索丛书

---

① 《史记意·史记读法一》。
② 《要籍解题及其读法·史记》。

为关于司马迁的第一部年谱。现在一般认为司马迁生于汉景帝中元五年（公元前145年），一生与汉武帝的统治大致相始终，就是根据王国维此书的考订而立说的。王国维据有限的资料，对司马迁的游踪梳理出具体的路线，也为许多学者所接受。朱东润所著《史记考索》，在批评前人的基础上，以《史记》考《史记》，阐明《史记》各种体裁的原意及创始之功，对"三家注"的义例也进行了梳理，还考辑了早已亡佚的邹诞生及刘伯庄的《史记音义》，均有参考价值。崔适以"疑古"精神，作《史记探源》，认为《史记》全书有二十九篇皆为伪作。崔适的原则是，凡是《史记》中涉及古文经学内容的地方，他都认为不是《史记》原作，故此以为二十九篇之外，《史记》其他篇章窜乱的也不少。这是一个很有代表性的看法，但赞成他意见的人并不多。1941年，余嘉锡在辅仁大学任教时，写有《史记亡篇补篇考》，论辩细密，条理分析中提出了自己的判断，可以视为历史上对这一问题讨论的一个小结，应该受到人们的重视。

此外，"五四"以后，鲁迅、郭沫若、茅盾、郑振铎等，都相继对《史记》做出了自己的评述。其中最为脍炙人口的，是鲁迅所评《史记》的一句名言："史家之绝唱，无韵之《离骚》。"[①]这是以简明的语言，充分肯定了《史记》在史学和文学发展史上的崇高地位。这一结论为人们所赞赏。

（五）新中国成立以后的五十余年，这是整理与研究《史记》取得可喜成就的一个新时期

1955年，新中国史学界将司马迁作为世界文化名人加以纪念，组织了纪念司马迁诞生2100周年的活动。老一辈史学家郭沫若、翦伯赞、侯外庐和季羡林等都写了纪念文章，后收集出版为一册《司马迁与史记》的论文集。这是新中国成立后出版的有关司马迁的第一部论著，有其重要的文献价值。1959年，中华书局出版了由顾颉刚负责点校的《史记》新本。这个本子以清同治年间金陵书局张文虎校勘过的本子作为蓝本，其成果具有很高的学术价值，不仅使传播与研究《史记》可以有一个共同的依凭，而且可以为考证与研究历史上的《史记》著述提供一个切实的探讨基础。这是我国古

---

① 鲁迅：《汉文学史纲要》，北京，人民文学出版社，1973。

籍整理在《史记》研究方面的一项重要收获。在这个基础上，中华书局还出版了一些关于研究《史记》的工具书、资料书。

体现新中国《史记》研究学术成果的，还应该提到以下四方面的著作。

一是 1958 年出版的贺次君所著《史记书录》。自宋以来，《史记》版本繁多，一般人很难全面接触。贺次君以他亲眼所见为限，收录了各种《史记》的抄本、刻本、排印本六十多种，进行比较，尽可能叙述出它们的源流。此书在论述《史记》版本方面，具有总其成的价值。

二是 1962 年出版的金德建所撰《司马迁所见书考》。作者对司马迁著作《史记》所凭借的各种典籍加以探讨，全部辨析出司马迁所见书名，总计为 82 种，今存 36 种，残 6 种，亡 40 种，并对这些书当时之有无、真伪、其后之流传、今本某书是否即其所见之书等进行评论，是一部极富启发意义和实用价值的文献。

三是 1979 年出版的陈直所撰《史记新证》。这是利用考古发掘的材料，如甲骨文、青铜铭文、权量、石刻、竹简、陶铭等，尽可能全面地证明《史记》史料价值的专著。"使文献与考古合为一家"①，在史书的注释考订方面展现的这一新面貌，使它成为继王国维之后出现的又一部论述《史记》记事可信的著作。

四是 1978 年出版的钱锺书所撰《管锥篇·史记会注考证》。作者选取《史记》之五十七篇及裴骃《史记集解序》，摘出其中可商榷的文句，就《史记会注考证》的注文，或是或否，或证或议，缤成条目，缀为大篇。举凡字义之确考，文笔之辨析，史事之议论，史观之阐释，均在其探讨之列。这是一部足以启迪当世的笔记心得之作。

据统计，1980—1998 年间关于《史记》研究发表的论文有 1835 篇，出版各类研究论著、资料参考、古籍重版书、注释翻译书等 131 部。

北京师范大学史学探索丛书

---

① 见该书《自序》。

上　篇

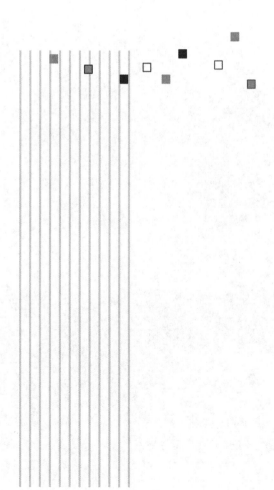

第一章　司马迁关于"势"的思想

　　司马迁写《史记》提出了自己的作史目的是"稽其成败兴坏之理"。与此相应，他还提出了"究天人之际，通古今之变"等作史原则。表面上看起来，司马迁似乎没有正面阐述出他的治史理论，但仔细考察整个《史记》的记叙和论说，可以认为，关于"势"的思想就是司马迁治史理论的一个核心部分。

一、"理"与"势"

　　司马迁所要考察的历史上成败兴坏的"理"，在他看来，就是要对历史的经验教训进行综合概括，以便从中找出对现实与未来具有参考和指导意义的一些原则，所以"理"或称"纪"，即"纲纪"，拿我们现在的话来说，就是"规律"。然而司马迁对这些原则、纲纪的探求，是建立在对事势观察分析的基础上的。

　　《史记》是纪传体，其纪与表的部分在体例上都起着"纲"的作用。张守节《正义》引裴松之《史目》"天子称本纪，诸侯曰世家"来解释本纪，是《汉书》以后正统史学的说法，实际上并不符合司马迁作史体例的原意。应该说，司马迁为之立本纪者，着眼点不在"天子"，而在"主宰天下的大势者"。对这一点前人是有所评述的，如宋人林駧说"子长以事之系于天下则谓之纪"[1]，直接回答了刘知幾对于《史记》本纪这一体裁的"求名责实，再三乖缪"[2]的批评；刘咸炘说"本纪者一书之纲，惟一时势之所集，无择于王、伯、帝、后"[3]，也指出立本纪者是一个时期内能够集掌天下大势的人；近人吕思勉也指出"必天子而后可称纪"等的"正统僭伪之别，亦后世

---

① 《古今源流至论·史学》。
② 《史通·内篇·本纪第四》。
③ 《史学述林·史体论》。

始有"①，直接否定了除天子之外谁也不能入于本纪这种曲解司马迁创例意图的偏见。

《史记》的本纪是记述某一历史时期事势主宰者事迹的一种体裁。十二本纪中历来有争议的有《五帝本纪》《秦本纪》《项羽本纪》《吕太后本纪》四篇，而这四篇正充分体现了司马迁着眼于天下大势的思想。黄帝是中国历史大势的开创者；秦是中国历史由德治转变为力治的突起力量与完成者；秦楚之际虽有名义上的天子，但项羽却是当时事势的实际主宰者；吕后虽是妇人，但她却是刘邦去世以后一个时期内汉朝政权的实际控制者。所以刘咸炘说"古之纪仅取事势所归，以为一时之纲领，初无正统之辨"②，正是概括地表述了这一思想。

司马迁从本纪中所提挈的这个天下大势的纲中，所要考察的"理"是什么呢？总括起来就是"德治—力治—德力结合、以德为主"这样一个概念。五帝三王纪重在德治，尧舜以德让，禹汤文武以德立国，桀纣厉幽失德而丧国；《周本纪》借祭公谋父谏穆王的一篇议论，申述先王耀德不观兵之所以盛和穆王以后不耀德之所以衰。《秦本纪》借秦穆公与由余的一段议论，申述儒家的《礼》《乐》《诗》《书》即使在黄帝创设时也"仅以小治"，到了当时，反不如夷狄之没有《礼》《乐》《诗》《书》为好，这是说从春秋时期开始的儒家学说已经逐渐不能适应天下大势的变化了。在诸侯争霸中，秦国以力兴起，统一中国后继续实行残酷刑罚，以致短祚而亡。项羽代之，沿而不改，故使"仁义长者"刘邦得"天统"而建汉。随之吕后无为而治，与民休息，汉文帝"专务以德化民，是以海内殷富，兴于礼义"，汉初社会又出现了空前繁荣的景象。总之，司马迁认为，随着天下大势的变化，治理国家的政策主张也必须相应变化。就总的趋势来说，用单纯的儒家、法家学说都不能长治久安，而完全放弃哪一种学说主张的做法也不可取，最后外柔内刚的"道"应运而生，说明必须注意施德于民，而绝不可一味逞力以行，这就是"理"。这个"理"为他在表序和其他地方的记述与评论打下了坚实的

---

① 《史通评·内篇·本纪第四》。
② 《〈太史公书〉知意》《秦本纪》和《序论三·挈宗旨》。

思想基础。

司马迁对历史的论述就局部情况来看也是在贯彻上述"纲"的意图。例如，在《齐太公世家》中，吕尚辅佐周西伯"阴谋修德以倾商政"，协助武王建周有功封于营丘，他"修政"使"人民多归齐，齐为大国"；桓公得管仲之佐，"修齐国政"，而为春秋始霸，与此相应记载，"是时周室微，唯齐、楚、秦、晋为强"；到景公时，则记晏婴使晋与叔向的私语，说"齐政卒归田氏"，同时世家记鲁有阳虎之乱，晋有六卿之乱；再后有田乞立悼公，田常执简公，立平公，"专齐国之政"，平公后康公二年"韩、魏、赵始列为诸侯"，康公二十六年"田氏卒有齐国，为齐威王，强于天下"。有关各诸侯和各世家的记载，都是这样在相应表述春秋战国时期大势的情况下，详细记述了各诸侯国发展变化的情势，据此司马迁又将这些内容表列为十二诸侯、六国两个年表，咫尺之间将诸种事势展现在人们面前。所以世家、表体也重在以本纪为纲表述天下大势。值得注意的是司马迁在《齐太公世家》的论赞中，从地理、民俗、经济、政治等几个方面提出齐桓公在春秋时的称霸是有其合理性的，明确表现了司马迁评述历史立足于"自然之势"的观点。

同样，列传也有在更小范围内表述天下大势的作用，如《伍子胥列传》，通过伍子胥一生的政治作为表述了吴、楚、越各国的"存亡之势"，并兼及包括秦、齐、晋等国的春秋末年的天下大势。《仲尼弟子列传》指出"子贡一使，使势相破，十年之中，五国各有变"，无疑也是着眼于春秋末年涉及鲁、齐、吴、晋、越变乱的时势。其他列传也以不同形式从不同角度表述了天下之时势。

综上所述，司马迁所讲的"势"实际上包括两个方面的内容：一个方面是指带有纲领性、规律性的事势发展的总趋势，另一个方面是指某些政治人物在他活动期限内作为他的历史背景的具体时势。时势是历史总趋势链条中的一环，是历史发展的横断面，因而更具有现实性。所以从"稽其成败兴坏之理"的角度来说，"势"也具有规律性和现实性的程度与性质的区别。因此，《史记》所说的"势"，实际上是历史发展的必然性和偶然性相结合的产物，是社会各种客观条件的交替综合，是各种社会力量、社会矛盾冲突的集中与概括。我们不能要求司马迁用今天的社会历史规律性的见解来阐述他的"理"，但他对历史发展趋势和具体形势的许多分析与论述，还是反映了从远古传说至汉初中国历史发展的实际，其中对社会经济和政治等内容的很多认识是深刻的，在思想上也是具有进步意义的。

二、"天"与"势"

《史记》中关于"天"的含义大致有三种。

一类是指自然的天，如《天官书》所记之"日月星辰""天变"。司马迁是古代一位杰出的天文学家，在认识自然天象与历数方面有很重要的创见。

一类是指"天"意、天命、天道，如《天官书》所叙的"形见应随"，《项羽本纪》中引项羽所说的"天亡我"以及《伯夷列传》有关对天道的评说等。关于这方面的记述中，除借天命之说寄寓讥刺之意以外，也表明司马迁受着"天人感应论"思想的影响。但这并不是主流，因此他也常结合具体事例对天道提出大胆的怀疑与质问。

另外，在绝大多数的情况下，作为一个历史学家，司马迁所指的"天"，乃是指天下事势及其发展的总趋势。剖析几个大家熟知的事例，可以看到司马迁的代"势"之"天"，包含如下的重要思想内容。

首先，在一个长时间里由各种社会力量、社会因素逐渐积聚而形成的历史发展趋势，如一种潜在的社会客观力量在左右人间世事，并对重要的社会变革起着强大的推动作用。《六国年表序》讲秦的"卒并天下，非必险固便形势利也，盖若天所助焉"，这个"天"就是指历史事势发展的总趋势。《史记》记述中当诸国把秦国"比于戎狄"之时，中原地区正开始经历礼崩乐坏、天子权力下移的过程，致使秦穆公迅速成为春秋五霸之一；当"海内争于战功"时，秦却在献公之后经过商鞅变法而"常雄诸侯"，在法家政治占主导地位的情势下，善于谋诈的秦自然会因利乘便，吞并天下。这样的"天之助"，就是指客观历史发展趋势在秦统一事业中所起的实际推动作用。

其次，当社会处于急速变化的时期，历史进程有可能突破它固有的格

北京师范大学史学探索丛书

局而呈现某种奇迹，于是事势的发展就会将一些本来不怎么显著的人物推上历史舞台，甚至使他们成为时势的主宰者。《秦楚之际月表序》称："岂非天哉，岂非天哉！非大圣孰能当此受命而帝者乎？"所谓"大圣"云云无疑是司马迁对刘邦此人没有真本事的深刻嘲弄。刘邦起于布衣，是"无土而王"，他之兴，既不是因为积"德"，也不是因为累"力"，只是在"五年之间，号令三嬗"的情况下捡了一个便宜，恰恰是秦没有分封，"堕坏名城，销锋镝"，为他登上帝位扫除了障碍。一句话，刘邦是借助于历史参错扰攘、急速变化的形势很快成就了帝业，这里的"天""受命"，就是指承受了社会有利的客观条件，顺从了历史发展的要求，同时也寓讥刺之意。

再次，历史趋势变化积聚的过程往往不为一般人所认识，只有真正贤能的人才有可能注意到事势的"幽明"状态，并能根据自己的观察以某种方式适当地预见到事势未来发展的某种结果。《田敬仲完世家》的论赞讲："《易》之为术，幽明远矣，非通人达才孰能注意焉！"并说田氏之所以"专齐国之政，非必事势之渐然也，盖若遵厌兆祥云"。中国古代以《易》术为基础的占卦，具有它既可知又不可知的神秘性，但是揭开它的神秘外衣，在某些情况下显示出来的就是一种事势之必然，因此它包含着一定的能够预卜社会事物发展的合理成分。这是因为古代的占卦在它的臆测、迷信之中，也积累着方士们对社会现实事物潜心钻探、揣摩、估量的经验，常也具有一定的辩证法因素。因此，占卦内容的神奇，却也正是"事势之渐然"在占卦者头脑中的反映。当然把占卦说得那么准确，其中自有妄人的附会、渲染，但不可否认，《易》术还是有它现实可取的一面。这就是说田氏之篡齐不仅是事势本身逐渐演进的结果，而且好像也是遵循人们早先预料的那样来发展的。司马迁出于他对《易》术幽明的认识，从而肯定了人们对社会历史发展趋势观察的某些预测，是对古代唯物主义哲学思想的一种发扬，具有积极的意义。

最后，一定的带有规律性的事势发展的客观力量是不可抗拒的，如果人们的行为不适合它发展的要求，即使是贤能的公子贵族、英雄豪杰，也不能成就事业以实现他们的理想和愿望。《魏世家》论赞说："天方令秦平海内，其业未成，魏虽得阿衡之佐，曷益乎？"这是说，信陵君虽贤，但他也阻挡不住秦国要完成统一六国大业的潮流。在这里，除了司马迁敢于正视现实的勇气之外，"天"正是他援以表述事势发展的借用语。总之，对司马迁在《史记》中的"天"要做具体分析，在涉及社会历史的具体问题时，《史记》的"天"在绝大多数场合下是指事势及其发展的客观存在。对此，刘咸炘曾说：

> 至其所谓天人之际者，亦非难解。史公虽承教董子，而所谓天人者实道家之言。盖谓古今之变，有非人力之所能为者，则归之于天。此所谓天，非有深意，即孟子所谓莫之为而为者。故秦之成则归之天助，项之兴则疑为舜裔，后妃之事则委之于命，此皆谲词，以明古今大变，有不可全以人力解者，势之成也。天人参焉。故曰际也。①

这段话的中心意思是势成即为天。古今变化的大事，凡不能完全用人的力量来解释说明的，那是由事势发展的结果所促成的。对司马迁讲的天助、舜裔、天命一类的话，绝不可确信而为真正的"天意"。司马迁在一种表面上看起来是唯心的外壳中，盛装的却是具有朴素唯物主义倾向的社会历史观的内容，以致往往不容易为人们所鉴识，而使他遭到过多依赖于神的指责。

三、"通变"与"势"

在"通古今之变"的思想指导下，司马迁要"原始察终，见盛观衰"，也是就事势发展的终始、盛衰而立论。

《史记》本纪、表、书、世家、列传五种体裁是互相贯通、相辅以成书的。如果说本纪勾画了从黄帝到汉武帝时代事势发展大纲的话，表则就这个大纲所涉及的具体内容做了综合性的序列和论述。十表最突出的是展示了各个历史阶段事势发展的规模，而其中的表序则就这个规模中所反映的

① 《〈太史公书〉知意》《秦本纪》和《序论三·挈宗旨》。

客观情势进行了切实的理论性剖析，更明显地表现了司马迁关于"势"的思想。

从十表看，司马迁将他所写的通史划分为春秋以前、春秋、战国、秦楚之际及汉代五个阶段。他明确论述了各个阶段事势的特点，以其深刻的观察力，创制了十幅使人"阅文便睹，举目可详"的表式，纵横交错，经纬分明。顾炎武曾说司马迁"胸中固有一天下大势"①，但他用以举例说明的只是《史记》描写战争形势之"曰东、曰西、曰南、曰北"②的表面，殊不知十表的创制更能表现司马迁胸中的天下大势。宋人吕祖谦说，《三代世表》是"所以观百世之本支"，《十二诸侯年表》《六国年表》《秦楚之际月表》《汉兴以来诸侯王年表》是"所以观天下之大势"，《高祖功臣侯者年表》以下四表，是"所以观一时之得失"，而《汉兴以来将相名臣年表》是"所以观君臣之职分"。③ 其实"百世之本支""一时之得失""君臣之职分"都是一种事势。《三代世表》除了表现"五帝三代皆出于黄帝"④之外，从表所列的夏、商、周三代世系的详略内容中，也可看出标志当时事势的某些发展变化，特别是此表的后半部分所列周代分封，成为十二诸侯的基础，更是关系第一个阶段事势的重要内容。汉初四表所谓"一时之得失"，中心是讲中央集权与地方分权势力的形成、矛盾及其相互斗争，这正是系于当时即第五个阶段的事势的突出政治问题。斗争的结果，至汉武帝以实行推恩令将侯王势力彻底削弱而暂时平息，中央集权是加强了，但司马迁认为其间所"得"之手段是不高明的，故总结说"形势虽强，要之以仁义为本"⑤，"一人有庆，天下赖之"⑥，实寓批评讥刺之意。《汉兴以来将相名臣年表》中"君臣之职分"，就是讲以君驭臣之事势。吕祖谦特别标出《十二诸侯年表》以下四表是讲天下大势的，这说明从事势的发展来看，此四表又是表的核心部分。

① 《大事记解题》卷一。
② 《大事记解题》卷一。
③ 《大事记解题》卷一。
④ 《大事记解题》卷一。
⑤ 《史记·汉兴以来诸侯王年表序》。
⑥ 《史记·建元已来王子侯者年表序》。

由此也可以证明司马迁所讲的事势又如前所说：一是讲整个天下历史长时期内起根本作用的事势；一是讲某一历史时期，或在某种范围内起局部作用的时势。据此，近人齐树楷将前者称之为"必至之势"或"根本盘固之定势"，将后者称之为"一时之趋势"或"偶然之势"。①

事势就是社会历史的一种客观的无形力量，即"势自有力存乎其间"②，而这种"客观的力量……是物质的自然和人为的（文化的，历史的）活动所加在一起而构成的"③。《史记》处处注意到这种力量的表现，比如，称礼、乐之随时代不同而变化为"自然之势也"④；讲经济问题时，在《货殖列传》中，司马迁首先将势表述为"道之所符""自然之验"，说明商业的发展、商人的出现以及人们追求财富欲望的产生都是事势之必然，其次又将势表述为"物之理"，指出在农业社会经营商业要注意观察天象，财货占有的差异对社会等级的形成有决定作用，也都是势之必然。司马迁特别强调"定势"之不可逆转，认为想把流通经济非常繁荣的社会倒退到老子所说的小国寡民时代去是根本不可能的，所以司马迁提出"善者因之"，或者"承敝通变"⑤"顺流与之更始"⑥等，就是主张人们顺应事势发展的自然来制定正确的政策措施，以求得社会历史的正常发展。

司马迁从历史经验中看到了物盛而衰、物极必反的许多事实，认为如果不能顺应事势的发展就会出现完全意想不到的结果。《平准书》的论赞提出"事势之流，相激使然"的观点，指的就是秦统一天下之后，不注意发展生产，而一味横征暴敛、竭泽而渔，结果耗尽了民脂民膏，把民众逼向死亡的境地，秦王朝本身也在民众的反抗声中被推翻了。原因就是它违反了事势发展的必然，以致使事态激化到不可收拾的地步，走向了事物的反面。在这里，司马迁是对应《平准书》开头叙述汉初繁荣之后而转变为武帝

---

① 齐树楷：《史记意·读法一》。
② 齐树楷：《史记意·读法一》。
③ 李长之：《司马迁之人格与风格》，219页，上海，开明书店，1948。
④ 《史记·乐书序》。
⑤ 《史记·太史公自序》。
⑥ 《史记·萧相国世家赞》。

好大喜功的情况而说的，这无疑是企图从理论性、规律性的高度，用历史的教训来向最高统治者敲警钟。

司马迁还注意到学术思想的发展变化也有它自己的必然。司马迁将老子、韩非合传，历来引起学者争议，为什么将两种表面看起来截然不同的学术思想标合在一起呢？其实，司马迁还是在揭示事势之必然。关于这一点，清代学者们有过一些很好的意见，如高嵣说："老庄之弊必至于申韩，道德之祸必流于刑名，乃时势相激使然。……史公合载一传，卓识千古。"①尹继美说老子之术"险"，庄子之术"忍"，"险与忍互至，而刑名之说立，此申韩学老庄，所以流于残忍刻薄而不自知也"；并说这也是"自然之势"，"自《史记》合传作，然后知流异而源同"。② 杨琪光则从政治方面着眼，指出："夫无为必不务修明其法制，官事寝以耗驰，而民玩盗恣，非严法乌足以己之。汉文景尚黄老，武帝时而酷吏兴于治，虽网密务诋严，亦势使然哉！"③也说是事势发展的必然。刘匹熊同样从汉初现实政治的角度指出"老子之无为，所以流为韩非之刑名也"④，所谓流，就是自然发展的趋势。高嵣、尹继美是从学术思想的内在联系说的，杨琪光、刘匹熊则着眼于政治措施的转换。或流或势，旨无二异。

司马迁作传重在社会政治，叙述学术也与政治的变迁相关。老庄申韩合传，实际是告诉人们，汉初政治所谓文景时的黄老之治与汉武帝时的严刑峻法本质上是一致的，而后者的出现是前者发展的必然。《平准书》讲武帝即位前后的变化，正是这种思想的具体阐述与发挥。《史记》记文帝时绛侯周勃出狱后说的"吾尝将百万军，然安知狱吏之贵乎"⑤以及记景帝时条侯周亚夫之饿死狱中，无疑是对道家政治险与忍的合理揭露。

同样，《孟子荀卿列传》之重在写邹衍，其用意正在于揭露那些政治上的阿顺苟合之徒。此等人物抛弃儒家的学术原则，追求利禄，为乱于世，

① 《史记钞》卷三。
② 《鼎吉堂文钞》卷一。
③ 《读〈史记〉臆说》。
④ 《经心书院续集》卷三。
⑤ 《史记·绛侯周勃世家》。

与真正的孔孟学说完全是两回事，所以司马迁感叹："自天子至于庶人，好利之弊何以异哉！"如果说汉武帝、董仲舒、公孙弘一齐进了司马迁此传隐面的人物谱，大概不为过分吧！司马迁实质上讲了儒术的古今变化，而且说明这也正是一种事势发展的必然。

四、"存亡"与"势"

《史记》中多有审度事势以影响天下存亡的记叙与评述，在这个如何对待与处理人的主观因素和社会历史的客观力量的关系问题上，司马迁杰出之处是强调了人谋对于历史发展的重要作用。

秦国的历史在《史记》中占有重要地位。商鞅变法是司马迁所充分肯定的，他将商鞅作为秦国历史上第一个重要人物载入列传，也是战国时期历史人物的第一篇专传，突出了商鞅在当时历史上的重要地位。在《秦本纪》中司马迁记载了秦孝公下的求贤令，显示了当时事势的发展对秦国的利害关系。商鞅入秦后与秦孝公的议帝、王、霸道及强国之术，以及与甘龙、杜挚的争论和后来与赵良的答对，都显示了商鞅的政治识见。在秦国处于或被六国所灭，或将六国统一这样严峻的历史转折关头，商鞅审时度势，推动秦孝公下令变法，打下了秦国强大的坚实基础，对中国整个历史的发展做出了重大贡献。商鞅变法促使秦国强大以形成统一六国之"势"，就是司马迁述评商鞅的主要立足点。

李斯在《史记》中是一个既受高度赞扬又受严厉批评的重要人物。李斯从荀卿学帝王之术，审察时势，看准了秦王欲吞天下称帝而治，遂西说秦王，主张握"机""因瑕衅"、不失"时"而"急就"，建议秦王"乘胜役诸侯，成帝业，为天下一统"，加上谏逐客、议焚书，从政治、组织、思想上为秦国制定了正确的政策措施，帮助秦始皇实现了天下的统一，有功于世。后因他"持爵禄之重，阿顺苟合"，听从赵高篡权，司马迁不能不对他有所贬斥；但对他"以闾阎历诸侯，入事秦，因以瑕衅，以辅始皇，卒成帝业"，还是充分肯定的。这正是立足于实现了天下统一和促使秦短祚亡国之"势"方面来评论李斯的。

韩信拜将后给刘邦做的对天下形势的分析，是审度事势的一篇精辟议论。他指出项羽只是匹夫之勇，妇人之仁，其强易弱，而其中心的一点是"名虽为霸，实失天下心"，指出人心向背是楚汉成败的关键，建议刘邦反其道而行之，顺应民心、军心和乱世英雄之心以争取胜利。刘邦特别欣赏并采纳了韩信的建议，历史的发展也基本上是按照这样的设想实现的。所以司马迁在军事谋略之外更加赞赏韩信的政治识见，并把这篇议论当作他作史时剖析楚汉相争形势的一个总纲。

司马迁称赞刘敬的脱挽辂一说是建万世之安，在这一点上谋多智广的刘邦也比不上刘敬。在选择建都地址的具体问题上，刘敬从历史沿革、政治演变、地形险阻、行为主动等几个方面，论述汉代只能建都关中，而不能建都洛阳。而其论述的意义不止于建都地址的选择，更重要的是对从周的先代以来到汉代立国时整个历史事势发展趋势的恰当分析，指出事势不同，对问题的处理也应各别，说明刘邦得天下"而欲比隆于成康之时"，是万万不可能的。刘敬关于选择都址必须注意"德""力"转化的历史发展趋势的观点，正是司马迁给予他充分肯定的重要思想依据。

这都说明，司马迁注意从"势"的角度评论历史人物，并以此衡量他们在关系天下存亡中的不同作用。司马迁认为，在象征着"天"的社会历史事势发展所形成的这种客观力量面前，人并不是被动的，不是无能为力的。相反，人们通过对地理环境、历史条件、社会政治现实的比较分析和通观研究，完全可以认识到这种客观力量的实际存在，并根据它的发展状况和自己的需要，提出正确处理当前紧迫问题的对策，以此在历史上建立功勋并推动社会继续前进。当然，在一定的历史条件下，也有人不愿意承认这种客观力量，或者可能采取一些错误的政策措施，结果与事势发展的要求背道而驰，这样，社会历史就会出现另外的局面，人们的努力就会遭到失败，司马迁借用贾谊的《过秦论》作为《秦始皇本纪》与《陈涉世家》的论赞，正表达了这样的意见。对秦国来说，其历史之所以出现"攻守之势异也"的不同结局，原因就在于它是顺"势"还是逆"势"。司马迁从关系天下存亡的角度，在寻求正确认识"天"人之际这个命题的经验教训中，为人们提供了深刻的理论思想和长远的有益借鉴。

司马迁认为，虽然人的智谋能认识并服驭事势发展，但历史并不都为一切具有智谋的人提供合适的条件。相反，有些平庸之辈却可以在事势发展的激流中成为历史的英雄，因此可以说，司马迁亦有所谓"时势造英雄"的思想。在《范雎蔡泽列传》的论赞中，司马迁说："韩子称'长袖善舞，多钱善贾'，信哉是言也！范雎、蔡泽世所谓一切辩士，然游说诸侯至白首无所遇者，非计策之拙，所为说力少也。及二人羁旅入秦，继踵取卿相，垂功于天下，固强弱之势异也。然士亦有偶合，贤者多如此二子，不能尽意，岂可胜道哉！然二子不困厄，恶能激乎？"范雎、蔡泽二人的智慧司马迁还是肯定的，但他无意中揭示了事物既有它的必然性，也有它的偶然性，在偶然性中包含了事物的必然性。司马迁指出，由于"强弱之势"的不同，使这两个人功成名遂，虽然在"偶合"中也有他们主观上的原因，更主要还是由于事势发展的推动。类似的看法，司马迁也表现在对其他人物的评论上。例如，说项羽"无尺寸，乘势起陇亩之中，三年，遂将五诸侯灭秦"，魏豹、彭越"喋血乘胜"，韩王信、卢绾"徼一时之权变……遭汉初定"，以及萧何的所谓"依日月之末光"，樊郦滕灌"附骥之尾"，和后来袁盎"遭孝文初立，资适逢世"，公孙弘"遇时"等，其中有的确系称述，有的微寓讥刺，尽管用辞不同，但总体来说这些人都因乘势而立功的意思却是一样的。这些英雄人物在天下存亡之势中建立了业绩，而天下的存亡之势也使这些人成就了功名，应该说，司马迁对人物评论的一些认识是现实的、辩证的。

司马迁关于"势"的思想，是对先秦诸子唯物主义哲学的继承和发扬，比如，《易经》《老子》《荀子》等体现的哲学思想，都对司马迁有着深刻的影响，重要的是司马迁能够运用这些思想来考察人类社会的历史，并根据他对现实社会的分析研究提出自己对社会历史发展认识的独到见解。司马迁《史记》的撰述，为人们进一步正确认识人类社会的历史提供了宝贵经验，因而在中国史学的发展上占有非常重要的地位。

司马迁关于"势"的思想，接近于形成一种社会历史发展规律性的认识。当然这个"规律性"，绝不会具有我们今日所理解的科学内容，但是他关于在人的主观因素之外存在着社会历史的客观力量、这种客观力量对历史的实际发展具有一定的支配作用、人们只有顺应这个客观力量才能取得事业的成功和发展，以及人的智谋可在一定的历史条件下作用于这个客观力量的见解，都是较为深刻的思想，是非常可贵的。

司马迁关于"势"的思想，反映了在处理复杂的社会历史问题时人们的积极进取精神，反映了新兴地主阶级要求更好地总结历史经验、顺应社会历史发展规律、建立稳固统治的愿望，这是应该予以肯定的。

第二章 《史记》的体例与"通变"

《史记》是纪传体史书，它包括本纪、表、书、世家、列传五种体裁。[①]司马迁撰写《史记》，其史学思想的核心是"通变"。如何认识《史记》的五种体裁，表现在各种体裁中的"通变"思想有什么不同特点，是本章拟为探讨的问题。

一、本纪所表现的"通变"思想

关于《史记》的五种体裁，历来有不同的理解，但如何理解才符合司马迁的原意，却是一个重要问题。比如，按司马贞的解释，本纪除指出依照事实加以综理之外，还包含要使整理的帝王事迹成为后代纲纪的意义。张守节在解释时，首先引出裴松之的"天子称本纪，诸侯曰世家"，然后说：将所统理的众事，依天子之世系分别连缀在它相当的年月上，就是本纪。司马贞和张守节二人都强调本纪必须与帝王、天子相联系。

《史记》三家注，是现存最早关于《史记》的注释，在很多问题上三家注提出了一些有价值的见解，为人们解决了不少疑难问题，在《史记》学的发展史上做出了它应有的贡献，但不可否认三家注有它时代的局限，它的某些解释并不一定符合司马迁的原意，这是我们在研究时应予以特别注意的。关于本纪，司马迁自己说："罔罗天下放失旧闻，王迹所兴，原始察终，见盛观衰，论考之行事，略推三代，录秦汉，上记轩辕，下至于兹，著十二本纪，既科条之矣。"[②]在这里，除了提出的史料学、编纂学的原则之外，着重于表明要从发展变化的总角度来考察"王迹所兴"在社会历史过程中的影响和作用。所谓"王迹所兴"，其本身就是一个历史过程，"王"则可以包括帝王、天子，但司马迁绝不是仅仅着眼于帝王。因此从实质上来

---

① 关于体例与体裁的分别，依白寿彝先生说，见《史记新论》。
② 《史记·太史公自序》。本书所引《史记》原文及三家注，均见中华书局点校本。

说，裴松之所说"天子称本纪"，刘知幾所说"以天子为本纪"①，一直到清代学者所说的"列天子行事以本纪名篇"②等，都不完全符合司马迁的原意。特别是刘知幾反过来还指责司马迁"求名责实，再三乖谬"，更是以己意强加于司马迁，难道"姬自后稷至于西伯，嬴自伯翳至于庄襄"，不正是考察"王迹所兴"之必需？所以，从总体上讲，十二本纪的任何一篇都不存在所谓"破例"的问题，重要的是我们绝不可拿《汉书》以后对本纪的正统解释来理解司马迁。

历史上还有其他学者提出了对《史记》本纪的理解。宋人林駉提出了"子长以事之系于天下则谓之纪"③的原则，并指出司马迁给秦始皇、项羽、吕后立纪，正是依据了这个原则，是完全合体的。林駉由于摆脱了"以天子为本纪"的思想羁绊，就得出了与裴松之、刘知幾不同的结论，这种思想是很有价值的。刘咸炘又前进了一步，他认为本纪之所以能成"一书之纲"，是因为本纪集中体现了一个时期内历史发展的大势，而不管所能体现这一大势的是"王、伯、帝、后"④中的哪一种人。刘咸炘也破除了正统观念，在深化的基础上揣摩了司马迁的原意，并视将项羽、吕后作纪为创例，称得上有历史的识见。近人吕思勉也表示了与刘知幾等的歧议，认为"必天子而后可称纪；纪必编年，只记大事；每事又止以简严之笔，记其大纲，此乃后世史体，不可追议古人"，并指出"正统偕伪之别，亦后世所有"。⑤ 这是一个带有总结性的对《史记》本纪的精确评语。后代儒家正统思想，自班固开始有上述这种陋见，然而除天子以外谁也不能入于本纪恰恰是对司马迁创例意图的篡改。

林駉、刘咸炘、吕思勉等人的解释，有利于阐发司马迁创设本纪的真意。司马迁的意思是要通过本纪，将王迹兴衰的原始根据行事的实际，详略有别地区分不同的时代加以梳理，其结果是突出并记述了某一历史阶段

① 此与下引二处刘知幾说，均见《史通》卷二《本纪篇》。
② 晏世澍，见《沅湘通艺录》卷二《太史公本纪取式吕览辨》。
③ 林駉：《古今源流至论》后集卷九《史学》。
④ 《史学述林·史体论》。
⑤ 《史通评·内篇·本纪第四》。

时势主宰者的事迹，并以此作为认识整个历史的一个纲要。因此，《史记》的本纪是从根本的政治性质上来表现其"通变"思想的。

《史记》十二本纪大体上可以分成三类：从《五帝本纪》到《周本纪》四篇为一类，从《秦本纪》到《项羽本纪》为一类，《高祖本纪》以下五篇为一类。

前四篇的记述内容，主要表现了儒家理想中德治的兴衰。儒家祖述尧舜，讲三代必须从尧舜讲起。但尧舜的由来也应该有个发展过程，故必须追溯到黄帝，"乃所以著尧舜所自出"[1]，正是《史记》记述始于黄帝寓意的一个重要方面。《五帝本纪》重在记述尧舜的禅让，最后说："自黄帝至舜、禹，皆同姓而异其国号，以章明德。""明德"二字实是司马迁对五帝三王政治的总断，夏、殷、周本纪都以揭示德治的兴衰为关键。中三篇，司马迁依据"王迹所兴，原始察终"的思想，写《秦本纪》"自伯翳至于庄襄"，正在于要揭示秦之所以能灭亡六国有一个很长的历史发展过程，借以说明从"以德"过渡到"以力"并不是一朝一夕之故。秦始皇统一中国，"成功大"，但由于其残暴政策，很快就亡了国。秦国两个本纪写来，"得之难"与"失之易"的对比就非常明显，以司马迁"见盛观衰"的思想来看，也重在说明法治走向极端实不足取。以德力而论，项羽、始皇是等同的人物，一以惨急并天下，一以强暴霸诸侯，与三代修德、人心自附的情况完全是两样。后五篇，先以人心向背立论，说明刘邦宽仁与秦始皇、项羽恰恰相反，故刘邦适时而成帝业，转变而为黄老之治，由是司马迁肯定吕后"政不出房户，天下晏然，民务稼穑，衣食滋殖"，称颂汉文帝"专务以德化民，是以海内殷富，兴于礼义"。在《孝文本纪》论赞中又回顾说："汉兴，至孝文四十有余载，德至盛也。"其后景帝继之。司马迁在这里所歌颂的德，已经不是先秦的儒家政治，已转变为无为而治、与民休息的道家政治了。道家外柔内刚，从实际措施来看，则为德力结合，实则偏重于德的一种政治主张。至此，本纪所体现的依据天下大势分析而得出的主要"通变"思想，以其具有决定性的社会基本政治性质而言，正可以成为全书著述的大纲，这是符合体例的要求的。

北京师范大学史学探索丛书

---

① 《史记会注考证》所引日本学者岛田重理语。

二、表的意义与作用

司马迁在《自序》中说，"并时异世，年差不明，作十表"，这只是表明了一个基本意图，即要把同一时期内发生在不同国家和地区的历史事件，以不同的纪年记载下来，整齐划一地表现出来。时间是构成历史的基本要素，但仅仅从时间观念上来认识司马迁作表的价值还是很不够的。《史记》表的意义与作用，可以概述为三个方面。

(一)提纲挈领地表现历史内容

《史记》之有表，有人比作"犹衣裳之有冠冕，木水之有本原"①，有人比作"犹地理志之有图经，族谱之有世系"②。牛运震还说："年表者，所以较年月于列眉，画事迹于指掌，而补纪传书志之所不及也。"这就是说，表既可以把《史记》其他四种体裁的内容提纲挈领地表现出来，也可以把其他四种体裁不便记、不能记、没有记的内容同样表现出来。比如，《高祖功臣侯者年表》和《建元以来侯者年表》，分别把一百多人和七十二国受封者的功绩、履历、官爵、封邑、传国、失侯等内容，详悉具备地表述出来，这就大大省却了为他们各自立传的烦琐。司马迁作世家和列传，其取材原则重在"天下所以存亡"，因之，只记载具有特殊功绩、有特殊意义的人物及其事迹。这样，写入世家、列传的人物从整个历史来讲毕竟是少数。但如果只有世家或列传，要么所有同样情况的人物都记述，要么把一大批人物丢在史册之外。都写自然就繁杂，不写有些重要人物又名不见史册，失掉史书的记载之功。司马迁设表，把这些人物的基本情况排列出来，一目了然，两者兼备，其功效是显而易见的。

(二)简要明晰地揭示天下大势

牛运震说，"表以著年以事附之，自宜摘其会盟征伐兴衰成败大事列于篇，要以简要明晰为贵，一切闲文细事，均宜从略"。这一点自应成为

---

① 郑樵：《通志·总序》。
② 牛运震：《史记评注》卷三。下引牛运震语同。

作表的基本要求。比如，《十二诸侯年表》所记的主要是春秋时期的周天子以及十三个诸侯国的立国、受封、传代、世事、灾异、存亡的情况，而其中一些主要国家，《史记》都已为之设本纪或世家，分别来看，它们各自的发展线索都很清楚，但如何将本纪、世家所记述的内容综合在一起，以表现一个时期总的历史面貌以及它们之间相互构成的天下大势，却是需要解决的课题。司马迁设表，正是为了顺利地实现这一目的。刘知幾说得好："太史公之创表也，列行萦纡以相属，编字戢孴而相排，虽燕越万里，而于径寸之内犬牙可接，虽昭穆九代，而于方尺之中雁行有序，使读者阅文便睹，举目可详，此其所以为快也。"①这正是对这种简要明晰地揭示天下大势的称颂。

（三）经纬纵横地创为"无言之文"

例如，《六国年表》载有周同七国在同一年发生的事件（见表1）。

表1　《六国年表》（节选）

公元前403年	周威烈王二十三年	秦简公十二年	魏文侯斯二十二年	韩景侯虔六年	赵烈侯籍六年	楚声王当五年	燕湣公三十一年	齐康公贷二年
	九鼎震		初为侯	初为侯	初为侯	韩、赵、魏始列为诸侯		宋悼公元年
公元前376年	周安王二十六年	秦献公九年	魏武侯十一年	韩哀侯元年	赵敬侯十一年	楚肃王臧五年	燕厘公二十七年	齐威王因三年
			魏、韩、赵灭晋，绝无后	分晋国	分晋国	鲁共公元年		三晋灭其君

表列同一年中周与七国所发生的重要事件，根据义例可知，周栏内书"九鼎震"，表明周天子的地位因三家分晋已经下降到更为虚弱，楚栏内所书，说明楚国旧势力还强大，如不奋起而变革修政，对周将是严重威胁，

---

① 《史通·外篇·杂说上第七》。

齐栏内与前已书"晏婴与叔向论齐晋季世"相应，说明晋权既归韩、赵、魏，齐权亦已归田氏，故前此于公元前 386 年、公元前 379 年、公元前 378 年都有清楚的记述，表示三家灭晋的同时，田齐已灭姜齐。由于战国时齐灭宋，楚灭鲁，故低一格在齐、楚栏内标明宋、鲁的世系年号，以与《十二诸侯年表》相续。又如把自然灾异都记入秦栏，一方面表示出现在秦国境内；一方面表示天运所归，秦最终得有天下。所有这些，"横行直属，正书旁注"，都具有融会贯通的好处，好似形成了"文章之间架结构"。司马迁的创造功力，使他的史表成为没有华丽言辞而叙事清楚、立意明确的瑰玮文章，"殆所谓无言之文乎"！①

《史记》十表主于纪年，也记世、记月，所以月表、世表只是年表的详略变体。从时间上来说，《十二诸侯年表》《六国年表》《汉兴以来诸侯王年表》三篇纪年相接，起共和元年至汉武帝太初四年，凡七百四十一年，成为史表记事的主体，其他各篇均可视为与此三篇或首尾衔接，或从中分离而出的。所以综观十表，"如天孙云锦，丝牵绳联，绮回绣合"②，其结构甚为细密，合看起来，自然能够收到贯通古今的效果，这是其他体裁所不及的。

司马迁在创制史表的同时，借为诸表作序，系统而深刻地阐发出自己综观天下大势的"通变"思想，使这一部分内容别具特色，而形成《史记》记事评述的又一精华，为人们所传诵。尤其值得注意的是，司马迁将从黄帝至汉武帝期间的社会变化，依其实际，区别为不同的阶段，具体而鲜明地显示出他关于历史发展阶段性的思想，在我国史学的发展上具有重要意义。司马迁在十表中将通史划分为春秋以前、春秋、战国、秦楚之际、汉代五个阶段，并在相关表序内指出各阶段的主要特点，将评述的侧重面放在后四个阶段，即春秋时期是"周之衰，礼乐征伐自诸侯出，事由五伯"，战国时期是"务在强兵并敌，谋诈用而纵横短长之说起"的诸侯相互混战，秦国崛起而统一六国。司马迁分析战国时期特别提到"天助"，即表明这是

---

① 上引三处均为牛运震语，然最先称史表为"无言之文"者，当系明人钟惺。

② 潘永季：《读史记札记》。

历史形势推动而出现的必然结果，并肯定了历史的进步。尤为突出的是司马迁把秦二世元年至汉五年划分为一个历史阶段，因为他认为这是"自生民以来，未始有受命若斯之亟也"的、历史上的一个重要转折时期，他指出秦国的废分封、销锋镝恰好成为刘邦成事的条件，阐发出汉兴符合历史发展的趋势。汉兴以后的第五个阶段，中心是"先王之制封建，本以安上而全下，故惟小弱，乃能奉职效忠"，说明了中央政权与地方势力的此长彼消的过程。综读十表，可以看出司马迁关于划分历史阶段性的缜密的思考能力与严格的求实精神。司马迁的认识是，三代突出德盛，春秋时从德衰转为力征，诸侯争霸，战国时讲究谋诈导致秦的统一，秦国暴政而陈涉发难，最后刘邦得天下，吸取秦的教训推行封建，其后又逐渐加以削弱，以至建立了强大的中央政权。司马迁历史观察与辨识能力的卓绝，我们不能不为之赞叹。

三、书的"承敝通变"

《史记》的书，司马贞解释为"记国家大体"是对的，因为八书所记的内容确系涉及国家重要制度和根本利益的大事。司马迁在《自序》中说："礼乐损益，律历改易，兵权山川鬼神，天人之际，承敝通变，作八书。"因此，书这种体裁所表现的"通变"思想，主要是通过记述国家政治、经济制度反映出来的，究其实际，包括如下特点。

第一，在维护等级制的强烈思想的指导下，探究礼乐律历等的历史变化，较之其他体裁更富于指陈现实的浓郁色彩。司马迁作八书，撇去存于有司的具体典礼制度不论，而注意阐发人的行为准则对社会现实政治的重要作用，所以清人周济说"是知八书用意，专在推明本始，著隆替之效，以垂法后王"①，就是这个意思。

司马迁在《礼书·序》②中认为礼仪可以"宰制万物，役使群众"，"人

---

① 《味隽斋史义》卷一。
② 《礼书》《乐书》《律书》，依张晏说，均在"有录无书"之列。此后历代学者争议不一，但一般认为此三书序仍为司马迁原作。姑从此说。

道""规矩"可以"总一海内而整齐万民",因此就必须防止社会上出现礼仪方面的"淫侈"与"凋敝"现象。评述中,司马迁肯定了孔子的"必也正名",秦国依古所采礼仪的"尊君抑臣,朝廷济济",汉景帝时晁错的"明于世务刑名",以及汉武帝"因民而作,追俗为制"而为汉家礼仪建立"典常"等客观事实的积极意义。实际上,司马迁所肯定的是一种为维护大一统及等级制的依时变革、"承敝通变"的思想。在《乐书·序》中,司马迁同样强调"人道",并认为乐兴应以德盛为基础,由于乐所具有的"补短移化,助流政教"的作用,所以上行下效就是一种"自然之势"。他从历史变化的经验中认识到,为了防止最高统治者的极意声色,恣心长夜,大臣应该强谏,而不应一味迎合。因此,司马迁一开始就发出的"至于君臣相敕,维是几安,而股肱不良,万事堕坏"之叹,与其他如《律书》《封禅书》《河渠书》一样,其指陈时政的深意无疑是非常明显的。

第二,借以阐发"天人"思想。司马迁"天人"思想之"天",有自然、事势、感应的不同意义。八书之立意,司马迁自己特别强调"天人之际",确有其重要性。司马迁是位史学家,但同时也是当时的一位自然科学家,尤其是一位伟大的天文学家。《天官书》记载了他对天文学研究的重要成就,不可否认,其中也反映出他不可避免地受到"天人感应论"的影响,这是不必讳言的。但重要的是司马迁不仅在评述礼乐制度时强调了"人道",在议论天与人的相互关系时,也突出了人的行为的能动作用。他说:"国君强大,有德者昌;弱小,饰诈者亡。太上修德,其次修政,其次修救,其次修禳,正下无之。"在"天变"面前强调了统治者修德、修政的重要作用。他也揭露了星占家的手法是"以合时应","因时务论其书传","与政事俯仰",且说他们"其文图籍机祥不法",这又表现了他不断摆脱星占术影响所做的巨大努力。

第三,从总结"物盛而衰"的经验出发,反对"与民争利"。《史记》八书,应该特别提到《平准书》所表现的关于"通变"的光辉思想。该书论赞提出了司马迁甚有价值的分析经济问题的重要观点,他认为货币兴起于"农工商交易之路通",殷周时绌末防利的一些经济措施也因"时极而转"发生了变化,于是齐用管仲、魏用李克所采取的经济政策对富国强兵有极重要的意义。他说:"自是之后,天下争于战国,贵诈力而贱仁义,先富有而后推让。故庶人之富者或累巨万,而贫者不厌糟糠,有国强者或并群小以臣诸侯,而弱国或绝祀而灭世。以至于秦,卒并海内。"这表明司马迁认识到秦的统一天下与其所建立起来的强大经济实力有关,而秦之所以灭亡,也有其经济上的原因,那就是由于穷竭天下的资财、为所欲为,而出现了"外攘夷狄,内兴功业,海内之士力耕不足粮饷,女子纺绩不足衣服"的局面。司马迁以此认为物盛而衰,正是事物发展的趋势所激化而必然形成的,不足为怪。这就将他的历史观建立在了较为符合实际的基础上。除了论赞追述历史以外,《平准书》正文与其他各篇不同的是专讲汉代,尤其是武帝时的财政状况。司马迁将财政的收支和整个国家的政治措施,包括决策、吏治、用兵、选举、学术等联系起来,勾画出一幅社会历史面貌的生动图景,并集中揭露汉武帝的均输平准、盐铁专营、算缗告缗等措施是"与民争利",并对推行这些政策的主要官员桑弘羊、张汤、公孙弘等投以犀利的批判。司马迁触及现实政治的无限勇气,使他的《平准书》放射出耀眼的光芒。

四、拱辰共毂的世家

除本纪外,世家也是有争议的体裁之一。司马迁在《自序》中以"二十八宿环北辰,三十幅共一毂,运行无穷"来比喻他所写的三十世家,其主要意义就在于"辅拂股肱之臣配焉,忠信行道,以奉其上",这是再清楚不过了。但历代学者解释世家的本义多停留于字面,一般都局限在"开国承家,世代相续"上,所以司马贞说"世家者,记诸侯本系也,言其下及子孙常有国",张守节说"世家者,志曰谓世世有禄秩之家,案累世有爵土封国",清人赵翼《廿二史札记》卷一也说,"王侯开国,子孙世袭,故称世家"。由于有"开国承家,世代相续"之义,所以清代浦起龙作《史通通释》时也说,"由周以来,五等相仍,当子长时,汉封犹在,故立此名目以处夫臣人而亦君人者"。这些人见表不见里,均不得司马迁立意的真谛,对此朱东润有一段极好的批评:"凡能拱辰共毂,为社稷之臣,效股肱辅弼

北京师范大学史学探索丛书

之任者，则史迁入之世家，开国可也，不开国可也，世代相续可也，不能相续亦可也；乃至身在草野，或不旋踵而亡，亦无不可也。明乎此而后可以读《史记》。"①由此可以看出，司马迁是以承认天子在国家政治和社会历史内的中心地位而创设世家这种体裁的，于是，这一体裁的"通变"思想，是以强调国家统一、强调中央集权、强调社会安定为特点的。

三十世家，自《吴太伯世家》以下至《田敬仲完世家》十六篇，写的是贵族诸侯，其性质都是周室的屏藩之臣，这一部分是编年记事，形式上与本纪没有什么不同，所以"一篇之中，上下千百年，既以一国之事详载，更或他国之事互入"②，在地位上自然比本纪降了一等，但分别来看，司马迁是注意于以此来表现列国发展的大势。关于孔子列入世家，历代学者议论纷纷，说孔子没有仕于周室，为什么要列世家呢？其实，司马迁是肯定孔子希望加强天子地位的思想，并因此肯定他为后代的拨乱反正、维护一个统一局面而制定了一套仪法的作用，即建立起了礼乐盛行，《六艺》显扬，所谓儒家的列君臣父子之礼、序夫妇长幼之别这种百家不可改易的统纪，因而也为汉家制度立下了大经大法。孔子"身系周室之岁时，功在汉家之社稷"，其事迹的记述是完全符合列于世家的要求的。司马迁同样是以"世家之义"来评论陈涉的，殊不知陈涉的发难正起了为刘邦得天下的开路先锋作用，在这个意义上，他同样也是"拱辰共毂"的。司马迁十分恰当地肯定了陈涉在历史上的地位，将他作为一个开创新时代的人物来看待，其功绩正在于"其所置遣侯王将相竟亡秦"，最后真正维护和实现了国家的统一和安定。自萧何至周勃五篇世家，写的是汉代开国的社援之臣，辅弼股肱，他们都是最名副其实的。余下还有七篇世家，记述的全属汉家宗戚，其"藩辅""股肱"的作用也是不言自明的。吴王濞、淮南衡山王只入列传而不入世家，就是因为他们"不务遵蕃臣职以承辅天子，而专挟邪僻之计，谋为畔逆"，倡乱反抗中央朝廷，破坏统一、集权、安定的局面，自不应归属于拱辰共毂的范围了。

① 《史记考索·史记纪表书世家传说例》。下引朱东润语亦见此篇。
② 吴见思：《史记论文》，第三册。

世家所表现的"通变"特点，集中反映了司马迁所主张的大一统思想，这是具有强烈的时代特色的。从实际内容看，三十世家的任何一篇，也不存在所谓"破例"的问题。

五、列传"通变"的特点

列传，是纪传体史书极其重要的组成部分，它比之《史记》的其他体裁，有着更为生动活泼、绚丽丰富的内容，是司马迁史学思想赖以驰骋的广阔天地。司马迁概括说："扶义俶傥，不令己失时，立功名于天下，作七十列传。"扶义俶傥，既提出了判别人物行为政治道德方面的是非标准，又显示出与最高统治者和社会正统舆论评断上的某些区别。因之《索隐》只提"叙人臣事迹，令可传于后世"，就不足以表现司马迁观察处理社会历史问题时所做的深刻思虑这一性质。对此班固可说是非常敏感的，他基于《货殖》《游侠》二传，诋毁司马迁，"退处士而进奸雄，崇势利而羞贱贫"，足见扶义俶傥与正宗史家观念上的明显差异。不过明人李贽说得好，"班氏以此为真足以讥迁也，当也，不知适足以彰迁之不朽而已"①，李贽认为班固所要批评的，正是司马迁思想的光辉之处，这话是说得非常公正的。

人们往往以释经之传来解释《史记》的列传，如刘知幾说："《春秋》则传以解经，《史》《汉》则传以释纪。"②章学诚也说，《史记》之有列传，好比《春秋》之有《左传》，"则皆取足以备经、纪之本末而已"③。其实列传之传与释经之传还是不同，二者的主要区别在于是否专写人物，而以列传专写人物则是从《史记》才开始的。《史记》的列传虽然是写人物，但不专记人物生平，而重在通过写人物事迹以表现历史，也由于需要阐明某一事理而命笔作某篇。历史上这么多人，每人这么多事，司马迁七十列传为什么这样选择安排，确有其运筹的深意。所以司马迁作传的严谨、庄重、缜密，

北京师范大学史学探索丛书

---

① 李贽：《藏书》，第 4 卷，北京，中华书局，1974。
② 《史通·内篇·列传第六》。
③ 《亳州志、人物表例议》。

"其所谓一出一入，字挟千金"①，是需要很好加以研讨的。

《史记》的列传，主要是通过对各个不同时期人物行为作用的记述与评论来表现其"通变"特点的。比如，列传写战国时期的人物，第一个专篇就是《商君列传》，这就突出了战国中期秦国的历史转变及商鞅变法在其中的作用，接着通过为商鞅以后直到李斯这中间众多的秦史人物作传，记述了秦国政治上的不断强大和军事上逐步统一六国，以及秦王朝建立前后的政治思想状况和它迅速灭亡的过程。同时又通过四公子、屈原、廉颇蔺相如等传，使人们看到了六国内部势力的消长及其与强秦关系上的各种变化。所有这些，均以丰富的事实充分说明了战国时的天下大势、各种人物的纵横捭阖和秦国兴亡的经验教训。以同样的手法，司马迁在列传中也相应地记述了春秋时期、秦楚之际、汉代的人物和重大历史事件。在所有这些记述中，司马迁强调了圣君贤相、智谋奇计、社会各种人物各个阶层、经济、政治、军事、学术乃至某些自然科学成就以及民族关系等各方面对于社会历史发展的重要作用，司马迁的历史观是全面而且深刻的。

在列传中，司马迁注意到人物的成就事业需要一定的历史条件，他认为并不是所有有智谋的人都能在历史上做出贡献的。相反，有时即使"才能不过凡庸"如周勃那样的鄙朴人，却可做出大事业来。因此，一个人要想在历史上成就事功，就必须"得时无怠"，认清形势，抓住时机，顺应历史潮流，下决心去做，司马迁强调乘势以立功的思想有着重要的意义。同时，司马迁评价历史人物"立功名于天下"时，常常是褒贬适中，爱憎分明的。以汉代人物而论，如陆贾对刘邦的"时时前说称《诗》《书》"及出使南越，刘敬的"脱輓辂一说，建万世之安"，袁盎的维护礼教，"常引大体慷慨"，张释之、冯唐、汲黯等的敢于直谏，"守法不阿意"，记述时甚具褒义。万石君石建的恭谨，武安侯田蚡的专横，公孙弘的阿谀，"习文法吏事，而又缘饰以儒术"，张汤的虚伪，"决大狱，欲傅古义"，记述时均加贬斥。有时同一个人物既有褒又有贬，称颂表彰与揭露批判共存，事迹叙述与时政评议并出，蔚为壮观，给人以无限的启示。

---

① 何良俊：《四友斋丛说》卷五《史一》。

在人物评议中，司马迁通观历史的发展变化，具有更为广阔的视野，使他得以违异封建统治者的某些政治道德原则，局部地突破儒家礼教的樊篱而得出自己的结论。他关于社会经济状况对历史发展所起作用的论述，关于社会法律道德与国家政局稳定关系的探究，关于维护中央集权与处理民族关系以扩大国家统一的思想，都是独具只眼的。例如，《史记·货殖列传》就是我国历史上第一个系统地记述社会经济史实的专篇。在这里司马迁认为，人们为了满足自己生活需要在劳动中产生的社会分工，以及由此而形成的生产与交换，建立了整个社会活动的基础，他出于富利思想，主张在注意农业的同时，要强调重视发展商业，以及由此而产生的为商人争取社会地位的"素封"论，并为商业经营家树碑立传、大唱赞歌等，应该说都是一种极其宝贵的社会历史观。在汉初打击商人，汉武帝又实行经济垄断政策的时代条件下，司马迁主张"善者因之"，敢于提出自己对经济问题的看法，是有巨大的理论勇气的。从后来整个中国直到近代的经济发展情况来考察，应该承认他的这些思想和理论是具有积极进步意义的，必须给予肯定的评价。

我们看到，《太史公自序》中司马迁评论本纪所述关于"原始察终，见盛观衰"的思想，同样已经贯穿于其他各种体裁之中。而各种体裁"通变"思想的特点也不是彼此孤立，而是互相配合、紧密联系的。本纪侧重论述政治性质的转变，表侧重阐发天下大势及其历史发展的阶段性，书侧重说明重大制度的演进并指陈现实，世家侧重肯定维护国家的统一和安定，列传侧重表现各种人物行为对于历史发展所起的作用，几种体裁相得益彰，融合为一个整体，表述出丰富的历史内容，蕴含着深邃的思虑，其功效历久不息，使《史记》开创的纪传体史书体例，延续于后代，彪炳于千古，而为我国史学的发展树立了丰碑。

第三章 《史记》与中国史学的自觉

中国史学的自觉起始于何时，这在学界的认识上是有分歧的。一般认为这种自觉应起始于中国的第一部史学理论著作《史通》，我则认为应该起始于司马迁的《史记》。故此，试将我的一点不成熟看法陈述于下，以求教于方家。

一、五种体裁的意义

《史记》开创由本纪、表、书、世家、列传五种体裁组成的纪传体史书体例，就是一种在"史学领域里有意识地要'成一家之言'"①的明确表现。司马迁自己是这样说的：

> 罔罗天下放失旧闻，王迹所兴，原始察终，见盛观衰，论考之行事，略推三代，录秦汉，上记轩辕，下至于兹，著十二本纪，既科条之矣。并时异世，年差不明，作十表。礼乐损益，律历改易，兵权山川鬼神，天人之际，承敝通变，作八书。二十八宿环北辰，三十辐共一毂，运行无穷，辅拂股肱之臣配焉，忠信行道，以奉主上，作三十世家。扶义俶傥，不令己失时，立功名于天下，作七十列传。②

司马迁考虑到，他要撰写出一部囊括古今、包罗万象的中国通史，就必须创制出一种"取各种史体之长的综合体"的史书体例，来表述出百科全书式的社会历史内容，不然他是不能够完成他给自己提出的任务的。尽管《史记》采用的五种体裁在它以前各有其雏形，但是司马迁加以继承的时候

---

① 白寿彝：《中国史学史》，第 1 册，50 页，上海，上海人民出版社，1986。
② 见《史记·太史公自序》。

也并非简单地采择而加以拼合，而是进行了极其慎重的改造，并赋予它们以新的内容、新的意义。由此可知，在中国史书编纂体例的发展过程中，《史记》纪传体史书体例的形成不是盲目的、无意识的，而完全是一种非常自觉的行为。《太史公自序》中的这段表述，正是这种自觉行为的具体阐述。司马迁是要通过"网罗天下放失旧闻"的各种历史资料，记述出"王迹所兴"的历史演变过程，同时运用"原始察终，见盛观衰"的方法，"论考"出诸多"行事"的发展变化，采取详今略古的手段，展示当今社会的风貌，从中取得可资借鉴的经验，促使当时的社会能够长治久安。因此，他以"科条"好的十二本纪作为全书的总纲，并以十表来展现不同时期、不同地域间的社会变化及其相互联系，以八书来展现各种重要社会典制对于历史发展和现实政治的功能及作用，从而更深入地考察社会思想方面的天人关系和在重大历史关头"承敝通变"的特殊意义。他赋予世家以一种新的品质，不仅是表现出一种"开国承家，世代相续"的社会现实，更重要的是强调"拱辰共毂"以维护天下统一的政治格局，并大力倡导"忠信行道，以奉主上"。他为人物立传，是要肯定不同人物的政治品质，和他们的能利用所处时代给予机遇的能力，以及能为天下、国家所做出的贡献。所以，《史记》各种体裁中的人物、事件，司马迁都是经过深思熟虑的，不是轻忽而为之的，这正体现了一个开创性的史学家的博大视野、胸怀和抱负，他的体例开创，以其精湛的文化构思而为后代史学家所赞赏、继承，并不断加以发扬。

二、历史资料的选取与利用

在历史资料的选取、利用上，司马迁也是有着明确要求的。

比如，在七十列传的首篇《伯夷列传》中，他就开宗明义地提出"夫学者载籍极博，尤考信于六艺"，而在《孔子世家》的"太史公曰"中，他更加精确地说"自天子王侯，中国言《六艺》者折中于夫子"。司马迁崇奉孔子，相信《六艺》，原因之一是由于孔子开创的儒学学风严谨，孔子整理的儒家经典取材慎重，所以被确定为《史记》取材的重要标准。然而对于更为古远的传说时代材料来源的处理，较之于信史时期是一个更为复杂的问题。在对待这个问题时，司马迁首先面临着三种情况。一是《尚书》只记载了尧以来的一些传说内容，而没有更为久远的关于黄帝、颛顼、帝喾时的情况说明；二是有些道说黄帝的百家言论，显示出荒诞诬妄，记载的文字都不是典雅的训释，一般的士人很难依据它们进行宣讲；三是有些记载着黄帝时传说内容的典籍，像孔子所传的《宰予问五帝德》及《帝系姓》，因为出于《大戴礼记》和《孔子家语》，不是来自经典，儒生们都不去传授，因而也就被人们所忽视。司马迁对这三种情况加以思考：《尚书》虽是儒家经典，因为没有传说时代尧以前的情况记载，当然无从依据；百家不雅训的言论不足以采择；《五帝德》《帝系姓》有这方面的记载，能够因为儒生们不传授，就不信任、不采择吗？于是他决定破除这第三种情况的谜团，来达到自己的撰述目的。办法之一是，他通过亲身的考察访问来证实这些传说的可靠性。"余尝西至空桐，北过涿鹿，东渐于海，南浮江淮矣，至长老皆各往往称黄帝、尧、舜之处"，考察访问的结果是，他发现各地长老所讲述的传说故事，因为区域教化上的差异使得有些内容不完全相同，但大体上还是可以和《五帝德》《帝系姓》上记载的相吻合，于是他得出了第一个结论是，"总之不离古文者近是"。这里所说的"古文"，就是指《五帝德》《帝系姓》两种典籍；所谓"近是"，司马贞《史记索隐》解释为"近是圣人之说"，实际上应该是近似于司马迁所想象、所理解的古代传说时代的状况。这个结论很重要。这一方面说明司马迁既崇奉儒家经典，但又不为儒家经典所束缚，并不是儒家经典上不说的或者是儒生们所不传授的内容，他就无所作为，相反，他同样注意从儒家经典以外的典籍中去发现线索，采择资料；另一方面，他由此开辟了一条研究重要历史问题时选取资料的新途径，即访古问故与文献典籍相结合，通过实地考察、访问，来验证文献资料的可靠性，这虽然与后代验证信史时代资料的情况不能完全等同，但毕竟是一种行之有效的方法，从而避免了人们撰述历史时的主观臆断，司马迁态度的谨严令人信服。办法之二是，他努力去获取旁证。"余观《春秋》、《国语》，其发明《五帝德》、《帝系姓》章矣，顾弟弗深考，其所表见皆不虚"，由此而得出又一个结论："书缺有间矣，其轶乃时时见于他说。"这就是要用他说来论证本事。古代典籍散佚严重，记事不完整，然而典籍缺失部分的内容，常常可以在相关的其他典籍中寻觅到，关键的工作就是要善于"深考"，只有能够广博考论，才会发掘出许多原本是明白无误的材料。司马迁提出了旁考资料的方法，而且是自己身体力行了的。

在讨论了上面这些问题以后，司马迁提出一个惊世骇俗的总结性语言，那就是"非好学深思，心知其意，固难为浅见寡闻道也"。这样一句话，千百年来研究司马迁和《史记》的学者，无人不知，无人不晓，引用的更是随处可见，但真正把它讲得很透彻的不多。我觉得就撰史必须慎重地选择资料而言，结合司马迁所处的时代来考察，"好学深思"就是指前面所提到的对历史资料现状的分析、对"古文"的态度、对儒家经典的认识、通过访古问故验证典籍记载、发掘旁证材料阐发现有资料的价值等方面，要认真实践，广博搜求，并以自己独立的见解去加以辨析、取舍，既不自暴自弃，亦不可人云亦云，而是要以敏锐的观察力，使自己立于坚实、可信的基础上。至于"心知其意"，是比"好学深思"更高一层的思想境界，具体到撰写《五帝本纪》这个《史记》的开篇来说，就是要明确自己的创作思想，阐明依据这个思想去选取材料的思路，而选取材料的准则重要的是可阐发自己的立"意"，这正是所谓"雅训"之所在，不然做得如此的严肃认真，又是为了什么呢？实际上，当时存在着的"百家言黄帝"的现成说法，为什么不采用，而偏要东西南北地奔波和深入地考察遗逸的"他说"呢？在这里，为"意"所驱使是非常重要的。《史记》的开篇很重要，传说时代的资料又很缺乏，但司马迁所要阐发的是，中国历史起源于"人"的开创而不是神的主宰，中国历史一出现就是一个经过抗争后的大一统局面；自来中国主张德教的都以尧、舜为典型，而尧、舜只是继承了黄帝以来的事业，在当时所知"中国"境内的各部落交往融合后形成不同的"姓氏"，就其后来所建立的不同政权而言，其先祖都是出于"炎黄"，或与之有着密切关系；这些正是司马迁撰写《五帝本纪》的指导思想。如果不规划这一切，资料的搜集、处理会无从下手，或者就会漫无边际，鱼龙混杂，也就不成其为有价值的历史。这样说，并不是突出什么主观先验的东西，而是强调撰史者必须树立起正确的立意，如果缺乏正确的立意，历史撰著也就没有生命力，撰著又有什么价值呢？司马迁所批评的"浅见寡闻"，不仅是指学识、能力的浅薄、鄙陋，中心还是指人们是不是理解应该有很好的历史创意。这样说来，最后一句"余并论次，择其言尤雅者，故著为本纪书首"①中的"择其言尤雅者"，就有了落脚的实地。

从"考信于六艺"，"总之不离古文者近是"，对"其轶乃时时见于他说"之"深考"，"择其言尤雅者"这些看法中，尤其是作为一种指导思想，从所提出的"好学深思，心知其意"中，可以看到司马迁在撰述历史著作时，有着一种明确的目的，而围绕着这一目的，在关于历史资料选取的途径和方法上，他已经具有了史学的自觉意识。

三、阐明撰著宗旨

司马迁编写《史记》时，提出"究天人之际，通古今之变，成一家之言"和"稽其成败兴坏之理"②，作为自己的撰著宗旨，这最为集中地表述了他的史学思想，他的这一思想，是过去时代文化思想在史学领域第一次最富创意的概括和升华。

由于《史记》贯穿了这样的思想，就使它在博大精深方面达到了一个前所未有的高度，以至在封建社会一个相当长的时期内，在总体的思想水平上其他著作均难以企及。它以巨大潜在的力量影响着中国史学的发展。

白寿彝先生在他的史学理论著作《中国史学史》第一册中谈道："推动历史的力量是什么？是神、是天、还是人？是个别的杰出人物，还是广大的人民群众？这是历史观点上一个最重要的问题。""跟这个问题密切联系的，还有一个问题，就是：历史是怎样运行的？它是否有规律可循？这也是一个很重要的问题。"③我觉得从最主要的意义上来说，司马迁的"究天人之际，通古今之变"，就是在先秦史学和诸子思想的基础上，回答了这两

---

① 以上引文均见《史记·五帝本纪》。
② 见《汉书·司马迁传》。
③ 白寿彝：《中国史学史》，第 1 册，304～305 页，上海，上海人民出版社，1986。

个问题。在汉代天人感应和阴阳五行学说充斥政治和学术领域的时候，司马迁考察天人之间的关系，正是要说明历史是人类社会自身发展的历史。虽然他认为是以帝王将相的作用为主，但同时他也认识到有着社会各阶层的其他政治力量，其中就包括社会最基层的农虞工商，特别是广大农民群众起作用的重要因素在内，他排除了将上帝等神意视为历史发展推动力量的最终企图，把一部中国通史建立在现实可靠的人事的基础上。这方面，尽管司马迁不能完全摆脱迷信思想的影响，但是他重视人是社会历史主体的思想，无疑具有非常现实的自觉意识。关于司马迁的"通古今之变"，白寿彝先生在谈及"史学的时代特点及其社会影响"时说道："史学在发展中所受时代影响最突出，反映时代特点最集中的，是在阶级关系和政治形势方面。秦以累世经营的基业，灭六国，建帝业，不数年而亡。汉无尺土之封，崛起草莽之中，五年而建立汉朝，开千古之创局。这是为什么？汉初的政治家考虑这个问题，思想家考虑这个问题，有时代敏感的史学家也必然要考虑这个问题。司马迁在这个时候出现了，他提出了'通古今之变'作为《史记》撰写的任务，这不是偶然的，这是时代的要求，也是当时地主阶级的要求。"①要通晓古今的变化，是史学发展受时代和阶级的影响必然会提出的问题，而司马迁敏感而有自觉意识地把它当作一项写史的任务，这是他能够站在时代波峰上的一个杰出表现。司马迁不可能做到"通过一切迂回曲折的道路去探索"人类本身的发展"过程的依次发展的阶段，并且透过一切表面的偶然性揭示这一过程的内在规律性"②，但是他提出要"稽其成败兴坏之理"，就是企图在他那个时代，对社会历史发展变化中的某些事"理"，即一定意义上的规律性进行考察，以便为人们所借鉴。这些"理"，包括诸如德力结合、人心向背、注重变革、重用人才、发展经济、推重直谏、正确处理君臣关系等，都是有着非常现实的意义的。此外，这些"理"还包括历史发展显示出具体的阶段性、重视时势变化和社会条件、强调杰出人物的能动作用等方面，司马迁在这些方面也都提出了一些有价

①　《中国史学史》，第 1 册，41～42 页。
②　见《反杜林论》，见《马克思恩格斯选集》，1 版，第 3 卷，63 页，北京，人民出版社，1972。

值的思想，值得人们探究。

　　白寿彝先生还有将"成一家之言"这句话与前两句加以区别看待的思想。他说："司马迁要'究天人之际，通古今之变，成一家之言'，前两句话是说研究客观存在的历史，后一句是说写成书面的历史，但司马迁并没有对二者加以区别。"①因此，"成一家之言"是说明司马迁撰写《史记》所要达到的目标和抱负，在这一方面所表现的司马迁的自觉意识，白寿彝先生还有更确切的评述。他说：《史记》有一百三十卷，五十二万多字（原注：见《史记·太史公自序》），上起传说中的黄帝，下至汉武帝的天汉年间，是一部通史，也是一部取各种史体之长的综合体史书；特别应当指出来的是，这是史学领域里有意识地要"成一家之言"，而在史学实践上也做到了"成一家之言"的第一部史书，在历史观点、史料搜集、文字表述上都有显著的成就；这是中国史学已经成长起来的显著标志。②

　　司马迁关于史学史的论述，是从历史观点、历史资料和政治形势的影响来说的，并且还说出了这几个方面在不同时代的变化。他这些论点，因为还处在起步阶段，不能很好地展开。值得特别注意的是他对自己提出了"成一家之言"的要求，实际上也是对一个史学家提出了自觉精神的要求。这应该看作关于史学史论述之有开拓性的重要贡献。

　　司马迁自称"成一家之言"，是在史学领域里第一次提出这个"家"字，这是一个开创新局面的史学家自觉的表现。我们在这里要讨论的是司马迁的《史记》所表现的中国史学的自觉精神，上述三段话正好做了深刻的阐述，对我们认识问题非常有启发。这些年来，白寿彝先生从司马谈《论六家要旨》的"家"到司马迁"成一家之言"的"家"，从学术史到史学史，从文化和史学的整个发展进程进行了细致的考察研究，因而一再提出了不同凡响的认识和结论。这里引录的第一段，赋予"成一家之言"以思想理论上里程碑的价值，特别指出《史记》不仅是在史学领域里有意识要"成一家之言"，而且已经是在史学实践上也做到了"成一家之言"的第一部史书，《史

---

　　①　《中国史学史》，第 1 册，7 页。
　　②　《中国史学史》，第 1 册，50 页。

记》的这种成就，成为中国史学已经成长起来的显著标志。据此，我的理解是，中国史学的成长和史学的自觉意识在历史上是同时出现的。这里引录的第二段，是具体探讨了司马迁关于史学史的论述后提出的。其中特别明确的是，作为一种史学家的思想要求来说，"成一家之言"和自觉精神的密切关系，已经达到了可以视为同义语的程度了。这里引录的第三段，不仅肯定司马迁提出"成一家之言"的"家"字，是"史学家自觉的表现"，而且给这种自觉的表现赋予了"开创新局面"的光辉意义。据我个人的理解，在这里，自觉的程度可以视为是更加深刻了，而且表现得非常富有信心和前进力，司马迁崇高的精神境界在这里也就展示得特别透彻。

白寿彝先生的评述，有多方面的更为深刻的命意，不是我所能完全理解的。我只是说，通过这些评述，可以清楚地看到在史学思想上司马迁的《史记》与中国史学自觉的关系。

四、对史学功能的认识

对史学功能的认识，司马迁也有着自己的明确见解。

在《高祖功臣侯者年表·序》中说："居今之世，志古之道，所以自镜也，未必尽同。帝王者各殊礼而异务，要以成功为统纪，岂可绲乎？观所以得尊宠及所以废辱，亦当世得失之林也，何必旧闻？于是谨其终始，表其文，颇有所不尽本末；著其明，疑者阙之。后有君子，欲推而列之，得以览焉。"这是在讲到古代分封的立意、古今分封情势之不同以及汉家受封侯国的变化时所做出的一个评论。这则评论，虽然是针对具体事情有感而发的，但评论中所反映的思想，无疑在《史记》中具有更开阔的意义。在这个评论中，我们可以看到如下的一些认识。第一，记载古事，企图从中汲取历史经验的借鉴，是需要从当前的现实政治出发的，即这种历史经验的汲取应该有利于考察现实政治的成败兴坏。《史记索隐》解释说："言居今之代，志识古之道，得以自镜当代之存亡也。"关心当代的存亡，是"志古"而"自镜"的重要出发点，从根本上说，历史记载不是为记载而记载，借鉴也不是盲目的借鉴，司马迁撰著《史记》时，在这一点的认识是非常清楚的。第二，从现实出发吸取历史经验，要考虑古今情势的差异，绝不能等同视之，生搬硬套。在这里，既不要借当今的现实来否定古代，也不要强迫当今去服从古代。而古今差异都是有其合理性的，因为各代帝王在制定他们的政治措施和典章制度时，都是为了一个目的，那就是要使当时的事业获得成功，而为了成功，各个时代就会确立不同的任务，创设不同的礼制，因此，在吸取历史经验时，要注意区别情况，不可让历史经验束缚了自己的手脚。可以看到，司马迁在处理吸取历史经验的态度上，是有一些辩证法因素的。第三，在同类问题的处理上，更重要的是要吸取当代政治中的经验教训，明确是非得失，以便指导自己的行动，防止走向败亡的道路。就现实生活中的受封侯国而言，忠厚者得尊宠，骄淫者被废辱，就是最好的镜子，然而就整个国家而言，汉家自己分封的这么多侯国，到武帝太初年间，除了五个还存在以外，"余皆坐法陨命亡国，耗矣"，法网是不是有些太严苛了，也是应该考虑的问题。在总结和吸取历史的经验教训时，在与现实政治密切相关的问题上，司马迁更加重视的是当代社会的历史经验。因此，司马迁认为，在当代的社会政治经验中能够找到解决途径，就不必一定求助于古代历史经验，这也正是《史记》之所以重在写当代历史的原因。这在我国史学发展上，是重视历史学自身功用的一条非常宝贵的经验。

历史学的功用是总结过去，服务现在，指导将来。在西汉的认识水平上，司马迁对历史学功用的看法，还是达到了一个可观的水平，并为后来的历史学撰著树立了楷模。司马迁还提出了"述往事，思来者"的认识。司马迁的"思来者"，包含了三层意思。第一，他希望将来的人们对于他所遭受的冤屈能够有个公正的评价，并了解他由此而产生出发愤图强以著《史记》的精神和愿望。司马迁在《太史公自序》传文的结尾，申述了一系列的名人撰著事迹，和"《诗》三百篇，大抵贤圣发愤之所为作也"之后，说："此人皆意有所郁结，不得通其道，故述往事，思来者。"这在后人读了"藏之名山，副在京师，俟后世圣人君子"①的《史记》以后，自然会对司马迁

---

① 见《史记·太史公自序》。

"意有所郁结，不得通其道"的事件原委要有个恰当的认识。不言而喻，司马迁是期望"来者"们能够正确理解他的惨痛遭遇和撰著苦心的。第二，他希望将来的人们能够从他所述的往事中，得到历史知识的启发和历史经验的借鉴，如前面所述"后有君子，欲推而列之，得以览焉"，或如《太史公自序》提要中所说"欲循观其大旨"，"略窥其要"，"义者有取焉"，"智者有采焉"等就是。第三，他希望人们更深地了解他关于《史记》的创意和宗旨。李善注的《昭明文选》对《报任少卿书》中"故述往事，思来者"一语的解释是："言故述往前行事，思令将来人知己之志。"就司马迁自己而言，要想让人们了解自己的志意，除了前面说的两方面以外，还有就是关于《史记》本身著述的创意和宗旨。《报任少卿书》在此语之下，还说了要像左丘明、孙膑一样，"退论书策"，"思垂空文以自见"以后，接着说"仆窃不逊，近自托于无能之辞，罔罗天下放失旧闻，略考其行事，综其终始，稽其成败兴坏之纪……亦欲以究天人之际，通古今之变，成一家之言"。这就让人们进一步认识到，司马迁确立《史记》的创意和宗旨，有期待着"将来人"评断的自觉意识。

五、突出人的社会主体地位

还有一个方面是人们研究《史记》时谈得比较少的，那就是司马迁关于突出人的社会主体地位的问题。

《史记》的记述以人物为中心，五种体裁的设计是服务于这一中心的，它们即通过记述人们的行为来综合地表述历史，表述对于历史的思想认识。以人物为中心，比之于神意史学、神人合一的史学，或史事记述中的重人事，都是进了一大步，并有些性质上的不同。

先秦的史书和诸子著述，在重人事上已经有很高的成就了，但在整体的规模上，比之《史记》是大为逊色的。它们之间的区别在于：第一，先秦是重人事，《史记》是以人物为中心，关于人在历史上的作用在思想上有变化；第二，先秦史书，仍不免留恋神意，表现出欣赏占卦效验的意图，《史记》则是在最主要的历史记述上排斥了这种意图；第三，突破编纂体例的局限，《史记》中的人的作用体现出了有着不同社会层次区别的群体活动的行为价值的意义，而不仅仅单纯论说或强调哪一个方面、哪一种行为；第四，《史记》在主导思想上是通过写人物表现历史，而不仅是在记历史事件中涉及人，这是强调有人的活动才有社会历史，人是社会历史的主体，这表示离开了人也就没有了社会历史。我觉得，《史记》强调人的社会主体地位，是司马迁史学自觉意识的又一重要表现。

六、中国史学自觉的开始

中国史学的自觉是不是起始于刘知幾所写的《史通》。

有人认为《史通》是中国史学发展史上第一部史学理论著作，只有这样专门从史学自身发展上进行了理论阐述才算得上是史学的自觉。没有对史学自身的发展进行系统的理论阐述，怎么可以谈得上自觉呢？这样的理论阐述来自刘知幾，那么中国史学的自觉只能起始于《史通》，而不是《史记》。

关于这个问题，我觉得白寿彝先生已经是说得很明确的，引述如下。

刘知幾的著作，比较集中地反映了这一阶段修史工作的状况。[①] 他这部书的本身，则体现了当时先进的史学家之自觉精神。他所著的《史通》，是他在中国史学发展到一定阶段时对史学工作做出的批判性和建设性的总结。

唐代史学评论家刘知幾写了一部《史通》。《史通》有《六家》、《二体》、《本纪》、《世家》、《列传》以及《编次》、《称谓》等篇，都是讲史体的；有《采撰》、《载文》、《补注》以至《浮词》、《叙事》等篇，都是讲史书取材及行文的。还有《品藻》、《鉴识》等篇，是讲历史见识的。这些都是从史学发展过程中进行观察发现了问题而提出来的。在一定意

---

① 这是指中国史学史分期的魏晋南北朝隋唐时期三个阶段中的第二阶段，即"自隋、唐设立史馆，禁民间修撰国史，至开元年间"（《中国史学史》，第 1 册，63 页）的阶段修史工作的状况。

义上,《史通》可以说是一部史学史通论,对于史学史有关问题的论述,有超过前人的成就。但它的最大缺点,第一是很少从历史的发展变化上看问题。第二是缺乏对历代史学家史学思想的重视。

随着史学的发展,从司马迁到刘知幾,对于史学史的论述不断地有些充实,有些系统化。这反映史学家对自己从事的工作之自觉精神,即使是有一点小小的进步,也是可贵的。①

在这里,首先是充分而具体地肯定了《史通》的史学成就,也指出了它的不足;其次是说明了《史通》的性质可以说是一部史学史通论,是处在它那个发展阶段上对史学工作做出的批判性和建设性的总结;最后是阐述了《史记》与《史通》在史学发展上的联系,讲明从司马迁到刘知幾,对于史学史的论述不断地有些充实、有些系统化,是反映了史学家自觉精神的可贵进步。这些都是说得非常明确的,给予了我们以许多的启示。

上述引文中指出刘知幾《史通》的两点不足是非常有意义的。我认为,刘知幾一方面从史学发展的角度,主要是从史书的编纂体例和取材、行文等方面进行了总结;另一方面他又是以一种理论的形态对史书的编写设加了限制和束缚,他使史书规范化的企图并没有阐发出《史记》设立本纪、世家的精意,没有很好地理解司马迁关于史体的创造性价值。因此,对于从史学成长时期就已经出现了的"究天人之际,通古今之变,成一家之言"的司马迁这样的闪光思想,刘知幾没有给以足够的注意,因而作为一部总结性的史学著作而言,《史通》是有着明显的缺陷和局限性的。所以白寿彝先生还说过:"综观魏晋南北朝隋唐时期的史学,从史家个人的成就说,很难说哪一人能全面地超过马、班。"②这当然包括刘知幾。

在我国的学术史上,关于史学史的论述是开始于司马迁的《史记》的。③

北京师范大学史学探索丛书

① 上述二段引文,分别见《中国史学史》第 1 册,148、150 页。
② 《中国史学史》,第 1 册,65 页。
③ 白寿彝先生在评论《十二诸侯年表·序》时说:"司马迁以这样的话,开始了关于史学史的论述,应该说是相当精彩的。"见《中国史学史》,第 1 册,139 页。

《史记》由于它记述的是汉武帝时期及其以前的中国通史，它主要是属于历史著作，但是以其表现出关于史学思想、史书体例、历史资料、历史文学方面的深刻思想，及其对后代史学发展的影响，而且同时开始了关于史学史本身问题的论述而言，我们有时也称《史记》为史学著作。比如，我们通常称一些重要的历史典籍为史学名著，这样说，也是有其特定的科学含义的，绝不会形成对少数史学理论著作和大量其他历史著作的混淆和误解，即使是《史通》《文史通义》，在一定的范围内，也是可以称为历史著作的。

因此，《史记》和《史通》，在史学家所表现的自觉精神方面，有着内在的发展上的密切联系，二者只有自觉意识上的程度的差别，而没有什么实质性的不同。如果一定要强调它们这方面的差别，那就是《史通》是专门的史学理论著作，而《史记》则具有丰富的史学思想，但不是专门的史学理论著作，如此而已。更何况在某些重要的史学思想方面，刘知幾还比不上司马迁高明呢！

所以，我的结论是，中国史学的自觉起始于司马迁的《史记》。

第四章　《史记》和人在历史
发展中的主体地位

　　多年来，我曾在学习和研讨《史记》的时候，思考着将《史记》与人在历史发展中的主体地位联系起来，作为《史记》的重要学术成就的一个方面来表述。虽然这样想了，但心中底数不大，主要是不知道在理论上能不能说得通；而且在史学界做过这样提法的即使有，却不多，也没有哪位学者就此进行更多的阐发。于是我想还是把问题提出来，以便有兴趣的同志共同探究，给予我批评指正。

一、神、人作用的认识变化①

　　问题要从神、人对历史的作用说起。世界上认识神、人对历史的不同作用，是有一个漫长过程的。我认为，白寿彝先生在这方面有很精辟的研究，不妨加以引录，以便获得启发。他说，从远古到殷商末年，可说是神、天史观占统治地位。宗周以下，是神意史观。孔墨的先王史观可以说是神意史观的发展，有继承后者的一面，同时也有否定后者的一面。他在这里，将史学萌芽时期中历史认识的发展状况分成了神、天史观，神意史观，先王史观。说"孔子尊尧舜文武，墨子是尊禹汤文武"，因而先王史观"是一种很明显的英雄史观"（304 页）。这以后，"《老子》以道取代传统观点中人格化的天、帝、鬼神"（307 页）。商鞅"突出权力人物在历史上的作用"（310 页），"对神意天志一概不提，对古圣先王不表示无保留的尊崇，只是抓住现实来考虑当前的对策"（309 页）。孟子"有肯定历史进化的说法"（310页），《易·大传》"反映了历史发展的观点"（313 页）。但邹衍又"宣扬命定

---

　　①　本章引文除说明外，皆引自白寿彝：《中国史学史》，第 1 册，上海，上海人民出版社，1986。引文页码标于括号内。

论的历史观点"，按着五德终始的顺序，"用以说明政权的更迭都有一个先天注定的命运"（315 页）。到了荀子，"重视'天人之分'：天是物质性的存在，天的本身并不能祸福人或决定人的命运"（317 页），他"撇开了天而重视人的主观能动性"，他的观点"是唯物主义"（318 页）的，并且"他总是考虑到人民群众的作用问题"。韩非是个"由儒家转入法家的代表人物"（321 页），他"有了明确的历史进化观点，就必然否定先王史观"（322 页），这已经是先秦时期最为进步的历史观点了。从以上引述的意见看，它表明先王史观之后则是进化史观，但在其演变发展中有着思想上的反复，内容在不断深化。

白寿彝先生还说，推动历史的力量是什么？是神、是天、还是人？是个别杰出人物，还是广大的人民群众？这是历史观点上一个最重要的问题……跟这个问题密切联系的，还有一个问题，就是：历史是怎样运行的？它是否有规律可循？这也是一个很重要的问题（304～305 页）。

在神、天思想对社会历史起支配作用的认识下降的同时，人的作用就逐渐随之而不断凸显了。"宗周晚年和春秋时期对神的崇奉仍在历史观念中占有统治的地位"（291 页），但"春秋时期出现了重人事的明显的思想"（292 页），这在《国语》以及《左传》中有着反映，"在神人之际的问题上，孔子也是重人事的"，他"在评论历史问题时，也很注重人的因素"（296 页），《论语》有这方面的记载。孔子、墨子都是主张尊先王的，关于对"人的因素的重视，孔子主张'举贤才'，《墨子》书里有《尚贤》的专篇"。在内容上，"尚贤"却是"看到了较为广大范围的群众，在这一点上是有进步意义的"（303 页）。到了孟子，则提出"民为贵，社稷次之，君为轻"，"对于人民群众的作用看得要高一些"（314 页）。荀子则认为"人对于天不是无可作为的。他主张利用自然，控制自然"（317～318 页）。与此同时，他也"总是考虑到人民群众的作用问题，这在历史观点上还是值得注意的"。不过荀子的这种考虑，"跟我们今日所说人民群众在历史上的作用，有严格的区别"（321 页）。以上的引录不一定都很准确。但从引录的内容看，我以为白寿彝先生的论述，对我所探讨的问题有非常重要的指导意义。因为对《史记》成就的研究，必须从一个较为广阔的历史背景中去考虑。而以上的表述，正可以使我们看出先秦时期在历史认识上人、神关系变化的一个线索：神、天史观，神意史观，先王史观（英雄史观），进化史观。由此前进，到西汉中期，司马迁继承从远古到先秦的历史认识的发展成果，结合对现实的深入观察和思考，就可以将对神、人作用于历史的认识提高一步，从而在对史学的创建中，确立起人在社会历史中的主体地位。白寿彝先生还谈道，这种历史认识上神人关系的变化，春秋时期是一个转变的关键，其原因"一方面由于生产力的提高，人们认识水平提高了，同时也是阶级关系、统治阶级内部关系的显著变化在意识上的反映"（293页）。这个论述，也可以促使我们进行分析，在历史认识的学术继承和发展之外，有些什么样的现实生活的变化，能够使得司马迁在对历史的观察中，建树起人在历史发展中的主体地位这一看法呢？我认为这与下面的一些情况有着密切的关系。一是社会政治变化带来的影响。早期是天子受天命而君临天下，礼乐征伐自天子出，天子代表上天的意志，天意自然就是神圣的了，天子的权威不可侵犯。后来变化了，礼乐征伐不是自天子出，而是自诸侯出了，又后来则是大夫世禄，陪臣执国命了，再后来甚至是家臣又控制起大夫来了。政权下移的过程，权谋智略的作用非常明显。新兴势力在取代奴隶主贵族地位的过程中，已经知道争取人心向背了，春秋末年到战国初期，从姜齐到田齐的变化就是一个非常典型的事例。这些势力自然不会去遵从具有人格神地位的什么"天意"，因为依据传统的逻辑，"天意"原本是不会站在他们一边的。二是春秋战国时期战事频繁，成了社会生活中非常重要的内容，在军事行动中，动用兵力的规模越来越大。城濮之战（公元前632年）是春秋中期的一次有名的大战，晋楚双方动用的兵力加在一起不过几万人，并且以车战为主；到战国末期，公元前260年秦赵长平之战，赵军败，"卒四十万人降武安君"，秦将武安君白起，"乃挟诈而尽坑杀之，遗其小者二百四十人归赵。前后斩首虏四十五万人"[1]，在长平之战前33年，白起攻韩、魏于伊阙，也曾有一次斩首24万的记录。这时的军队还有车乘，然多以步卒为主，所以战事的规模越来越大。秦始皇统一中国依靠的是武力，统一

---

① 《史记·白起王翦列传》。

中国的历史就是一部无数次大大小小的战争史，秦国将领也有过斩首 3 万、10 万的记录。秦统一后由蒙恬领军在北边防御匈奴的军队就有 30 万人，而灭秦的巨鹿之战后项羽坑杀秦的降卒一次又达 20 余万人。楚汉战起，刘邦率"五诸侯兵，凡五十六万人，东伐楚"①，曾到达彭城；鸿门对峙，项羽兵 40 万，号称百万，刘邦也有兵力 10 万，号称 20 万，双方加在一起实际也已达 50 万；垓下之围，站在刘邦一边的光是韩信就领兵有 30 万。汉景帝时吴楚七国反叛朝廷，吴王刘濞自称精兵可具 50 万，又说可以得到南越王 30 余万兵力的支持，叛乱发动时他实际出兵 20 余万，还有其他六国的兵力，而朝廷派遣太尉条侯周亚夫前去平定吴楚，所带兵分别由 36 位将军统领，还有曲周侯郦寄的击赵，将军栾布的击齐，大将军窦婴屯兵荥阳监视齐赵兵，加在一起也该有数十万，吴王正月起兵，三月皆破，经历的时间虽短，但兴师动众的规模却是空前的。汉武帝征伐四夷，扩充疆土，也都是连年动用了大量兵力。建立政权，稳固政权，一个重要的手段是靠战争。战争有物的因素，但主要是靠人为的行动，这是非常明确的。战争影响了国力的强弱，影响了时局，影响了政权的更替。三是秦末农民大起义。这些农民本来是处于社会底层的被统治者们所看不起的氓隶，却因为徭役繁重，饥寒交迫，挣扎在死亡线上，于是揭竿而起，其浩瀚气势，竟一举灭亡了秦王朝这个不可一世的庞然大物。在这种情况下，任何一个政治家、思想家都不能不考虑，普通的农民群众发动起来会有多么大的力量。汉初贾谊在评论秦亡的原因时，据此而得出结论是："攻守之势异也。"在这个大趋势面前，任何天命、神意的说教，都会显得十分的软弱无力。四是人们注意到国富民强与生产和流通有着非常密切的关系，从管仲到司马迁，都十分注意农虞工商的作用。司马迁在其所作的《货殖列传》中，已经明确阐发出生产的发展是一切社会政治活动的基础这一思想，所以他在重视农业作用的同时，特别强调发展工商业的重要意义，尤其是大力歌颂了商人的才能和品质。广大的四民之业的发展与天时、地利、人和有关，却与天命、神意离得太远了，天命、神意也顾不得这么多群氓，也

---

① 《史记·项羽本纪》。

是它所不屑一顾的。而农虞工商四业的兴旺与否，却是决定社会历史发展的重要一环。五是科学技术发展的影响，尤其是天文学、历学与医学的发展，对认识天人关系有着重要的思想解放作用。而在这三方面，司马迁正有着学术专精的观察和辨析的能力。

从先秦以来，人神观念的变化与人的作用的不断体现是相辅相成的。司马迁一方面继续了这种神人观念认识的发展趋势；另一方面又以现实的变化为基础，以一种哲理的思考，利用人自身在时代大潮中显示的巨大力量，将已有的神人关系的认识加以充实提高，促使自己在观念上前进到一个新的境界，从历史演进的角度，认识到人在历史发展中的主体地位。

二、人有层次结构的群体活动

《史记》所认识的人在历史发展中的主体地位，是看到了人有层次结构的群体活动的作用。《史记》的本纪、表、书、世家、列传五种体裁，综合来看，其实是一种社会历史结构的反映。我认为《史记》是将整个社会划分为五个层次。第一层次是帝王、时势主宰者，他们处在社会的中心地位，这是"本纪"所记述的人物。第二层次是诸侯王、贤圣、领袖人物与国家的重臣，这是"世家"所包括的人物，他们起着"拱辰共毂"的作用。第三个层次是谋臣将相，他们中有的人在中央朝廷，有的人在诸侯王国，他们是第一、二层次中的帝王与国君的出谋划策者、政令执行人，在具体的政治、军事活动中，他们的实际作用很大。以上三个层次，是《史记》中记载最突出的，所以表明司马迁有帝王将相历史观。帝王将相历史观是唯心史观，但相对于天命、神意的历史认识来说，又是进步的，是看到了人的社会历史主体作用的结果，这很有意义。第四个层次属于士大夫一层。他们处于社会的中下层，依附于上三个层次，他们活动的多样性，丰富了社会历史的内容。他们比较靠近社会的最底层，有时能反映出一些民众的痛苦呼声与愿望要求，如游侠就是。第五个层次是社会的直接生产者，如《货殖列传》所说的农虞工商。司马迁是很能认识到这一层人物的实际作用的，认为他们中的一些人因为没有适当的财富以供衣食之用而被奴役，但他们中是蕴藏着巨大能量的，尤其是广大的农民，如果上层的统治者政策长期失误，他们是有可能形成促使国家产生"土崩"之势的潜在力量。在那样的情况下，他们的集体力量可以改变历史的某些进程，秦末农民大起义就是这样。当然这部分人在全社会是最多的，司马迁能够注意并深刻认识到他们的特殊作用，正是促使他认识到人在历史发展中的主体地位的重要因素。

司马迁认为社会历史的形成和运转，五个层次的人都在起作用。五个层次形成整个社会的结构，这反映了封建时代基本的社会状况。由此，司马迁看到的是在长期历史演进中而凝固起来的人群的整体的活动，而不仅仅是某些个人的活动。从这个意义上说，司马迁关于对全社会整体结构的认识，在一定的程度上是突破了他自己的帝王将相历史观的。这正是司马迁对人类活动认识的一种两面性。白寿彝先生在论荀子的时候说过："荀子所论材性知能问题，涉及人在历史中的地位问题，是天生圣人推动了历史发展呢？还是人们在生活实践中各方面的发展形成了社会呢？荀子没有正面讨论这个问题，但已接触到这个问题了。"（320页）我个人认为，司马迁在实际的历史表述中，已经认识和解决了"人们在生活实践中各方面的发展形成了社会"这个问题，不过他也同时承认"天生圣人推动了历史发展"，所以，在进步的思想中，也不免包含有二元论的观念。但进步的思想还是主要的，应该肯定。司马迁所解决的"人们在生活实践中各方面的发展形成了社会"这个问题，正是《史记》认识到人在历史发展中的主体地位的重要表现。

从社会结构的角度整体地反映各阶层人群的历史活动，是纪传体史书形成的最基本的价值所在。这样的表述，是在《春秋》《左传》《国语》《战国策》等编年体史书或分国杂史中所没有的，这是《史记》所体现的人在历史发展中的主体地位的第一个重要特色。纪传体史书一出现后，为什么能得到连续不断的编写？为什么能够成为史书正史的主要模式？我认为关键的因素，是它能较全面而灵活地表现社会历史的客观状况，而其中最核心的是它能较好地体现人在历史发展中的主体地位，从而有利于反映历史的面貌。从这个意义上说，司马迁在史书体例上的创造性贡献，正在于他的历史思想具有现实性和客观性。

三、人活动的创造性和主动精神

《史记》全方位地叙述了社会历史中人的活动的创造性和主动精神。由于社会发展内容的丰富多彩，所以人在其中所体现的主体活动就是全方位的，与以往的时代相比，其内容更加广泛深入。于是，体现驾驭天、地条件以与自然斗争和制约人自身行为来为社会服务的典章制度性的"书"体内容出现了，礼、乐之外，律历、天官、河渠、平准的出现，是以前所没有的突破。在《历书》《天官》之对天象的观察与利用，以及《河渠》之导源于大禹治水所体现的大规模国土整治中，人的创造精神非常明显。

过去的史书记载内容偏重军事、政治、外交、学术，《史记》除在这些方面继续给予深刻的关注之外，经济活动的重要价值，第一次专门在史书中摆上了社会历史的讨论范围。社会历史的存在与运行，离不开人的生产活动，这个认识是非常杰出而影响深远的。

改革是社会前进的驱动力。当社会发展滞后，外族入侵胁迫，国弱民困，国家处于一个关键时刻的情况下时，人们改革精神所显示的威力，就是整治社会、提高国力的有效手段，因而仍然是人固有的创造性和主动精神在推动着人们自身生活条件的不断改善。司马迁对这些活动是给予了恰当记述和评论的。

孔子的时代讲礼，礼是以德为基础的。春秋末年以后，礼崩乐坏，单纯的道义不足以约束人的行为，法应运而生。法出现了，太过于自信，以为它可以任意处置一切，而酷法极刑的结果是官逼民反，单纯的法治也是行不通的。经过一段道家无为的休养生息之后，刑德并用的思想政策成为处理社会矛盾的理想方案。但执法需要的是公平。"法者天子所与天下公共也"，"一倾而天下用法皆为轻重，民安所措其手足"①，讲出了其中的利害。即使是天子个人也不应以其好恶任意改变已有的法律条文，这样法律

---

① 《史记·张释之冯唐列传》。

才能有效地实施。法虽然施行了，但仍需以德为根本，德治是刑法的基础，法只能治标，而不可治本。因此，儒法道的相互吸收与融合，产生了汉武帝时外儒内法的新的治国理论思想，有效地服务于专制主义中央集权。人的思想之适应于形势而不断求其统治法术的完善，正是人自身的主观能动性所迸发出的创造精神的充分体现。

人自身是个生物体，有其本身生存活动的规律。在长期的社会历史的活动中，人注意到自身健康的维护和种族繁衍，医学也就在实践中不断发展。从扁鹊到仓公，古代脉学的研究和治病经验的积累，使它在完善的过程中具有很强的理论意义。这是人谋求处理自身活动的能力保证的问题，同样是人的创造性和主动精神得以有效发挥的重要方面。

我们仔细分析，不难察觉，在从远古到秦汉这一历史时期中，人类社会生活的一些重要内容，《史记》都是有所记载和反映的，这是它作为通史的特点的一个重要方面，而这正好体现出人在历史发展中主体功能的更加全面的发挥。正是在人作为社会历史的主体而发挥其创造性和主动精神的时候，历史才得以不断创新和前进。

人是社会历史的主体。在强调人的自觉能动性的时候，司马迁注意到，人的自身欲望才是形成社会历史活动的真正源泉，人形成历史的一切活动正是从这里开始的。因此可以说，没有人，没有人的欲望所驱使，在基本的生产与流通活动之后，所形成的各种社会政治文化活动就没有人类的历史可言。这是一个非常高明的见解。如果前面说的还是些客观形势问题的话，那么，这里就是指出了人在历史发展中的主体地位这一较为本质的问题了。在这样一个几乎是最具深刻性的哲理问题上，司马迁的表述与回答，标志出对人在历史发展中的主体地位的认识是历史学发展自觉意识的一个杰出表现。因而可以说，这是判断史学形成的一个必须进一步加以深入阐发的重要课题。

《史记》认识到人在历史发展中的主体地位的又一表现，是它在记述与评论中，塑造出了各个不同历史时期、各种复杂社会环境中人的活动的具体形象。就是说，司马迁所认识的作为形成社会历史主体的人，不仅是一种人的抽象意识，而是众多有血有肉的活生生的个人。而在某一个形象树立起来以后，可以切实地表述出他在某一社会历史活动领域中所做出的贡献，从而说明他是如何影响了社会历史过程的成败兴坏。因此，完整形象的塑造，同样是《史记》认识到人在历史发展中的主体地位的又一个标志。在这个意义上说，历史传记文学的产生，是史学发展在认识上确立了人在历史发展中的主体地位的结果，而这种传记所叙述和塑造的人物形象，有着具体的历史背景、历史事实的根基。可以说，从总体上看，不符合历史的真实，就谈不上真正的历史传记文学。

四、人参与历史活动的共同特性

人，作为社会化群体的成员，他在参与历史活动的过程中，自然会表现出其自身的某些共同特性。

第一，人的追求。人有追求，是表现了他自身的人生目的。不同的人各自有着不尽相同的目的，然后为实现这些目的而去奋斗。这样，受不同人生目的所驱使的人结合在一起，就构成了共同的社会活动，形成历史。人生目的在不同的历史时期，不同的社会阶层，不同的职业、地位的人中是完全不相同的。《史记》在其形象塑造中，正表现了这形形色色的人生目的。其中积极的人生追求，激励人去奋发向上，审时度势，利用和创造条件，更好地发挥主观能动性，以便在历史上做出贡献。从五帝和三代的盛德之王，到秦汉时期的著名天子、霸主；从为了富国强兵的诸侯王，到"扶义倜傥，不令己失时，立功名于天下"①的列传人物，凡在历史上有成就、建立了功勋的人，无不是有着高尚的人生追求的人物。这正是人的行为特征的社会价值。

第二，人的品格。生活在不同环境中、为不同的人生目的所驱使的人，有着不同的行为品格，这又与人的信念、意志、道德准则、文化修

———————

① 《史记·太史公自序》。

养，乃至于待人态度、处事方式是紧密联系的。品格的优劣影响人参与社会历史活动，《史记》关于这方面的内容描写也非常丰富。有些人的优秀品格因颂扬而成为传统美德，如富于谋略，坚毅果决，热爱国家，誓死赴敌，先公后私，维护团结，重视信义，忠诚正直等，它们常是成事的重要因素。而有些人品格中的丑恶现象，在《史记》中遭到了谴责，如横行乡里，鱼肉百姓，阴谋欺诈，投敌叛国，贪于权势，结党营私，阿谀逢迎，肆意行法，残暴侵害，放纵奢华之类，这样的品格为人们所唾弃。《史记》是着眼于社会历史的发展来看待人的品格的。

第三，人的奉献。古往今来，人是否能够传名决定于他在社会历史活动中所处的地位，以及他所能做出的贡献。司马迁受先秦文化的影响，也认为人之能"不朽"，可以有立德、立功、立言三个方面。立德，可以是仁德的政治教化，或者直接施惠于民，也可以是道德行为上的楷模。立功，内容就非常宽泛，举凡政绩、战功、文化建树、科技成就、生产流通领域的效果均是，大到国家统一，开拓边疆，小到具体事务的处理有益于矛盾的缓解，都可以归在其中。立言，就其主要方面来讲，应该指著书立说，有重要的政治学说主张影响于当世。社会历史的前进是曲折复杂的，由于人的追求不同，品格各异，并不是所有的人都可为历史做出贡献。相反，有些人的行为给社会带来的是破坏，甚或是毁灭性的灾难。事业是相辅相成的，有正义就有邪恶，有前进就有倒退，它们各自都是历史的组成部分。司马迁对人的认识并没有忽视这样的辩证因素。但是《史记》主要是站在人类前进的观察点上，致力于记录人的奉献精神及其成就，称颂人自身中的良知，呼唤着人类的正义。

第四，人的情感。人在其社会的交往中，于事业的成败利害的审视之中，伴随着人生的喜怒哀乐。

刘邦于叔孙通所制朝仪中感受到"皇帝之贵"，使其权势欲望得到了无限的满足，自是喜形于色；项羽困于垓下之围，一怒"瞋目而叱之"，使刘邦骑将杨喜"人马俱惊，辟易数里"，仍见其英雄本色；李斯于前去受刑途中，哀叹富贵殆尽，何必当初，仍是患得之后又患失；司马相如与卓文君私奔后历尽艰辛，始终享受到的是爱情的无限欢乐。社会的人生百态，在《史记》的记述之中也是处处皆在的。婚姻、家庭、子嗣、友谊中的困惑和感情交织、悲欢离合，同样在《史记》关注的社会历史内容的视角范围之内。

这里仅以追求、品格、奉献、情感四个方面来说明，《史记》中作为在历史发展中占有主体地位的人，是具有独立的人格的真实个人，他们都是经过历史的洗礼和锤炼而又各自具有特殊的典型风貌和形象的个人。由此，他们所参与的社会活动及所创造的历史业绩，就相应地具有普遍意义。因而能够看到人的诸多作为并综合地表现出社会历史的发展变化，从而切实摆脱神灵意识的羁绊，这正是历史观念的一次飞跃性的进步。

至此，将以上的意见归纳起来，可说明提出《史记》认识到人在历史发展中的主体地位（我姑且简单地称之为"主体史观"）是基于四个方面的原因。

首先，从先秦经历了神、天史观，神意史观，先王史观，进化史观的进程之后，到西汉中期出现主体史观，是历史观念进步意识的延伸，并反映了现实状况一个合乎逻辑的必然发展。司马迁是把对社会历史的认识提高到了一个新的阶段、新的水平。这可说是必然原则。

其次，司马迁所认识的人的活动，是被历史地组织在基本的社会结构之中，并被相应地分为不同的社会阶层的整体活动。因此，《史记》纪传体史书体例的出现，是有其特殊的历史背景并承受着新的使命的，其开创的实质意义的关键就在这里。这可说是整体原则。

再次，司马迁所认识的人的活动，是渗透于各方面并包含着全方位社会历史内容的。人将其活动延伸到社会的各个角落、各个领域，充分发挥其自身的主观能动性，取得了大量可观的成就，从而促使社会历史在不断运转中得以持续发展。这可说是全方位原则。

最后，司马迁所认识的人的活动，是作为参与社会历史活动的人，都各自具有其独特的品格。因而《史记》记录并刻画出了许多完整的具有鲜明性格特征的个人，他们站在人群的前列，成为时代的先导，综合地表述出

北京师范大学史学探索丛书

了人的固有能量及行为品质，从而以无数的个性来充分显示人的共性，并为历史传记文学的创立开辟了新的天地。这又可说是形象原则。

　　《史记》认识到人在历史发展中的主体地位，这一成就成为中国史学在观念上的思想支柱，它使后来的史学抗拒了佛、道乃至于其他神意的影响与支配企图，在史学发展史上有着重要的意义。过去讲《史记》是以人物为中心，这是不错的，但我觉得光这样提还不够，应该进一步提出是认识到并确立了人在历史发展中的主体地位。

第五章 《史记》所表现的社会结构及人的主体性思想

　　历史学家形成自己对社会历史的某种思想、观点除了社会文化继承因素的影响之外，多根基于对所处的社会现实的认识。这种认识，使历史学家将他对当前社会状况的某些分析向古代延伸，作为他判断历史问题、形成思想观念的出发点。之所以产生这种现象，其原因包括两个方面。一方面"现在"是由"过去"发展而来的，从时间观念的意义上说，历史就是过去的"现在"，古往今来的密切联系，使过去的历史自然包含着成为当前现实的许多内容。另一方面，历史认识具有强烈的阶级性与时代性，它所总结的过去时代的经验，是需要服务于当前的社会政治的：总结出某些历史性的规律，可以说明社会发展的必然，是这种服务的一方面；从现在回顾过去，从后果追溯前因，站在已经发展了的高级阶段这样一个"当今"时代的高度，就能比以往更深刻、更全面地去揭示历史发展过程的实质，是这种服务不可忽视的又一个重要方面。所以，历史是存在于"当今"之中的。从这个意义上说，历史学家所记述的历史内容，常常是一种现实政治的升华及其意向化的自然表现，或多或少总是反映着"当今"的社会需求和时代风貌。司马迁关于社会结构的认识，在一定程度上正表现出这样的特点。

一、《史记》所表现的社会结构

　　《史记》所表现的社会结构，大体上分为五个层次。

　　一是帝王、天子，其中包括着掌握时局变化、主宰一个时期历史事势发展的英雄和实权人物。

　　司马迁将这些人摆在社会的中心地位，这表现为：首先，给这些人物立本纪，以纲纪天下；其次，把他们比作北斗星、中心毂，说"二十八宿环北辰，三十辐共一毂，运行无穷"①，他们是历史无穷发展的中轴；最后，帝王在地上处于中心位置，在天上也占位星官体系中的天庭。尽管司马迁以时势为纲，不以帝王为纲，但司马迁却是我国历史上在描述社会历史状况方面第一个创设出中华民族发展中帝王统系的人物。值得注意的是，《五帝本纪》记述的本是传说时代，处于原始社会末期父系氏族社会的时期，黄帝、颛顼、帝喾、尧、舜至多是一个部落联盟的首领，而司马迁在《史记》中却视他们为远古的天子，这就是以现实政治比拟远古，正是一种现实政治的升华及意向化的表现。在一种信史观念的掩盖下，司马迁这样做给予人们的印象是"天子"是自古以来就有的，因而其天经地义的社会主宰地位就不可怀疑、不能动摇。很明显，这样便可以使"当今"天子的存在得到历史的说明，以便更加明确地肯定它的政治权威。

二是诸侯、王室戚属、勋臣和杰出人物。

这实际上是世家所记述的各种人物。司马迁赋予他们以"拱辰共毂"的历史作用与社会地位，正是烘托了第一阶层。《史记》为记述这些人物、这个阶层占了很大篇幅。值得注意的是表序的论述，在司马迁看来，这一阶层实际上是左右历史发展极为重要的社会组成部分。且不说"自殷以前"②就已经有了诸侯这一直接意向化的倾向，即就春秋时代而言，"其在成周微甚"的齐、晋、秦、楚，就转而威服了"文武所褒大封"的原来亲近王室的一些国家，因而出现了"政由五伯"③的局面。战国时诸侯国之间，则是"海内争于战功"，"谋诈用而从衡短长之说起"④，使天下陷于纷争。汉代的分封诸侯，仍然引发出"谋为淫乱，大者叛逆，小者不轨于法"⑤的结果，以致一时破坏了国家的统一。所以，诸侯国的胜败进退，在很大程度上决定着历史的治乱兴衰。司马迁也是以这一阶层与上一阶层关系的处理及其发展变化作为历史进程中的重要内容的。这反映了从西周建立一直到

① 《史记·太史公自序》。
② 《史记·三代世表序》。
③ 《史记·十二诸侯年表序》。
④ 《史记·六国年表序》。
⑤ 《史记·汉兴以来诸侯王年表序》。

汉武帝时期的社会政治现实，是历史与现实的真实记录。

人们一般只以为《史记》是以十二本纪来统贯编年的，究其实，《史记》更是以十表中之《十二诸侯年表》《六国年表》《汉兴以来诸侯王年表》为其纪年的确切统系的，这也反映出司马迁对这一阶层在社会政治现实中重要地位的认识。

三是在社会政治中发挥了重要作用的文臣武将、地方官员、边夷领袖等。这一阶层不及第二阶层重要，他们没有形成一个社会历史群体以左右或控制一个长时间的历史变化，他们的作用往往表现为个体的能动性，即在具体的政治事件中他们能驰骋天下、施展才能，为历史的发展做出贡献。这些人的聪明才智、政治素质，使他们在经济、政治、军事、文化、学术等方面有所建树，他们的活动也往往可以影响历史进程，而他们自己同时也在对历史的作为中得到造就、成长，以至建立了功名。他们中的一部分人处在帝王的左右，但司马迁并没有赋予他们以拱辰共毂的作用。可以看到，司马迁认为这些人的作为从根本上来说并不足以影响天下的根本形势。《史记》列传记载的大部分是属于这一阶层的人物，其中包括被秦王政称为"亚父"的吕不韦，以及秦皇朝的重臣李斯。李斯没有入世家是值得注意的，那是因为他不符合"忠信行道，以奉主上"[①]以进入第二阶层的条件。

四是刺客、游侠、龟策、日者等这些主要处于统治阶级中下层并依附于统治者的人物。其中还可以包括一些在《史记》中没有专门立传而附见的一部分人，如养士、宾客、长老、诸公、军吏、舍人以及游说进言者。司马迁赋予他们一种特殊的社会历史品质。一方面，他们中的一些人直接为统治者出谋划策，奔走呼号，而另一些人则是游离于统治集团之间，化仇消怨，撮合调和，还有些人尽管常常采取了某种激烈的手段和方式，其结果或是事与愿违，或是即使达到了目的也难免成为一种缓和统治阶级之间矛盾的润滑剂，只是帮助统治者克服了某些弱点，以便实现更为有效的统治而已。他们的行为最终还是维护和保持了公卿贵族的利益。另一方面，

---

① 《史记·太史公自序》。

这些人在《史记》中的出现，又可以揭露统治阶级内部的互相倾轧和荒淫腐化，使他们各自以一种特有的行为方式，来表示对残暴的愤慨以及对正义的宣扬，同时也在一定程度上表现出对被压迫民众的同情，反映出处于水深火热的下层民众的呼声。这些人物在《史记》中写得不多，但却较为深入地表现了司马迁的进步思想。

在这一阶层中，还应该包括一些"武断于乡曲"①的地方豪强。由于司马迁在汉武帝时代所能见到的社会矛盾不如西汉后期那么严重、突出，因此在《史记》中很少像班固后来写《汉书》那样，以较大篇幅的叙述与评论，来正面揭露地方豪强对社会生活所造成的危害。但是地方豪强势力对历史的潜在影响，在《史记》中还是间或有所透露的。从战国末期到西汉，社会上的游侠与豪强有着政治的密切联系，他们之间的不同只是表明了这一阶层的自身分化。

五是社会的直接生产者，亦即处于社会底层的普通民众。正如《货殖列传》所说，他们是庶民农工商贾，即为田耕者、山野开辟者、手工业者以及商业经营者。在《史记》中对这一阶层的描述用的篇幅很少，但在体现整体的社会结构和人的社会主体性方面，他们的实际价值却非同小可。一方面司马迁并不是从直接的政治作用方面着眼去看待他们的作用，如果从这个角度说，这个阶层的实际影响在正常情况下似乎是很小的。另一方面，司马迁看到了这些人为社会提供了"民所衣食之源"②的重要意义。可以说司马迁认识到了没有这些人，也就根本没有什么社会政治可言。从这样的角度来观察，司马迁认为他们的作用不可忽视。通过写这些人物的简单事迹，表现了司马迁对发展农、虞、工、商四业的看法。他认为生产发展，商品流通增多，社会财富充足，国家才能保持安定。所以从间接的意义上说，司马迁是看重这个阶层的社会历史作用的，他认为齐桓公的称霸，越王勾践的强国，秦始皇的统一六国，都离不开这些人为增值社会财富所贡献的力量。在有的篇卷中，司马迁也反映出这个受压迫阶层的呼

---

① 《史记·平准书》。

② 《史记·货殖列传》。

声，比如，在《魏其武安侯列传》中，司马迁记下了民间谣谚，说："颍水清，灌氏宁，颍水浊，灌氏族"，反映出对豪强称霸地方、武断乡曲的愤恨。尤其是对"男子力耕不足粮饷，女子纺绩不足衣服"①的状况，司马迁表示了极大关注，认为任何一个最高统治者如果不注意解决这样濒临崩溃的社会问题，是不可能设想能稳居帝王之位而获得长治久安的。

社会是一个庞大的政治矛盾复合体，其中包含着更为复杂的人际关系和由不同阶层组成的丰富内容。但是就主要的方面而言，将司马迁所记述的历史时期的社会结构大体上归结为上述五个方面是符合他的思想实际的。这样，对社会结构的总的认识，同样表现了司马迁的实录精神，因为他这样的表述，正好表现了秦汉时期的社会现实，同时也反映了封建社会建立初期社会结构的基本特色。司马迁不可能有关于原始共产主义、奴隶社会与封建社会的认识，在他以封建社会初期为主而追溯到奴隶社会以至原始社会并形成古今一律的看法中，恰好表现出他对"过去"时代社会的认识，具有"当今"社会意向化的明显倾向。因为司马迁并没有分别出不同历史发展阶段中社会结构的不同，而是将其记述的"过去"一切社会政治经济状况都纳入他所直接体验的对社会认识的框架中去。包括对从尧舜禅让的"德治"，转入春秋尤其是战国时期的"力治"，再到汉代这样的"德力结合，以德为主"的政权统治手段的认识，仍然是没有摆脱儒家理想政治的模式，而以这种模式去观察历史，对于远古时期的评述，同样具有意向化的某些痕迹。这种意向化的倾向，表现了掌握着政权的地主阶级正需要按照自己的意志去说明历史，以便能够利用它来加强和巩固自己的统治，这就是社会表象后面的真实目的。

在《史记》关于社会结构的记述中，可以看到司马迁认为社会的各个阶层都在历史的发展中起了作用，也可以说他认为各个阶层的社会历史人物的活动，都是社会历史发展所必需的部分。但他也明显地认为处于社会中心地位的帝王、诸侯、将相具有更加突出的作用，他的目光主要投射在前三个阶层身上，认为是他们的行动决定着社会历史发展的方向。他虽然看

① 《史记·平准书》。

到了劳动群众、直接生产者的一定的作用，但把这种作用淹没在他庞大的帝王将相历史体系之中，并且把像陈胜、吴广这样声势浩大的农民起义的历史作用也归结到为帝王统治服务的轨道上去，这正是他这种社会结构认识所引发的必然结果。

二、人是社会的主体

社会是不同阶层的人群按照自身的利益，朝着各自不同的目的进行活动而联系起来的共同体，因此，社会的主体是人，历史就是人类社会的历史。"历史不过是追求着自己目的的人的活动而已。"①什么是历史？恩格斯还明确说过："人们通过每一个人追求他自己的、自觉期望的目的而创造自己的历史，却不管这种历史的结局如何，而这许多按不同方向活动的愿望及其对外部世界的各种各样影响所产生的结果，就是历史。"②这样，只有通过作为社会主体的人的行为活动，使之作用于客观外部世界，才有可能产生物质生产及各种社会经济关系，这种社会主体与客观外部条件的长期结合，在其不断的演进中形成一定的社会发展规律。故此，物质生产、经济关系、社会规律，所有这些最终都不过是人的行为活动的表现及其结果。人是社会的主体。

但是，自古产生出一种歪曲的认识，以为历史不是人创造的，而是神灵意旨的体现。这一点在司马迁的思想中就已经产生了怀疑，比如，在作为《史记》全书大纲的十二本纪中，司马迁并没有明显的天子受命于天的思想宣扬，他大体上是把神灵排除在社会历史的范围之外的。最能说明这一点的还是《史记》首篇《五帝本纪》的表述，尤其是有关于黄帝的看法。司马迁把黄帝写成人，而不是神，就是有意识地开宗明义地宣布，神灵的活动不属于人类的历史。司马迁对人的作用的看法与马克思主义的认识论相距自然是遥远的，但是他把人类社会的历史发展落实到人的行为活动上来，

---

① 《马克思恩格斯全集》，1版，第2卷，118～119页，北京，人民出版社，1957。
② 《马克思恩格斯选集》，1版，第4卷，243～244页，北京，人民出版社，1957。

在当时具有浓厚神秘色彩的气氛中是放射了耀眼的光芒的。

司马迁将人作为社会主体还表现在《史记》著述的体例安排上。在司马迁以前的历史著作虽然注意到人的作用，但不是完全以人为主体。《春秋》自不必说，在它当中看不出人们的整体活动和社会结构的全貌。解释《春秋》的《左传》，和《春秋》一样也是编年体例。编年体是以时间为主，不是以人为主，人物的活动记述是依时间编排的需要，虽然人的活动比《春秋》丰富、浓重多了，但在编辑思想上，人仍然是时间的附庸。正因为如此，所以《左传》没有专门的人物传记，不足以完整地表现社会各阶层人物的思想、性格、行为、意志、品德以及历史作用的种种方面。表述春秋与战国时代的历史著作还有《国语》《战国策》，这都是国别史，即以国别为主，又多表现人物的言辞、游说，将人物的行为局限在国家事变的说明之中，同样不足以充分表现人物的个性和社会各阶层人物活动的全部内容及其社会价值。司马迁突破以往的一切局限，创制出新的综合体例，以人物为主来表现历史，本纪是帝王和英雄人物的传记，世家是诸侯、重臣和杰出人物的传记，列传是朝臣、域外国家首领、各类社会人物的传记，表综合谱列本纪、世家、列传人物传记的内容并突出了封侯建国，书表现了人物在国家典制、行为规范以及科学技术上的自我要求及其贡献。集中到一点，《史记》着力表现的正是社会各阶层人物的群体活动，这些活动的彼此联系和相互影响，正好形成以时间与空间相结合而体现出社会历史的"理"①（规律）性的发展。当然，《史记》中的人主要是帝王将相，这是时代的局限，但也显示出帝王将相在当时的社会发展阶段上是推动历史前进的主要力量这样一个客观的实际。不区别这一点，也就难以正确评价司马迁的思想。

历史首先是人的发展史，史学必须重视对人的研究。从这个意义上说，司马迁的《史记》为我国的史学发展创造了一个良好的先例。《史记》以不同的形式撰著人物的传记，在它的记述与评论中，总是将人物放在社会历史的发展中来说明人自身的智慧、能力、作用与价值。司马迁《史记》中

北京师范大学史学探索丛书

---

① 此为司马迁在《报任安书》中所说"稽其成败兴坏之理"的"理"，有规律、法则的意义。

的"天"，既是指自然的天，也指上帝的天，而作为历史思想，更多的是指表现为事势的天。因此，司马迁的天人观念，在很大程度上是说明人与客观外界的关系。司马迁认为，人的行为活动的长期积累可以形成客观事势，而客观事势又可以制约人的行为活动，但是人可以在认识与掌握客观事势的前提条件下能动地促进历史的发展。① 在产生这样的社会历史作用的时候，人也同时表现了自己的贪欲和追求，人经受了屈辱，也获得了尊严，而且在这样的过程中人也获得了自身的发展。在《史记》中，所有这些方面的具体而形象的描述的着眼点正在于人，从而有力地表现了在当时历史条件下人的主体性、能动性。《史记》所记述的人物都有其鲜明的个性。不管哪一阶层的人物，都各有适合于他身份的思想、感情、意志、品格。一个大家熟知的事例是，项羽、刘邦、陈涉三人对待秦始皇和秦王朝的思想认识就不一样。项羽看见秦始皇出游时的盛气凌人，就说"彼可取而代也"，表明他年少时就有亡秦称雄之心；刘邦在看到秦始皇时则说"大丈夫当如此也"，表现出对皇位的钦慕向往之情。而陈涉在秦时的看法则为"王侯将相宁有种乎"，有一种藐视权威、企图改变事势的勇气与决心。三个人，三副口气，三种思想，都适合他们各自身份和后来的历史作为、历史结局。《史记》中关于这类作为人自身思想活动的记录比比皆是。又如，同样是纵横家，苏秦和张仪对待困迫的态度就很不一样。苏秦一开始游说失败，表现出非常丧气的情绪，回到家里，妻子叔嫂都不理他，他感到羞辱和痛苦，于是翻箱倒柜，找出一部名叫《太公兵符》的书认真仔细地揣摩了整整一年，读书倦了就用锥子刺大腿，并责问自己记不记得失败时的耻辱。后来一举成名，挂六国相印，回到家里则是另一副气派，叔嫂跪着迎接，连头也不敢抬起来瞧他一眼，他问嫂子为什么过去那么看不起人，而现在又这么卑躬屈膝，嫂子回答说，是因为小叔"位尊而多金也"，一语道破了当时的世态人情。可见司马迁笔下的人是有自己的见解和思想感情的。张仪与苏秦有相同的地方，也是一开始就失败了，但他与苏秦不同的是不那么懊丧，反而更为自恃倔强。开始他失败后回到家里，妻子见他的

① 参见前第一章"司马迁关于'势'的思想"。

狼狈相就劝他放弃游说这一行，免得再遭受羞辱和困迫，他问妻子，他的舌头还在不在，妻子回答说，舌头当然在，张仪则说有舌头在就足矣。多么形象的人物刻画！张仪后来终因倡导连横而功成名就，果然如愿以偿。司马迁寓意中有讽刺的成分，意思是说游说家不过是卖弄三寸不烂之舌，但他还是对张仪、苏秦表示了尊敬，对他们的历史作用是做了充分肯定的。苏秦、张仪，正是战国时现实社会中作为历史主体中一员的重要人物。

司马迁特别认为，是否善于观察时局去发挥才能是表现人的智谋的重要条件，当然其中有些人是为了追求利禄。比如，记商鞅，他原在魏国做小官，被丞相公叔痤看中，推荐给魏王，说将来可以接替自己做丞相。魏王看不起商鞅，信不过他，不听公叔痤的。恰好这时秦孝公下令国中求贤，说谁能想办法强大秦国，他就和谁共享天下。商鞅分析形势，抓住了这个机会，急忙来到了秦国，游说成功，后来帮助孝公实现了历史上有名的变法，使秦国从此逐渐强大起来，商鞅自己也得到了大良造的爵位，受封于商、於十五邑。李斯在战国末期是荀卿的学生，学成以后急于成就功名，估量东方六国不会再有大的作为，就投奔到秦国，辅佐秦始皇统一了六国，他的"得时无怠"的人生逻辑，正是他"在所自处"的老鼠世界观的延伸和具体运用，由此他成就了秦皇朝，但最后也败坏了秦皇朝。作为一个具体的人，他的谋略和他的私心是同时并存的，他在得到了他想得到的荣华富贵时就是他走向最后被腰斩的开始，在社会历史中他表现出强烈的人的社会主体性，但他却也正是一个活生生的具有一般利禄心智的普通人。

正因为如此，《史记》中塑造了多方面的人物形象，充分表现出"人"的特性的各个侧面。例如，写人的谋略中的张良、陈平、孙膑、田单、刘敬，人的创造中的孙子、吴起、扁鹊、仓公，人的奋进中的廉颇、赵奢、李牧，人的勇敢中的蔺相如、李广，人的节义中的刺客、季布，人的恩怨中的伍子胥、魏公子、范雎、屈原、韩信，人的尊严中的汲黯、栾布、鲁仲连，人的爱情中的司马相如，都是这方面的充分事例。与此同时，《史记》对各种人物的作为给予了恰当的评价，如说陈涉的作用是"初作难"，项羽的主要作用是"虐戾灭秦"，刘邦的作用是"卒践帝祚"，建立汉皇朝。其他像伊尹辅佐商汤灭夏，吕尚辅佐文王倾商和武王建周，周公帮助周成王巩固帝位，管仲协助齐桓公称霸，晏婴协助齐景公复兴，吕后、曹参、陈平实行汉初的休养生息，汉武帝扩充了边境，巩固了统一，建立了儒法结合的大帝国。诸多关于历史人物业绩的记述，都足以展现作为社会主体的人的能动性，及其对于历史发展的作用。

《史记》是百科全书式的通史，这表明它是以多维的视角去观察社会，表述历史。《史记》记述了在人的行为活动作用下所取得的政治、经济、军事、文化、学术等成就及其有关的历史发展。《史记》虽不如自然科学那样精确记载了汉代及其以前科学技术的发展规模及其全部的具体成就，但它在经济领域仍然涉及了如园林、种植、铸铜、冶铁、煮盐、采掘、酿造、编织、刺绣等许多部门，表明司马迁的目光所及并不完全局限于帝王将相的政治争斗以及世代皇朝的盛衰成败，而是同时也进入了关系社会发展的科学技术领域。关于水利、漕运、天文、地理以及社会人文科学方面的礼、乐、律、历、封禅、经学和诸子学术等，司马迁都给予了深切的注意。一个显著的特点是，司马迁的这些记述，都不是纯属自然或社会科学性质的简单的技术和学科成就的记述，而是当作人的行为活动的内容及其社会效果、社会价值的内容来看待和记述的。它说明的是这些成就出现的历史条件，以及这些成就对当时社会所产生的影响和作用，一句话，可以说仍然是作为体现人的社会主体性思想的一种表现形式而出现的。比如，在《天官书》中，司马迁既从政治意义的角度以地上比天庭，将整个天空划分为五宫，又以一位我国古代伟大天文学家的卓识，在某种神秘观念的掩盖下，详细地记述了我国古代天文学上的伟大发现及其诸多成就，表现出当时人类认识天象的能力和人类所积累的关于天文知识的水平。但是，更重要的是在天与人的关系中，尽管难免有许多占星术的说法，却仍然认为人是人类社会的主体，世事的变化、政治的好坏，在人而不在天。所以在表现自然科学成就的同时，同样突出地表述了社会历史政治的发展及古代从事天文观测与研究的人们的创造性活动的能力，显示了人的行为的巨大社会价值。天文以外，在医药、水利方面，《史记》中也有类似的记述。又比如，《史记》没有地理志，但在《史记》中有关于地理方面的许多记述，诸表的封国设置有地理，世家、列传人物的身世有地理，政治军事的演进范围有地理，特别是经济区域的划分更有明确的地理。司马迁仍然是以人物的行为为主体来记述地理知识、地学成就的。也就是说，地理仅仅是人物主体行为的空间条件的具体依托，从这个意义上说，除时间以外，地理概念自然是他写史时表现人的行为活动所必不可少的。

《史记》八书中的礼、乐、律、历、封禅几篇的记述，表现了当时社会一些重大礼制方面的成就。《史记》记载了孔子整理过《诗》《书》《易》，还说孙武、商鞅、孟子、荀卿等都各有自己的著述。司马迁有一段概括性的论说："夫《诗》《书》隐约者，欲遂其志之思也。昔西伯拘羑里，演《周易》；孔子厄陈蔡，作《春秋》；屈原放逐，著《离骚》；左丘失明，厥有《国语》；孙子膑脚，而论兵法；不韦迁蜀，世传《吕览》；韩非囚秦，《说难》、《孤愤》；《诗》三百篇，大抵贤圣发愤之所为作也。此人皆意有所郁结，不得通其道也，故述往事，思来者。"①这里历数了历史上一些著名人物著述的情况，中心是将他们各自的遭遇与其最终得以著述联系了起来。虽然这里所说的事迹与著述彼此相关的先后不一定完全符合事实，但从前一句"欲遂其志之思也"和最后一句"故述往事，思来者"所总括的立意来看，正好说明这些著述的形成恰恰就是作为社会主体的人的行为意志的直接实现，其著述效果所显示的人的自身能动性又为人类进一步的发展提供了活动的基础和有益的借鉴。

以上从自然科学技术和社会文化学术等方面所述《史记》论及的内容，在一定的意义上说明人的主体性可以给予我们以较为深刻的启示，这也正是司马迁史学成就值得注意并加以探索的重要领域。

司马迁还注意到人物行为的道德伦理的价值和意义。司马迁不只是注意历史人物做了什么事，取得了什么成就，在很大程度上他很看重一个人的行为品质。可以说，《史记》记述汇聚了我国古代人民的优秀品质，表现了民族发展的精神异彩，它所蓄积的精粹的思想文化是一份非常宝贵的历史遗产。历代评论都注意到司马迁推重让德，《五帝本纪》一开始就讲"唐尧逊位"；年表首共和也包含着让德，世家第一讲吴太伯事迹是让德；列

北京师范大学史学探索丛书

---

① 《史记·太史公自序》，亦见《报任安书》。

传首伯夷，讲让国饿死，更是让德；书从礼讲起，是讲从制度上防止僭越，从思想上说更是推重让德。"让"，在古代社会确是一种美德，然而针对现实社会的状况，司马迁意欲说明它比争权夺利而引起无穷的纷争不知要强多少倍。《史记》关于世家的提要，用了许多"嘉"字，嘉是个肯定、称赞的词汇，具有浓重的表彰意义。嘉些什么，中心是推许拥护天子，服从礼制，这大概就是《史记》中主要的"义"。列传的提要讲俭、信廉仁勇、兴业、富贵下贫贱、推贤让位、明信、轻爵禄、怀诸侯、增主之明、守节切直、不伐功矜能，都是企图引导人们要发扬好的品德，祛除邪恶的思想行为。在体现人的价值的同时，在社会实践中人们自身也要追求正义，得到进步，使人的主体性的发挥具有更加美好的思想基础，这同样是司马迁所十分看重的一个方面。

《史记》表述人物最集中、最明确的就是列传。司马迁自述撰写列传的原则是"扶义俶傥，不令己失时，立功名于天下"①。从这里所强调的立传人物的标准来看，"不令己失时"是要求人物能够以"己"的自觉意识去掌握"非己"的外部世界客观时局的发展变化，从而采取及时的措施，主动地适应形势，创造业绩。这一点，在《史记》评述中的很多地方司马迁已是如此看待了。"立功名于天下"，则是强调应该实现自己的社会价值，为历史做出贡献。毫无疑问，司马迁是要求所选择的立传人物有着他们自己的不同成就的。纵观《史记》，司马迁确实也是这么做的。摆在三句话前面的"扶义俶傥"，则是首先强调人物行为的伦理标准。"义"，自然是以司马迁思想中的政治道德原则为出发点的。"俶傥"，则又不完全拘泥于这种政治道德，而又允许人物行为有他洒脱、不受羁绊的一面。这同样是寄托了司马迁的理想，希望某些人物以其独特的方式，给予当代政治以推动，促进社会历史的发展。

总之，司马迁提出的立传人物的标准、原则，有力地表明了他所企求的一"己"的行为活动的目的性、自觉性和社会性。这个"己"就是作为社会主体的人。

---

① 《史记·太史公自序》。

第六章　司马迁与董仲舒

董仲舒是西汉《春秋》公羊学大师，司马迁曾闻道于董仲舒。本章仅就司马迁和董仲舒二人思想的承续及区别，谈点不成熟的看法，以就正于方家。

"以礼说《春秋》"实发于司马迁

清代经学家皮锡瑞，在《经学通论》四《春秋》的"论董子之学最醇，微言大义存于董子之书，不必惊为非常异义"一节，引述《史记·太史公自序》中司马迁回答壶遂提出的"昔孔子何为而作《春秋》"这一问题时的内容后，评论说："案太史公述所闻于董生者。微言大义，兼而有之。以礼说《春秋》，尤为人所未发。"并且说"董子所谓礼义之大宗，汉时已以为迁而不之用矣"。

为了辨析"以礼说《春秋》"究竟为谁所发，不得不将这一大段话，依皮锡瑞所引的范围，并根据中华书局点校本《史记》，长篇引录如下：

> 太史公曰："余闻董生曰：'周道衰废，孔子为鲁司寇，诸侯害之，大夫壅之。孔子知言之不用，道之不行也，是非二百四十二年之中，以为天下仪表，贬天子，退诸侯，讨大夫，以达王事而已矣。'子曰：'我欲载之空言，不如见之于行事之深切著明也。'夫《春秋》，上明三王之道，下辨人事之纪，别嫌疑，明是非，定犹豫，善善恶恶，贤贤贱不肖，存亡国，继绝世，补敝起废，王道之大者也。……拨乱世反之正，莫近于《春秋》。《春秋》文成数万，其指数千。万物之散聚皆在《春秋》。《春秋》之中，弑君三十六，亡国五十二，诸侯奔走不得保其社稷者不可胜数。察其所以，皆失其本已。故《易》曰'失之毫厘，差以千里'。故曰'臣弑君，子弑父，非一旦一夕之故也。其渐久矣。

故有国者不可以不知《春秋》，前有谗而弗见，后有贼而不知。为人臣者不可以不知《春秋》，守经事而不知其宜，遭变事而不知其权。为人君父而不通于《春秋》之义者，必蒙首恶之名。为人臣子而不通于《春秋》之义者，必陷篡弑之诛，死罪之名。其实皆以为善，为之不知其义，被之空言而不敢辞。夫不通礼义之旨，至于君不君，臣不臣，父不父，子不子。夫君不君则犯，臣不臣则诛，父不父则无道，子不子则不孝。此四行者，天下之大过也。以天下之大过予之，则受而弗敢辞。故《春秋》者，礼义之大宗也。夫礼禁未然之前，法施已然之后，法之所为用者易见，而礼之所为禁者难知。"

从引文的标点来看，司马迁讲他听到董仲舒谈《春秋》的话，只是从"周道衰废"到"以达王事"这两整句。说的是孔子作《春秋》的社会背景和所要达到的目的。往下除孔子自己讲所作"《春秋》是表达思想的一种特殊方式"的言辞之外，从"夫《春秋》"起，至"礼义之大宗"直到末尾，乃是司马迁自己的议论了。司马迁也可能是受了董仲舒的某些影响才说出这番话的，但从内容上看只能确定是司马迁自己说的，而皮锡瑞则把这些文字全部当作只是司马迁所闻于"董生"的话一直贯下来，都把它归在董仲舒的名下，这样，在回答壶遂孔子为什么要作《春秋》的时候，司马迁丝毫没有表述出自己的主观意见。"以礼说《春秋》"，也就是发于董仲舒了。很显然，对古代文献的认识和点断不同，产生了关于这些文献所包含的思想内容的归属上的歧义。应该说，在这点上，皮锡瑞的认识是错了，而只有顾颉刚先生的点断才是恰当的。

其实，这不仅仅是一个对古代文献点断、认识的问题，更重要的是涉及如何区别司马迁和董仲舒对《春秋》看法上的分歧。

董仲舒《春秋》公羊学思想体系的特征，是天人感应与阴阳五行学说的结合，这一特征，贯穿于董仲舒思想的各个方面，他对《春秋》的看法也不例外，《贤良策》中，董仲舒直接言及对《春秋》认识的有八处，可以为证。

臣谨案《春秋》之中，视前世已行之事，以观天人相与之际，甚可畏也。国家将有失道之败，而天乃先出灾害以谴告之，不知自省，又出怪异以警惧之，尚不知变，而伤败乃至，以此见天心之仁爱人君而欲止其乱也。

臣谨案《春秋》之文，求王道之端，得之于正。正次王，王次春；春者，天之所为也；正者；王之所为也。其意曰，上承天之所为，而下以正其所为，正王道之端云尔。然则王者欲有所为，宜求其端于天。天道之大者在阴阳。

臣谨案《春秋》谓一元之意，一者万物之所从始也；元者辞之所谓大也，谓一为元者，视大始而欲正本也。《春秋》深探其本，而反自贵者始。（以上《对策一》）

孔子作《春秋》，先正王而系万事，见素王之文焉。

故《春秋》受命所先制者，改正朔，易服色，所以应天也。（以上《对策二》）

孔子作《春秋》，上揆之天道，下质诸人情。参之于古，考之于今。散《春秋》之所讥，灾害之所加也，《春秋》之所恶，怪异之所施也。书邦家之过；兼灾异之变，以此见人之所为，其美恶之极，乃与天地流通而往来相应，此亦言天之一端也。

故《春秋》变古则讥之。天令之谓命，命非圣人不行……是故王者上谨于承天意，以顺命也……

《春秋》大一统者，天地之常经，古今之通谊也。（以上《对策三》）

这里的"天心""承天""应天""揆天""顺命"等文字，是董仲舒对《春秋》的更为确切的代表性看法，与他在《春秋繁露》中所表现出的"君权神授""天人感应""奉天而法古"的思想是完全一致的。其中"视大始而欲正本""先正王而系万事"，虽然表面上没有直接与关于"天"的字样挂起钩来，但在董仲舒的思想体系中，仍然是以体现天的意志为其立论前提的。《繁露·二端》说："是故《春秋》之道，以元之深正天之端，以天之端正王之政，以王之政正诸侯之即位，以诸侯之即位正境内之治。五者俱正而化大行……悖乱之征，是小者不得大，微者不得著……然而《春秋》举之以为一端者，亦欲其省天谴而畏天威，内动于心志，外见于事情，修身省己，明善心以反道者也，岂非贵微重始慎终推效者哉！"这是把"正王""重始"的意思说得非常明确的，它是体现出"王者受命"的一种重要表现，同样的思想也可见于《俞序》《王道》等篇之中。

笔者以为公羊学大师董仲舒，主要不是以"礼"说《春秋》，而重在以"天令""天意"说《春秋》，皮锡瑞也说："董子《春秋繁露》，发明《公羊》三科九旨，且深于天人性命之学。"①董仲舒所做的事情，正在于他以"天人性命之学"，改变了《公羊传》比较接近于原始儒学的性质，而使其学说成了宗教神学。康有为曾经评述董仲舒学术的主要特征为："探本天元，著达阴阳。明人物生生之始，推圣人制作之源。扬纲纪，白性命。本仁谊，贯天人，本数末度，莫不兼运。"②这种特征，仍然不出"天人""性命""阴阳"等的范围，也正是由于这些而不是别的内容，才使康有为确切地将董仲舒视作"明于《春秋》为群儒宗"的大师。说到"礼"，康有为亦有所评议。说"孔子之文，传于仲舒；孔子之礼，亦在仲舒"，且说董仲舒所讲的礼，与孔门弟子如曾子、子夏、子游、子服、景伯等不同，而是"尽闻三统，尽得文质变通之故，可以待后王而致太平……其单词片义，皆穷极元始，得圣人之意"。③ 康有为评述《春秋》及公羊学，在政治上是为自己的改革主张服务的，是为自己的变法思想寻求理论依据的，然而他将董仲舒所讲的礼与"三统""文质变通""穷极元始"联系起来，还是符合实际情况的。董仲舒自己说过："礼者，继天地，体阴阳，而慎主客，序尊卑贵贱大小之位，而差内外远近新旧之级者也。"④他所讲的礼，仍然是包含在其整个神学思想的体系之中的。

①　《经学历史·经学昌明时代》。
②　《春秋董氏学·自序》。
③　《春秋董氏学》卷三。
④　《春秋繁露·奉本》。下引《春秋繁露》，只注篇名。

司马迁关于"礼"的思想有别于董仲舒

司马迁关于"礼"的议论，则是更多地继承和发扬了《公羊传》注重礼制的思想。《公羊传》以"礼"为衡量一切是非善恶的标准，主张遵礼；以尽礼为贤，多"讥"非礼，"贬"违礼。而"礼"的核心是强调君臣关系，归根结底还是要维护天子的地位。所以《公羊传》强调"君子大居正"，废适、杀世子，尤其是弑君，是《公羊传》所最为谴责的事。说"君臣之义正，则天下定矣"，以为"立适以长不以贤，立子以贵不以长"，维护以血缘关系为纽带的嫡长子继承制，以保持政权的持续性和稳定性，保持分封和等级的关系。《公羊传》所表彰的贤者，都是维护礼制的坚定人物，它反复肯定孔父、仇牧和荀息等，认为他们的行为是高尚的，其可贵之处在于他们为维护礼制可以不惜牺牲生命，说："孔父正色于朝，则人莫敢过而致难于其君者，孔父可谓义形于色矣"。由此在处理统治阶级内部关系时，《公羊传》主张让国，不主张争夺，以吴季子、卫叔武、叔术等的让国为贤，对为争位而弑君者，《春秋》记述中严厉地进行贬斥，《公羊传》则称之为贼，并解释说，"《春秋》君弑贼不讨，不书葬，以为无臣子也"。臣不讨贼，是没有尽到臣子的责任，故凡继弑君而即位的，《春秋》都不书"春王正月"，《公羊传》忠实地解释了这种笔法。《公羊传》特别肯定宋襄公之"不鼓不成列"的行为，说"虽文王之战亦不过此也"，由于楚军在此战中击败宋襄公，而将"楚子"贬称为"楚人"，且说"终僖之篇贬也"。《公羊传》有所谓"经权说"，但对根本的礼制加以变通所给予的活动余地是很小的，它所强调的"自贬损以行权"，原是要变通者付出包括生命在内的沉重代价，以此来保证根本礼制的神圣不可侵犯。对于这些，《史记》中当然并非全都照录不误，但它从社会政治的角度谈论礼制，而不牵涉"天命""天意"等的淳朴色彩，以及它尊奉天子，主张谦让，反对弑篡，表彰贤能的思想，则是为司马迁所肯定并进一步加以阐发的。

在《史记》中，有关于《春秋》的直接评述。《孔子世家》中司马迁认为，孔子在处理如听讼等政事的时候，弟子可以参加意见，"至于为《春秋》，笔则笔，削则削，子夏之徒不能赞一词。弟子受《春秋》，孔子曰：'后世知丘者以《春秋》，而罪丘者亦以《春秋》。'"司马迁叙录这些内容，则是把《春秋》视为系孔子寄托自己理想的毕生尽力之作。司马迁说《春秋》"约其文辞而指博"，其记事对当代君主有所贬损，故"《春秋》之义行，则天下乱臣贼子惧焉"，这是认为《春秋》实可为后世立法，有利于维护封建礼制和政治统治。所以在《十二诸侯年表序》中，司马迁更为具体地评述了《春秋》产生的时代背景和历史特点，他说先是由于"周道缺""仁义陵迟"而有《诗》的创作，后来天子"恶闻其过"，《诗》已不起作用了，于是从京师开始发生了祸乱，周厉王被流放了。共和行政以后，天下即致力于征伐，以强凌弱；天子虽然还是名义上的共主，但无力发号施令，各国都自作主张，已经是"兴师不请天子"了。天子权力衰落，进而形成"政由五伯，诸侯恣行，淫侈不轨，贼臣篡子滋起矣"的局面，原来地位卑微的齐、晋、秦、楚现在强大了，"更为伯主"，原来为周文王、武王所褒奖的大封国，现在却先后被他们所威服了。在这种情势下，司马迁接着说："是以孔子明王道，干七十余君，莫能用。故西观周室，论史记旧闻，兴于鲁而次《春秋》，上记隐，下至哀之获麟，约其文辞，去其烦重，以制义法，王道备，人事浃。"这与《自序》中所叙"闻之董生"的话保持了大体的一致，明确肯定《春秋》的重要意义在于"制义法"，以使"王道备，人事浃"，这也就是从礼制的角度来立论的。司马迁关于《春秋》产生的评述，可以说是孟子所谓"王者之迹息而《诗》亡，《诗》亡而后《春秋》作"①这一看法的论证和发挥。孟子"说的'王者迹息'，是指周王朝衰落；周礼不行。时代变了，诗的时代过去了，春秋就产生出来了"②。这样分析，不仅有助于我们理解《春秋》产生的时代条件，也有助于我们恰当地认识司马迁"以礼说《春秋》"的思想。《匈奴列传》的论赞说："孔氏著《春秋》，隐桓之间则章，至定哀之际则微，为其切当世之文而罔褒，忌讳之辞也。"认为孔子出于时局的压力，记述当世之事也不得不隐约其辞。怕触犯忌讳，其难言之处，也为司马迁所仿

---

①　《孟子·离娄下》。

②　白寿彝先生语. 见《座谈中国史学史之史》，载《史学史研究》，1985 年第 1 期，第 4 页。

效。而司马迁与壶遂对话时所阐发的意见，则是表述了他对《春秋》的最根本的看法，其内容可剖析为如下方面。

《春秋》的记述及其主旨，确立了社会政治统治的一些根本原则。基于对嫌疑、是非、犹豫、善恶、贤不肖的辨别、判断，使它对国家的存亡继绝、“补敝起废”有着重要的作用。

在《六经》的相互比较中，《礼》《乐》《书》《诗》《易》各有不同的特点和作用，而《春秋》以其能辨是非，故长于治人，在以礼义原则关注社会政治方面，《春秋》的作用更为明显直接。“拨乱世反之正，莫近于《春秋》。”

《春秋》之本，则在于君君、臣臣、父父、子子这一礼义之旨，春秋时期所发生的“臣弑君、子弑父”的现象，不是一朝一夕形成的，而是有个逐渐演变的过程。强调君臣父子都必须了解和遵循“《春秋》之义”，才能使礼制得以贯彻执行，所以《春秋》是“礼义之大宗”。

在礼、法关系上，《春秋》指出人们容易看见执法的效果，而不了解以致忽视了礼义的潜移默化的教育作用。

司马迁的“以礼说《春秋》”，与《公羊传》从原始儒家的角度阐述《春秋》的思想保持了淳朴的一致性，且是《公羊传》所述礼的内容的概括和升华集中；反映了从战国到秦汉，由于世事的变化，以及大一统及拨乱反正的需要，对礼的认识更加深化的时代特征。分别来讲，这些内容在公羊学大师董仲舒的著述中，也是可以见得着的。例如，“《诗》道志，故长于质；《礼》制节，故长于文；《乐》咏德，故长于风；《书》著功，故长于事；《易》本天地，故长于数；《春秋》正是非，故长于治人”①；“是以君子以天下为忧也，患乃至于弑君三十一(清凌曙注，‘六’误作‘一’)，亡国五十二，细恶不绝之所致也。……故曰，立义以明尊卑之分，强干弱枝以明大小之职，别嫌疑之行；以明正世之义，采摭托意，以矫失礼。善无小而不举，恶无小而不去，以纯其美，别贤不肖以明其尊。亲近以来远，因其国而容天下，名伦等物不失其理。公心以是非，赏善诛恶而王泽洽，始于除患，

---

① 《玉杯》。

正一而万物备"①；"《春秋》，大义之所本耶?"②等。但董仲舒这些关于礼的思想，被笼罩在他天人性命、阴阳五行的体系的烟雾之中。从继承关系的角度来分析，司马迁无疑是受了董仲舒思想的某种影响的。故此他在与壶遂讨论的开头，引述了"闻之董生"的言辞作为依据，然而进一步他又表现出与董仲舒思想的违异倾向，以蔑视天人感应的批判精神，撇开董仲舒给《春秋》所述礼制覆加的神秘说教，以鲜明的社会政治特色，就人事论人事，使《春秋》礼义游离于宗教神学的体系之外，独树一帜，而放射出异彩。所以，以礼说《春秋》，是司马迁继承并发扬原始儒学和在摆脱公羊学家消极影响的情况下，从社会历史中不断总结而形成的一种独创，故为人所未发。只有这样看，才可真切了解司马迁要特意与壶遂讨论孔子作《春秋》的意义，也只有这样看，才能恰当认识司马谈、司马迁父子要继孔子作《春秋》来撰写《史记》的真实价值。

关于大一统认识上的歧异

公羊学家讲"《春秋》大一统"，司马迁也讲国家与民族的统一，后者也受着前者的影响，两者之间有承续关系。但它们之间有没有分歧呢？有的。

《公羊传》为解释《春秋》的"元年，春王正月"，一开始就阐发了大一统思想，说元年就是鲁国诸国君即位后开始的一年。《春秋》必记四时，春，是表示一年的开始；王是周文王，因为周是文王所创建的。《春秋》宗周，尊奉周天子，故以周的正朔为统一天下的标志，各国都有自己的国君，国君都有在位的年数，这些在位年数只是一个区域性的时间观念，但无论它是哪一年，都要遵守周的年历，以建子之月为正月。《春秋》这样记述，就是标志它主张以周代的礼制来统一天下，而《公羊传》的阐述，也是质朴的，没有什么神秘的色彩。

---

① 《盟会要》。

② 《正贯》。

到了公羊学家手里，情况就不同了。统一的观念，除"一统乎天子"①之外，还有统于天命、服从三统等概念。由于董仲舒将"天"推为人世间万事万物的主宰，天子乃是天之子，天子之能够对诸侯臣民发号施令进行统治，是以"受命于天"为前提条件的。"尧舜受命于天而王天下"②，"文王受天命而王天下"③。所以统一不统一也是与天命密切相关的。董仲舒在解释《春秋》"王正月"的时候说："何以谓之王正月，曰：王者必受命而后王，王者必改正朔，易服色，制礼乐，一统于天下，所以明易姓非继仁（清凌曙注：'仁'当作'人'，声之误也），通以己受之于天也。王者受命而王，制此月以应变，故作科以奉天地，故谓之王正月也。"所谓"王正月"，就是表明天子之能统一天下，乃是受之于天，非受之于人的。一句话，他是奉天而统的。进一步说，既然是应天而王天下，朝代更替，天命也是会有所安排的。"古之王者受命而王……必以三统天下……法天奉本，执端要以统天下，朝诸侯也……所以明乎天统之义也。"④在董仲舒宗教神学体系的模式中，就有三统（黑、白、赤）四法（商、夏、质、文）的十二世历史循环论，以其神秘的哲理来解释舜、禹、汤、文王和他们的先祖。公羊学家统一的观念是与天命、天意密不可分的。

讲到具体的社会政治领域，董仲舒以为只有尧、舜、周文王、周武王等圣王才可承命，天继乱世而修教化，而对于在中国历史上建立起第一个专制主义封建王朝、实现了统一全国的秦，则是认为大逆不道而加以无穷指责，乃说"至周之末世，大为亡道，以失天下。秦继其后，独不能改，又益甚之。重禁文学，不得挟书，弃捐礼谊而恶闻之，其心欲尽灭先王之道，而专为自恣苟简之治，故立为天子十四岁而国破亡矣。自古以来，未尝有以乱济乱，大败天下之民如秦者也。其遗毒余烈，至今未灭。使习俗薄恶，人民嚣顽。抵冒殊扞，孰烂如此之甚也"⑤。秦国施行暴政，促使它

北京师范大学史学探索丛书

---

① 《符瑞》。
② 《尧舜不擅移，汤武不专杀》。
③ 《郊祭》。
④ 上引二段见《三代改制质文》。
⑤ 《贤良策》。

短祚而亡，然而它在历史上统一的巨大功绩，讲大一统的董仲舒却视而不见，实是司马迁在《史记·六国年表序》中所批评的那种"不察其终始"的"耳食"者；很显然，在这点上司马迁与董仲舒持完全不同的意见，表现了他们之间对一统问题看法上的分歧。作为历史家的司马迁，其认识无疑要比董仲舒所持的偏见高明得多。汉继秦统一天下，汉初近七十年休养生息，人民安定，国家富足，因而为汉武帝强化专制主义中央集权，实行对内对外政策创造了必备的物质基础。司马迁歌颂了汉初的统一，对文景时期美好景象给予了热烈称颂，其历史眼光是现实的、深刻的，然而董仲舒亦加以斥难。"今汉继秦之后，如朽木粪墙矣。虽欲善治之，亡可奈何。法出而奸生，令下而诈起，如以汤止沸，抱薪救火，愈甚无益也。窃譬之琴瑟不调，甚者必解而更张之，乃可鼓也；为政而不行，甚者必变而更化之，乃可理也。当更张而不更张，虽有良工不能善调也；当更化而不更化，虽有大贤不能善治也。故汉得天下以来，常欲善治而至今不可善治者，失之于当更化而不更化也。"①董仲舒对汉初政治的如此评述，是为他的"更化"主张提供理论基础的。董仲舒的所谓更化，是想以独尊儒术来取代黄老政治，更化的目的，当然是为了建立真正统一的专制主义中央集权，其本身是有积极意义的。但他却仍然失之片面，以否定祖宗业绩的手法为汉武帝的作为提供理论依据，歪曲地分析了汉初的形势，也不足取。

还有，董仲舒的大一统思想，明确要求实行思想统治，罢黜百家，独尊儒术。他在《贤良策》的最后向汉武帝建议，"诸不在六艺之科、孔子之术者，皆绝其道，勿使并进"，他认为只有这样做，才可以改变"师异道，人异论，百家殊方，指意不同，是以上亡以持统一；法制数变，下不知所守"的局面，借以达到"邪辟之说灭息，然后统纪可一而法度可明，民知所从"的目的。董仲舒的建议体现了汉武帝时期专制的文化思想政策。所以颜师古在注释"一统"的时候说，"此言诸侯皆系统于天子，不得自专也"。这种政策，虽然反映出思想学术合流的趋势，并使之服务于加强中央集权，有它的积极意义；但它终究最后结束了战国以来百家争鸣、思想文化

——————————

① 《贤良策》。

活跃的局面，钳制了人们的思想，限制了不同政见的发表，尤其是对所谓叛逆精神、异端思想给予了沉重的打击，不能不说有其消极的一面，表现出了它专横的本质。

　　司马迁作为一个历史学家，比注重现实的董仲舒具有更为深邃的政治目光，在对长期的历史的考察中，他就把国家民族的统一当作一个时代发展的主流进行探讨和阐发，这无论是从时间或空间的意义上说，都要比董仲舒的思想境界广阔得多，即使从纯粹哲学的意义上来比较，也要胜过董仲舒。从对五帝、夏、商，周、秦、汉等各朝代的历史记述中看，司马迁承认天子在社会历史中的中心地位。但他不像《公羊传》那样，只以尊奉天子为统一的标志。司马迁对公羊学家以天命论、三统循环论为指导思想的一统观持否定的态度，他藐视董仲舒关于天人方面的言论，常赋予"天"以其自然的和时势发展趋势的意义；更不同意甚至批评公羊学家以非公正的态度来评述社会历史的统一事件，特别是对秦统一中国的评价，二者的分歧则更大。司马迁关于统一的思想大致可以归结为：认为圣君贤相在统一的过程中起了一定的作用，但统一的形成却是历史发展的必然趋势，是各种社会政治、经济、军事、文化因素相互作用所产生的结果，排除了天命、天意在其中的决定作用；统一表现为具体的地域观念以及中原政权政治、经济、文化等影响范围的不断扩大，并使它们能够分别在其中得到有利的发展；统一有时候是频繁战争和人民痛苦、社会动荡的过程，它会耗费国家的巨大财富，但它还是促进了中原和边远地区人民之间的交往，促进了民族的融合，由此中国境内的各民族对整个国家的统一都做出了自己的贡献，统一也消灭了各地区的封建割据状态。所以司马迁完全是以一种称颂的态度来记述历史上的统一的，他尽管对秦朝的残暴和汉武帝的好大喜功提出了不少批评，但他赞赏秦在中国历史上实现统一的巨大业绩，肯定汉武帝在建立强大的专制主义中央集权中的光辉成就。在《史记》的记述中，司马迁并不赞同以统一为旗帜而限制各种学术思想的发展，他强调诸种学术政治主张对历史的贡献，以及它们在统一过程中的作用。因此，司马迁有意批评汉武帝的专横态度，并注意揭露汉武帝内法外儒政策的实质，他甚至认为滑稽人物在国家安危的决策上都能施加影响。他同情忠耿直谏的"社稷之臣"因不能施展才能而处境艰难。在所有这些方面，都体现了司马迁和董仲舒之间在大一统问题上的歧异。笔者以为，在讨论司马迁和董仲舒的相互关系时，应该注意由于时代条件的基本相同，和司马迁受到董仲舒的影响，他们之间有许多共向或相似之点；但是尤其应该注意到由于他们哲学思想体系和政治观点的不同，在他们之间的看来是相同或相似之处，却往往有着实质性的差别。如果不区分这些实际的不同之点，就难以确切地评价司马迁在史学史和思想史上的地位和贡献。

"究天人之际"实系与公羊学家论争

董仲舒按照人世间君主的模式塑造了一个天神，反过来他又让这个天神来主宰人世间的一切。在董仲舒的哲学思想体系之中，"天"是有意志有目的的人格神，它运用阴阳五行、灾异之变执行着自己的权威，造就万事万物，监督和指挥着政事的实施。董仲舒说："天者，百神之大君也。"①"天亦人之曾祖父也。"②"受命之君，天意之所予也。"③"《春秋》之法，以人随君，以君随天。……故屈民而伸君，屈君而伸天，《春秋》之大义也。"④"阳天之德，阴天之刑也。……天数右阳而不右阴，务德而不务刑。""孝子之行，忠臣之义，皆法于地也。地事天也，扰下之事上也。"⑤"天乃有喜怒哀乐之行。"⑥"天地之物有不常之变者谓之异，小者谓之灾。灾常先至而异乃随之。灾者，天之谴也；异者，天之威也。谴之而不知，乃畏之以威。"⑦董仲舒认为，从天子的即位，到政治原则的实施及其变化、社会的伦理道德，乃至于人体的自身结构各个方面，都是由天意安排的，这表现出他的君权神授、天人感应、天意谴告等唯心主义哲学思想和宗教神学的

---

① 《郊语》。
② 《为人者天》。
③ 《深察名号》。
④ 《玉杯》。
⑤ 以上所引二处见《阳尊阴卑》。
⑥ 《天辨在人》。
⑦ 《必仁且智》，此意亦见于《贤良策》。

特色。由于董仲舒的哲学思想为汉武帝所接受和采纳，这在当时是以官方哲学的面目显露在社会政治生活中的。司马迁与董仲舒在"天人"关系上的论争，实际就是对官方哲学的一种斗争。

司马迁在"究天人之际"问题上与董仲舒《春秋》公羊学的论争，可以归结为如下方面。

首先，以具体的社会历史事件的结局，批评了天道观和因果报应之说。司马迁在作为七十列传总序的《伯夷列传》中，针对天人感应的"礼无不答，施无不报，天之数也"①的观点，提出"倘所谓天道，是邪非邪"的质问，大胆地否定了天道观，这种否定，以其结合具体的人事进行论述，乃是对社会现实不平的强烈控诉。《项羽本纪》说项羽的失败在己不在天。《蒙恬列传》说蒙恬之死是因为他不强谏，不是因为修长城而绝了地脉，与《伯夷列传》前后呼应，批评了因果报应的说法。司马迁作《封禅书》，是要"论次自古以来用事于鬼神者，具见其表里"②。所谓"表里"，其实质就是针对汉武帝的"尤敬鬼神之祀"，来讥刺并剥夺他自以为"受命而王"的灵光，这对于批评董仲舒的"天子受命于天"③的思想，可以称得上是战斗的檄文。

其次，针对董仲舒的宗教神学是天命论与阴阳五行学说的结合。司马迁着重揭露和批评了邹衍的阴阳五行学说。在《孟子荀卿列传》中，司马迁说明了这一学说形成过程中其推演手法诡秘的欺骗性，以及其内容的荒诞不经，指出邹衍是利用人们的直觉，由近及远地把人们引入虚幻的境地，并揭露其与儒家思想的联系和它阿谀世俗的本质。在《秦始皇本纪》《封禅书》《张苍传》等篇中，集中揭露了所谓"德属"的荒唐。指出秦始皇依照终始五德定秦为水德。水主阴，阴刑杀，故急法刻削，政刑严酷，结果迅速败亡，以见此种学说的不足信及其所具有的巨大政治危害性。

再次，运用当时天文学、医学上的重大成就，证明天命、神灵之不可取信。《天官书》创制了司马氏星官体系，按照人间朝廷的规模，设计并划

---

① 《楚庄王》。
② 《史记·封禅书·论赞》。
③ 《顺命》。

北京师范大学史学探索丛书

分了星空位置，记述了许多重要的古代天象，明确体现了"天"的自然属性，其中虽然记述了某些古代星占术语，但他在《太史公自序》中已经说明："星气之书，多杂机祥，不经；推其文，考其应，不殊。比集论其行事，验于轨度以次，作《天官书》。"以唯物主义的思想为前提，表现出他是以一个自然科学家的态度来评断问题的。在《历书·序》中，司马迁主张顺应自然来考正时历，在向汉武帝建议改历时赞成用夏正，加上他对五行运转及改正朔、易服色等问题的评议，表现出客观的求实精神。在《扁鹊仓公列传》中，他对神形问题在自然的意义上做了唯物主义的回答。通过记述古代脉学，分解了人体的部位，明确了某些部位的功能；指出了疾病发生的原因及其表现，说明了人体与自然环境、饮食服用以及日常生活的关系，反映出当时人们对人体疾病认知上一定程度的科学性。司马迁正是在天象和神形两个容易为天命论提供活动依据的理论领地上，以求实的精神表现出强大的战斗力量。特别是他所记汉高祖刘邦"谩骂之曰：'吾以布衣提三尺剑取天下，此非天命乎？命乃在天，虽扁鹊何益！'遂不使治病"[①]，结果重病两个月就死亡的事，是对天命的深刻批判，更可见《史记》立《扁鹊仓公列传》的重要价值。

最后，在对社会历史发展的阐述上，司马迁亦以其朴素的唯物主义思想与董仲舒的天人学说相对立。他认为历史是人类的社会活动，不是神灵的创造。因此他立意把神意从人类的历史中分离出去，在主要方面摒弃了天命论、天人感应以及阴阳五行学说对历史的影响。认为人是社会历史的主体，各种现实人物的共同活动构成了历史。在历史的发展中，包括政治、经济、军事、文化等多方面的丰富内容，其中他认识到社会经济的发展有着极其重要的作用。只有农工渔商经济有了巨大发展，社会才会富有，国家才能强盛。他认为历史有其自身发展的趋势，其中自有必然性和偶然性的区别及其相互结合，由此历史的发展具有一定的阶段性，事物本身也在其中不断发生变化，在不同的阶段各种事物将有不同的特点和作用。历史在时间上、空间上表现为真实的、具体的内容，不是虚无的、神

———————————————

① 《史记·高祖本纪》。

秘的。

以上这些方面，司马迁的认识与董仲舒比较是截然不同的，在与官方哲学的争斗中，司马迁的思想表现是进步的、积极的，是中国古代文化的一份光辉遗产。在对待天人关系的问题上，司马迁不可避免地受到了古代星占术和科学还不发达的影响，有某些迷信思想，但那是极其有限的，在他的整个思想认识中不占主要地位。

"叛逆者"与"从谀家"

司马迁在《史记·儒林列传》中为董仲舒立了小传，在讲五经传授时，说："汉兴至于五世之间，唯董仲舒名为明于《春秋》，其传公羊氏也"。这个"名"字用得很有意思。为什么叫作"名"为明于《春秋》呢？可以理解为董仲舒明于《春秋》在当时很有名；也可以理解为只是名义上明于《春秋》，在实质上《春秋》公羊学并没有阐述和发扬《春秋》的原始精神。如果是后者，本章的前述第一节正好有利于说明司马迁的本来意思。接下来，司马迁指出董仲舒的治学，"以《春秋》灾异之变推阴阳所以错行。故求雨闭诸阳，纵诸阴，其止雨反是"。董仲舒因此著撰过《灾异之记》。司马迁还说董仲舒言灾异，因为涉及当时政治，自己反倒受害，差一点送了性命，讥刺董仲舒自食其唯心主义的苦果，是有意揭露天命论和阴阳五行学说相结合的新儒学的荒诞特征，以及其阿谀时俗的本质。

司马迁说："公孙弘治《春秋》不如董仲舒，而弘希世用事，位至公卿。董仲舒以弘为从谀。"这在表面上看起来，是说董仲舒在为人品质上很不喜欢阿谀逢迎。公孙弘也是司马迁最为厌恶的人物之一。在《平津侯列传》中，司马迁将公孙弘描绘为阿谀逢迎、伪善欺诈的典型，是公孙弘利用丞相职权迁贬董仲舒的。在公孙弘和董仲舒二人的政治对立中，司马迁是同情董仲舒的处境和遭遇的。但是司马迁记董仲舒的公羊《春秋》，却是因为公孙弘的在丞相位，而"卒用"于当时的政治事务，因而董仲舒的学术就具有实质性的必然为"从谀"的特色。董仲舒有弟子名叫吕步舒的，"步舒至长史，持节使决淮南狱，于诸侯擅专断，不报，以《春秋》之义正之，天子皆以为是"，公羊《春秋》学者又成了汉武帝的酷吏爪牙之士。而且董仲舒弟子通晓其学术的，"至于命大夫，为郎、谒者、掌故者以百数。而董仲舒子及孙皆以学至大官"，以充分的事实说明董仲舒学术是深受汉武帝所赏识的，在思想理论上正好迎合了汉武帝的需要，比之公孙弘等世俗谀儒，具有更深刻的意义和作用。"汉武帝好公羊"①，所以董仲舒的《春秋》公羊学在时政中的发迹，是直接受到汉武帝鼓励、引导和支持的。唯其如此，说董仲舒的《春秋》公羊学具有官方哲学的性质，在政治背景上也是有充分的事实根据的。为什么司马迁在《史记》中不为董仲舒立专传，不录董仲舒的《天人三策》？除编纂上的取材侧重点与他书（如《汉书》）不同这方面的原因之外，司马迁对于董仲舒和汉武帝这种政治思想上的彼此结合采取轻蔑态度，也是不可忽视的。实际上董仲舒对策的答案，早已为汉武帝的策问所预先规定了，董仲舒在思想理论上只是做了汉武帝允许和喜欢他做的那些事，当他触犯了汉武帝的意志时，他就遭受了不幸。董仲舒不知道，他认为公孙弘是"从谀"，除了公孙弘欺诈的政治手段之外，公孙弘作为丞相为汉武帝效力之处，不正是"卒用"了董仲舒的一套思想理论吗？在最根本的意义上说，董仲舒更有资格成为超过公孙弘的现实政治的"从谀"家。

司马迁在汉武帝时代是一位被凌辱被损害的下级朝廷官员，由于他通晓古今历史，了解朝廷事务及社会民情，从自身的体验出发，结合对社会现实的认识，以至形成了他具有反抗最高统治者意识的叛逆精神。由此，他对为最高统治者提供了思想理论武器、在他看来是位切实的"从谀"家董仲舒采取了批评和对立的态度，这是不足为奇的。

---

① 阮元：《春秋公羊传注疏校勘记序》。

第七章 《汉书》与《史记》

一、《汉书》产生的背景

公元前221年，我国封建地主阶级建立了第一个专制主义皇朝——秦。它企求传之万世，但随着其自身弊病的暴露，仅仅十五年，就淹没在陈胜吴广的起义声中。待刘邦战胜项羽，建立起西汉皇朝，专制主义才经受住第一次冲击，而步入它发展的早期阶段；在它登上社会历史舞台还不太长的汉武帝时期，就已经雄踞于进取中的第一个波峰。为计久安，它有能力而且需要"通观古今"，以说明它自身发展的必然性和存在的合理性，这就出现了司马迁的《史记》。再经过一百多年进入东汉明、章时期，专制主义根基已固，开始了它稳定发展的时期，这时，它虽然也需要追溯远古，但更重要的却是解决当前所面临的各种实践难题。因此，它需要的则是"总括一代"，强调全面处理社会矛盾的现实性和大力增强其阶级统治权威的神秘性。这样，与出现《史记》时的境况不同，为适应形势，也就产生了断代为史的《汉书》。

西汉一代的刘姓政权经过了初期生息、武帝开拓、宣帝中兴、哀平微弱到王莽立新由盛而衰的变化过程，其间庶事纷繁，矛盾迭起，既表现了地主阶级上升时期的蓬勃朝气，也说明了它前进道路上的困难及其自身的不足。东汉以刘秀为主的统治集团重新恢复了刘汉天下，他们需要重整旗鼓，总结先人们的统治经验以资借鉴，并以此垂教世代相承的子孙，得知创业维艰、守成不易，以共同维护和加强其一统政权。依靠记事截止于汉武帝时候的《史记》已不能完全达到这一目的，这就需要另立体系，编撰一部总述前朝业绩的专门史著。《汉书》的出现，正是这一现实要求的必然体现。

同时，自董仲舒创立以天人感应与阴阳五行学说相结合的《春秋》公羊

北京师范大学史学探索丛书

学以后，儒术在西汉取得了独尊的地位。其后刘向、刘歆又各撰《五行传》，系统地传述了符瑞灾异理论。到了东汉，皇权政治视它们为最主导的统治依据，并以之作为重新认识前代历史的思想武器。建武二年（公元26年），刘秀"始正火德"，谶纬学说以时蜂起，至中元元年（公元56年）竟"宣布图谶于天下"，神化皇权成为国策。为防止对经说解释的各家歧异，章帝仿效宣帝甘露石渠故事，在白虎观召集群儒讲议《五经》同异，亲临裁决，思想钳制进一步加强，容不得异端邪说和"激诡""抑抗"的言论。明帝还亲撰《光武本纪》，明德马皇后又撰《显宗起居注》，国史的修撰必须置于天子的诏令之下，以便反映统治集团的思想意志。在这种政治氛围中孕育而成的《汉书》，则是地主阶级需要神化皇权以加强其统治权威的直接结果。

二、纪传体断代史

《汉书》是我国历史上继纪传体通史《史记》之后的第一部纪传体断代史，在我国古代学术发展史中占有重要的地位。

《汉书》作者班固（32—92年），字孟坚，东汉扶风安陵（今陕西省咸阳市东）人。自杨恽将《史记》宣布以后，先是西汉元、成间的褚少孙，"其后刘向、向子歆及诸好事者，若冯商、卫衡、扬雄、史岑、梁审、肆仁、晋冯、段肃、金丹、冯衍、韦融、萧奋、刘恂等，相次撰续，迄于哀、平间，犹名《史记》"①。到了东汉初年，班固的父亲，"既才高而好述作，遂专心史籍之间"的班彪，认为这些续作言"多鄙俗，不足以踵继其书"，加之不满意扬雄、刘歆的褒美伪新，误后惑众，"乃继采前史遗事，旁贯异闻，作《后传》数十篇"。班彪，字叔皮，对《史记》深有研究，他除肯定"迁之所记，从汉元至武以绝，则其功也"和赞扬司马迁有"良史之才"以外，还指出《史记》有甚多疏略、论议浅而不笃、条例不经、刊落不尽等不足，于是他自定作《后传》要"慎核其事，整齐其文，不为世家，唯纪、传而

---

① 《史通·古今正史》。

已”，而且思想上要取《春秋》之义，做到“平易正直”。班彪的这些看法对后来的班固是有直接影响的。班固既不满意《史记》从通史的角度将刘汉“编于百王之末，厕于秦、项之列”，而且《史记》又是“太初以后，阙而不录”；又不满意班彪的《后传》“所续前史未详”①，“父所撰未尽一家”②，于是决心依据《史记》、班彪《后传》和刘向等其他学者所记汉代史事，独立编撰一部囊括全部西汉史事的完整著作，于是《汉书》就在酝酿中开始产生了。正当班固着手写作的时候有人上书明帝，告他私改国史，班固因而被收系下狱。班固的弟弟班超害怕他因此被处死，“乃驰诣阙上书，得召见，具言固所著述意”，明帝看过班固所写的史书后对他很欣赏，召他到校书部，任命他为兰台令史。此后他与陈宗、尹敏、孟异等共同撰成《世祖本纪》。随迁为郎，典校秘书后，班固又撰写了功臣、平林、新市、公孙述事迹的列传、载记28篇。奏上之后，明帝命令班固继续完成他原来所欲著述的西汉史。班固通过最高统治集团的一再考验后，“自永平中始受诏，潜精积思二十余年，至建初中乃成。当世甚重其书，学者莫不讽诵焉”③。东汉和帝永元初，大将军窦宪出征匈奴，委任班固为中护军，征毕归来，窦宪颂功德，勒石燕然山，班固为之作铭。后窦宪因罪失败，班固亦受牵连。洛阳令种兢曾被班固家奴侮辱，及窦宪事起，班固即被种兢缘怨捕系，死于狱中，时年61岁。班固死时，《汉书》的八表及《天文志》没有完成，和帝诏令班固的妹妹“就东观藏书阁踵而成之”。《汉书》刚问世，文意艰深，很多人读不通，当时的名儒马融也“伏于阁下，从昭受读”④。班昭对《汉书》的传播起了重要作用。班昭续《汉书》只完成了八表，《天文志》仍未写成，和帝又诏令马融兄马续继班昭之后来完成它。所以一部《汉书》的著述，实起于班彪，主要撰著者为班固，续成者则有班昭、马续，前后经历数十年，用功之勤，自不待言。然而后人读起来仍觉其有不足，所以赵翼《廿二史札记》卷一说：“百篇之书，得之于史迁者，已居其半，其半又

---

① 上引均见《后汉书·班彪传》。
② 刘知几：《史通·古今正史》。
③ 上引均见《后汉书·班彪传》。
④ 上引见《后汉书·列女传·曹世叔妻》。

北京师范大学史学探索丛书

经四人之手而成。其后张衡又条上《汉书》与典籍不合者十余事，卢植、马日磾、杨彪、蔡邕、韩说等校书东观，又补续《汉纪》。则是书亦尚有未尽善者，益信著书之难也。"说明要写出一部确实有价值的史书是很不容易的。

班固《叙传》述其所著："故探撰前记，缀辑所闻，以为《汉书》，起元高祖，终于孝平王莽之诛，十有二世，二百三十年，综其行事，旁贯《五经》，上下洽通，为《春秋》考记（颜师古注：《春秋》考记，谓帝纪也）、表、志、传，凡百篇。"这就告诉了我们他所作《汉书》的规模及体例。《汉书》是纪传体，但与《史记》不同的是，它不是通史而是断代史。《汉书》记述的起讫时限是自高祖元年（公元前206年）至王莽地皇四年（公元23年）。断代为史的出现是历史发展的必然要求，是史书体例变化的一大进步。断代为史可以避免史书都写成通史的那些不必要的重复，若将互相衔接的断代史联系起来，正可形成毫无间断的通史，这就显示了它赖以存在的价值和它能长期受到应用的强大生命力。《汉书》断代为史，为我国后代正史所仿效，《二十五史》中除《史记》和《南北史》以外，均是以《汉书》为楷模断代为史的。可见《汉书》的出现，在我国史书体例的发展上具有重要意义。

《史记》包括本纪、表、书、世家、列传五种体裁，《汉书》有纪、表、志、传，改"书"为"志"，没有世家，凡《史记》列入世家的汉代人物，《汉书》均写入"传"。《汉书》这种体裁上的改易是符合历史时势变化的，是合理的。在《史记》记述的时限内，自周成王分封，经春秋、战国，五霸争雄，七国扰攘，都与诸侯各国的世代相承有密切关系。《汉书》记述的是西汉一代的历史，其时经秦统一六国，废封建，行郡县，原来意义上的封侯建国已不复存在。汉代也曾施行分封，始则异姓王被诛灭，继则同姓王被削藩，"推恩"分子弟，至武帝时诸侯王"惟得衣食租税"而已，根本无能干预政事，已与先秦以前的世家贵族迥异。由于不存在长期具有独立政权性质的世袭侯王，《汉书》取消了世家这种体裁是顺应时代潮流的明智之举，表现了班固因事制宜的作史识见。

《汉书》将《史记》的《律书》《历书》并为《律历志》，《礼书》《乐书》并为《礼乐志》，增写《平准书》为《食货志》，改《史记封禅书》为《郊祀志》，《天官书》为《天文志》，《河渠书》为《沟洫志》。除上述诸志主要是增加了武帝以后的内容之外，《汉书》还创设了刑法、五行、地理、艺文四志。《汉书》十志比较《史记》八书在先后次序上也有所不同。《史记》是礼、乐、律、历、天官、封禅、河渠、平准，《汉书》则为律历、礼乐、刑法、食货、郊祀、天文、五行、地理、沟洫、艺文。《汉书》十志的确立起到了继往开来的作用，成为后代正史撰写典制篇卷的遵循轨范，且为后代典制体史书的编撰提供了借鉴。此后的《通典》《文献通考》等书，就是在《汉书》十志的影响下陆续产生的。《汉书》八表，前六表是基于《史记》有关汉代的史表进行调整而编成的，从体例上看其立表界画更为清晰、简明。其所增设的《百官公卿表》及《古今人表》亦属创例。《百官公卿表》记述了秦汉官制和西汉将相大臣的迁免死，是研究古代官制史、政治制度史的重要资料，有重要学术价值。《古今人表》专议汉代以前的古代人物，表现了班固评议人物的论事标准，暗示出他对汉代人物褒贬的立意，且网罗甚富，亦不无裨益。

《史记》列传篇题的定名，或以姓，或以名，或以官，或以爵，多不齐一，且排列顺序难为论析。《汉书》则一律以姓名题篇，排列顺序是先专传，次类传，后四夷和域外传，最后是外戚和王莽传，整齐划一。《汉书》在与《史记》记事相同的时间范围内，新立了《惠帝纪》及王陵、吴芮、蒯通、伍被、贾山、李陵、苏武等传，并在其他一些人物传中增添了材料。《汉书》继《史记》之后发展了国内外民族历史的记载，大量增益了西南夷和匈奴的史事。《汉书》特为张骞立专传，给予这位对中西交通有重大贡献的历史人物以应有的历史地位。《汉书》将《史记》的《大宛传》扩充为《西域传》，详细记述了西域几十个地区和邻国的历史，是研究古代中国西部各民族和亚洲有关各国历史最珍贵的资料。

《汉书》多载"有关于学问，有系于政务"的"经世有用之文"。① 其中《史记》所无的有贾谊的《治安策》，晁错的《教太子疏》《言兵事疏》《募民徙塞下疏》及《贤良策》，路温舒的《尚德缓刑疏》，贾山的《至言》，邹阳和枚乘各自的《谏吴王书》，韩安国和王恢关于征伐匈奴的争论，以及董仲舒的《天

---

① 赵翼：《廿二史札记》卷二《汉书多载有用之文》。

北京师范大学史学探索丛书

人三策》和公孙弘的《贤良策》等，同武帝以后记事中所载的许多文篇一样，都是有关经济、政治、思想、学术方面的重要文献。

《汉书》利用《史记》的材料，并不都是原封不动地照搬过来，而是有其改铸制作的功夫，不可全以抄袭论之。应该说班固是以他自己的世界观——重新审核了《史记》的各种材料，只是因为司马迁有高明的史学眼光，其记述经过了严格的选择、思考和组织，在班固看来，其中的资料绝大多数是可以直接移用的，这体现了班固对司马迁的尊重。即使这样，《汉书》在利用《史记》的材料时，还是有很多增补、移动、删节、订正、润色之处，所以《汉书》和《史记》没有一篇是完全相同的。在体例与文献方面，《汉书》对《史记》在继承和利用中有创造和发展。

《汉书》的体例使记事的形式多样而能整齐划一，且可收到包容量大、叙述内容丰富并足以表述作者对世事加以评论的良好效果，《汉书》以"博洽"著称、班固以良史闻名是当之无愧的。然而章学诚评论说"迁书一变而为班氏之断代，迁书通变化而班氏守绳墨，以示包括也"，"迁书体圆用神"，"班氏体方用智"。①《汉书》体例是规整了，适合于记述"包举一代"的史事，但是它在作史思想的深奥变化和追求理想方面，比较《史记》还是远为逊色的，这是《汉书》不如《史记》最为重要的一点。

三、内容中心、特点及其成就

刘知幾评说："如《汉书》者，究西都之首末，穷刘氏之废兴，包举一代，撰成一书。"②这是说明了《汉书》记述内容的中心、特点及其成就。

第一，《汉书》较真实地记述和评论了西汉一代的政绩及其盛衰变化，从一统功业的角度，对于各时期所取得的成就进行了热情的称颂。《汉书》赞扬刘邦能以"神武之材，行宽仁之厚，总揽英雄"，"文武相配"，而建立了一个"汉兴"的开国规模；肯定惠帝、吕后时"填以无为，从民之欲，而

---

① 章学诚：《文史通义·书教下》。
② 《史通·六家》。

不扰乱"的政绩；称赞文帝致力于"宽厚"，使"吏安其官，民乐其业，畜积岁增，户口寝息。风流笃厚，禁罔疏阔"①，出现了一片和乐景象；评论武帝"初立，卓然罢黜百家，表章《六经》"，特别肯定武帝在"稽古礼文"②方面的功绩；表彰宣帝之治，"信赏必罚，综核名实"，使"吏称其职，民安其业"，并称颂他为"侔德殷宗、周宣"③等。这些记载《汉书》是以积极的眼光来记元帝以前西汉历史的发展的。然而武帝时期的鼎盛已经预示着危机，宣帝以后，西汉政治开始倾颓，由此《汉书》称元帝牵制文义，"优游不断，孝宣之业衰焉"④，并明确总结说，"汉世衰于元、成，坏于哀、平。哀、平之际，国多衅矣"⑤，认为问题出于外戚擅权，王莽篡位。所以《汉书》记述起于刘邦，终于王莽，而王莽传前是外戚、元后二传。《汉书》以《叙传》前的最后三传，将外戚势力的演进及其对刘姓皇朝的危害充分地展现出来，以示西汉政权的衰败。

《汉书》评述西汉政治，有用"时""势"或"天时"变异来表达历史是发展的看法。《异姓诸侯王表》序说，刘邦之能够成就帝业，是由于"古世相革，皆承圣王之烈，今汉独收孤秦之弊。镌金石者难为功，摧枯朽者易为力，其势然也"。《陈胜项籍传》赞引贾谊《过秦论》，说秦的成功与失败是"攻守之势异也"。《景十三王传》赞认为，汉代许多诸侯王之所以"率多骄淫失道"，是因为"沈溺放恣之中，居势使然也"。这些评议，都是说明事物的结局决定于事势的发展。而王莽的篡汉，乃是因为"乘四父历世之权，遭汉中微，国统三绝，而太后寿考为之宗主，故得肆其奸慝，以盛篡盗之祸"，从根本上说也是由于"天时"的关系，而"非人力之致矣"。⑥ 而且这种事态的形成还体现了一种逐渐变化的过程。"建始以来，王氏始执国命，哀、平短祚，莽遂篡位，盖其威福所由来者渐矣。"⑦还说当王莽势盛倾动

---

① 　上引均见《汉书·刑法志》。
② 　《汉书·武帝纪赞》。
③ 　《汉书·宣帝纪赞》。
④ 　《汉书·元帝纪赞》。
⑤ 　《汉书·佞幸传赞》。
⑥ 　《汉书·王莽传赞》。
⑦ 　《汉书·成帝纪赞》。

朝廷之际，何武不举荐他为大将军，当哀帝特别宠幸董贤要给他封侯的时候，王嘉上书进行争执，这就好比"以一蒉障江河"（《何武王嘉师丹传》赞），只会使自己遭殃。《汉书》以此说明，时局的发展，任何个人也无法阻挡，认为很多政事的成功，正是因为遇到了恰当的形势。例如，武帝时西南夷两粤朝鲜"三方之开"，是"遭世富盛，动能成功"（《西南夷两粤朝鲜传》赞），武帝之能通西域，也是"遭值文、景玄默，养民五世，天下殷富，财力有余，士马强盛"（《西域传》赞）；宣帝之能"中兴"也是"遭值匈奴乘乱"（《宣帝纪》赞）。所以《汉书》提出研究历史要"究其终始强弱之变"（《诸侯王表》序）。不过，关于"时""势"的思想在《汉书》中不占主要地位，占主要地位的是它的天命论、灾异说。

第二，《汉书》广泛地评价了各种人物在西汉政治中的作用。它记述汉代的兴盛是由于有众多的文臣武将和智谋极谏之士在中央和地方的事务中竭其忠诚而做出的贡献。《郦陆朱刘叔孙传》赞引《慎子》之语"廊庙之材非一木之枝，帝王之功非一士之略"，说明帝王善于用人的重要性。《汉书》认为刘邦之能建立开国规模，是因为他能够"任萧、曹之文，用良、平之谋，骋陆、郦之辩，明叔孙通之仪"（《刑法志》）。与此相联系，《汉书》还肯定了王陵的廷争、周勃的诛吕、张释之的守法、冯唐的论将，特别表彰了晁错能"为国远虑"，引刘向的话称赞贾谊是"通达国体，虽古之伊、管未能远过"，充分肯定了他的卓越才能。对于西汉鼎盛的武帝时期的出现，《汉书》认为除了武帝个人的条件之外，还由于有众多谋臣的辅佐。《公孙弘卜式兒宽传》赞描述了武帝的思贤如渴、召集英俊"求之如弗及"的态度，以及随之出现的人才济济、群星灿烂的局面，说："汉之得人，于兹为盛，儒雅则公孙弘、董仲舒、兒宽，笃行则石建、石庆，质直则汲黯、卜式，推贤则韩安国、郑当时，定令则赵禹、张汤，文章则司马迁、相如，滑稽则东方朔、枚皋，应对则严助、朱买臣，历数则唐都、洛下闳，协律则李延年，运筹则桑弘羊，奉使则张骞、苏武，将率则卫青、霍去病，受遗则霍光、金日磾，其余不可胜纪。"因之《汉书》或分别为这些人立了专传、合传，或在有关的事件中记述了他们的事迹，表彰他们在实现武帝统一国家的宏图大业中的积极作用。宣帝继承武、昭事业，注意于"讲论六艺，招选茂异"，使其时亦聚集了一批智能之士。《汉书》评述的有长于儒术的萧望之、梁丘贺、夏侯胜、韦玄成、严彭祖、尹更始，善为文章的刘向、王褒，著名将相张安世、赵充国、魏相、丙吉、于定国、杜延年，称为循吏的黄霸、王成、龚遂、郑弘、召信臣、韩延寿、尹翁归、赵广汉、严延年、张敞等，都是"有功迹见述于世"的。但《汉书》认为和武帝时期的人物相比较，这些人的才德、贡献要次一等，不过还是肯定宣帝在位的政绩，《宣帝纪》赞说"政事文学法理之士咸精其能，至于技巧工匠器械，自元、成间鲜能及之"，有它独到的一面。《汉书》还有以宣帝时的人物与开国功臣相比的论述，《魏相丙吉传》赞称："近观汉相，高祖开基，萧、曹为冠，孝宣中兴，丙、魏有声。"可见对这一时期的政治状况和各种人物，看得还是不低的。《汉书》通过对历史人物主要是帝王将相活动的记述，显示了它关于人物评价褒贬的是非观念，充分展现了西汉兴盛的学术活动以及在政治实施、民族关系、对外作战及中西交流等各方面的业绩和成败得失。

第三，《汉书》暴露了皇权的争夺，外戚的专横，以及封建统治阶级的淫奢，反映了人民的痛苦生活和反抗斗争。

《武五子传》所叙太子刘据矫诏发兵捕斩江充被丞相刘屈氂战败自缢之事，集中表现了最高统治集团内部的权力斗争。其他如记盖长公主与燕王刘旦自杀，同谋上官桀、上官安、桑弘羊、丁外人等被族诛；霍光死，霍氏谋废天子，事发觉，《霍光传》说，"霍氏诛灭，而告霍氏者皆封"等，都是与皇权争夺有关的政治事例。皇妃争宠，争立继嗣而惨毒相害的事件也很严重。霍光妻指使女医淳于衍毒死宣帝许皇后，成帝时，赵飞燕姊妹均被召入宫后，语废许皇后，由赵婕好而立为皇后，遂害死中宫史曹宫及其"御幸"所生儿，并以苇箧取许美人所生儿去，与成帝闭门亲手加以杀死，其手段的狠毒耸人听闻。

《汉书》暴露了西汉外戚势力的专横、残暴与奢侈。《刘向传》所载上封事书言王凤事就非常典型，称"历上古至秦汉，外戚僭贵未有如王氏者"，刘向因此"故终不迁"。当时一向刚直敢言的京兆尹王章，也因上书成帝言王凤"专擅朝事以便其私"，竟被以他罪囚死狱中，《元后传》说"自是公卿见凤，高目而视，郡国守相刺史皆出其门"。《王莽传》对于王莽执政后以无情手段削除政敌，剪灭王氏以外的外戚势力，徙免丁、傅两家及董贤亲属，致罪于"素不悦者"，导演"禅让"丑剧，毒死汉平帝，假托谶纬符命"居摄践祚"，"承天命"登基称帝，建立新朝后运用儒家思想复古改制，以致国破家亡、身败名裂等都进行了详尽的客观叙述。这是西汉外戚专权发展到顶点的真实记录，充分揭露了封建专制主义王朝的弊病及罪恶。《汉书》既肯定了王莽"成、哀之际，勤劳国家，直道而行，动见称述"的政绩，也对他最后的失败给予了严厉的批评，说其"害遍生民，辜及朽骨，自书传所载乱臣贼子无道之人，考其祸败，未有如莽之甚者也"，且将它与秦朝败亡等列言之，可见《汉书》是把这件事看得非常严重的。

《汉书》以很多笔墨暴露了王室及大臣聚敛财富，奢侈淫逸。说武帝营上林苑，"绝阪池水泽之利，而取民膏腴之地，上乏国家之用，下夺农桑之业"，起建章宫，"号称千门万户；木土衣绮绣，狗马被缋罽；宫人簪瑇瑁，垂珠玑；设戏车，教驰逐，饰文采，聚珍怪；撞万石之钟，击雷霆之鼓，作徘优，舞郑女"。① 说武帝的后宫多取好女至数千人，宣帝以后诸侯的妻妾有的达到数百人，豪富吏民畜歌者至数十人，使当时出现了"内多怨女，外多旷夫"②的社会状况。张禹为丞相，"内殖货财"，"多买田至四百顷，皆泾、渭溉灌，极膏腴上贾。它财物称是"，"内奢淫"。史丹受赏赐累千金，僮奴以百数，后房妻妾数十人，也是"内奢淫"。哀帝为佞幸董贤起大第北阙下，"重殿洞门，木土之功穷极技巧，柱槛衣以绨锦"，赏赐之物更是珍贵精美。这些负担最终都加在人民身上，加以天灾战祸，豪强横行，结果致使民不聊生，起为"盗贼"。董仲舒说武帝时还没有改变秦国那种"富者田连阡陌，贫者亡立锥之地"，以及"贫民常衣牛马之衣，而食犬彘之食"的局面③；严助则说"间者，数年岁比不登，民待卖爵赘子以接衣食"，并说战乱的影响非常严重："未战而疾死者过半，亲老涕泣，孤子啼号，破家散业，迎尸千里之外，裹骸骨而归。悲哀之气数年不息。"贾捐之也说："当此之时，寇贼并起，军旅数发，父战死于前，子斗伤于后，

---

① 《汉书·东方朔传》。
② 《汉书·贡禹传》。
③ 《汉书·食货志》。

女子乘亭鄣，孤儿号于道，老母寡妇饮泣巷哭，遥设虚祭，想魂乎万里之外。"多么悲惨的情景！宣帝时鲍宣上书更言人民的生活状况有七死七亡。下层民众不满意，于是起来进行反抗斗争，早在武帝末年就已经如《咸宣传》所言，"大群至数千人"，"小群以百数，掠卤乡里者不可称数"。王莽时期更是如火如荼，终于把西汉皇朝推翻了。《汉书》的记述是总结经验教训，关心地主阶级的统治命运，但是也表现了对人民痛苦的同情。

第四，《汉书》详细记述了古代尤其是汉代的政治典制，表现了西汉文化的发展规模及其重要价值。十志最集中地体现了这一点。其中《刑法志》记述了古代的兵学简史，叙述刑法典核详明，首尾备举，论其变化正本清源，表彰高祖、惠帝、吕后、文帝时的宽缓，对武帝时的繁苛颇多批评。《食货志》系统地记述了自西周以至王莽时期的农政和钱法，反映了一千多年以来社会经济发展的重要侧面。《地理志》先叙由古之九州说而进至秦的郡县；次及汉代郡（国）县的详细设置，户口田亩有非常具体的统计数字，是西汉户口最殷盛时国土概况的基本写照；末叙各地的风俗，实则为一部政治历史地理及风物方志的总汇。故李景星评为"信乎其为志地理者之圭臬也"①，它在地理学沿革的研究上具有重要意义。《沟洫志》讲水流整治关乎漕运与灌溉，系于"国之利害"，所载贾让的治河三策这一重要文献至今仍有参考价值。《艺文志》录刘歆《七略》改编而成，以见西汉藏书的规模，其诸序提要及目下自注，表现了班固的学术思想及各个学科和学派的源流及短长，在我国学术史和目录学的研究上为人们所重视。

就《汉书》的撰作而言，十志的编就，反映了东汉时期专制主义中央集权对于政治、经济、思想、文化统治的加强及其渗入社会生活的深度与广度。十志排列上和《史记》八书前后次序的不同，也说明各种典制在统治手段中重要性地位的变化，某些职能更被重视，经济发展状况受到关注，人们自身的主观能力得到了进一步的承认等，其所表现的立论思想不可忽视。

北京师范大学史学探索丛书

---

① 李景星：《四史评议》。

四、思想倾向

《汉书》在我国历史上第一次正式确立了封建正统的观点。班固曾因不满意司马相如的《封禅》和扬雄的《美新》，专作《典引篇》，提出刘邦的得天下是"盖以膺当天之正统，受克让之归运"。于是《律历志》依据《三统历谱》，按五德终始的相生说排出帝运传递的次序，从理论上证明刘邦伐秦继周为火德。本来西汉初就汉属于什么德并没有一个固定的看法，开始是认为因袭了秦的水德，到文帝时才定为土德，所以司马迁所作《史记》的十二本纪并没有什么德属的观念，将秦列了两篇本纪，项羽也列入了本纪，这是据天下大势纵观古今而立论的。西汉末刘向、刘歆父子均作《五行传》，到东汉德属观念就凝固化、程式化了，而为班彪、班固所接受。在这个排列中秦本自以为水德被否定了，项羽排不上德属，夹在两汉之间的王莽新朝是"窃号""盗位"，也不归于德属。《王莽传》赞说新朝与秦一样，"皆炕龙绝气，非命之运，紫色蛙声，余分闰位"，都不过是为刘邦、刘秀做点打扫基础的工作而已。这就说明班固为什么对司马迁将刘邦"编于百王之末，厕于秦、项之列"不满，他作《汉书》就是要突出刘邦的受命而王，使刘姓皇朝自承天统，自立体系。《郊祀志》赞说："刘向父子以为帝出于《震》，故包羲氏始受木德，其后以母传子，终而复始，自神农、黄帝下历唐虞三代而汉得火焉。故高祖始起，神母夜号，著赤帝之符，旗章遂赤，自得天统矣。"正统思想首先就是"天统"，于是刘邦在《汉书》中被神化而为受天命以统治天下。《高帝纪》还把刘邦的世系从唐、虞、夏、商、周、春秋、战国一直到秦汉之际都大体上排列起来，赞语申述"汉承尧运，德祚已盛，断蛇著符，旗帜上赤，协于火德，自然之应，得天统矣"。《叙传》提要甚至说刘邦的"聪明神武"也是天生的。在这种正统思想的指导下，《汉书》改项羽为传；为王莽立传编年纪事，形同纪体，事实上承认了王莽执掌国家大权但形式上不予承认而不为其立纪；抽出无实际内容的惠帝事迹而立《惠帝纪》，以便体现"系日月以成岁时，书君上以显国统"，以"纲纪庶品"①的纪体作用；很注意"承统""绝嗣"和宗庙祭祀等问题。这些都是拿西汉的历史来为神化东汉皇权服务的。

与此同时，《汉书》盛言阴阳灾异。称述"推阴阳言灾异"而"纳说时君著明"的学者如武帝时的董仲舒、夏侯始昌，昭、宣时的眭孟、夏侯胜，元、成时的京房、翼奉、刘向、谷永，哀、平时的李寻、田终术等人。《汉书》重视在其中起重要作用的董仲舒，说他治《公羊春秋》，"始推阴阳，为儒者宗"。《眭两夏侯京翼李传》赞中，虽对这些言阴阳的学者似乎有所批评，说"察其所言，仿佛一端。假经设谊，依托象类，或不免乎'亿则屡中'"，指出他们的学术有虚假的一面，但仍在书中大幅引用他们的言辞以论述时政，并带有明显的肯定意义。《董仲舒传》既录《天人三策》，认为它是"切当世施朝廷者"之篇，还说董仲舒为江都王相时，"以《春秋》灾异之变推阴阳所以错行……行之一国，未尝不得所欲"，并颂扬他"为群儒首"的功绩。《楚元王传》中引刘向上元、成二帝的奏谏，大言灾异，赞语肯定刘向与董仲舒同是近于"命世"之才的人，说"刘氏《洪范论》发明《大传》，著天人之应"，是有意究极事物的根本，则把五行灾异学说看成了一种社会规律。《谷永传》备录谷永对成帝问灾异奏，也是最为集中地说明了阴阳灾异变化政治意义的谴告论。

《汉书》记述的本身也明显体现灾异谴告的说法。《天文志》说五星迟速和日月薄食等天象变化，"皆阴阳之精，其本在地，而上发于天者也。政失于此，则变见于彼，犹景之象形，响之应声。是以明君睹之而寤，伤身正事，思其咎谢，则祸除而福至，自然之符也"。这是最典型的将自然现象同政治祸福联系起来观察研究社会的天人感应思想。《汉书·郊祀志》录谷永语能讥刺方士迷信鬼神为"背仁义之正道，不遵《五经》之法言"，却不能放弃如《郊祀志赞》所言，依五行相生而造出的刘邦"著赤帝之符"是"祖宗之制盖有自然之应，顺时宜"的天命论。所以它肯于"揽仲舒，别向、歆，传载眭孟、夏侯胜、京房、谷永、李寻之徒所陈行事……以传《春秋》"，而不惜分门别类，连篇累牍地来编定《五行志》，就不是偶然的了。

---

① 《史通·本纪》。

《汉书·司马迁传》赞评《史记》的思想"是非颇谬于圣人"，刘咸炘说这是"相讥以明相矫"①，表明它要与圣人同是非。《汉书》"改"《史记》，有体例上的调整，有材料上的删节、补充，也有具体论述上的变动，有些是改得好的，是合理的，但有些是改得不好的，它与圣人同是非的思想就不一定都好。《史记·货殖列传》强调人的欲望，肯定富利，称颂"素封"，主张政治要顺应自然加以引导，反对与民争利，寓意批评武帝时期的经济垄断政策，有一定的唯物主义因素和进步意义。《汉书·食货志》除增加了武帝以后的材料外，基本上因袭了《史记》的内容，却将它置于一种王道政治的说教之中，强调的是"小不得僭大，贱不得踰贵"，"上下序而民志定"的等级秩序；肯定现实政治，说"非有征发期会，而远近咸足"；并将《史记》批评老子小国寡民的思想，改造而为没有私欲，"不见异物而迁焉"的绝欲主义，把古代社会描绘成一种"欲寡而事节，财足而不争"的相安共处的美满世界。《汉书》虽然也看到了"富者木土被文锦，犬马余肉粟，而贫者短褐不完，含菽饮水"的社会矛盾，但仍然宣扬"其为编户齐民，同列而以财力相君，虽为仆虏，犹亡慍色"，主张人们甘当奴才，来维护封建正统的专制和剥削、压迫。

《史记·游侠列传》称赞"虽时扞当世之文罔，然其私义廉洁退让，有足称者"的布衣之侠，并借以抨击有权势就有道德的强权政治思想，表现出司马迁同情人民和勇于批评现实的叛逆精神；《汉书·游侠传》则指责游侠是"不入于道德"，并痛斥"郭解之伦，以匹夫之细，窃杀生之权"，是"其罪已不容于诛矣"。即使是战国四公子，也同时指责他们的行为是"背公死党之议成，守职奉上之义废"。《汉书》所说的游侠乃是权贵、豪桀和借报私仇者，所维护的正是"各有差等，是以民服事其上，而下无觊觎"的正统局面，企求出现一个"上下相顺，而庶事理焉"的理想社会，深刻地表现了忠诚于封建专制的保守的卫道者思想。

出于时势的不同，《汉书》是推崇儒家的。其书不仅有《儒林传》详细记述了西汉一代学术发展的流派及其演变，而且还为许多儒学大师立了传，

---

① 刘咸炘：《汉书知意》序论。

并称述了他们的事迹。例如，《《匡张孔马传赞》》评萧望之历位将相，说可惜他竟为宦竖所害，不然，"望之堂堂，折而不挠，身为儒宗，有辅佐之能，近古社稷臣也"。称赞武帝兴起儒术之后，以儒家居宰相位的公孙弘、蔡义、韦贤、韦玄成、匡衡、张禹、霍方进、孔光、平当、马宫及平晏等，均是"传先王语，其酝藉可也"的宽博厚重的人才。虽然《汉书·艺文志》也指出了持禄保位，违离道本的"辟儒之患"，但在总的方面还是把儒家放在其他各家之上的，说儒家"于道为最高"，并将诸子诗赋看作"《六经》之支与流裔"。因此，在政治思想上《汉书》也就自然是以"圣人"之是非为是非了。《古今人表》宣扬"性三品"说，引述孔子的言论将汉以前人物分为上智、中人、下愚共九等来论析，且说"唯上智与下愚不移"，是完全的儒家命定论思想，影响所及，开魏晋九品评定人物的先声。

    班固出生于一个世代显贵豪富的家族。《汉书·叙传》说，其七世祖班壹自秦末至汉惠帝、吕后时，是楼烦地区有马牛羊数千群、"出入弋猎，旌旗鼓吹"的大畜牧主。六世祖班孺，是一位州郡的任侠。五世祖班长，曾做了上谷郡守。四世祖班回"以茂材"为上党长子县的县令。三世祖班况，成帝初年，其女选入宫为婕妤，以此"致仕就第，赀累千金"，先家于昌陵，后占籍长安。班彪在《成帝纪》赞中说："臣之姑充后宫为婕妤，父子昆弟侍帷幄。"其时班氏家族为帝室外家，地位自然显贵。班况有三子。长子班伯，因通《诗》《书》《论语》及以谠言闻名，再迁至水衡都尉，并为皇帝的近侍；次子班斿有俊材，与刘向校秘书，常受诏进宫在成帝面前读群书，在当时竟被"赐以秘书之副"，故班氏有丰富的藏书可资诵习；三子班稚，为人正直，哀帝时出为西河属国都尉，又迁广平相，王莽秉政，被贬职为延陵园郎，以故班氏一族不显于新朝。班稚生班彪。

    班彪长于既有赐书，又有充足财富的外戚家族，其学术"唯圣人之道然后尽心焉"，体现为时代与社会的必然造就。王莽失败，群雄迭起，割据垄地的隗嚣不同意汉家复兴的形势分析，故班彪著《王命论》，提出"唐据火德，而汉绍之"，"神器有命，不可以智力求也"的天命论观点，为东汉政权的建立做了舆论宣传。后班彪往依窦融，策划窦融据西河以拒隗嚣，入京师后，即被刘秀拜为临淮郡徐县令，说明他进入东汉就与皇权政治有密切的关系。此后班彪多次拒应"三公之命"，专心于续《史记》作《后传》，现保存在《汉书》中的元、成二帝纪，翟方进、韦贤和元后三传，可以明显看到保留下来的班彪所作的痕迹。

班彪有子二人：班固、班超。班超为东汉时经营西域的著名将领。班固从小就非常聪敏，九岁时"能属文诵《诗》赋"，等到长大，"遂博贯载籍，九流百家之言，无不穷究。所学无常师，不为章句，举大义而已"。① 渊博的学识及很强的写作能力，为他以后的作史创造了十分有利的条件。班固年二十三时，父彪死。曾作《幽通之赋》，陈吉凶性命以明己意。明帝永平中为郎，典校秘书，《叙传》说他"专笃志于博学，以著述为业"，始受诏撰写《汉书》。其时又上《两都赋》，"盛称洛邑制度之美"，赞颂汉家朝廷；并著《典引》《宾戏》等篇。章帝雅好文章，数召班固入禁中读书，或连日继夜；朝廷议大政，章帝使班固"难问公卿，辩论于前"②，所以班固特别受到章帝的恩宠，得到的赏赐也很多。建初四年(公元79年)，章帝会诸儒于白虎观讲论《五经》同异，后特命班固整理这次辩论的纪录，成《白虎通德论》，又称《白虎通义》。在东汉经学发展、群儒云集的朝廷里，选定班固来做这项工作，可见他的思想与皇权政治的一脉相通以及章帝对他的重视。班固的妹妹班昭也很有学问，和帝"数召入宫，令皇后诸贵人师事焉"③，及邓太后临朝，曾使班昭与闻政事，并特封其子为关内侯，官至齐相。

东汉专制主义皇权统治的加强、长期的儒家思想熏陶及其在政治学术中的主导地位、家族的豪富及其在政治上受到尊宠，形成了《汉书》作者班固等的封建正统观、阴阳五行的天人感应思想和以圣人之是非为是非的论史标准。他同样将这样的思想观点贯穿于史书的编撰之中，总结西汉一代的政治经验，(《古今人表》序)所言"归乎显善昭恶，劝戒后人"，来为巩固东汉皇权服务，此自属事物发展的必然，是不为奇怪的。

---

① 上引均见《后汉书·班彪传》。
② 上引均见《后汉书·班彪传》。
③ 上引见《后汉书·列女传·曹世叔妻》。

五、文学价值

《汉书》同时是一部有名的文学著作，它在忠实于历史记述的前提下，塑造了一群很有生命力的人物形象。《汉书》叙事突出重点，层次分明，结构严密，能描绘出不同人物的历史作用和个性特征。《霍光传》重点写三件事，霍光一生的荣辱自见。先写霍光备受武帝信任，遗诏托孤，辅佐昭帝，其中记他因争权将同受遗诏的上官桀、桑弘羊族诛，因而说他"威震海内"，委政十三年，则"百姓充实，四夷宾服"，肯定了他的政绩。次写霍光废昌邑王，谋立宣帝，更突出了他"沈静详审"、老于世故的官僚品格，其行动的周密、迅速、果断、利落，充分表现了他政治经验的丰富及其"党亲连体，根据于朝廷"的权势之盛。三写霍光死后，霍氏诛灭。其中一方面写出霍氏的奢侈荒淫，专权阴险（如毒杀许皇后），及其自知权势已去的惶恐怨恨的心理；另一方面表现宣帝对霍光虽"谦让"得"虚己敛容"，但又感到是"芒刺在背""内不能善"的矛盾态度。霍光死后，宣帝既对霍家厚爱，"冀其自新"，又逐渐削弱霍党实权，妥为部署，待其一旦劣迹败露，即将其尽行诛灭，旋废霍后，不留后患。叙述隐喻霍光势盛对皇权造成的威胁，必然导致他家族的败亡，同时也衬托出宣帝政治上的不断成熟，及其处置霍氏亲族的沉着稳妥。霍光生前死后众事纷繁，各种矛盾层出不穷，传记叙事，不加雕饰，依次写来，有条不紊，故李景星称其为"在《汉书》诸传中当为第一"①。

《东方朔传》描述东方朔滑稽诙谐，仕进有术。通过他的正言直谏，既暴露了武帝的驰射游乐、微行数出、营造上林、图起建章的侈靡，以及董偃因得近幸馆陶公主而"尽狗马之乐，极耳目之欲"的荒淫；又称赞了武帝招英集贤，量才录用，"诚得天下贤士，公卿在位咸得其人"的盛况。通篇行文周密，错落有致，诙言谐语，引人入胜，情切理深，导人深思。语言运用铿锵有力，璀璨如珠，堪称绝构。

---

① 李景星：《四史评议》。

《汉书》叙事常情理并茂，有极强的感染力。《李陵传》叙李陵率步兵五千出塞战匈奴单于，英勇奋战，杀敌一万有余，终因无援军败而降；汉又误闻其教匈奴兵而族陵母弟妻子，单于则以女妻陵，与议大事；汉后遣使劝陵归汉未果，李陵终留死匈奴。全文语缓，脉脉情深。引用司马迁的辩护之词，以明李陵"宜欲得当以报汉"的心迹；详叙劝其归汉的对语，表现他"丈夫不能再辱"而无可奈何的决定。《苏武传》述苏武出使匈奴遭难，抗拒单于的威逼利诱，坚贞不屈，杖节牧羊北海上，19年后终得归汉为典属国，图画于麒麟阁，有"志士仁人"之美誉，苏武逆境中不忘思乡恋国，耿耿意忠，其高风亮节，令人生敬。特别采取对比手法，见卫律与李陵之降匈奴为"罪上通于天"，形秽自愧；李陵酒贺武归，起舞作歌，虽陈词悲婉，亦有南怀意念，但两相比较，陵重室家，武尚君国，志节之高下，自有霄壤之别。李广苏建合传，《汉书》之立意诚可发人深省。

《汉书》叙事，文笔质直朴实，在一种典雅、详细的记述中表现出对世事的观察，人物行为的社会价值、褒贬善恶隐显其间。有些传记中的精彩段落，尤能突出这一特色。《张禹传》写张禹既是精习经学的大儒，又是成帝的老师，他受到尊宠，多得赏赐，却没有什么政绩，他表面上的退让与实际上的伪君子恰成鲜明的对照。其传文字不多，却给人一个奢淫、偏私、贪欲、圆滑的深刻印象。传中写张禹对待弟子不同态度的一段，用语不多，集中表现了不同人物的不同个性：张禹的师道异轨，待徒有别；彭宣的囿于经义，行为方正；戴崇的和乐简易，误于声色。意境迥殊，各得其乐，然此长彼短，乃泾渭分明，张禹是受到了鞭挞的。《严延年传》写严延年以敢于劾奏权贵和摧折豪强受到宣帝的赏识以及有"道不拾遗"的政绩，但也暴露了他以意决狱，以文致法，不及张敞、黄霸、耿寿昌的有智略、行宽恕、能抚民，而一味酷烈，采取不施"仁爱教化"的惨急手段。于传中叙他"奏可论死，奄忽如神"的一段文字，前后照应，起到了高度概括人物性格的作用，突出了严延年培植忠节、巧文诛杀、威震旁郡的执法特点。全传读来，一副"屠伯"的形象，令人惊惧。

《汉书》的序事，是以典雅、赡密、详整、精洁而著称的。前代学者称它为"游扬布列成一家言"①。疏广、魏相、丙吉、陈遵、赵充国、龚遂、陈万年、朱买臣、翟方进、盖宽饶和外戚等传，都是符合这一特点而写得很精彩的。

《汉书》文字之美得力于整个西汉时代文风之盛。西汉出现了公孙弘、董仲舒、司马相如、司马迁等文章家，影响所及，整个社会的文章水平都比较高。柳宗元说："由高帝迄于哀、平，王莽之诛，四方之文章盖烂然矣。史臣班孟坚修其书，拔其尤者充于简册。"②这就使班固所采辑的各种文章，如书信、奏议、诗赋、策问、对语等，尽管内容上有精华、糟粕之别，但笔墨都还是相当整洁的，从而为他的撰作提供足可摄取、借鉴的良好基础。

北京师范大学史学探索丛书

---

① 卢舜治：《汉书评林》总评。
② 《柳宗元集》卷二十一。

第八章　形同《史记》"太史公曰"
的《汉书》之"赞"

《汉书》篇后多置论赞，形同《史记》"太史公曰"。有的学者认为它是多余的，笔者不同意这种看法，并觉得它是《汉书》的重要组成部分，对研究班固的作史思想有着重要的价值。

一、形式特点

在形式上，《汉书》的论赞有四个特点。

第一，《汉书》篇卷与《史记》相同部分多直接沿用《史记》"太史公曰"而有所修改，或更换字句以趋规整，或移置并合以就体制，或撮其精意另行发挥，或增删文辞别见褒贬。班固原本批评司马迁作史"是非颇谬于圣人"，那主要是就大道、游侠、货殖等重大学术、政治、经济方面的思想立论的，但在具体的历史事件的评论上，二人并非全然不同是非。

第二，《汉书》元、成二纪及韦贤、翟方进、元后三传的赞明确标示为班彪著述。这说明两个问题：一是《汉书》论赞体例的创设实始于班彪，亦知此五篇正文原系班彪著述；二是历史上有所谓"固窃彪书"之论不能成立。家学相承，难分彼此，且明著彪书，亦何剽窃可言？所以刘咸炘说："至若班著《后传》，原委具存，而三纪论赞，明著彪说，见家学之有所授受，何得如后人之所言，致启郑樵诬班氏以盗袭之嫌哉！《丙辰札记》曰：'马班之史，皆出家学，《自序》皆申明之，其阐扬先美，可谓孝矣，前人乃讥固袭父书而迁推先德，非平允也。'"刘咸炘并所引章学诚的言论已辩明此事，人意可释。

第三，《汉书》之赞多引刘向、刘歆父子及扬雄等之言辞以为辨析，或指实以资评议，或依托以为辩论，可见班固的评论是参酌并吸收了当时较为权威的学术政治观点，特别是多借重刘向等的意见，表明了他的重要思想倾向。

第四，《汉书》的赞均是对世事的直接评论，而不是如《史记》"太史公曰"那样有许多关于游历、采访的说明和史实的补充或作史例则的阐述，内容与思想显得更为集中，在史学上体现了史书论赞体例的趋向规范化。

二、内容分析

《汉书》一百卷，除八表，律历、礼乐、刑法、天文、五行、地理、艺文七志，循吏、货殖、游侠、自叙四传无赞外，其余八十一卷均有赞。赞的内容是很丰富的，大体可以分为如下几个方面加以论述。

第一，突出表现了天命论和阴阳灾异的思想。《汉书》自开篇《高帝纪》至记事的终篇《王莽传》，其赞语正好贯彻了正统天命论思想。《高帝纪》赞据蔡墨、范宣子、刘向之言，编出自陶唐至丰公的世系，然后得出结论："由是推之，汉承尧运，德祚已盛，断蛇著符，旗帜上赤，协于火德，自然之应，得天统矣。"这是指据五行论来说，刘邦的建汉乃天命的"自然之应"。《郊祀志》赞特别解释刘向父子所言的五行论与文帝时公孙弘、贾谊所主张的五行论不同，是一种五行相生说，因而"自神农、黄帝下历唐、虞三代而汉得火焉。故高祖始起，神母夜号，著赤帝之符，旗章遂赤，自得天统矣"。这为刘邦的建汉找到了合法的理论依据。然而依刘向父子的五行论，历史上有些帝王则排不进去，如传说中的共工和汉以前的秦朝，于是就解释为"昔共工氏以水德间于木、火，与秦同运，非其次序，故皆不永"。排除了共工和秦，自神农、黄帝到汉的五行运转次序才正好圆满，所以说"由是言之，祖宗之制盖有自然之应，顺时宜矣"。因为秦朝暴虐，如果汉是接续秦朝就不光彩，同理，王莽的篡汉也不在五行运转次序之中，所以《王莽传》赞通过比较得出结论："昔秦燔《诗》、《书》以立私议，莽诵《六艺》以文奸言，同归殊途，俱用灭亡，皆炕龙绝气，非命之运，紫色蛙声，余分闰位，圣王之驱除云尔！"秦与"新"具备同样性质，都是"余分闰位"，不在五行序列之中，它们的存在只不过是为刘邦、刘秀的建立帝业做点打扫基础的工作。理论上圆满了，天命论的正统观念也就由此确

北京师范大学史学探索丛书

立无疑了。因此班固批评贾谊所持的五行相胜说，即"以汉为土德，色上黄，数用五"为"其术固已疏矣"。《贾谊传》赞的这种批评，所言之"疏"，疏于何处？疏于不知天命也。

与天命论相联系，《汉书》的赞也相信灾异谴告的说法。《文三王传》赞说梁孝王的"卒用忧死"，是应了"牛祸告罚"。《武五子传》赞说武帝戾太子所生的建元六年，正好是"虽尤之旗见，其长竟天"，这是预示战乱的天象，所以戾太子出生以后，"师行三十年，兵所诛屠夷灭死者不可胜数。及巫蛊事起，京师流血，僵尸数万，太子子父皆败。故太子生长于兵，与之终始"。原来武帝的征伐四夷，戾太子死于巫蛊事件，是天意早就指示了的，人为、事势在天命的牢笼之中。《汉书》还讲"命"。《窦田灌韩传》赞在讲到窦婴、田蚡、灌夫三人之间的互相倾轧、危害的关系时，称其为"凶德参会"，而韩安国的"陵夷以忧死"，是"遇合有命"。"若王恢为兵首而受其咎，岂命也乎！"也是命决定的。同时，《汉书》还讲阴阳报应。《李广苏建传》赞评李广，删除《史记》"太史公曰"所引《传》曰'其身正，不令而行；其身不正，虽令不从'。其李将军之谓也"句，而在末尾"可以谕大也"后加上"然三代之将，道家所忌，自广至陵，遂亡其宗，哀哉"，就是以阴阳报应的消极宿命论来取代对现实政治不公的批评。《张汤传》赞说"汤虽酷烈，及身蒙咎，其推贤扬善，固宜有后。安世履道，满而不溢。贺之阴德，亦有助云"，这也是明显的善恶报应说。此外《汉书》的赞多见关于"苗裔"的评述，似是将传统影响与善恶报应混为一体而立说，常常具有消极的意味。

第二，赞颂并评议帝王政绩，宣扬正统观念。《汉书》诸帝纪赞对正统天子一律不论其个人的实际政治功绩均表示崇敬，称惠帝为"宽仁之主"，元帝"宽弘尽下，出于恭俭，号令温雅，有古之风烈"，成帝有"穆穆天子之容"，哀帝"文辞博敏，幼有令闻"等，仅以品德、学知而立论。对于政绩比较突出的，则多与周代帝王相比，以提高他们的道德形象和历史地位，如说"周云成、康，汉言文、景，美矣"，"成王不疑周公，孝昭委任霍光，各因其时以成名，大矣哉"，宣帝"可谓中兴，侔德殷宗、周宣矣"等，这同样也表现了班固对殷、周一统盛世的认识。诸帝纪赞前后联系，以见其优劣短长及盛衰变化。引《史记·孝文本纪》正文末尾言辞，赞文帝"专务以德化民，是以海内殷富，兴于礼义，断狱数百，几至刑措。呜呼，仁哉"，称誉甚高。而《景帝纪》赞又总括前期，"汉兴，扫除烦苛，与民休息。至于孝文，加之以恭俭，孝景遵业，五六十载之间，至于移风易俗，黎民醇厚"，可以说是为西汉前期做了一个小结。接着《武帝纪》赞又论述了武帝时政策的变化，说"汉承百王之弊，高祖拨乱反正，文、景务在养民，至于稽古礼文之事，犹多阙焉。孝武初立，卓然罢黜百家，表章《六经》。遂畴咨海内，举其俊茂，与之立功"。结果武帝的文德措施，收到了"号令文章，焕焉可述。后嗣得遵洪业，而有三代之风"的成效。但对于武帝征伐四夷的事迹避而不谈，反而在《昭帝纪》赞说了"承孝武奢侈馀敝师旅之后，海内虚耗，户口减半"的话，表示了含蓄的批评。于是昭帝在霍光的辅佐下，"轻徭薄赋，与民休息。至始元、元凤之间，匈奴和亲，百姓充实。举贤良文学，问民所疾苦，议盐、铁而罢榷酤"，社会重新得到了安定和稳步发展。接着《宣帝纪》赞评宣帝对内"信赏必罚，综核名实"，对外"信威北夷，单于慕义，稽首称藩"，使其时出现了"功光祖宗，业垂后嗣"的承上启下的"中兴"局面，这可说是西汉中期的概述。《元帝纪》赞说由于元帝"好儒"而"牵制文义，优游不断"，在政治上出现了使"孝宣之业衰焉"的重要转变。成帝时"赵氏乱内，外家擅权"，加上"哀、平短祚祚"，使王莽得以乘机而入，所以《哀帝纪》赞则说"孝成世禄去王室，权柄外移"，哀帝想挽救这个局面，"欲强主威"并没有成效。于是《平帝纪》赞则直言"孝平之世，政自莽出，褒善显功，以自尊盛"了。西汉后期自元帝时开始转向衰败，使外戚势盛，最后促使王莽称帝。《汉书》虽未为王莽设纪，但其威烈潜在，余音缭绕，在历史发展中的实际影响，在元、成、哀、平四帝纪赞中有着极其明显的反映。

《汉书》论赞，在称颂帝绩的同时，还宣扬忠君。《韩彭英卢吴传》赞突出称扬吴芮"著于甲令而称忠"，是班固正统思想的重要表现。评田横，《史记》"太史公曰"言："田横之高节，宾客慕义而从横死，岂非至贤！余因而列焉。不无善画者？莫能图，何哉？"这是司马迁盛赞田横宾客的从死高义，并以为"至贤"。《汉书·魏豹田儋韩王信传》赞则说："横之志节，宾客慕义，犹不能自立，岂非天乎?"没有对田横宾客的从死加以特别宣扬，并说田横仍不能自立是天意，倾向归汉之意是非常明显的，这是班固与司马迁之间思想上的差别。由于宣扬忠君，班固则于朝廷大臣评说上有所回护，凡《史记》"太史公曰"对诸如曹参、陈平、周勃、樊郦滕灌、张苍、石庆父子、袁盎、田蚡等人略带讥刺、有损其形象的言语均予删除，一律给以正面肯定。对刘邦也是这样，删《史记·刘敬叔孙通列传》"太史公曰"言人才之说中的"智岂可专邪"句，而改为《汉书·郦陆朱刘叔孙传》赞的"高祖以征伐定天下，而缙绅之徒骋其知辩，并成大业"，这样完全是正面肯定的意思。《汉书》赞还有意突出刘邦的"圣人"形象，有与《古今人表》九品论列相照应的用心。《张陈王周传》赞的最后加上如下一段："始吕后问宰相，高祖曰：'陈平智有余，王陵少戆，可以佐之；安刘氏者必勃也。'又问其次，云'过此以后，非乃所及'。终皆如言，圣矣夫!"刘邦不仅知人善用，而且料事如神，班固赞叹其"圣"，也是研精覃思，别具匠心。班固较之与司马迁，其忠君思想要浓烈得多了。

第三，《汉书》常常利用某一篇论赞，作为某一事态或事势的评论性总结，而这些事态或事势，多属关系西汉政治发展的重要社会历史问题，所以从这些论赞中多见班固对世事的认识。例如，《食货志》赞肯定武帝时之均输平准，同时批评王莽在经济上的制度失中，官民俱竭；《郊祀志》赞叙述汉代五行论争；《韩彭英卢吴传》赞总论异姓诸侯王的结局；《高五王传》赞总论同姓诸侯王的产生及其削弱；《蒯伍江息夫传》赞列举春秋以来十二例以见谗贼之言危害邦家；《公孙弘卜式儿宽传》赞论述西汉中后期人才辈出而综合勾勒出将相名臣人物谱；《公孙刘车王杨蔡陈郑传》赞引桓宽文辞总论盐铁之议；《睦两夏侯京翼李传》赞概括阴阳灾异的发展及其利弊；《王贡两龚鲍传》赞评论自春秋列国至汉兴时的清名、忠节、廉直之士；《王商史丹傅喜传》赞论述宣、元、成、哀、平时期的外戚势盛和它对社会祸福的影响。这些论选都是具有其代表意义的。班固通过这些论赞，一以说明历史事件的发展变化。例如，将《史记》的齐悼惠王和五宗两世家"太史公曰"的有关内容组合在一起，完整地说明了汉初分封同姓的必要性及吴楚之乱平定以后诸侯王地位、权力的削弱，较之《史记》的评述，能给人以更清晰的脉络和印象。二以总结历史经验言明治乱。关于盐铁酒榷均输的论争，除说明文学贤良与御史大夫桑弘羊的意见对立之外，特引桓宽的言辞，就因为它是能表明"欲以究治乱"的"一家之法"。三以表明对世事的爱憎。班固特把蒯通、伍被的事迹从《史记》的有关篇卷中抽出来另行立传，是有意表明他对游说家的极大不满。他说："仲尼'恶利口之覆邦家'，蒯通一说而丧三俊，其得不亨者，幸也。伍被安于危国，身为谋主，忠不终而诈仇，诛夷不亦宜乎！"表明班固对蒯通、伍被等煽动谋反、破坏统一事业的切齿痛恨。四以宣扬君德，表彰贤能。论汉代用人，极赞武帝求贤的急切态度，说"上欲方用文武，求之如弗及"，由于武帝网罗大批贤能之士，所以"汉之得人，于兹为盛"，结果使武帝的文德之治大为发扬，"是以兴造功业，制度遗文，后世莫及"。从用人的角度，对武帝进行了表彰、称颂。这部分评论，还将历史与现实联系起来，亦看出了班固对汉代以前历史事件的认识。

第四，肯定将相大臣的品德和功绩，在《汉书》论赞中占有较大的分量。《贾谊传》赞引刘向的话称"贾谊言三代与秦治乱之意，其论甚美，通达国体，虽古之伊、管未能远过"，悼痛他"为庸臣所害"，并认为通过考察文帝所颁之政令，可以看出大体上都施行了贾谊的政治主张。《袁盎晁错传》赞没有采用《史记》批评晁错多所变更、欲报私仇的说法，而是肯定他"锐于为国远虑，而不见身害"的品质和勇气。在悲叹之余，仍称"错虽不终，世哀其忠"，对晁错的被害寄予深切的惋惜之情。《霍光金日磾传》赞极力赞扬二人功劳，颂"霍光以结发内侍，起于阶闼之间，确然秉志，谊形于主。受襁褓之托，任汉室之寄，当庙堂，拥幼君，摧燕王，仆上官，因权制敌，以成其忠。处废置之际，临大节而不可夺，遂匡国家，安社稷。拥昭立宣，光为师保，虽周公、阿衡，何以加此"！将霍光辅佐昭帝比作周公辅成王、伊尹辅商汤这种历史上的美好典型，是对其政绩的高度评价。称"金日磾夷狄亡国，羁虏汉庭，而以笃敬寤主，忠信自著，勒功上将，传国后嗣，世名忠孝，七世内侍，何其盛也"！两用"忠"字，既表彰了金日磾的业绩，也充分肯定了汉代对降将宽厚的正确政策。《汉书·张汤传》将霍光与张汤后代相比较之后说："功臣之世，唯有金氏、张氏，亲近宠贵，比于外戚。"正说明金日磾地位的重要及其荣禄之盛。对霍光、金日磾功劳的称赞，在《汉书》论赞中也显得非常突出。以上列举的事例说明，班固评论朝廷重臣，多着眼于为国和竭忠，这同时表现了班固政治思想的一个主要方面。《魏相丙吉传》赞说："近观汉相，高祖开基，萧、曹为冠，孝宣中兴，丙、魏有声。是时黜陟有序，众职修理，公卿多称其位，海内兴于礼让。"这是说魏相、丙吉作为宣帝时的丞相是尽到了自己的责任的，以至辅佐宣帝成就了"中兴"之业。此外，《杨胡朱梅云传》赞表彰杨王孙之志行裸葬，为"贤于秦始皇远矣"；《傅常郑甘陈段传》赞称述自张骞至郑吉为通西域、建都护，总计有十八人"皆以勇略选"，而其中只有传主六人为"有功迹者"；《赵尹韩张两王传》赞颂扬"前有赵（广汉）、张（敞），后有三王（尊、骏、章）"等具有履忠进言，刚直守节等品质的京兆尹，且说尹翁归"抱公洁己，为近世表"的品质更加突出；《盖诸葛刘郑孙毋将何传》赞称许能"正色立于朝"而属于所谓"国之司直"，具有美好品德的人。这些评论也都可以说明班固评论人物优劣的某些政治倾向和道德标准。另一方面，《汉书》论赞针对某种官场作风也提出了批评，其中特别突出的是指斥儒臣的阿谀苟合。引桓宽议盐铁的文辞，其末尾评论的是个别丞相，说："车丞相履伊吕之列，当轴处中，括囊不言，容身而去，彼哉！彼哉！若夫丞相、御史两府之士，不能正议以辅宰相，成同类，长同行，阿谀苟合，以说其上，'斗筲之徒，何足选也！'"批评车千秋在盐铁论争非常激烈的时候丝毫不表示自己的看法，影响到丞相、御史两府的官员都是阿谀苟合，桓宽、班固对此是深致不满的。《匡张孔马传》赞评论的是一大群儒相，说："自孝武兴学，公孙弘以儒相，其后蔡义、韦贤、玄成、匡衡、张禹、翟方进、孔光、平当、马宫及当子晏，咸以儒宗居宰相位，服儒衣冠，传先王语，其醖藉可也，然皆持禄保位，被阿谀之讥。彼以古人之迹见绳，乌能胜其任乎！"在这里班固是继承了司马迁的思想，讥刺了这代代儒生，说如果拿古代丞相的标准来检验他们，其中一个够格的都没有。这些人均处于武帝后国势变化的时期，不能立言励行，而仅仅安于持禄保位，毫无惊世的政绩可言，显得多么的不称呀！

第五，《汉书》的论赞显示了西汉学术的重要成就。班固有对自孔子后儒家学术发展的总的认识。《楚元王传》赞开首说："仲尼称'材难不其然与!'自孔子后，缀文之士众矣，唯孟轲、孙况、董仲舒、司马迁、刘向、扬雄。此数公者，皆博物洽闻，通达古今，其言有补于世。传曰'圣人不出，其间必有命世者焉'，岂近是乎?"这里提到的几名"命世之才"，董仲舒、司马迁、刘向、扬雄都是西汉时期的人物，他们所做出的贡献，推动了经学、史学、文学及其他学术思想的发展，班固为此做出了评论。关于董仲舒，本传论赞虽然引述刘向、刘歆对他的评论有高下之争，而班固又倾向于刘歆的意见，评价似乎不很高，但基本的一点是肯定的，即"仲舒遭汉承秦灭学之后，《六经》离析，下帷发愤，潜心大业，令后学者有所统

一，为群儒首"，这是一个基本的事实。董仲舒为汉代第一儒者，其作用本传论赞是明晰的，他影响了西汉整个一代，使学术思想得到了相应的统一。通过评述司马迁撰《史记》，《司马迁传》赞追述了西汉以前史学萌发时期的发展状况，指出司马迁正是"据《左氏》、《国语》，采《世本》、《战国策》，述《楚汉春秋》，接其后事，迄于天汉。其言秦、汉，详矣"而撰就《史记》的。班固评论司马迁个人学问广博，贯穿经传，驰骋古今，虽然他不同意司马迁"是非颇谬于圣人"的某些观点，但是仍然据刘向、扬雄的意见，"称迁有良史之材，服其善序事理，辨而不华，质而不俚，其文直，其事核，不虚美，不隐恶，故谓之实录"，其评论总的来说是公允的，正表彰了司马迁在我国史学发展中的地位及其不朽之处。关于西汉的经学，《儒林传》赞总论了儒学的发展史，值得注意的是班固也已经觉察到它的弊病。"自武帝立《五经》博士，开弟子员，设科射策，劝以官禄，迄于元始，百有余年，传业者浸盛，支叶蕃滋，一经说至百余万言，大师众至千余人，盖禄利之路然也"。一是烦琐，一是追求官禄，班固担心难免不使儒学的发展陷入歧途。经学中《春秋》公羊学占主导地位，关于它的天人学说，班固论赞有三处直接涉及。《楚元王传》赞说："刘氏《洪范传》发明《大传》，著天人之应；《七略》剖判艺文，总百家之绪；《三统历谱》考步日月五星之度。有意其推本之也。"这里说刘向《洪范传》试图探究天人关系的规律，《武五子传》赞因为车千秋最后能"章太子之冤"，故评论说："千秋才知未必能过人也，以其销恶运，遏乱原，因衰激极，道迎善气，传得天人

之佑助云。"这表明其天人思想是在灾异谴告论中有强调人为作用的意思。《睢两夏侯京翼李传》赞说："幽赞神明，通合天人之道者，莫著乎《易》、《春秋》。……汉兴，推阴阳言灾异者，孝武时有董仲舒、夏侯始昌，昭、宣则睢孟、夏侯胜，元、成则京房、翼奉、刘向、谷永，哀、平则李寻、田终术。此其纳说明君著明者也。察其所言，仿佛一端。假经设谊，依托象类，或不免乎'亿则屡中'。"这是对西汉通合天人之道的一方面的概述总结，并揭示了这些"通合天人之道者"所运用的手段，虽不是十分恭维，但也确定了其术的"屡中"。班固对于这些不仅是熟悉，还可以说是一位精通者，他自然在《汉书》中要给这些人以许多笔墨。关于扬雄，班固同样给以很高的评价。《扬雄传》赞本其自序介绍了他的高洁品德，说他曾与王莽、董贤并阶，后莽、贤皆为三公，雄则三世不徙官。"及莽篡位，谈说之士用符合称功德获爵者甚众，雄复不侯，以耆老久次转为大夫，恬于势利乃如是。""用心于内，不求于外，于时人皆忽之"，只有刘歆、范逡、桓谭特别称赞他。扬雄后因甄丰父子事及刘棻牵连，曾跳天禄阁，几死而幸得勿问。自苦而治《太玄》《法言》，刘歆还以"禄利"劝之，雄笑而不应，年七十一而卒。大司空王邑、纳言严尤曾与桓谭讨论扬雄所著书能否传于后世，桓谭持肯定态度，其意以为"昔老聃著虚无之言两篇，薄仁义，非礼学，然后世好之者尚以为过于《五经》，自汉文景之君及司马迁皆有是言。今扬子之书文义至深，而论不诡于圣人，若使遭遇时君，更阅贤知，为所称善，则必度越诸子矣"。桓谭之说果而言中，扬雄死后至班固作传时四十多年，其所撰《法言》就已颁布行世，《太玄》虽未显而其篇籍具存，班固当是见着了的，所以引桓谭的见解，表明了对扬雄学术思想的肯定。且班固所作《汉书》论赞，引用扬雄的言辞仅次于刘向，经常也是刘向、扬雄并提的。

西汉辞赋最盛，班固亦好赋作。《司马相如传》《扬雄传》所载赋作甚丽，班固自有赞赏之意。《司马相如传》赞引司马迁之语以明《春秋》《易本》《大雅》《小雅》所言虽殊，其思想内容均符合于仁义道德，比较言之，"相如虽多虚辞滥说，然要其归引之节俭，此亦《诗》之风谏何异？"是说司马相如的赋作也符合于德教。扬雄对司马相如的看法与司马迁略有不同，所以赞语说："扬雄以为靡丽之赋，劝百而讽一，犹骋郑、卫之声，曲终而奏雅，不已戏乎！"可见在表现手法上，司马相如已经偏离了传统方向，而逐渐接近比较新颖的风格了，这体现了西汉辞赋创作上的发展变化。

班固是位学识渊博、学术造诣很深的历史学家，也是对于经学、史学、辞赋乃至阴阳灾异之说了解甚多的学者，在关系到影响社会历史的学术文化方面，他的评论既为贴切而又具有独到的识见。

第六，《汉书》的论赞表现了班固关于对外交往及战争方面的较为保守的思想。班固在原则上是继承了儒家的传统思想，"戎狄是膺，荆舒是惩"，以为对边境少数民族的骚扰侵犯中原应该加以抵御，所以《汉书》论赞亦表彰了一些武将，如《赵充国辛庆忌传》赞称列了"以勇武显闻"的著名将领，《傅常郑甘陈段传》肯定了"以勇略选"并为通西域、建都护而建立了业绩的人员。但是在总的方面《汉书》称述武功是不够的，不仅如此，其论赞也提出了一些有倾向的观点。《武五子传》赞借巫蛊之祸，联系秦始皇外攘四夷而造成的危害，发挥而成一篇止戈为武的议论："故曰'兵犹火也，弗戢必自焚'，信矣。是以仓颉作书，'止''戈'为武。圣人以武禁暴整乱，止息干戈，非以为残而兴纵之也。"这是从字形的解说出发，赋予使用武力以一种消极的意义。班固反对运用武力"为残而兴纵之"的非正义战争，但从长远的观点看，事情并不是如此简单。在《严朱吾丘主父徐严终王贾传》赞中说："汉兴，征伐胡越，于是为盛。究观淮南、捐之、主父、严安之义，深切著明，故备论其语。"这些人均论述穷兵黩武的危害，害怕出现如秦末陈胜起义那样的"土崩"局面，把淮南王的上书也放在此篇记述，正是企图阐发"止戈为武"的用意的。具体评述对外战争的内容，亦在继续发挥这样的思想。《西南夷两粤朝鲜传》赞指出："三方之开，皆自好事之臣。故西南夷发于唐蒙、司马相如，两粤起严助、朱买臣，朝鲜由涉何。遭世富盛，动能成功，然已勤矣。"谴责这些人利用当时的国力发起对边境的战争。班固赞扬汉文帝的退让之策："追观太宗填抚尉佗，岂古所谓'招携以礼，怀远以德'者哉！"这也是相对于武帝时期的委婉评论。特别是班固尽心作了《匈奴传》和《西域传》两个长篇赞文，颇具匠意。赞语追述了汉与匈奴的关系史，提出董仲舒"利动贪人"之议不合时宜，不备塞劲弩，而欲

"信甘言，守空约，而几胡马之不窥，不已过乎"！这个看法是正确的。称述宣帝时"边城晏闭，牛马布野，三世无犬吠之警，黎庶亡干戈之役"的和平景象，实际应视为武帝时征伐匈奴、削弱其国力所取得的较为长远的效果，二者之间有它相应的辩证关系。末了总论征伐，班固同意严尤的看法，并发挥公羊《春秋》内诸夏而外夷狄的论点，阐述为"是故圣王禽兽畜之，不与约誓，不就攻伐；约之则费赂而见欺，攻之则劳师而招寇。其地不可耕而食也，其民不可臣而畜也，是以外而不内，疏而不戚，政教不及其人，正朔不加其国；来则惩而御之，去则备而守之。其慕义而贡献，则接之以礼让，羁縻不绝，使曲在彼，盖圣王制御蛮夷之常道也"。这是班固提出的对待四夷态度的总的原则，并冠之以圣王之道，其实这是一种消极的防御思想。同样的思想，表现在对通西域的评论上。鉴于武帝征伐四境，远通西域，引起财力枯竭，社会动荡，"民力屈，财力竭，因之以凶年，寇盗并起，道路不通，直指之使始出，衣绣杖斧，断斩于郡国，然后胜之"，所以班固同意淮南王、杜钦、扬雄的见解，主张绝内外，赞语认为"西域诸国，各有君长，兵众分弱，无所统一，虽属匈奴，不相亲附。匈奴能得其马畜旃罽，而不能统率与之进退。与汉隔绝，道里又远，得之不为益，弃之不为损，盛德在我，无取于彼"。既然"得之不为益，弃之不为损"，则通西域完全没有必要。班固的观点可为如下所记"圣上远览古今，因时之宜，羁縻不绝，辞而未许"的决策提供依据，以称颂"圣上"的英明，但其立意从历史的角度观察，仍不免失之于保守、片面。

第七，《汉书》的赞语批评宦竖为害、外戚擅权。从篇目上看，《汉书》第三十一传以前基本上是与《史记》记述相同的时期与篇卷；第三十二至四十七传共十六篇，重点评论昭、宣、元的时政及人物功过，多襃贤能；第五十八至六十二传、六十四至六十六传、七十传共九篇，总论内政、中西交往与对外作战等，其中记循吏、货殖、游侠、自叙诸篇无赞，余下的第四十八至五十七传、六十三传、六十七至六十九传共十四篇，则记宦竖、佞幸与外戚，在总计七十传之中这方面的内容正好占五分之一，可见宦竖为害、外戚专权在西汉历史中的重要地位。《萧望之传》赞说"萧望之历位将相……卒为便嬖宦竖所图，哀哉！不然，望之堂堂，折而不挠，身为儒宗，有辅佐之能，近古社稷臣也"。萧望之是西汉后期有名的儒宗及丞相，秉正刚直，卒为中书宦者弘恭、石显胁迫自杀，所加之罪过如其本传所言就是他"欲排退许、史"，而萧望之则以为"外戚在位多奢淫，欲以匡正国家"。故班固对萧望之的被害甚为惋惜，亦见他之疾恨宦竖。《冯奉世传》赞言"宜乡侯参鞠躬履方，择地而行，可谓淑人君子，然卒死于非罪，不能自免，哀哉！海邪交乱，贞良被害，自古而然"。冯参为奉世子，为中山孝王之舅，成帝绥和中立定陶王为皇太子，以中山王见废而封参为宜乡侯。哀帝即位，参姊中山太后因与帝祖母傅太后有怨，被陷以祝诅大逆之罪，参以同产相坐而自杀。赞语后半说："故伯奇放流，孟子宫刑，申生雉经，屈原赴湘，《小弁》之诗作，《离骚》之辞兴。经曰：'心之忧矣，涕既陨之。'冯参姊弟，亦云悲夫！"外戚祸患，贞良为海邪所害，班固为之悲愤。《王商史丹傅喜传》赞总论了西汉晚期外戚发展的概况："自宣、元、成、哀外戚兴者，许、史、三王（卬成侯及商、凤）、丁、傅之家，皆重侯累将，穷贵极富，见其位矣，未见其人也。阳平之王多有材能，好事慕名，其势尤盛，旷贵最久（谓王凤之家）。然至于莽，亦以覆国。……哀、平际会，祸福速哉！"其时"有刚毅节"的王商、"辅道副主"的史丹、"守节不倾"的傅喜，虽忧劳政事，亦仅回旋于朝廷外戚之间，无益于局势好转。相反或收印绶，或以忧死，于是出现了如《何武王嘉师丹传》赞所说"故曰'依世则废道，违俗则危殆'，此古人所以难受爵位者也"的情况。政治更加败坏，依违之间，以见世风的巨大变化，业臣欲阻止外戚权势的发展而无济于事，故儒相持禄保位，阿谀苟合。《佞幸传》赞则言："汉世衰于元、成，坏于哀、平。哀、平之际，国多衅矣。"一方面是外戚专权，奸臣擅命；另一方面是弄臣为辅，栋干微挠。这种情况的出现，"咎在亲便嬖，所任非仁贤"，是局势发展恶性循环的必然结果。所以王莽的最后篡位绝不是偶然的，班彪在其所撰《元后传》赞中论述："汉兴，后妃之家吕、霍、上官，几危国者数矣。及王莽之兴，由孝元后历汉四世为天下母，飨国六十余载，群弟世权，更持国炳，五将十侯，卒成新都。"在这六十余年中，尽管有其他外家的波澜起伏，但总没有影响王氏之移天下。王莽建新朝，使西汉外戚专权发展到了顶峰。王莽实行了很多政治与经济变动，并没有取得成功，反而引起了严重的社会动乱，在赤眉、绿林农民军的打击下，新朝崩溃。班固对王莽的作为可谓深恶痛绝，《王莽传》赞申斥说："及其窃位南面，处非所据，颠覆之势险于桀、纣，而莽晏然自以黄、虞复出也。乃始恣睢，奋其威诈，滔天虐民，穷凶极恶，流毒诸夏，乱延蛮貊，犹未足逞其欲焉。是以四海之内，嚣然丧其乐生之心，中外愤怒，远近俱发，城池不守，支体分裂，遂令天下城邑为虚，丘陇发掘，害遍生民，辜及朽骨，自书传所载乱臣贼子无道之人，考其祸败，未有如莽之甚者也。"班固的评议既有出于刘氏正统思想的考虑，亦有对外戚擅权所造成的社会历史危害所做的正义责难，还有出于对其时现实状况的真实描绘；这在正宗思想之外，仍然是表现了班固对邪恶的憎恶，以及对社会历史的关心和对人民痛苦的同情，有它的积极意义。

　　第八，《汉书》的赞，表现了班固关于"时""势"的思想。《汉书》在讲天命、灾异的同时，也讲"时""势"，正如白寿彝先生所说，这是它折中主义的体现。班固认为，一种社会历史现象或事件的出现或存在，都有它长时间的发展过程。例如，《成帝纪》赞说，"建始以来，哀、平短祚，莽遂篡位，盖其威福所由来者渐矣！"《元后传》赞及《王莽传》赞都寄寓了这种思想。这样的发展过程是客观事势发展的结果，非人力所可左右。《景十三王传》赞说："汉兴，至于孝平，诸侯王以百数，率多骄淫失道。何则？沉溺放恣之中，居势使然也。"《魏相丙吉传》赞说："故经谓君为元首，臣为股股，明其一体，相待而成也。是故君臣相配，古今常道，自然之势也。"《谷永杜邺传》赞说："孝成之世，委政外家，诸舅持权，重于丁、傅在孝哀时。故杜邺敢讥丁、傅，而钦、永不敢言王氏，其势然也。"又《赵充国辛庆忌传》赞说："秦汉已来，山东出相，山西出将。……山西天水、陇西、安定、北地处势迫近羌胡，民俗修习战备，高上勇力鞍马骑射。……其风声气俗自古而然，今之歌谣慷慨，风流犹存耳。"《王莽传》赞说："莽既不仁而有佞邪之材，又乘四父历世之权，遭汉中微，国统三绝，而太后寿考为之宗主，故得肆其奸慝，以成篡盗之祸。推是言之，亦天时，非人力之致矣。"第一例说明形势发展所致，第二例说明客观事势，第三例说明强弱之势，第四例说明风俗的形成也是事势长期发展而然，第五例以"天时"代客观条件的聚合。论事有别，立意的前提是一致的，即既已形成事态发展和历史趋势，个人不能加以阻挡。班彪所撰《翟方进传》之赞曰："互相方进以孤童携老母，羁旅入京师，身为儒宗，致位宰相，盛矣。当莽之起，盖乘天威，虽有贲育，奚益于敌？义不量力，怀忠愤发，以陨其宗，悲夫！"翟义为方进少子，王莽居摄以后，本传说他立志"为国讨贼，以安社稷"，立东平王子严乡侯刘信为天子，自号大司马柱天大将军，与刘宇、刘璜、王孙庆等起兵反莽，众十余万。后败于莽，夷灭三族，诛及种嗣。《何武王嘉师丹传》赞称："何武之举，王嘉之争，师丹之议，考其祸福，乃效于后。当王莽之作，外内咸服，董贤之爱，疑于亲戚，武、嘉区区，以一蒉障江河，用没其身。"在王莽、董贤已经势盛之时，何武、王嘉、师丹企图加以阻挡，也无济于事。所以事情的成功往往是时局的客观条件促成的，《汉书》之赞语多用"遭""遭值""会""承"等文辞加以表述。《成帝纪》赞"遭世承平，上下和睦"，《宣帝纪》赞"遭值匈奴乖乱，推亡固存，信威北夷，单于慕义，稽首称藩"，《西南夷两粤朝鲜传》赞"遭世富盛，动能成功"，《西域传》赞"遭值文、景玄默，养民五世，天下殷富，财力有余，士马强盛，故能睹犀布、玳瑁则建珠崖七郡，感枸酱、竹杖则开牂牁、越嶲，闻天马、蒲陶则通大宛、安息"等均是。个人要成就事功，也必须知时变，适应客观条件的变化，而不仅仅是才能的强弱、品质的好坏才起作用。《昭帝纪》赞"成王不疑周公，孝昭委任霍光，各因其时以成名"，《樊郦滕灌傅靳周传》赞"语曰'虽有兹基，不如逢时'，信矣"，《郦陆朱刘叔孙传》赞"刘敬脱挽辂而建金城之安，叔孙通舍枹鼓而立一王之仪，遇其时也"，《公孙弘卜式儿宽传》赞"公孙弘、卜式、儿宽皆以鸿渐之翼困于燕爵，远迹羊豕之间，非遇其时，焉能致此位乎"等，就是讲个人成就事业与"时"的关系。正确的政策措施也要能适应时局变化。《公孙刘田王杨蔡陈郑传》赞引桓宽语"桑大夫据当世，合时变，上权利之略，虽非正法，巨儒宿学不能自解，博物通达之士也"，《韦贤传》赞班彪曰"汉承亡秦绝学之后，祖宗之制因时施宜"，就是明显的例证。

《汉书》论赞所表现的上述八个方面的观点，部分地显示了班固的作史思想，研究《汉书》在史学发展中的地位与作用，这些观点同样有不可忽视的价值。

三、表现手法

第一，求实精神。对人物的评议往往能做到褒贬适中，长短观察恰如其分。例如，评董仲舒时，没有同意刘向的"虽伊吕亡以加，管晏之属，伯者之佐，殆不及也"的看法，而倾向于同意刘歆的认识，以为刘向的评论言过其实，恰当的评价是董仲舒既"为群儒首"，又"考其师友渊源所渐，犹未及乎游夏"，认为并不能对之估计过高。评张汤，既指出他"酷烈"，又称赞他能"推贤扬善"。于霍光，虽赞他有周公、阿衡之功，又说"然光不学无术，暗于大理，阴妻邪谋，立女为后，湛溺盈溢之欲，以增颠覆之祸"，结果导致他死后才三年就被诛夷宗族，有他不足的一面。于王莽的篡位严加指斥，但说他开始时虽为"要名誉"，但还是能折节力行，所以"宗族称孝，师友归仁。及其居位辅政，成、哀之际，勤劳国家，直道而行，动见称述"，并不是全面否定。《汉书》的评议一般都较平实，有"爱而知其丑，恶而知其善"的认识，评论能给人启发，令人信服，从中可以看出它纯正的特点。

第二，辨正态度。在伦理道德标准、帝王才能、大臣品德、史料取舍诸方面，均能表现自己的独立见解。《樊郦滕灌傅靳周传》赞郦寄："当孝文时，天下以郦寄为卖友。夫卖友者，谓见利而忘义也。若寄，父为功臣而又执劫，虽摧吕禄，以安社稷，谊存君亲，可也。"这是辨正《史记》记述中有"天下称郦况卖交也"一句，说明在是非原则方面郦寄的做法并不算错。《严朱吾丘主父徐严终王贾传》赞辩释："世称公孙弘排主父，张汤陷严助，石显潜捐之，察其行迹，主父求欲鼎亨而得族，严、贾出入禁门招权利，死皆其所也，亦何排陷之恨哉！"这是政治上的辩诬，亦以回护朝廷重臣。由于东方朔"口谐倡辩……喜为庸人诵说，故令后世多传闻者"，因此《东方朔传》赞特意为之辨析："朔之诙谐，逢占射覆，其事浮浅，行于众庶，童儿牧竖莫不眩耀。而后世好事者因取奇言怪语附著之朔，故详录焉。"这就是说其他未予著录而传为东方朔的言语，皆为后世传闻中好事者所附，不足为据，此亦见《汉书》取材之慎核。

第三，切于世事。论赞常指明，为人物立传，其取材乃着眼于切合现实政治。《贾谊传》赞称"凡所著述五十八篇，摄其切于世事者著于传云"。传中最突出的是著录了《陈政事疏》，实是文帝当政时"略施行"了的政策。《袁盎晁错传》赞说晁错"故论其施行之语著于篇"，是强调他的言辞有益于救败。《严朱吾丘主父徐严终王贾传》赞言："究观淮南、捐之、主父、严安之义，深切著明，故备论其语。"所谓"深切著明"，是指对伐匈奴事提出了诚恳务实的意见。《汉书》论赞一方面多引《诗》《书》、孔子之语以为比较、结论；一方面其所论政注意切于世事，实际是以圣人言论、《五经》说教来规范现实政治，所借论赞阐发的议论，其儒家学术的思想倾向非常明显。

第四，前后照应。《汉书》论赞前后内容之间彼此联系，互相照应，尤其纪传之间浑然一体，纲举目张。《武帝纪》赞言"孝武初立，卓然罢黜百家，表章《六经》……号令文章，焕焉可述"，《公孙弘卜式兒宽传》赞则载列武帝时将相名臣，然后说"是以兴造功业，制度遗文，后世莫及"。《昭帝纪》赞言"举贤良文学，问民所疾苦，议盐铁而罢榷酤"，《公孙刘田王杨蔡陈郑传》赞引桓宽论评桑弘羊"摄公卿之柄，不师古始，放于末利，处非其位，行非其道，果陨其性，以及厥宗"，谈论政绩并涉及桑弘羊的家族人身。《宣帝纪》赞称其时"吏称其职，民安其业"，《魏相丙吉传》赞则说"孝宣中兴，丙、魏有声。是时黜陟有序，众职修理，公卿多称其位，海内兴于礼让"，就是一种很好的呼应。

第九章 《史记》与《书教下》

一、体圆用神

《文史通义·书教下》引述《易传》的两句话"蓍之德圆而神，卦之德方以智"，"神以知来，智以藏往"①，将"古今之载籍"划分为两大类，一是撰述，一是记注。且说，"记注欲往事之不忘"，所以它"藏往似智"，"撰述欲来者之兴起"，所以它"知来拟神"，两者的特点分别为"藏往欲其赅备无遗，故体有一定而其德为方；知来欲其抉择去取，故例不拘常而其德为圆"。② 然而我们注意到，章学诚所说的撰述，不是指一般的文章、著作，而特别规定它是指历史撰述。他在"诸史皆掌记注，而未尝有撰述之官"文下之自注说，"祝史命告，未尝非撰述，然无撰史之人。如《尚书》誓诰，自出史职，至于帝典诸篇，并无应撰之官"。这里所述诸史、祝史、史职，均是指"周官三百六十"中各种职掌记注的官员，与真正为历史而撰述的史官是不同的，从中也可以看到，直至周代，专为历史而撰述的史官，还没有从皆掌记注的"诸史"中分离出来。章学诚认为专门的历史撰述是一种"传世行远之业，不可拘于职司，必待其人而后行"，因此他所概括的"撰述欲其圆而神，记注欲其方以智"的情况，在这个时候是很难真正找到它们的代表作的。只是司马迁所撰《史记》和班固所撰《汉书》的出现，才改变了这一局面："史氏继《春秋》而有作，莫如马班；马则近于圆而神，班则近于方以智也。"所谓"圆而神"或称"体圆用神"，其基本的品质可以解释为"例不拘常"，亦即"无定法"，它强调的是"神"，即适时的变化。这包括两个方面，一是指史书撰述时的体例，一是指史书撰述中的思想神韵。前者

① 《周易大传·系辞传上(十一)》。
② 《文史通义·书教下》，北京，中华书局，1956。下引该文不再注。

是看重其编写的形式，后者是看重其内容的旨意，二者均需要体现出极致的"精微"——即在鉴往知来中抉择去取符合教化要求的无穷变化。

章学诚是在以明经的态度论史，他提出"六经皆史"，本是具有卓越见解的。但是他由此提出"《尚书》圆而神，其于史也，可谓天之至矣"，从而就将《尚书》看成是"圆而神"的最高标准了。然而从史学的发展过程来看，《尚书》的出现还只是处于史学萌芽时期，其自身也不过是一种文告的汇编，并不具备完整意义上史学著述的条件，推崇过高，难免有以经论史之嫌。

章学诚视《尚书》为"上古神圣之制作"，认为其真谛在于"决断去取，体圆用神"，"神明变化，不可方物"，而《史记》之能"体圆用神"，正是"多得《尚书》之遗"的结果。《尚书》为什么有这么大的效用呢？推其意是因为其中的典、谟、训、诰、誓、命诸篇，都是经孔子整理而编就的，决断去取体现了圣人的宏旨，以因事命篇之意，借着当时具体发生和处理的事件的实际记录，深寓着一种教化的思想，"则以先王政教典章纲维天下"①，"疏通知远，足以垂教"，"以示帝王经世之大略"②，而奉为神明。又因为其记述跨越一定的时限，记事记言者自非一人，并没有固定程式的约束（即"《书》无定体"③），故而富于变化，正可体现它的"精微"之处。而被章学诚视为具备《尚书》遗风的"迁书"，由此也就能够获得"体圆而用神"的品格评价了。章学诚以为，史家的事业"非圣哲神明，深知二帝三王精微之极致，不足以与此"，这是在强调有关体圆用神上《史记》与《尚书》的联系。其实，《史记》体圆用神的渊源，不仅仅是来自《尚书》，而是此前史学发展的综合表现，我们还可以从章学诚其他有关的论述中看到这一点。

章学诚对《史记》有着一些精辟的见解，主要是肯定《史记》所具有的别识心裁在体圆用神中的作用。《文史通义·申郑》说：

> 夫史迁绝学，《春秋》之后，一人而已。其范围千古、牢笼百家

---

① 《文史通义·经解上》。
② 上引二语见《文史通义·书教上》。
③ 《文史通义·书教中》。

者，惟创例发凡，卓见绝识，有以追古作者之原，自具《春秋》家学耳。

这是突出了《史记》的创例发凡之功，卓见绝识之妙。而《春秋》家学的可贵又在何处呢？《文史通义·答客问上》说：

> 史之大原，本乎《春秋》，《春秋》之义，昭乎笔削。笔削之义，不仅事具始末、文成规矩已也；以夫子义则窃取之旨观之，固将纲纪天人，推明大道。所以通古今之变而成一家之言者，必有详人之所略，异人之所同，重人之所轻，而忽人之所谨，绳墨之所不可得而拘，类例之所不可得而泥，而后微茫秒忽之际，有以独断于一心。及其书之成也，自然可以参天地而质鬼神，契前修而俟后圣，此家学之所以可贵也。

这不仅明确了《春秋》之事、文、义三者不同的地位，更强调《史记》的"心裁别识，家学具存"①的情况，完全是"独断于一心"的。以此《文史通义·答客问中》亦称《史记》为"高明"的"独断之学"，并说这也就是"虽使同侪争之而不疑，举世非之而不顾"，"必有文字之所不可得而详，绳墨之所不可得而准"的"孤行其意"，"口授心传"的"专门之学"，而这些正好是抉择去取，例不拘常的最确切的描述。

章学诚认为，这样的独断之学又与史德有关。所以说"能具史识者，必知史德。德者何？谓著书者之心术也"②。又说"吾则以谓通文艺比兴之旨而后可以讲春王正月之书，盖言心术贵于养也"。而《史记》恰恰是"贵养心术"的典型著述。《史德》说：

> 史迁百三十篇，《报任安书》所谓"究天人之际，通古今之变，成

---

① 《文史通义·答客问上》。
② 《文史通义·史德》。

一家之言"，《自序》以谓"绍名世，正《易传》，本《诗》、《书》、《礼》、《乐》之际"，其本旨也。所云"发愤著书"，不过叙述穷愁而假以为辞耳。后人泥于发愤之说，遂谓百三十篇皆为怨诽所激发，王允亦斥其言为谤书。于是后世论文，以史迁为讥谤之能事，以微文为史职之大权，或从羡慕而仿效为之，是直以乱臣贼子之居心而妄附《春秋》之笔削，不亦悖乎！

这不仅揭示出《史记》具有高度的思想神韵正是基于它深厚的"本旨"，而且还从著书心术的角度辨析了《史记》之被视为"谤书"的说法。章学诚进一步说："夫以一身坎坷，怨诽及于君父，且欲以是邀千古之名，此乃愚不安分，名教中之罪人，天理所诛，又何著述之可传乎！"并称述《史记》与《离骚》一样，是"抗怀于三代之英而经纬乎天人之际"的"千古之至文"。

《杂说》谈道，"'神以知来'，学者之才识是也"。《史记》自具《春秋》家学的别识心裁，以此成为独断之学，又以其所养心术具备史德，自是一部完美的著述，章学诚也就将它确定为论史"体圆用神"的一大宗门。在《与邵二云论修宋史书》中，他说：

> 其以圆神方智定史学之两大宗门，而撰述之书不可律以记注一成之法；又迁书所创纪传之法，本自圆神，后世袭用纪传成法不知变通，而史才、史识、史学，转为史例拘牵，愈袭愈舛，以致圆不可神，方不可智。

章学诚既肯定了《史记》圆神的精髓正在于变通，又谈到了基于体圆用神的变通与发挥史之才、学、识三者的关系，还指出了后来纪传体史书"为史例所拘牵"的弊病，以此章学诚不能不表露出对范晔《后汉书》[①]以及纪传体史书的失望情绪，其集中的方面也就在"圆不可神，方不可智"了。

---

① 《文史通义·答客问上》云："陈、范以来，律以《春秋》之旨，则不敢谓无失矣。然其心裁别识，家学具存。"故做此表述。

二、因事命篇

《文史通义·书教下》评析《史记》提示出一个很重要的原则就是"因事命篇"。

> 迁书纪、表、书、传，本左氏而略示区分，不甚拘拘于题目也。《伯夷列传》，乃七十篇之序例，非专为伯夷传也。《屈贾列传》所以恶绛、灌之谗，其叙屈之文，非为屈氏表忠，乃吊贾之赋也。《仓公》录其医案，《货殖》兼书物产，《龟策》但言卜筮，亦有因事命篇之意，初不沾沾为一人具始末也。《张耳陈余》，因此可以见彼耳。《孟子荀卿》，总括游士著书耳。名姓标题，往往不拘义例，仅取名篇，譬言《关雎》、《鹿鸣》，所指乃在嘉宾、淑女。而或且讥其位置不伦，又或摘其重复失检，不知古人著书之旨，而转以后世拘守之成法，反訾古人之变通，亦知迁书体圆而用神，犹有《尚书》之遗者乎！

这里集中讨论的是关于《史记》的列传。首先，指出不应拘泥于它的题目；其次，说明并不是"沾沾为一人具始末"的，这点很重要；再次，提出某些对《史记》批评的不当；最后，总结出不能"以后世拘守之成法"来看待《史记》，而是应该了解它"因事命篇"的旨意。

据此我们可以对《史记》列传的其他篇卷进行分析。以《伯夷列传》序传以后第一篇实际人物的《管晏列传》来说，就不是为管仲、晏婴这两个春秋时期的人物写生平始末，而是以很短的篇幅，撮其人一生中最具典型意义的事迹，集中表现用贤（包括用仇），改革而可以兴国称霸的道理。随后出现的有《老子韩非列传》（《文史通义》多次提到它），这也是常被"讥其位置不伦"的一篇。老子是春秋末期人，韩非处战国末年，时间上不相连；老子被称为道家的始祖，韩非则是法家的集大成者，学说上也不相同。因此，老子和韩非怎么可以放在同一篇中呢？殊不知司马迁通过这一篇是在说明历史上道家向法家的转变，二者表面上似乎不同，骨子里是有其相通之处的。类似的情况还有《鲁仲连邹阳列传》，鲁仲连是战国末人，邹阳是汉初人，两人合传是在于肯定谋事而不图功名利禄的作风，且有警告当权者应辨明人之贤否，从而有为陷于囹圄之人辩诬之用心。

《李斯列传》讲了李斯西入秦后佐始皇统一了天下，随后又迫于赵高的夺权威胁而葬送了秦王朝，与《蒙恬列传》一道，相辅于《秦始皇本纪》讲述了秦朝的兴亡史，却又从另一个侧面揭示出一个有谋略而功劳巨大的人物因致力于追求功名、患得患失所造成的危害，李斯实际上不过是一个想摆脱厕中鼠地位而成为仓中鼠的鼠目寸光者。《淮阴侯列传》是通过韩信的一生写出了从楚汉相争到汉初与异姓王矛盾斗争的转变，在这个历史叙述的意义之外，还重在表明韩信并无谋反的心迹，而最终揭示出功高震主，"狡兔死，良狗烹；高飞鸟尽，良弓藏"的人事世变的规律。《魏其武安侯列传》通过两位先后时期的外戚窦婴、田蚡的相互关联和最终遭遇，深刻剖析了汉家朝廷内部交织的各种矛盾和把国家政事当作家庭事务处理的家天下作风，以及诸多大臣临事时在其中表态的窘迫，展现出不同利益集团地位的变化及其对国家的影响。《酷吏列传》主要写了汉武帝时期的人物，揭露了酷吏的残暴及因为社会矛盾的激化所引起的民众反抗的情况，而其主要意图则在于表现豪强势力的强大及其与中央朝廷的争斗和以人主意旨为法的专制行为。《卫将军骠骑列传》相辅于《匈奴列传》，表现了汉武帝时期对匈政策由和亲向讨伐转变中出兵征战的特点，再与《李将军列传》相结合，揭示出汉武帝用人唯亲的阴暗一面。仔细考察列传各篇，深入揭示其编写的旨意，有利于了解司马迁因事命篇作史的用心。

其实，因事命篇不光表现在《史记》的列传这一体裁中，其他体裁如本纪、表、书、世家也都有不像"后世拘守之成法"那样的"变通"情况。本纪中历代讨论得最多的《五帝本纪》《秦本纪》《项羽本纪》《吕太后本纪》这四篇，均是有司马迁自己命篇的考虑的。表，主要内容表现在表体中，这是不言而喻的，但表序的说明，正好揭示了其因事命篇的旨意。书，残缺的情况比较严重，但仍然可以看出来"因事命篇"的企图，大家熟知的《封禅书》《平准书》就是很明显的例子，即使在整个《史记》中也是很突出的。故此，历来都有认为这两篇实际具备"谏书"的价值，可见其命意是不可忽视的。

体圆用神的一个重要表现是"例不拘常"。《史篇别录例议》说，"纪传之最古者，如马班陈氏，各有心裁家学，分篇命意，不可以常例拘牵"，"纪传神明，多得《尚书》之遗，如马班诸家，折衷《六艺》成一家言，往往以意命篇，不为常例；后人不达微言，或反以为讥耳"。《三史同姓名录序》对此解释得更明确些："史家诠配列传，自有精义，或以事联，或以道合，或以类从，或以时次，其常例也……古人比事属辞，其道通于神明变化，是何如绝业也。"而要做到例不拘常，就必须先善于"抉择去取"，然后才能形成"知来"之学。《史记》叙三千年的史事，众事纷繁，记什么不记什么全在于司马迁的抉择去取，自然这当中就应当秉持一个原则，那就是《史记》的作史"微旨"了。因事命篇正是派生于这个"微旨"，从而体现出《史记》的生命力。

章学诚认为，《史记》之因事命篇，犹有《尚书》的遗风，这是不错的。然而二者还是不能一样看待。《尚书》是文告汇编，后来儒家把它当成了先王遗训，从而赋予了至高无上的崇奉意义，《史记》虽受儒家思想的浓重影响，但它毕竟不是经书，首先这一点就不同。另外，《尚书》的编写在总体上来讲，事先并没有也不可能有一个周密的规划、设计，而《史记》在写作以前有着一个总体框架，写什么不写什么事先是规划好了的，然后由于要表述哪一方面的意旨，在历史上选取某人某事加以叙述，可以既不脱离历史发展的进程，有对社会面貌的全面展示，又将一些重要的事件和人物的功过是非表白出来避免偏颇。所以，《史记》的因事命篇与《尚书》附加的经义不同，完全是一种主观意愿的流露，我们看各篇的评述、赞语以及《太史公自序》中的诸篇提要，就很清楚了。

三、穷变通久

体圆用神是强调变通的，章学诚也肯定了史书的发展变化。他说：

《尚书》一变而为左氏之《春秋》，《尚书》无成法，而左氏有定例，以纬经也；左氏一变而为史迁之纪传，左氏依年月，而迁书分类例，以搜逸也；迁书一变而为班氏之断代，迁书通变化，而班氏守绳墨，以示包括也。

这是肯定了《尚书》到《左传》，再到《史记》以至《汉书》的变化，并指出了各自变化的特点，《左传》是纬经，《史记》是分别类例，《汉书》是形成断代。因为《左传》是编年体，《史记》《汉书》是纪传体，所以说，从形貌上讲，《史记》远远不同于《左传》，而《汉书》同《史记》是相近的，因为《左传》是"编年之祖"，当然《史记》《汉书》与它的差别就大了，《史记》《汉书》都是"纪传之祖"，彼此间的差别就小了。但是"推精微而言"，他说《史记》距离《左传》要近，而《汉书》距离《史记》反倒是远了。究其原因，"盖迁书体圆用神，多得《尚书》之遗；班氏体方用智，多得官礼之意也"，即《汉书》缺少变化。

《尚书》从史学发展的意义说，并不具备史书的条件，但它有一定的历史资料价值，可以归属于史学研究的范围，从"六经皆史"的角度说尤其是这样。关于它的体圆用神、因事命篇、无定法以至于"精微"等的评议，前面已经说到，是章学诚从崇奉经典的角度将它有些神化的认识，实际上并不一定要把它看得那么高尚。但它毕竟是我国已知的最早的文献史料。

在研究者眼中，《春秋》是摆在与《尚书》同样重要地位的，二者都是经过孔子整理或编写的。《春秋》以鲁史为主，记述了春秋时期二百四十二年的史事，依年、时、月记述当时所发生的重大事件，虽然非常简略，但它时间、地点、人物、事件等基本要素具备，已经具有了史书记载的雏形，因而它标志着萌芽时期史学发展的开端，意义是重大的。《春秋》和《尚书》相比，它记载的均是真人真事，且时间线索清楚，连续性强，可以从中了解历史事件的基本脉络，虽然它为一字寓褒贬的笔法所限，常会模糊人们的视线，但史书关涉世事需要表明作者观点的企图显露无遗，从而促使中国史学从一开始就注意表述一种思想、见解的观念产生了，观点虽然不一定对，但"《春秋》笔法"的生命力从此就长存了。由于这些，它又有了和《尚书》的不同，所以章学诚评论说："《尚书》无定法而《春秋》有成例，故

《书》之支裔折入《春秋》，而《书》无嗣音。"这是把《春秋》看作《尚书》的支裔而不是正宗。但是《春秋》相校于《尚书》是一种变化，一种进步。章学诚从史学的角度说："《尚书》变而为《春秋》，则因事命篇，不为常例者，得从比事属辞为稍密矣。"《春秋》比《尚书》严密了，严密之处就在于它有成例，在于它能"属辞比事"了。

有了《春秋》，继而有了《春秋》三传。其中的《左氏春秋》（以下简称《左传》）已不是单纯的经学而是属于史学的范围了。关于《左传》与《春秋》的关系，学者议论不一，但是《左传》具备较为丰富的历史内容，对《春秋》简略的记载加以充实说明的功能是存在的，它还补充了一些《春秋》没有提到的内容，使得历史面貌呈现得比较明朗，今天它仍然是研究春秋时期历史的重要文献，而且作者同样是表达了一些对历史的认识，且具有一定的进步意义。《左传》和《国语》一起，已经使关于春秋时期的历史记载内容大为丰富。尽管《左传》具备"纬经"的作用，从《尚书》到《春秋》再到《左传》的过程来观察，它的前进步伐已经是很大了。从《左传》编年记事的程式观察，《尚书》更像是《春秋》中的一篇传，所以章学诚说："《尚书》为史之别具，如用左氏之例而合于编年，即传也。"《左传》是编年体，但是它记事中还包含着纪事本末、典章经制的内容，而且在春秋时期及其以前，还有如"历谱牒"之类的表式文献存在，战国时则出现了如诸子书、《战国策》一类的著作。为了反映伟大的变革时代，单纯的"属辞比事"已经不能满足需要了，司马迁就发挥他的创造才能，综合各种体裁，设计出了纪传体的表述形式，以本纪主要是编年记事，叙述帝王并整理出时势大局的发展线索，以表浓缩式地略载大量史事并表现出它们之间的相互联系，以书概论政治、自然、财经等关涉重要方面的典制，以世家记列国诸侯及重要"拱辰共毂"的人物，以列传记载对历史做出不同贡献的各类人物。这样将历史内容分成几类，然后相互交错，共同构建一座跨越古今内外的辉煌的历史大厦，以其巨大的包容量展现出全新的社会面貌，从而自觉地确立起中国史学发展的基础。这是历史记载的巨变，更是突破陈例约束的进步，比《左传》的记事更是严密得多了。所以章学诚说："《左》《国》变而为纪传，则年经事纬，不能旁通者，得从类别区分为益密矣。"

其后班固的《汉书》改《史记》的通史纪传体为断代纪传体，也是一种符合时宜的变通。章学诚于是说"左氏编年，不能曲分类例。《史》《汉》纪表传志，所以济类例之穷也。"他引用《易传》的话，"穷则变，变则通，通则久"，注意变通，强调变通，指出只有变通历史记载的事业才能长久地发展。章学诚在《三史同姓名录序》中总结为一句带规律性的语言："夫穷则必变，变必求通，而后可以垂久，凡事莫不然也。"

实际上，《汉书》也是《史记》的一种延续。对于《汉书》，章学诚说过"班则近于方以智"的话，他说《汉书》属记注是近似的，并不是说它就是纯粹的记注。章学诚虽然不满意《汉书》将纪传体的模式凝固化，但他却又说，"然而固书本撰述而非记注，则于近方近智之中，仍有圆且神者以为之裁制，是以能成家可以传世行远也"，他是有对《汉书》较为全面的认识的，并肯定班固为史"家"，《汉书》本质上有"圆且神"的精神在。由此，章学诚对班固以后的纪传体史书提出了批评："后史失班史之意，而以纪表志传，同于科举之程式，官府之簿书，则于记注撰述两无所似，而古代著书之宗旨不可复言矣。史不成家而事文皆晦，而犹拘守成法，以谓其书固祖马而宗班也，而史学之失传也久矣。"强调史学传统的重要精神在"著书之宗旨"，宗旨明事文皆明，史可成家，宗旨不明事文皆晦，史则不成家了。章学诚对于以后纪传体这种拘于类例而晦旨并不知变通的现象，有着更为尖锐的评述：

> 纪传行之千有余年，学者相承，殆如夏葛冬裘，渴饮饥食，无更易矣。然无别识心裁，可以传世行远之具，而斤斤如守科举之程式，不敢稍变，如治胥史之簿书，繁不可删。以云方智，则冗复疏舛，难为典据；以云圆神，则芜滥浩瀚，不可诵识。盖族史但知求全于纪表志传之成规，而书为体例所拘，但欲方圆求备，不知纪传原本《春秋》，《春秋》原合《尚书》之初意也。

这是指出，一种学术、一种著作，想要传世行远，就必如《史记》一样具有别识心裁的气质、品格，绝不可墨守成规而不知变通，否则无论是圆神还是方智，均是可望而不可即的。章学诚将《汉书》以后（更确切地讲应是《后汉书》以后）所写作的一姓一朝之正史，概说为"族史"，说它们具有冗复疏舛、芜滥浩瀚的通病，就是因为不思变通，他提问说："纪传实为三代以后之良法，而演习既久，先王之大经大法，转为末世拘守之纪传所蒙，曷可不思所以变通之道欤？"

章学诚所期望的正是穷变通久。

四、臭腐神奇

在接下来讨论的臭腐神奇中，章学诚仍然注意到《史记》在其中的地位与作用。

章学诚列出《尚书》—《春秋》《左传》《国语》—《史记》《汉书》—族史这一变通的轨迹，强调《尚书》的"圆而神"及《史记》的"体圆用神"，及《汉书》的"于近方近智之中，仍有圆且神者以为之裁制"，并特别指出《史记》"多得《尚书》之遗"，在这一变通过程中，就已经具备了神奇的功能。而班固以后的史书，由于失掉了古人著书的宗旨，拘守成法，事文皆晦，使得体圆用神、体方用智的史学久已失传，从而转化为臭腐了。

章学诚以为"神奇化臭腐，臭腐复化为神奇"，乃是"天下自然之理也"，史学的变化当然也不例外，故章学诚没有气馁，他在寻觅着"复化为神奇"的行迹。

首先，章学诚注意到尽管自《史记》后纪传体的势力非常强，但是编年体史书并没有就此消失，荀悦所作的《汉纪》和袁宏所作的《后汉纪》仍然有它们独特的价值，说明《春秋》《左传》以后，编年体史书的遗绪还保有它一定的生命力。

其次，章学诚对"甲纪传而乙编年"的事态发展表示了担心。《尚书》的"圆而神"折入左氏而又合流于马班以后，从刘知幾开始，莫不以为《尚书》的精神"史官不得衍其绪矣"，而且又自《隋书·经籍志》著录，"以纪传为正史，编年为古史，历代依之，遂分正附，莫不甲纪传而乙编年。则马班之史，以支子而嗣《春秋》，荀悦袁宏，且以左氏大宗而降为旁庶矣"。章学诚言辞间表示出异议是有道理的，其实就史书的体而言，纪传、编年是难分伯仲的，它们各有所长，都对史学的发展起着促进的作用，均是有功的。只是纪传体因其形式而更符合时势需要，在一定的时间内更容易发挥出它的作用而已。

再次，"司马《通鉴》，病纪传之分而合之以编年"，这应该是化臭腐为神奇里程上的一大转折。

最后，"袁枢《纪事本末》，又《通鉴》之合而分之以事类"。历史学家总是在历史撰述时进行思考，继承前人的长处，避免他们的不足，于是相继发挥出各自的独创性而研制出新的体例以促进史学的发展。《史记》作为通史纪传，首创的意义巨大，《汉书》作为断代纪传，反而成了后代纪传体史书修撰的楷模，也有一定的创新意义，《资治通鉴》保留了《左传》《汉纪》《后汉纪》的传统，而加以发展成为包括军事、政治、经济、文化、典制、评论等内容的全史，从而将编年体提升到一个前所未有的水平，使之成为能与纪传体并驾齐驱地满足社会文化需要的史书编撰形式，亦具有非凡的创造价值。但是《资治通鉴》还是摆脱不了编年体的局限性，它将发生在延续于较长时间段内的事件，依过程而分散在各年各月之中，使人一下子很难了解这一事件的全貌从而得出相应的结论。为了克服编年体的这一弊病，袁枢将《资治通鉴》依事类分别为相关的题目，将同一题的内容从编年中提出来组合在一起，使人读起来非常醒目。实际上，《通鉴纪事本末》是《资治通鉴》的一个派生物，但它在历史著述的发展进程中又不失为一大创造。

《通鉴纪事本末》的出现，是中国史书编纂体例发展中的一个重大事件，亦使纪事本末体成为继编年体、纪传体之后影响最为深远的第三大史书编纂体例。由此，章学诚的兴奋之情溢于言表，他给予了很高的评价，将它视之为"臭腐复化为神奇"的成功之作。

> 袁枢《纪事本末》又病《通鉴》之合，而分之以事类。按本末之为体也，因事命篇，不为常格，非深知古今大体，天下经纶，不能网罗隐括，无遗无滥。文省于纪传，事豁于编年，决断去取，体圆用神，斯

真《尚书》之遗也。在袁氏初无其意，且其学亦未足与此，书亦不尽合于所称，故历代著录诸家，次其书于杂史，自属纂录之家使观览耳。但即其成法，沉思冥索，加以神明变化，故古史之原，隐然可见。书有作者甚浅而观者其深，此类是也。故曰，神奇化臭腐，而臭腐复化为神奇，本一理耳。

章学诚"神奇"的标准就是"因事命篇，不为常格"，"决断去取，体圆用神"，认为《通鉴纪事本末》真正是得了《尚书》的遗风，其最终的效果完全是出乎袁枢本人的意外，登上了"神奇"这一大厦的殿堂。章学诚认为《尚书》的神明变化，本来是不可规范的，而且《尚书》这样的"上古神圣之制作"原本也是"不可学而能"的，同时《尚书》写作的命意虽然是"可师而仿"，但也是"不可尽学"的，然而"即《纪事本末》，不过纂录小书，亦不尽取以为史法，而特以义有所近，不得以辞害意也。斟酌古今之史，而定文质之中，则师《尚书》之意，而以迁史义例通左氏之裁制焉，所以救纪传之极弊，非好为更张也"。这就把《尚书》《史记》《通鉴纪事本末》之间的关系阐述清楚了，三者共同支撑着史书"神奇"的局面。

在《与邵二云论修宋史书》中，章学诚亦评述了《通鉴纪事本末》，他说：

> 夫《通鉴》为《史节》之最粗，而《纪事本末》又为《通鉴》之纲纪奴仆；仆尝以为此不足为史学，而止可为《史纂》《史钞》者也。然神奇可化臭腐，臭腐亦复化为神奇，《纪事本末》本无深意，而因事命题，不为成法，则引而伸之，扩而充之，遂觉体圆用神，《尚书》神圣制作，数千年来可仰望而不可接者，至此可以仰追。岂非穷变通久自有其会，纪传流弊至于极尽，而天诱仆衷，为从此百千年后史学开蚕丛乎！

此评述指明《通鉴纪事本末》可以追仰《尚书》，而它的出现正是史书编纂发展穷变通久的必然结果，它最终是救了后来纪传体的积弊，再次明确这是臭腐复化成了神奇。

五、创立新裁

但是，对章学诚而言，即使是有了《史记》和《通鉴纪事本末》，他还是不满意。他设想"仍纪传之体而参本末之法，增图谱之例而删书志之名，发凡起例"，创立一种新的体裁。《书教下》的最后勾画了这一新裁包括本纪、传、表、图等四方面的基本轮廓。

1. 本纪

章学诚认为司马迁所创设的纪传也是承受了此前的遗产的，"则本纪编年之例，自文字以来即有之矣"。这是表示要保留本纪。但与《史记》本纪之纲纪天下之命意不同，其本纪主要是用以编年。

2. 传

章学诚认为用《左传》之例而将《尚书》合于编年，《尚书》就是传。因而他要"以《尚书》之义为《春秋》之传"，那就不像《左传》一样拘于常例并可省略文字。他也要"以《尚书》之义，为迁史之传"，取消八书、三十世家这样的体裁分类，使其内容"皆可仿左氏而统名曰传"。于是这种传的内容、优点、意义在于："或考典章制作，可叙人事终始，或究一人之行（原注：即列传本体），或合同类之事，或录一时之言（原注：训诰之类），或著一代之文，因事命篇，以纬本纪。则较之左氏翼经、可无局于年月后先之累，较之迁史分别，可无歧出互见之烦，文省而事益加明，例简而义益加精，岂非文质之适宜，古今之中道钦！"这是要围绕阐述本纪，克服左氏翼经，迁史分列的毛病，将《史记》书、世家、列传的内容糅合在一起，而形成文省事明、例简义精的古今以来最标准的传体。

3. 表

"至于人名事类，合于本末之中，难于稽检，则别编为表以经纬之"，这与《史记》之表说明事势发展的作用不同，作表只是为了便于稽检而示之经纬。具体可设哪些表，也没有说。

4. 图

这是与历代纪传体史书有着最大不同的一个设计，也可说是一个最突

北京师范大学史学探索丛书

出的创造："天象地形，舆服仪器，非可本末该之，且亦难以文字著者，别绘为图以表明之。"假若正史中早如章学诚所说能有这样的图流传下来，则对于研究古史之天文、地理及其他典制，就可以提供更为直观的概念和史料了。图，要认真做起来可能是很困难的。对于这一新创的体例，章学诚总结说"盖通《尚书》《春秋》之本原，而拯马史班书之流弊，其道莫过于此"，可见他是具有很高自信的。从新裁的格局和总结语看，《史记》的影响是明显的；然而章学诚并没有明确提出著书的宗旨，因此他新裁的更多倾向是记注，而不是撰述，在思想深度上实际比《史记》还是要差了。

第十章 《史记》与《史学述林》

　　《史学述林》是继《文史通义》之后一部讨论史体、史目、史考、史评、史志、史材、史文及史学发展的近代综合型史评之作，也是一部在从传统史学到现代史学的转变中具有重要影响的史学著作。

　　刘咸炘(1896—1932年)字鉴泉，别号有斋，四川双流人，曾任成都大学及四川大学教授。家传儒学，自学成才，天资聪慧，学贯中西，广涉哲学、诸子、史志、文艺诸领域，短暂一生，著述达231种，集为《推十书》①。《史学述林》五卷②，即属其中精粹之一种。

一、圆神独断

　　刘咸炘为学，除深受祖父清代举人刘沅的影响外，则为私淑章学诚，他一生是从学习与研究《汉书》和《文史通义》开始自己的学术活动的。从他强调记注与撰述的区别上，我们可以看到他与章学诚学术上的联系。

　　《史体论》开篇提出，"欲究真史学，须读真史书"。什么是真史书，则说"凡记事书皆为史，此广义也。若真史书，必有寻常记事书所无之素质。记注撰述皆史职，而真史书惟撰述足以当之"。在谈到史法大纲时，仍先举出章学诚所发凡的三个方面，即记注与撰述、集众整齐故事与专家独断、断代与通史，然后加以申述，以为"此三义者本相连属，自记注无成法，撰述专家之学亡，而断代之史不得不止为集众整齐故事。整齐之业本属记注，而集众之势又不得不守一成之例，圆神独断固无所施矣"。他说"断代虽亦可撰述成家"，但撰述要求的"圆神独断"，其最好的表现形式则是"必出私家"的"通古之史"，"自非发明变之通识，抒特出之新裁，必不

---

①　本章所据之《推十书》，为成都古籍书店1996年11月影印发行之第一版，该本为16开，全3册。

②　《史学述林》，载上述《推十书》，第2册，1409～1537页。

作此。故别识之重，在通史为尤显也"。在这里，刘咸炘虽是承袭了章学诚的观点，但他特别强调的则是"通识"，以此他批评刘知幾《史通·断限》为"斤斤致辨，多重一朝之本统，而不顾一时之大势，苟以通史之识观之，则其所谓非者不皆非，而其所致严者皆多不严矣"。

在《记注论》中，刘咸炘还专门辨析了假撰述与真撰述的区别。"所谓勒成删定者，又有专家独断与集众整齐故事之分"，"如《东观汉纪》之流，未始非勒成删定，而实不过为比次之业而已，此固假撰述而非真撰述也"。指出记注之体，宋世最为完备，其时由起居注、时政记、日历、实录和国民之纪、传、表、志汇集而成的异代官修之史，并不具备专家独断、别识心裁的品质，只是将"太史所创纪传表志之体本为一家之言者"，改变"而为集众整齐之故事矣"。所以即使是易代设局所修之官史，"而衡以别识心裁，则此犹未得为真撰述也"，究其原因，"罔非由承记注而然"，而不合于司马迁、班固的圆神之法。他得出结论："撰述之能成，固由记注之法备（原注：所谓记注有成法），而撰述之几绝，亦由记注之习成。"这既指出了宋代记注对后世的不良影响，又辨析了刘知幾的所谓"勒成删定"与章学诚"撰述"的不同性质。

对于《史通》一书，刘咸炘认为亦"古今无双"，实无意加以"苛责"，但他还是专作《史通驳议》以辨析之。以为刘知幾生于唐代馆局形成的时代，其所论说，"通古别识，圆神变化之术，彼固无所明也"。说"知幾之牵于馆局，固可悲矣，然其见固不能超越于馆局之风也。盖自班书以后，断代体行，而每代之末必修前代之史，开局设监之制由是兴，整齐记注之法由是定，与古者通观古今，待其人而抒其独断别识者异"，因而批驳刘知幾"顾偏于整齐，牵于品藻，行其所言，仅足为记注之高等耳。明于纪传而暗于表志，囿于断代而昧于通史，则与后世沿袭之陋见无异"。所以，刘咸炘用力特勤，逐篇摘引《史通》原文段落进行驳议，目的正在于使"通古别识，圆神变化之术"明于天下，刊瑕著瑜之用心实为良苦。例如，对《史通·品藻》中"是以韩非老子"至"粗得其伦"一段，刘咸炘驳辩说："老韩同传，明道法之源流，董袁合篇，著争裂之原起。岂止如知幾所言而已乎！若知幾言，则诸子英雄同时者多矣，何不皆合之邪！"结论是"此足见知幾于史家记列传之法，所见甚浅"。对于此篇之议论阳瓒、纪僧珍、王颜事，刘咸炘驳辩说："史家褒贬，不在特传与否。恩悻犹之游侠、货殖，其中自有高下。王颜以文章名，其附谅事自在《谅传》，犹班书刘歆附于其父，而事莽别在《莽传》也。此三议皆不当，足见知幾不识史家圆神之用。"在驳辩《史通·杂说上》时，他指出："专家独断，言岂一端，马录伯夷，不信轶事，则载而辨之；班录东方朔，不信世传，则略载其可信者，而以不载示辨正。知幾但持一切之法，岂可与言别裁乎。"其所驳辩，强调圆神独断、别识心裁，于此可见一斑。

二、护佑纪传

刘咸炘认为，纪传体史书最能体现体圆用神的特点。在《史体论》中申述史体源流时，他肯定章学诚关于《尚书》及编年、纪传三体递嬗，一线相承的说法，认为"《尚书》无继者，而诸子既兴，《国语》一体亦亡"，嗣后如《越绝书》《吴越春秋》《华阳国志》《贞观政要》一类非编年非纪传之书，与《尚书》相近，《隋书·经籍志》总名为杂史者，"可总为一类，与编年、纪传鼎立而三焉"，表示出与刘知幾"六家二体"说不同的看法。且认为朱熹"明指《尚书》《国语》别为一体，与纪事本末有相似者，诚发蛰之雷声耳"。刘咸炘特别推崇纪传体，在《史病论》中谈及史文时，他论说了史书体例的变化及纪传体所由形成的"专美"：

> 夫古史止年历，而后有别记之《尚书》，《春秋》经传，经纬具备，而复有分篇之纪传，此岂徒为增华耶。盖年历之所不能容者有二：一则非常之事具曲折而须细写者，年历简略不能备；二则统观之势通纵横而须综合者，不能隶于某年。《左氏》以别记为年历之传，而复以张本、终言完其事之始末，于曲折细写者已有之矣，而于综合者仍未能收也，故太史分篇以包赅之。纪传所书事实既较篇（编）年为广，故细写之处亦有编年之所不及。由是观之，纪传书之专美，乃在综合与曲折之文明矣。

在《史体论》中，刘咸炘说，"史体虽多，要不外三：一为依年，一为依事，一为依人"。依据这个概述，可知他具体论说史体演变的轨迹。古史只有年历，如后来发现的《竹书纪年》所示的那样，只简略记下某年发生了某事。而为了将所发生的事较具体地表述出来，就产生了《尚书》，故《尚书》为"别记"，它具有纪事本末的雏形。后来将年历系统起来，就形成了《春秋》，以实事来阐释《春秋》所示之记事，就有了《左传》，编年体由此形成，但其缺点是不足以综合统观。司马迁再参照《世本》、谱牒、《吕氏春秋》等，创设出纪、表、志、传，成一家之言而具圆神独断、别识心裁的《史记》，班固改之而为断代，且仍为圆神之体的《汉书》，纪传体以是确立。这以后至刘知幾之前出现了另类的史书，综其体可归之为"杂史"，故与编年、纪传并立为"三体"。其间，《国语》本不足为一家，其体亦亡，《尚书》之别记，亦随之而绝，均无能与于其列，而三体之中以纪传为最优。在《史病论》中，刘咸炘说纪传的特长有三方面，一是能具事之始末，二是能综合，三是能赅广。又认为纪传的内容为编年所不收的也有三方面，一是文化风俗，二是制度，三是官爵世系。而编年"稍具"的只有政治大事而已，纪传不当为编年所取代。但是他也还是省察了纪传自身，"夫纪传者，本代编年而起者也。编年有不便不足，纪传乃起而代之，何乃复为编年所代耶？使纪传果可为编年所代，则何用纪传，必纪传自失其所以为纪传，乃为编年所代耳"。为什么"纪传自失其所以为纪传"呢，刘咸炘的分析值得一读：

> 编年依年，使事散于诸年文中。《左传》稍变通之，终不免于隔绝，故马迁书出而《汉纪》（按："纪"当为"书"），即用其法。及献帝患班书之繁，使荀悦作《汉纪》，不可班书之简，本非谓纪传不便而欲改之也。晋世汲家书出，知古史本编年，好古之事（士）乃排马班而尊左，而编年大盛，然亦仅能与纪传并行，未能与之代兴也。其所以能并行者，亦由纪传已渐失以事为主之意而止依人，使一事散于诸人文中，与编年成左右佩剑之势。及唐以还，纪传之方板益甚，而《资治

通鉴》出，遂为众所共习。盖散于年究较散于人为便也。然散于年亦终不便，故纪事本末救此而兴，乃复《尚书》之旧，是诚编年所不能及，若纪传则马班书固有是长而后乃失之者也。夫具事始末，固《尚书》所已有，《左传》所已能，非纪传之所独也。若综合与赅广，则固他体之所不能有矣。然总合之妙，求之后史，数十篇中无一篇有之，赅广之长，则又必广者广而当赅者不赅。刘知幾论纪传之长于编年，谓汉之志传百卷书，于十二纪中，将恐碎琐多芜，阘单失力，盖谓编年不能包纪传之所书也然编年之所不能包者，尚当有辨，否则徒以广多为贵，类书千卷宁亦胜于编年乎！

于此，刘咸炘深为惋惜。他对于宋代孙甫作《唐史记序》，将晋以后编年纪传优劣之争中诋毁纪传的偏曲言辞推向极致并受到当时推重的情况非常不满，指出"是后诋纪传者虽绝，而编年书则大盛，宋世学人论史，囿于编年，终为一病，是书盖有力焉"。所以刘咸炘专作《唐史记序驳》，摘取其文，逐段驳辩，以纠其谬。刘咸炘护佑纪传之心，诚可嘉可敬。然史体的变化，自有其必然的内在规律，而刘咸炘不能完全从史学发展的角度认识问题，过分消极地看待编年、纪事本末二体的出现，强调二者"未足为撰述"，也有其偏执的一面。

三、贵明事势

五四新文化运动对刘咸炘也有较深刻的影响。在"读史本求明事势"的思想指导下，他详细讨论了纪传之诸体裁。《史体论》中说"本纪者一书之纲，惟一时势之所集，无择于王伯帝后"，此论立足于"势"评说本纪，在扭转传统见解的偏曲上有不朽之功，别具时代特色。同时，他指出"本纪本全书之纲，非专书君事"。在《通志私议》中，他也提出"史之有纪，乃志传之经，纪传之分，乃纲目之分，非尊卑之分"，批评了后世误认为"纪"专为"纪君"的认识。《史目论》又说"志当絜述大势"，故"读史须自具综贯之识"，以此批评"近世考据家搜补之功颇勤，而于史学则茫然"，就是因为他们缺乏从"势"着眼"涉大体"的识见。强调"太史表传，最为广远，恢恢大哉"。认为若诸种体裁确立史目，固定沿袭"纪传之类例"，"则《尚书》之遗意遂亡，一代之事势，遂不能表著矣"。在《重修宋史述意》中，他还特别提出了"史识在观风察势"的重要观点。《史目论》对于《魏书》之创《释老志》予以肯定，谓具"别识心裁"，说"魏收创立《释老志》，盖犹太史之《封禅书》，而人乃群相讥诋。偶有别识心裁，而论者反以一成之例绳之，此史法所以亡也"。谈及史立汇传，刘咸炘以为必须"言识与体"，应依时代的变化确立名目，因而肯定《宋史》创道学一传是值得称道的，以此说"二汉《儒林》，自依当时传经家法，后代学派不同，自当各依当时之名以标目，儒、玄、文、史无不可立。《唐书》立《儒学传》，并谱学亦收之是也。必称'儒林'，亦是后史止知沿袭之陋耳"。《史目论补》中，刘咸炘同时赞赏徐时栋《烟屿楼读书志》中的论说："宋之道学，胚胎于东都，而昌盛于南渡，上自朝廷，下自草野，推崇尊奉之则高于圣贤，诋斥排击之则目为朋党，渊源不绝，门户日分，标榜相高，真伪杂出，关国是而系人心，岂为不大书特书，别为卷目哉……凡笺经注史，博野淹通之儒，当入《儒林传》中，其开堂讲学，薪火相传，说经谈性，语录行世者，则当尽入之《道学传》中。彼以流派分门类，我即依其门类后先并载，而史臣之事毕矣。"在长篇引述后，加按语称"此辨亦明"，足见他对创立道学传的护惜之心。他还说"《齐书》无儒林，而《文学传》兼收经史历谱诸学，不称文苑，亦知变通之宜"。在《南北史家传释非》提出，"吾谓江左立国，全赖世族维持，世族为主，而君为客"，"史传铨配，当依事类，固不可拘于家系，然岂可谓家系尽不可用也"。以为《南北史》是一部联代通史，"作者罗一代大势于胸中，而后能成书，读者亦必视全书为一篇，参互考求，而后为善读"，所以评述时不可"叨叨以一代始末为言"。认为"断代之史以一代事势为主，通史则以累代事势为主"，"体各有宜，意各有在"，因此《南北史》立家传是正确的，不可指责。"当时素族人，虽少如（谢）胐之退，而多随流平进，于历朝皆无大关系，如褚渊、王俭之为一朝佐命者十不得三。南北朝之必须作联代通史，又必须作家传者，正以此故。"进而肯定"欧阳永叔改《旧五代史》之断代为通史，而创立杂传之目，人以为宜，即用延寿之法也"，极具赞许的口气。

在《史体论》中，他解释司马迁立世家的意义是："盖以本纪托于王伯，为天下纲纪，而古者诸国，各自纪年行政，亦为其国之纲纪，较之后世一统直达之治，多此一格，不得不为之别耳。"此说依"势"立言，自有其必然之合理性，当予肯定，然后来有以"拱辰共毂"之义阐释世家者，较之此说则更为符合司马迁的原意了。

刘咸炘有关"势"的言论，在《史通驳议》篇较为集中，列述如下：

> 专以爵位升降论纪传之立置，而体之经纬，事之形势，遂以不明，此知幾作之偶也。（《本纪》）

> 当不当立纪，须揆其理与势，不得徒以有年可编，有号可纪也。（《列传》）

> 史家贵明事势，于善恶不肯下十成断语，乃其敬慎，后世乃渐失之，知幾所不满者正是此耳。（《论赞》）

> 列传本以释纪，传之首数篇，乃详一代开始之事，故必书其所因所胜。
> 十六国乃同时并立，非陈项、平林、下江之比，各自为一方之纲，本当为纪，而不可并立十六纪，《晋书》名为载纪，乃得变通之宜。（以上《题目》）

> 知幾之见，本囿于断代，此篇尤见其短长。引绳一切，是其所长；不许变通，是其所短。（《断限》）

> 史止论事势，岂论废之者为何人。（《篇次》）

> 晋人祖尚清谈，当时士大夫性情学问特多此种，正其时弊，非作

史者有偏嗜也。必一切删斥，后人何由知其致败之由……史之为书，囊括一代，譬诸天地，何所不容。（《采撰》）

史学铨配传篇，多依事势，非以九等高下为定。（《品藻》）

人物剪裁，何可一例，详略互见，自有别识。且史家列传，本以事势为主，非以传人为主，中才庸人，无关大势，虽善状可取，自有传记书之，史安得一一为之列传乎！（《人物》）

因"势"则及于"理"，涉"势"自有"所因所胜"，论"势"必有"变通"，依"势"自不可依例"引绳"，亦可知刘咸炘识见之广度与深度。

四、力倡实录

刘咸炘认为中国古代史学的演变从史材的角度分析经历过两次变化。第一次发生在后汉六朝时期，"自史氏专官失传，而家自为学"兴起，于是"同一朝代，同一纪传，而家学殊焉，此史学之初变也"。这个时期在官书、私家之外出现了许多杂史、杂传（杂记《隋志》列入杂传）。第二次发生在唐立史科之后，"家自为学之风息，而一代之兴必集众以修前代之史，此是史学之再变也"。在唐出现了偏记逸事，宋出现了随笔杂记之类的野史，这类书列于史部，"而其价值亦较昔为重"，起到了"官书实赖以补正"的作用。在《史病论》中提出的这个变化，说明了"私书甚富，直笔犹存"，史材是广泛了，但运用它们来写史仍有很大的不足。那是因为所有这些书着眼点多"限于政治"，不能"以全文化为内实"，这是史识日隘造成的，其结果"乃后世史家，既习于隘识，复惮于钩考，徒知钞实录采状志以为纪传，抄案牍以为书志，求如范氏《后汉书》之多收卑位逸民者已极希有，况综及于文化风俗乎"！提出"以全文化为内实"，这表明已有浓重的近代意识渗透于刘咸炘的史观之中，亦即他的"人事学"主张所具有的时代精神在史学上的重要表现。

刘咸炘论史亦强调史料的准确性，并专作《考信论》以为评述。认为道古之学考信之难排除伪书不计还有四端：一是传说之增饰，二是诸子之重言，三是碑传之溢美，四是记载之偏私。概述其发生的原因后，历数诸弊端皆举例以明之。此论严谨有序，文字典雅，考信之诚，铿锵有声，故全录于下，以飨读者：

夫邃古何考，传闻异辞，杞宋已不足徵（《论语》，原注，后同），《武成》犹难尽信（《孟子》），后乃好事为之，耆艾先矣。《伊尹》《大公》，术者常多依托；狂矞华士，法家亦有寓言。故孟子论世，多辩诬辞；屈原问天，颇疑古事。庄生有"溢言"之戒，吕氏著《察传》之法。盖故事本多口传，修辞宜有文饰。传则迁贸易歧，附托多归于显者；饰则增盈失实，譬况更异于直书。正今犹然，古初弥甚。记载既略，歧忤滋多。马迁折衷六艺，子政校理群书，盖志在于刊正也。而厥协未能，启曜北之纠；众说所蔽，来子固之惜。整齐故事，信乎其难矣！竹帛渐备，口耳始衰。然而太史多不同于陆贾，奇言犹附著于东方。盖子虽夺于史实，事犹赖于言传也。及于东汉，士习尚名，郡国多述先贤，碑颂乃及童子。唐则谀墓以易缣帛，宋则报恩而记言行。虽须眉如见，百世可以知人；而面目多同，单辞难于核实。故中郎鸿文，独有道为无愧；郏侯大业，因家传以见遗。至若荆公《日录》，为两朝之争端；《龙川略志》，多自明之私语。一家注记，竟与史宬相敌。又况《周秦纪》传自李门，《碧云騢》托于梅氏，朋党相传，妾妇互詈者哉！是以颜师古不采《世纪》《杂记》，刘子玄颇讥松之、孝标。叶适谓信之所聚，《春秋》后仅有《长编》；赵翼谓弃而不取，稗乘不可驳正史。万斯同谓因其世、考其事、核其言，则以实录裁他书；言有由、事有起、流有激，则以他书证实录。诚诵读之南针，采撰之绳尺也。顾事有未易言，道不若是隘。论诸子者当察源流，撰正史者每多忌讳。报政虽诬，自有尊贤之治；苟得相问，实缘干禄之言。好学深思，则子之稗于史也多矣。宋宗阴险，征于王邵之书；明祖粗残，详于祝徐之记。旁见侧出，则野之胜于朝者众矣。盖不称他而独托此，必有所因（如子张）；文虽胜而质犹存，安得并弃（如用公、大公，亲亲尊贤）。事本不误，或偶有年月之差；书虽非真，何害于所著之实。昔君实旁采遗事，曾谓家传岂可尽不信；景濂补作传志，每恨行状未及上史官。将拾台观之遗，必资《琬琰》之集，按之近古，尤有明征。若乃《避暑录话》，颇右王氏；《齐东野语》，每讥朱门。戒偏听之生奸，知相订而乃见。正可因末见本，安得以人废言。又况肃、代不崇儒术，正史所未见者，反在诔词；费、赵尝被丑诬，《要录》之不实者，固非年月。然则必执甲子之编，全废丙丁之录，谓之信者，其可通乎！

刘咸炘力倡实录，其治学之风，足可称道。在《唐宋杂记论》中，指出在唐以后"官书多讳略，私书又不可凭"的情况下，私家别史、杂记作为史料有其相应的价值。《唐杂记目》说"杂记小说，自唐始盛，可以辅史者亦多"。《唐宋杂记论》亦说，"宋人文有质胜之嫌，而杂记则多疋（雅）絮"，具体举出"《旧唐书》但用旧史，奄奄无生气。《新唐书》广采杂记以补之，事增文省，非虚语也。司马氏《通鉴》更出《新书》之外（原注：如邺侯家传之类），足知杂记之重"。并以为广采杂记，对提高史识关系尤深，"然班、范而后，史识渐亡，作史者重朝政而忽民俗，详实事而略虚风，文案孔目不足以论世，非求之杂记奚由见之。吾恨后史不多取杂记，非谓异同之征信，乃请（谓）材料之多遗也……故自史法亡而杂记乃愈重"。

五、崇尚精博

值得注意的是，刘咸炘写了长篇史学论文《宋史学论》。

首先，提出宋代史学由于所处的历史条件，其发展受到困扰。"六朝，史学为专科，唐人尤多专习。至宋世，则厄于经家义理之论，一被阻于王氏之徒，再被贱于程朱之流，然后世一线史学之传，则宋人所留遣（遗）若曾子固、郑渔仲"。这个论点章学诚已经表述过，他提出来是表示同意、肯定。

其次，清理出宋代史学的流派及其前后联系发展的线索。"所谓浙东史学者，实承金华吕伯恭而兼取陈君举、同甫、叶正则诸人经制之学，且得蜀中掌故之传者也"，批评黄宗羲、全祖望所著补的《宋元学案》"囿于义理"，没有将这条线索整理明白。论中说明了宋代诸多史家的学术成就及各自短长，实是博考而叙述简明，足以启迪后学。例如，说"北宋史家称欧阳修永叔、宋祁子京、司马光君实，三人著史皆有所长，然于史学皆无所论说，欲知当时之史观，必求之诸儒"。由此语亦可看出，刘咸炘不仅注意史家的著作，尤其注意史家同时所能表述的史学，而史学之中心则为史观。所以刘咸炘撰《史学述林》，是企图在史学、史观的研究方面提出自己的看法并希望有所贡献，该篇论文也是他这一思想的重要表现。他说，"南渡以后，乃有以史为学者，是为吕祖谦伯恭"，指出了吕祖谦的史学特点及其在南宋史学发展中的地位："伯恭之学虽祖程氏而实本其家传，所谓中原文献之传。其风宽厚，兼容并包，近于道家，而为史家之特长。其于史复专且详，当时浙东诸家，学多重史，而伯恭为其大宗。"在程朱理学盛行的当时，吕祖谦能取得如此的成就，确实值得称道，刘咸炘之语不虚。此外，论中指出永嘉之学者薛季宣、郑伯雄、陈傅良、叶适，其学"稍异于金华者，在偏重制度"。而在吕祖谦、陈傅良的影响下，致使"缀辑制度之风，南宋最盛"，陈氏门人徐梦华、徐得之、徐筠、徐天麟等人集中表现出这一特点。永嘉之学以陈亮同甫为知名，当时与陈傅良、叶适并称，特点是"于史法考索皆不详，独以空论著"。论中接着说明"朱晦翁之于史，亦大有发明"，点示出朱熹批评浙东学者的三个方面，即好宽容不偏主方严、重事势不唯言义理、详于史不止持经谊，说朱熹所撰《八朝名臣言行录》考纂精博，寓史于传记之中，与伯恭《文鉴》并美，其所作《通鉴纲目》，虽阴法《春秋》褒贬，使后世纷纷妄摹，但以编年家一创法而论，也不可掩其史学之功。蜀中掌故记注之学称李焘仁甫、李心传微之二人，"微之门人助史事者，则为高斯得、牟子才"，其学之影响及于金华、永嘉。且说"记注之学，宋世为最盛，盖承唐之风，为元明以来所不及，不独浙蜀为然也"，篇中引用诸多文献以申述这一结论，事理显然。其后，刘咸炘指出"永嘉之学渐衰，而金华之传独久，绵亘元明，为史学之大宗"，最终遥传给了余姚黄宗羲。

最后，对宋代史学弊病提出了自己的看法。"宋人之于史，有通病焉，数言可以尽之。盖高言《尚书》《周官》《春秋》《左氏》，而不明于马班；于《尚书》又惟知训戒，于《春秋》又惟求褒贬。其治史则重议论而轻考索，于史迹则重朝代之兴亡而忽风俗之变迁，于史体则好编年之严而昧纪传之广，知书志之载实例而不知列传之载虚风也。"认为这种弊病是由"宋世学风之变"引起的，对此，刘咸炘在《北宋政变考》《宋学别述》已详加论述，可见他的看法是经过深入研究后得出的，确系严实不疏，足资参阅。

《史学述林》中，还有关于宋代史学的论述之作《曾南丰杂识辑》《八朝名臣言行录评》《唐宋杂记论》等篇，加上《南宋学风考》《宋元明实学论》《宋元文派略说》诸篇，刘咸炘对宋史的研究已颇具功力，以至有 1928 年 3 月蒙文通、唐迪风促其重修宋史之议。至是年 5 月，他因此写了《重修宋史述意》，于中初示计划："则先以宋事诸大端，多拈题目，与诸弟子合力辑论，如吾旧作《北宋政变考》、《南宋学风考》之例，将来有数十篇，便足为史篇之底稿，如其能备规模，则谓之宋史略，如不能备，则谓之宋史别裁。"文中在论述了元明清三代修宋史的概况之后，说明了章学诚与邵晋涵都曾以欲别作宋史为志。刘咸炘接着表示"余固学章邵之学者，继事述志，吾之愿也"。在分析了汉以后学风演变的基础上提出规划，"宋史于今当修，而修宋史必用浙东史学，不独为当然之理，亦必然之势"，且说"然则绍述浙东，正是中兴蜀学，非吾蜀学者之当务乎"，可见刘咸炘有当仁不让重修宋史的决心，并拟采用全新的著述体例。惜其英年早逝，壮志未酬，实为史学界之一大憾事。

中　编

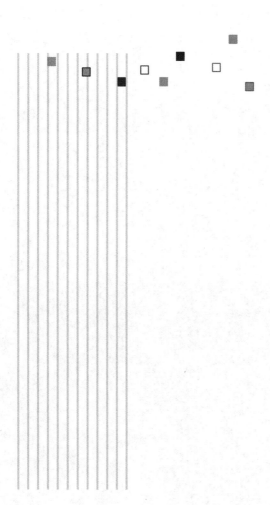

第一章　本天地之法则
　　　　建帝王之纲纪

何谓《史记》之本纪，已有多种论说。① 今者，姑且提出一种认识，即：本纪者，本天地之法则，建帝王之纲纪也。是否有当，敬请方家指正。

一、天地与纲纪

天地，其自身所具有的日月普照、覆载万物的自然物质性，成为人类凭借而赖以生存的客观外部条件，但它同时还具有的浩博深远、变化无穷的神秘莫测性，亦影响着人类的认识趋向并产生出极强的精神感召力。结合了这两方面的天地以其内在的法则，必然潜行地制约着人类社会的历史发展。而司马迁以其巨大的理论勇气，通过缜密的观察思考，将天地法则切入《史记》本纪的撰述之中，以之与中国历史发展态势的诸多要素相联系，考论其对帝王政治所能具有的纲纪价值，实是其素朴唯物论观点的有力展现。在这里，睿智视角的创新功能值得充分肯定。

（一）创建伟业

《史记·太史公自序》②之末，著有百三十篇的诸篇提要。关于《五帝本纪》的提要开宗明义地说："惟昔黄帝，法天则地。四圣遵序，各成法度。"在这里，司马迁是在提示人们，他关于传说中黄帝的诸多记述，就是一种依据"法天则地"标准所进行的评说，因而有如确定世间主宰、相互角力争

---

① 例如，裴松之《史目》云"天子称本纪，诸侯曰世家"。刘知幾《史通·本纪》亦云"以天子为本纪"。《史记索隐》云"本其事而记之，故曰本纪……而帝王之书称纪者，言为后代纲纪也"。林駉《古今源流至论》后集卷九《史学》云"子长以事之系于天下则谓之纪"。晏世澍《沅湘通艺录》卷二《太史公本纪取式吕览辨》云"太史公著《史记》，列天子行事以本纪名篇"。朱希祖《中国史学通论》第73～74页云"案本纪者，述其祖宗曰本，奉其正朔曰纪"。

② 凡引文出处均见相关篇卷。

竞、先宜修德抚民、创制文化礼仪、明确空域四至、强调世代传承等的叙事编撰，不仅体现出本纪价值要素的基本精神，而且也将成为后世帝王活动评述的原动力与标准器。

《五帝本纪》记，黄帝以修德振兵为手段，通过与炎帝和蚩尤的战斗，创建了一个统一的部落联盟的国家，他自己也被拥戴成为"天子"。他以迁移不定的方式，带领部属云游四海，并设定监管官员，从而保持了统一后的社会稳定——"万国和"。他又依据自然（"顺天地之纪，幽明之占"）与社会（"死生之说，存亡之难"）的常态，尽其所能地发展生产（"时播百谷草木，淳化鸟兽虫蛾，旁罗日月星辰水波土石金玉"），并倡导勤劳节俭的品质（"劳勤心力耳目，节用水火材物"），保持顽强的社会创造活力，为国家以后长期健康的发展奠定了坚实的基础。黄帝的活动所涉，从横的方面明确了国土四至的范围；黄帝的子姓繁衍，从纵的方面建立了世代传承的体系。由此，从炎黄子孙到华夏民族，一个强大的国家将永远矗立在这古老的东方大地上，显示出一个又一个的灿烂辉煌。

颛顼、喾、尧、舜，相继遵循黄帝开创的事业，分别建立了各自的法度。颛顼注重发挥地力养财，效法天道行时，制订尊卑之义，实施五行教化，扩充了国土的四至境界。喾则顺天之义，取地之财，利诲万民，迎送日月，溉执其中，倡导和谐，亦极大地增强了一统政权的凝聚力。尧通过观测日月，修订历法，更自觉地去直接指挥农业生产与民事活动，同时提出"摄行天子之政以观天命"的概念，任用舜以齐七政、巡狩、祭祀、奖惩等，充实与丰富了执政的范围、内容及其理念。延续以至于舜正式在位，因耕、渔、陶、作、交易之别，已使社会分工更加细化，启用八恺、八元达致百事时序，内平外成，任命皋陶、伯夷、垂、益、弃、契、龙、禹等各司政务，加上十二州牧，从而正式形成自中央朝廷至地方行政的初步规模，加强了天子的威权，国家达到了它发展史上的第一个波峰。舜是黄帝以来"法天则地"、建立"法度"的集大成者，"天下明德皆自虞帝始"。

在司马迁笔下，黄帝是中国历史的开创者，是一位坚毅果决的英雄和深邃睿智的思想家。他及其后继者创建了统一的国家政权，视天子为国家最高的统领者，逐步建立起朝廷的规模，实施贤人的政治管理，设置礼仪奖惩机制，确立起中央集权的初步根基。而这一根基的存在成为中国社会治理的唯一模式，并支撑着此后数千年的历史发展。因此，《五帝本纪》的编撰叙述，以从现实出发追溯历史的方式，说明了中央集权政体在中国形成的历史必然性及其社会特色。"法天则地"，则是对这种集权形态的出现给予了符合于当时中国自然与社会发展客观规律的解释，并有意强调它形成的过程，也就是这种集权的理论与实践的"法度"化的过程，从而赋予它以绝对天经地义的本质属性，显示出它具有完全不可动摇的原则意义。这就是它的"纲纪"价值。

（二）天文观测

具体而言，"法天则地"在政务的实施上需要进行对天象的观测与对大地的考察。因为作为国家的管理者，一项重要的任务，就是要通过对日月天象的观测制定历法，以指导农牧生产与社会活动，所谓"天之历数在尔躬"[①]是也。正如《五帝本纪》所叙，黄帝就曾"迎日推策"，"顺天地之纪"；颛顼亦以能"养材以任地，载时以象天"；喾则能"顺天之义……历日月而迎送之"。至尧之时，组织了全国范围的观测活动，"乃命羲、和，敬顺昊天，数法日月星辰，敬授民时"，以至对天象规律的掌握更加精准，"岁三百六十六日，以闰月正四时。信饬百官，众功皆兴"，是古代观测成就的重大转折。"舜乃在璿玑玉衡，以齐七政"，评述所谓"道正而万事顺成，故天道政之大也"[②]，提出了帝王的首要任务是依据四时的变化规律，处理好天地人关系的见解，舜在巡狩中还要向四方君长"合时月正日"，使四时气节、月之大小、日之甲乙在各诸侯国保持齐一，始终坚定地保持着天子才能拥有的颁布节气晦朔的无上权力。"纲纪"的价值显著彰明。

（三）国土整治

关于对大地的考察，《夏本纪》所载之《禹贡》，表现出古人的高度智慧与杰出成就，说明人们不仅关心自己所居处自然环境的顺适与安危，更珍视国家命运所系的政令贯通与贡赋的收取和运达，其内容的科学性及视野

---

① 《史记·历书》。
② 《史记·五帝本纪》"以齐七政"之《正义》引《尚书大传》。

之开阔，令人称奇。同时《夏本纪》记述五服制度所设政令教化广及的不同地域要求，有由近及远地确保以京畿为中心的天子权威的实施和宣示作用。政权的强盛当导致国土的不断拓展，国家人民的活动区域必然会扩大，故此，《史记》之本纪在这方面的撰述甚具标准性价值。《五帝本纪》记黄帝的行踪"东至于海，登丸山，及岱宗。西至于空桐，登鸡头。南至于江，登熊、湘。北逐荤粥，合符釜山，而邑于涿鹿之阿"。颛顼"北至于幽陵，南至于交阯，西至于流沙，东至于蟠木"。尝则虚记，"日月所照，风雨所至，莫不从服"。尧之教化已达于北狄、南蛮、西戎、东夷，而舜时则扩及于"方五千里，至于荒服。南抚交阯、北发，西戎、析枝、渠廋、氐、羌，北山戎、发、息慎，东长、鸟夷"，功德远播于"四海"。《夏本纪》叙大禹"告成功于天下"，其所开拓的疆土，"东渐于海，西被于流沙，朔、南暨：声教迄于四海"，明确了商代以前中央政权所能控制的疆土范围。这一态势发展到秦始皇统一全国，据《秦始皇本纪》，已形成"地东至海暨朝鲜，西至临洮、羌中，南至北向户，北据河为塞，并阴山至辽东"之版图，气势宏大。以至于汉，因景、武二纪"有录无书"的存疑①，本纪未能明确记述，但汉武帝开拓边陲之功，自是人所共知的。

（四）封建郡县

就总体的《史记》本纪的谋篇而言，"法天则地"就不应仅局限于《五帝本纪》，而应体味为长时间的历史观察的视角依据，因而它同时提出的"法度"要求，则是企望在"法天则地"基础上，将不同时期所取得的成就加以规范。由此，"法天则地"也就被赋予了在顺应自然与社会发展规律的条件下自会具有的因"时"循"势"的明显属性。而这一属性亦使历史的演变表现出事物的内在联系与发展阶段性的特征，并始终不失其"纲纪"性的价值与作用。

五帝、夏、殷、秦四本纪论赞，均述及分封，"其后分封，以国为姓"②，可见《史记》对分封的关注。究其实，分封乃是中央集权国家结构体

---

① 本章所论，不及《孝景本纪》《今上本纪》。

② 《殷本纪论赞》。

系内的重大制度，其所变化，不能不具有"纲纪"的价值。五帝时确立了天子与朝廷的初步制度与规模，其时的分封多属部落繁衍的自然性的氏族分支的扩延，不具有更深的政治含义，夏、殷、秦论赞之所涉，亦大体均属此等性质。《周本纪》叙："封诸侯，班赐宗彝……武王追思先圣王，乃褒封神农之后于焦，黄帝之后于祝，帝尧之后于蓟，帝舜之后于陈，大禹之后于杞。于是封功臣谋士，而师尚父为首封。封尚父于营丘，曰齐。封弟周公旦于曲阜，曰鲁。封召公奭于燕。封弟叔鲜于管，弟叔度于蔡。余各以次受封。"周武王之分封诸侯主要是论功行赏，建立藩属，使自然的姬姓氏族转变而为诸侯邦国，以至在原来世袭的基础上产生出等级——天子、诸侯、大夫、士，这是国家政治结构的一大转变。政治分封进入历史舞台，以天子为中心的统一王朝由此而走上分裂。步向东周，秦自西陲乘"势"而起，故《史记》特立《秦本纪》以承载其轨迹。至《秦始皇本纪》则叙廷尉李斯的建议："周文武所封子弟同姓甚众，然后属疏远，相攻击如仇雠，诸侯更相诛伐，周天子弗能禁止。今海内赖陛下神灵一统，皆为郡县，诸子功臣以公赋税重赏赐之，甚足易制。天下无异意，则安宁之术也。置诸侯不便。"始皇肯定李斯的意见，于是"分天下以为三十六郡，郡置守、尉、监"。秦统一天下后废分封，行郡县，从而促成国家政治结构的又一大转变。秦政暴虐，又自有项羽之灭秦；项羽逞力，曾促使刘邦之践祚。汉则郡国并存，如《汉兴以来诸侯王年表》之序所述："汉兴，序二等……高祖子弟同姓为王者九国，唯独长沙异姓……天下初定，骨肉同姓少，故广强庶孽，以镇抚四海，用承卫天子也……而汉郡八九十，形错诸侯间，犬牙相临……"至孝武时，天子之直接理政，丞相仅为备员虚设，继秦之后，真正达到专制主义中央集权的高峰，更应是国家政治结构的趋于稳定的另一大转变。

　　观测天象，制定历法，指导生产与生活，及整治国土，扩延教化，拓展疆域，固当是任何中央集权政府所应尽之职责，就其对后世的影响而言，其"纲纪"性的意义浅显明确。而更长时期内的历史变化——周武王之分封、秦始皇之郡县，以至汉代的郡国并存，决定着一定"时""势"的走向，约束了帝王的行动，不是更具"纲纪"的价值吗！

二、天子与纲纪

天子，在本纪的记述中只是一个国家最高权力的代名词，它不是本纪体裁设立时每篇的必备条件，所以，刘知幾所说"天子曰本纪"，在很大程度上是不准确的，因为从本质上讲，《史记》本纪是记载时势主宰者事迹的篇卷，而不一定每篇所记的都是"天子"。此等认识，当可为众多学者所接受。天地法则，一以支配着历史事势的总体发展；一以若万物之制驭，令其时势在一定阶段内当有其必然之主宰，或是部族，或是诸侯，或是霸主，或是女后，在此一情况下，"天子"的含义就不一定全是个人，亦即说，一定阶段的"时势主宰者"就是天子。但是，在《史记》的记述范围内，中国历史已经形成了专制主义的中央集权的国家体制，在这个体制内，皇帝是至高无上的，天子具有神圣的权威。

（一）登位方式

天子，是中国社会历史上产生的全国性政权的最高统治者。正如《高祖本纪》载刘邦之父太公所言："天无二日，土无二王。"作为父亲的太公，也要废"家人父子礼"，乃以"人臣"的身份拜见刘邦。《史记》借此记载，则是有意强调皇帝的无限权威。

《史记》本纪总结出黄帝以来天子就位的多种方式。

第一，拥戴。黄帝因修德振兵，战胜炎帝与蚩尤后，被当时的部落首领们"咸尊"为天子，这应是原始社会末期部落民主制的产物。这时的天子称号为"帝"。

第二，禅让。黄帝之后，天子之位是在最强大的姬姓部落中择贤而传授的。颛顼是黄帝之孙，喾是颛顼之族子。喾先传给的是挚，因为挚治理政事"不善"，"乃率群臣造唐而致禅"于尧，尧是挚的异母弟。挚、尧均是喾之子。舜是黄帝的八世孙，在大部落中处于庶人地位，因为贤孝名声大，被四岳举荐，经考察而被选定继位。因为考察的过程比较严格，所以确定舜的就位是让贤的标志性事件，但事实上让贤之举前已有之。之后舜将帝位交给禹，也属诸侯选贤。

第三，传子。传子原本也是以选贤为基础的。禹原想把天下授给益，但禹子启比益贤，所以诸侯们选择了启，启就做了天子。这是正式传子的开始。

第四，世袭。其实，从黄帝到禹都是在一个部落中传递的，可以说是部落内部的世袭，但后来只把代代传给自己儿子的制度叫世袭，这成了贵族社会的定则，是不可违背的。夏、商、周时期世袭是主体制度，非常重要。这种制度以父死子继为主，有时要用兄终弟及来作为辅助、补充。

第五，革命。这是专指商汤代夏桀、周武王代商纣而说的。汤武革命有特定含义，指前朝政权衰竭，腐朽、暴虐而危害国家，汤、武修德奋起，运用武力推翻夏、商王朝，重建新朝而延续下去。这种方式常被赋予积极意义。从周武王开始，天子之号由"帝"改称"王"。其后周幽王因荒诞而丧失国家权力，东周开始走向分裂。

第六，征伐。秦以武力长期经营，结束了春秋、战国以来国家的混乱局面，建立起大一统的嬴姓王朝。王朝存在时间短促，但作用和影响却非常大。自此开始称天子为"皇帝"。

第七，起义。广大农民反抗秦之暴政，项羽乘机灭亡了秦朝而分封诸侯做了西楚霸王，在其掌控天下的五年中又被刘邦打败，刘邦最终在农民起义的基础上建立了汉家王朝。

第八，篡夺。秦始皇死，本拟传位给太子扶苏，但其少子胡亥在赵高的怂恿下，以阴谋的手段夺得了皇位，也葬送了新生的秦王朝。胡亥、赵高是国家的罪人，受到谴责。刘邦死后，吕太后扶惠帝而执政，惠帝死后，她企图以吕氏代替刘氏，虽遭败亡，但却揭示了后妃外戚专政的潜在隐患，不可小视。

上述这些方式，囊括了中国历史上帝王更替最主要的变化手段，其"纲纪"的价值也是很充分的。

(二)自身操养

天子是国家的最高统治者，《史记》本纪由此特别关注天子自身素质的造就。《五帝本纪》说黄帝是"生而神灵，弱而能言，幼而徇齐，长而敦敏，成而聪明"。颛顼则是"静渊以有谋，疏通而知事"。喾也是生而神灵，"聪以知远，明以察微"，"仁而威，惠而信，修身而天下服"。尧的形象就更高大了，"其仁如天，其知如神。就之如日，望之如云。富而不骄，贵而不舒"，"能明驯德，以亲九族"，受他的影响，故"百姓昭明，合和万国"。舜的特质是"以孝闻"，因有很高智慧，能处事不惊，"入于大麓，烈风雷雨不迷"，从而经得起"举用事""使摄政"长达二十八年的考察，故在位时政绩昭著，"四海之内，咸戴帝舜之功"，成为后世君王的榜样。《夏本纪》述大禹的为人是"敏给克勤；其德不违，其仁可亲，其言可信；声为律，身为度，称以出；亹亹穆穆，为纲为纪"，"纲纪"的价值深切著明。

《夏本纪》记禹和伯夷、皋陶在朝拜帝舜并共同议论国政时，提出了关于君王"九德"的学说，意见是"始事事，宽而栗，柔而立，愿而共，治而敬，扰而毅，直而温，简而廉，刚而实，强而义，章其有常，吉哉"。皋陶还提出看法："日宣三德，蚤夜翊明有家。日严振敬六德，亮采有国。翕受普施，九德成事，俊乂有官，百吏肃谨。毋教邪淫奇谋。非其人居其官，是谓乱天事。天讨有罪，五刑五用哉。吾言底可行乎?"这是讲治好国事有多方面的条件、措施，而其中最主要的是君王需要具备高贵的九种品德。九德中，大夫只具备其中的三德就能治好家事，而诸侯具备其中的六德就能治好一个诸侯国，但作为天子就必须全方位地具备九德，加上其他因素，才能治理好天下，造福民众。

反过来说，天子在位，如果政治暴虐，道德败坏，就会导致丧失天下。《夏本纪》记"桀不务德而武伤百姓，百姓弗堪"，结果被商汤杀于夏台，"汤乃践天子位，代夏朝天下"。《殷本纪》记帝纣"知足以距谏，言足以饰非"，"好酒淫乱，嬖于妇人"，"以酒为池，悬肉为林，使男女裸，相逐其间，为长夜之饮"，如有百姓怨望和诸侯背叛，则用"炮烙"重刑加害。结果是周武王率诸侯伐纣，斩纣头，殷绝祀，而周武王为天子。《周本纪》记幽王宠爱褒姒，数举烽火为戏，导致犬戎杀幽王于骊山下，使平王东迁洛邑。"平王之时，周室衰微，诸侯强并弱，齐、楚、秦、晋始大，政由方伯"，也使当时中国的政治格局完全改变了。

(三)辅佐群体

天子治国，除个人应有一定的政治道德的重要修养之外，还要有贤能的臣属辅佐，故《史记集解》引《尚书大传》曰："古者天子必有四邻，前曰疑，后曰丞，左曰辅，右曰弼。"①《夏本纪》记大禹、伯夷、皋陶在帝舜面前谋划政事时谈及九德之先已有所议论，皋陶提出的建议是，"信其道德，谋明辅和"，并颇有感慨地申述，"於！慎其身修，思长，敦序九族，众明高翼，近可远在已"，在禹赞美他的言论后，他还说"於！在知人，在安民"。禹听过后质疑且加以阐释说，要都是这么高的要求，即使是尧帝恐怕也难以做到，"知人则智，能官人；能安民则惠，黎民怀之。能知能惠，何忧乎欢兜，何迁乎有苗，何畏乎巧言善色佞人"。其后禹之成就使"舜德大明"，皋陶则歌唱说："元首明哉，股肱良哉，庶事康哉！"从这些对话与歌颂的内容可以看到，在古人的认识中，除天子自身的修养外，谋求高明的辅佐对天子的理政是何等的重要。

基于这种思想，《五帝本纪》记"天下归舜"后，任用众多贤臣所取得的成效就不足为奇了："此二十二人咸成厥功：皋陶为大理，平，民各伏得其实；伯夷主礼，上下咸让；垂主工师，百工致功；益主虞，山泽辟；弃主稷，百谷时茂；契主司徒，百姓亲和；龙主宾客，远人至；十二牧行而九州莫敢辟违；唯禹之功为大，披九山，通九泽，决九河，定九州，各以其职来贡，不失厥宜。"舜因此取得了广拓疆土、受百姓拥戴、兴乐致物、凤凰来翔的隆盛效果，受后世推崇。

《殷本纪》载伊尹被"汤举任以国政"后而助汤灭夏，并在汤死后的四传帝王治内起到了稳定政权的重要作用。帝大戊因立伊尹之子伊陟为相，并有巫咸之"治王家有成"，而"殷复兴，诸侯归之，故称中宗"。祖乙时，巫咸之子"巫贤任职"，殷复兴。武丁因得"圣人"傅说，"举以为相，殷国大治"，又有贤臣祖己的训导，"修政行德，天下咸欢，殷道复兴"，而获高宗之誉。以上均为贤臣辅佐兴国的实例。《周本纪》载，周文王、武王之代商，乃有一个贤人群体的佐助，其中包括周公旦、毕公、召公奭、师尚父、叔振铎、毛叔郑、卫康叔封以及散宜生、太颠、闳夭、南宫括、史佚等，显示出"膺更大命，革殷，受天明命"的隆盛。其后穆王时祭公谋父之

---

① 《夏本纪》帝舜语"敬四辅臣"注。

议"耀德不观兵"、甫侯之作修刑辟国，厉王时大夫芮良夫之斥荣公好利、召康公之后穆公虎之说弭谤，宣王时仲山甫之谏不可料民，幽王时伯阳甫之申天地之气失序，将贤臣的言论赋予了更多治国理政的重要思想遗产的价值，弥足珍贵。《秦本纪》阐发秦国的兴起对改变中国原有发展进程所具有的"法天则地"的时势作用，其兴起，孝公变法是重大关键，而在当中发挥核心职能的是贤臣商鞅。《秦始皇本纪》载始皇就国君位后起辅助作用的是吕不韦，而称帝后的主要辅佐者是李斯。《高祖本纪》叙刘邦践祚后自我炫耀其成功是得益于萧何、张良、韩信，而说项羽有一范增而不能用所以败在他的手下，真可谓得人者兴，失贤者亡。刘邦身边招纳了一大批贤能之臣，促使他成就了汉家天下，从而使其后代将中国的专制主义中央集权推上了它的又一个波峰。正如《太史公自序》所言："汉兴，萧何次律令，韩信申军法，张苍为章程，叔孙通定礼仪，则文学彬彬稍进，《诗》《书》往往间出矣。自曹参荐盖公言黄老，而贾生、晁错明申、商，公孙弘以儒显。"百余年间，人才辈出，群星璀璨，让人赞叹！

（四）决策方向

依皋陶的见解，天子的两大任务，除知人以外，就是安民。如何实现安民则惠，中央朝廷就有一个依时势决定政策走向的问题，就是说天子要考虑的是把国家领向何处，如何实现王朝的长治久安、繁荣昌盛。黄帝是将修德与振兵结合起来，在修德的基础上以武力实现部落国家的统一，又在有了"万国和"的条件下，"顺天地之纪"，发展生产，以"有土德之瑞"而惠及天下，开创中国历史的新局面。《夏本纪》载至舜之时，治理滔天洪水及"行相地宜所有以贡，及山川之便利"是利民利国家发展之举，禹在舜之治下出色地完成了这一任务。《殷本纪》载，鉴于夏桀之不务德而武伤百姓，百姓弗堪，汤建商后就反复告诫"诸侯群后"，"勤力乃事"，要以古代大禹、皋陶、后稷为榜样，"久劳于外"，"农殖百谷"，而"有功于民"，说这样才能让其后代感受荣光。尽管商汤企图以"有功于民"作为国策的指导思想教导贵族，但后来反复的历史表现说明它贯彻起来会有很大的困难，以致最终出现商纣的荒淫暴虐。《周本纪》载，武王克殷以后，总结殷亡教训，思考如何才能巩固政权，进而采取了三项举措：处置殷代残存贵族，营周居于洛邑备作政治中心，得箕子所答《洪范九畴》。加上他的分封与周公的制礼作乐，奠定了周代乃至此后中国贵族社会发展的大局，政治的先导性非常明确。《秦本纪》叙秦国的发展阶段分明，各阶段展示出不同的要求，但最具决定性的时期是孝公之变法。所载孝公求贤的内容，对当时中原形势做出了冷静分析，时空观念清晰，危机感强烈，对国家的历史发展状况有明确认识，并表述出强国的热烈愿望。孝公在商鞅辅佐下推进的改革及东进战略，逐渐促使中国社会原有的发展模式产生变化，从而促成了秦始皇的统一。《秦始皇本纪》载统一后始皇支持李斯关于废封建行郡县的建议，是中国历史上施政方略的重大转变。《项羽本纪》所载项羽决定安阳斩宋义及破釜沉舟进行巨鹿之战，是其能够亡秦的坚毅而勇敢的战略举动。《高祖本纪》载刘邦践祚后过沛所自为之歌诗，"大风起兮云飞扬，威加海内兮归故乡，安得猛士兮守四方"，表达了他夺取政权后企图巩固政权以望长治久安的心愿，从而显示出一位杰出君王战略思考的深度。

这些均说明，衡量天子是否贤能，最终还要看他在促进历史发展的战略思考方面，能够提供何种程度的思想主张和可被称许的真实成果，以及其在社会演进中所具有的"纲纪"性的价值。

三、德、力与纲纪

德，就其作为施政的理念而言，最核心的意义就是广布恩泽。德，能带给民众幸福，从而使社会和谐，国威远播。德是天地的本质属性，天地的日月普照、覆载万物，从哲学的意义上说，本身就是其德泽的一种表现。《史记》本纪对"明德"的起虞、"至德"的茔商、"盛德"之建周、"仁德"之推汉，原始察终，见盛观衰，有很清晰的考察。伴随着德之衰微，催生出纷繁复杂的局面。故德之盛衰，自亦在天地法则的掌控之中。德、力及其相互更替的成败兴坏，本纪有着非常充分的记述。

(一)德政为先

《五帝本纪》表现出古人的追求，治国当以德政为先。黄帝的成功基于修德，而颛顼之为帝是因有"圣德"。喾之为帝以其仁、惠、修身，"其德巍巍",能"溉执中而遍天下",奉行中庸之道,倡导天地人和谐;尧在帝位,能修明己德让人顺从,在亲睦九族的基础上,"合和万国",部落社会治理得非常好。尧年老时,由于四岳的推举,选择舜摄行天子之政,"以观天命"。这在《史记》中最先提出了"天命"的主题,通过考察它所记述的内容,可以看到,舜利用摄政之机,认真观测天象,虔诚祭祀,建立和严格实施四岳诸牧觐见与巡狩奖励制度,明确十二州之定界和疏浚水患,又谨慎执行刑罚之轻重,通过诛杀共工、欢兜、三苗、鲧而警示四方部落,达到了"四罪而天下咸服"的效果。舜的摄政作为,无疑表示出他德政的杰出成就,促使在尧传帝位时产生了两方面的影响:一是尧子丹朱不肖会危害国家,尧则"终不以天下之病而利一人"的态度放弃父子继位的常道,而将天下传给了舜;一是尧死后三年之丧毕,诸侯贵族都尊崇舜而无人趋附丹朱,舜认为这是"天也",才接受帝位。在这里,所谓"天命"和"天"意,究其实,是人为德政的体验,司马迁剥去了它的神意外衣。舜就位后,也是发挥尧的优良传统,"行厚德,远佞人,则蛮夷率服",他在全面建构具备中央集权性质的朝廷中的贡献,使他成为中国历史上"天下明德"的起始人。《夏本纪》所述德,体现出对"德"之内涵的充实与拓展。在记载九州及"道九山""道九川"之后说:"于是九州攸同,四奥既居,九山刊旅,九川涤原,九泽既陂,四海会同。六府甚修,众土交正,致慎财赋,咸则三壤成赋。中国赐土姓:'祗台德先,不距朕行。'"是将施政要素、影响所及与天子修身的具体要求所属的"德"性做了明确的向外延伸,尤其是对"能成水土功"过程中所显示的大禹"劳身焦思,居外十三年,过家门不敢入。薄衣食,至孝于鬼神。卑宫室,致费于沟淢"的全心全意、艰苦奋斗的牺牲精神给予了高度的赞扬,更是对德的属性做出了新的标示。"皋陶于是敬禹之德,令民皆则禹",亦由此而使"舜德大明",禹在舜的基础上又将德推向了新的境界。《殷本纪》载成汤有很高的德之品质,说"汤德至矣,及禽兽"。汤提出了很有价值的思想,即"人视水见形,视民知治不",是以满足基层贵族的愿望作为自己理政的目标。于是辅臣就称赞他:"明哉!言能听,道乃进。君国子民,为善者皆在王官。勉哉!勉哉!"鼓励汤听取普通贵族的意见,取用"为善者"以扩大政权的基础,所以汤吸取夏王的教训，强调"三公咸有功于民"，这也是理政观念的重要变化，值得肯定。《殷本纪》论德的突出特点，指出为政者德的强弱与国家盛衰的密切关系：天子修德，则国兴、复兴；天子不能修政行德，则道衰、世乱、淫乱，而国衰、复衰、益衰，以至于纣之无道死于牧野致殷灭亡。值得注意的是，记载中提到太戊在位，辅臣伊陟言及"妖不胜德"，武丁时贤臣祖己言及"呜呼！王嗣敬民，罔非天继，常祀毋礼于弃道"，说明只要天子修德，敬重民事，就可以顺利理政，复兴国运。在神人关系上，神是听人的，神的作用已退居非常次要的地位，强调的是人的自觉主动作为的价值与作用。

(二)德之鼎盛

西周前期，是中国古代社会德治发展最为完备的高峰时期，所以《周本纪》载周之德治具有一定的论理性，且可见周族政治演进的清晰脉络。先是记"后稷之兴，在陶唐、虞、夏之际，皆有令德"。因为周族重视农业生产，在使中国向农业社会稳定发展上起到了重要作用，以至公刘时"周道之兴自此始，故诗人歌乐思其德"。再是"古父亶父复修后稷、公刘之业，积德行义，国人皆戴之"，"民皆歌乐之，颂其德"。又古公之子公季"修古公遗道，笃于行义，诸侯顺之"。公季之子就是昌，亦即西伯，为后来的周文王。昌乃"遵后稷、公刘之业，则古公、公季之法，笃仁，敬老，慈少。礼下贤者，日中不暇食以待士，士以此多归之"。至西伯之子发，师修文王绪业，打败商纣而建周，是谓武王。周族崇德的政治方略，线索延伸清楚明确，可以说是举全族之力图发展，取得了非常好的效果。武王建周后，分封，营建洛邑，问箕子，加上成王时周公之兴正礼乐，"度制于是改，而民和睦，颂声兴"。自此，中国贵族社会中央集权的朝廷体制完备确立，并得以延续下去，这正是周代建国立德在其事业鼎盛时对中国社会的重要贡献。周历成、康、昭、穆，至穆王时，已现"王道衰微"，于是有祭公谋父谏穆王之不可"观兵"，其所论重在阐述德的意义、德在先王遗训中的地位，指出要将德落实到保民安邦上，君王须从自身的决策与行为方向上进行检视，运用武力征伐也同样是德治的一种延伸、一种补充，但不可滥用。又有甫侯之作修刑辟，是对运用礼义处罪的随意性的一种节制，且能促进刑罚制度的严密化。穆王时耀德不观兵之论，德顿而刑备之举，标志着正处于德力转化的关节点上，具有重要的历史意义。幽王以后，平王东迁，周朝进入后期，自此出现了诸侯间相互混战的局面，进而纵横游说，最终由乱而治、趋于统一，从而成为该较长时期历史阶段的突出特点。

(三)德力转化

世界上的万物，都是在矛盾运动中产生、发展、繁荣以至衰败的，这正是天地法则的一种必然现象。德教、德政，自五帝进行到周之文武，已经达于至盛，而穆王之观兵至幽王之被犬戎所杀，秦襄公护送平王东迁，就是它衰败的明显表现了。平王以后，中国历史的主体支配力量也就由周转移到了秦国发展的事势上，故而《史记》设《秦本纪》以表述之，正是"法天则地"的必然结果。同时也表明《史记》设本纪，并非以是否立为天子作为唯一标准。这是一。司马迁对《秦本纪》的记述内容给予了特别的关注，在《十二诸侯年表》《六国年表》及《秦楚之际月表》的序文中，均就秦之发展特点、阶段划分、形势转变、历史作用等分别做了明确论述，相比于秦以前诸篇之本纪是另眼看待了。尤其是说虞、夏、汤、武之兴是"以德"，而秦之兴起为"用力"，却是把握住了天地法则运转的中枢，而掌控着时政的"纲纪"。这是二。《秦本纪》于穆公事中叙由余之论德，集中揭示了儒家以诗书礼乐法度为政的弊病，说它严重到相互篡弑以至于灭宗的地步，这是借此有意张扬由德转力的内在思想动力及缘由，亦以暗示秦国此后的发展，其指导方针乃是弃德教而取谋作，恰是事势之自然。这是三。与《秦本纪》相呼应，《史记》于战国时的人物特将商鞅设为第一专传，显示出其在秦之历史发展中的重要转折作用，其纲纪价值不容忽视。这是四。秦国的兴起对改变中国历史的发展进程意义重大，在《秦始皇本纪》中，司马迁以饱满的激情、磅礴的气势，雷鸣闪电般地撰述出秦始皇之擒六王，称皇帝；设郡县，一制度；行封禅，立石刻；焚诗书，坑儒生；修直道，筑长城；求长生，治骊山等事迹。这些事迹，如长江波澜般一浪高过一浪地汹涌向前，体现出建立专制主义中央集权举措的恢宏气势和敢于冲决旧观念的极强震撼力，使人兴奋、激动，亦让人疑虑、惊惧，从而产生出无比的敬畏之情与赞叹之声，无论对与错，均体现出秦始皇人格的崇高与伟大。

《秦始皇本纪》，堪称中国历史文献极妙的壮丽诗篇。其后篇所涉之秦二世，极写其与赵高图谋篡夺的种种阴事，充分揭示出封建专制主义下宫廷的极度腐败及其残忍虐杀的本质。而秦王朝的迅速崩溃，亦展示了与汤、武革命相提并论的陈胜吴广起义的合理性，正是天地法则中矛盾内部运动逻辑的必然出路。

(四)德力结合

项羽接过陈胜、吴广起义的大旗，在巨鹿一战破釜沉舟，大败秦军，导致秦朝败亡，《项羽本纪》的论赞说项羽"欲以力征经营天下，五年卒亡其国"，正是以"力征"将项羽归于周秦以来武力征伐的末流。项羽成于"将五诸侯灭秦，分裂天下，而封王侯"，败于"自矜功伐，奋其私智而不师古"，故"力征"亦具其自身矛盾的两面性，运用不当即会自行转化，胜利者亦会荒谬地沦为失败者。依天地之法则，项羽完成了"天之亡秦"的历史使命，能主命分天下，以有"国"而入于本纪。然从总体的趋势来考察，项羽缺乏自觉的历史意识，未能总结出秦亡的经验教训，仍秉持六国旧贵族的逐鹿情结，一意拼杀，而仍处于"力"的余波之中，没有摆脱倡力而败的怪圈，完成从力到德的新阶段的转变，以致陷入了"天之亡我""此天亡楚"的悲惨命运。由此，历史为刘邦提供了驰骋才能的舞台，故《高祖本纪》给刘邦树立起宽大长者、最终践祚的高大形象，促使他完成了长时间内的德力转变。高祖之后，"黎民得离战国之苦"，朝廷君臣上下采取了"休息乎无为"的治国方略，出现了"高后女主称制，政不出房户，天下晏然。刑罚罕用，罪人是命。民务稼穑，衣食滋殖"的盛况。《孝文本纪》乃赞"汉兴，至孝文四十有余载，德至盛也"，且感叹"呜呼，岂不仁哉"。这就使在经历秦和项羽的暴逆之后转变而为繁荣昌盛达致社会安乐得到了合理的符合天地法则的解释。至于汉武帝，既广拓边陲，又独尊儒术，进入了德与力结合的最高境界，在真实的意义上达到了专制主义中央集权的第一个巅峰，当是顺其自然的事了。

四、人心与纲纪

人心是社会成员意志、愿望与要求的综合展现，是国家政权稳定的凝聚剂或危机显示风向标，它在社会发展进程中具有潜在的不可抗拒的巨大力量，因而它是考察历史运动所必须关注的重要因素。故此，《史记》本纪依据其记述时代的特点，在一统天下构基制、平定水土倡稼穑、铲除暴虐救生民、宽大为怀施仁政等方面，给予人心向背的历史作用以应有的地位，其所关涉的天地法则同样具备纲领性的价值。

（一）一统基制

《五帝本纪》载，黄帝"习用干戈，以征不享"时，"诸侯咸来宾从"，而在战胜炎帝与蚩尤后，"而诸侯咸尊轩辕为天子"。这里用"咸来""咸尊"，表明在建立统一的部落联盟国家时黄帝所受到的拥戴。后来围绕黄帝又形成了中央性质的指挥系统，促使出现"万国和"的局面，因人心趋附，而获有"土德之瑞"，故能号称"黄帝"。黄帝者，中央之帝，大一统的象征。颛顼、喾、尧、舜，遵循黄帝开创的传统，继续光大一统伟业。尧之"合和万国"，观天正历，用贤惩恶，至其去世，"百姓悲哀，如丧父母。三年，四方莫举乐以思尧"。舜构建并逐步完善中央政权管理职能的基本体制，群臣辅佐，政令通行，百事时序，广拓疆土，能使"四海之内，咸戴帝舜之功"。"天下明德皆自虞帝始"，其续成之"法度"，开启了中国历史统一发展的宏大进程。

秦始皇统一中国，是司马迁写《史记》时的近世大事，《秦始皇本纪》之记载予以大力肯定。先是述"分天下以为三十六郡，郡置守、尉、监。更名民曰黔首……收天下兵，聚之咸阳……一法度衡石丈尺。车同轨。书同文字。地东至海暨朝鲜，西至临洮、羌中，南至北向户，北据河为塞，并阴山至辽东"，畅叙其统一的重大成就。继而在所载诸多刻石铭文中给以赞扬，如《泰山刻石》言，"二十有六年，初并天下，罔不宾服"；《琅邪山刻石》言，"皇帝之德，存定四极……功盖五帝，泽及牛马"；《之罘刻石》言，"烹灭强暴，振救黔首，周定四极。普施明法，经纬天下，永为仪则。

大矣哉！宇县之中，承顺圣意"。宣扬武德，强调建立法度、纲纪、义理、仪则的意义。最后是在论赞中引贾谊《过秦论》，总结秦朝存亡的深刻的历史经验与教训，以标示其理性认识的独特方式及其价值，为人们所重视。于汉代的一统，《高祖本纪》以"天下大定"，"兵皆罢归家"，"拨乱世反之正"来表述，而其论赞则以"故汉兴，承敝易变，使人不倦，得天统矣"加以称颂，表明汉家的作为极其符合当时的社会要求及人心趋附，乃为一种积极的事态发展。

（二）治水倡农

《夏本纪》载，尧、舜之时，暴发特大洪水灾害，万民痛苦，心急如焚，翘首企望圣人降临。大禹出，艰苦奋斗十三年，依据规矩准绳，不违四时之宜，"陆行乘车，水行乘舟，泥行乘橇，山行乘檋，行山刊木。与益与众庶稻鲜食。以决九川致四海，浚畎浍致之川。与稷予众庶难得之食。食少，调有余补不足，徙居"。大禹治水之成功，取得了"众民乃定，万国为治"的效果，亦因此受到了"天下诸侯"的拥护，即天子位而南面朝天下，创立了夏朝。其后，禹原设想将帝王传给益，但"禹子启贤，天下属意焉"，也因为益治政时短，政绩不显著，诸侯们就皆去益而朝启，说"吾君帝禹之子也"，这样启"遂即天子之位"，在当时完成了从所谓"公天下"到"家天下"的转变，这与人心思大禹有密切的关系。

《殷本纪》所述德之兴废与国之盛衰的关系中，与人心的趋附自然是紧紧联系在一起的。例如，"帝太甲修德，诸侯咸归殷，百姓以宁"，"武丁修政行德，天下咸欢，殷道复兴"，这是积极方面的。反之，如"自中丁以来，废适而更立诸弟子，弟子或争相代立，比九世乱，于是诸侯莫朝"，则是消极方面的证明。德、盛衰、人心三者关系的演进自是有天地法则可循，足以成为施政"纲纪"的。

《周本纪》中说明人心向背的突出事例是周之兴起。周族自其第一代后稷起，一开始就"好耕农"，这在原始社会末期较之畜牧业是更为先进的生产力，他们在夏代的游徙中，为其他部落所仰慕，至第四代公刘之"务耕种，行地宜"，就做到了"行者有资，居者有畜积，民赖其庆。百姓怀之，多徙而保归焉"。周族秉持的生存之道使它就此兴盛起来，并已受到诗人的歌颂。又至第十三代，"古公亶父复修后稷、公刘之业，积德行义，国人皆戴之"。自公刘时周族已迁于豳地，此时由于周边薰育戎狄想夺取古公亶父属下的土地与民众，他不忍开战，"乃与私属遂去豳……止于歧下。豳人举国扶老携弱，尽复归古公于歧下。乃他旁国闻古公仁，亦多归之"。古公的仁德措施与时俱进，在边远地区遗弃游牧部落的风俗，自动采取殷朝的管理制度，使其势力发展起来，故"民皆歌乐之，颂其德"。传到第十四代，"公季修古公遗道，笃于行义，诸侯顺之"。十五代西伯，"遵后稷、公刘之业，则古公、公季之法，笃仁，敬老，慈少，礼下贤者……士以此多归之"。西伯正处在殷纣时期，他因为积善累德，"诸侯皆向之"。其后"西伯乃献洛西之地，以请纣去炮烙之刑"，获纣应允；他因阴行善，"民俗皆让长"，而断虞、芮之讼，被诸侯尊称"盖受命之君"。《史记》随后总结说，"盖王瑞自太王兴"，太王是古公被追尊的称号。这是一段纯朴真切而生动感人的社会生活情节，极具典型意义，说明人心向背对历史之发展有多么重要的作用。周族的先进生产技术、仁德的政治理念、为人除害的品质、谦让的社会风俗，将西伯推上了"受命之君"的崇高地位。何谓受命，以人心的向往归附为受命，因此，得人心者得天命。可以看出，后来周王朝之以德立国，其历史渊源是非常深厚的。

（三）铲除暴虐

夏、殷、西周三朝的末代君王，或暴虐，或荒淫，陷百姓于水火，致国家于败亡。《殷本纪》载，夏桀为政淫荒，夺民农功，贵族们不堪忍受，发出"是日何时丧？予与女皆亡"的呼喊！桀失却人心，使"诸侯皆归汤"，汤于是打败夏桀而建国。殷纣残义损善，厚赋税，益狗马，广苑台，慢鬼神，酒池肉林，为长夜之饮，贵族们怨恨在心，发出"天曷不降威，大命胡不至"的疑问，但愿纣早日败亡。故牧野伐纣之日，纣师皆崩叛倒兵以向，致周武王斩纣而建周。《周本纪》载，周幽王欲得褒姒一笑，数举烽火为戏，致犬戎来攻，因失信于诸侯而援兵不至，被杀于骊山下。这均说明，依天地之法则，物盛而衰，必有其不可挽救之败亡，这是一方面。另一方面，暴虐荒淫之君王必定违背民众意愿，因失去人心而加速其败亡，这同样处于天地法则所支配之范围。秦始皇顺应历史潮流统一天下，建立了千秋伟业，而称帝后肆意兴作，加重了民众劳役负担，二世继位又穷奢极欲，阴谋残杀。《秦始皇本纪》载，二世二年七月即有陈胜、吴广的起义，三年即亡于项羽之灭秦，人心向背的历史威力何等巨大。《太史公自序》关于《陈涉世家》之提要对此做出了真切的评定："桀、纣失其道而汤、武作，周失其道而《春秋》作。秦失其政，而陈涉发迹，诸侯作难，风起云蒸，卒亡秦族。"失道、失政，最终导致完全丧失人心，失去了其政权存在的根本支持力量，岂有不亡的道理？

（四）树立仁德

从五帝时走到项羽主命，历史的发展已经历了德治的鼎盛而转向于力征，秦的兴起是其关键。接着秦始皇统一，穷极力治而暴露其弊病，项羽又"五年卒亡其国"，那么，汉初实施的政策则是又一关键。《高祖本纪》载，刘邦"仁而爱人……常有大度"，他年轻时赞赏仰慕秦始皇，大志之下可以冷静地思考秦朝的作为和历史的变化，终以宽大长者的形象被推举"扶义而西"，先入定关中而占得政治先机。当他先诸侯至霸上的时候，以能宽容、不杀降、约法三章、非有侵暴而获得秦民的欢呼拥护，"唯恐沛公不为秦王"。与之相比，"项羽遂西，屠烧咸阳秦宫室，所过无不残破。秦人大失望，然恐，不敢不服耳"，秦人眼中的项羽、刘邦，完全处于不同的天地。人心所向，是决定刘胜项败的重要因素。该篇的论赞，强调"三王之道若循环，终而复始……故汉兴，承敝易变，使人不倦，得无统矣"，评议刘邦顺应历史发展潮流，深得人心而获得君位，是完全合乎法则逻辑的。《吕太后本纪》在两层意义上关乎人心所向。第一，该篇实际是讲皇位继承权制度的争执，重在说明外戚干政会对帝王之纲纪造成侵害，而在"非刘氏而王，天下共击之"的思想观念下，终能去诸吕立诸刘，维护了正统原则，稳定了国家政权。第二，篇内虽无内政措施的具体记述，却反映了一种无为而治的局面，同样肯定了吕后个人对平定异姓王及发展社会生产方面的贡献，论赞给予她以高度评价，是从力到德的又一转变的深刻体现。

《孝文本纪》载汉文帝贤圣仁孝，闻于天下，而他得以即天子之位，是一种"大臣因天下之心"的表现。其时宋昌的论说指出，刘邦之统一天下，封王子弟而建立起磐石之宗的稳固形势，加以“汉兴，除秦苛政，约法令，施德惠，人人自安，难动摇”这样的条件，使废诸吕立诸刘成为顺势而为的必然举动。可以说，所谓“天下心”，是立足于汉高祖业绩基础上的情势表述，故曰“此乃天授，非人力也”，人心走向，是形势发展的应有归宿。《孝文本纪》的论述有两个侧重点，给人以极其深刻的印象。第一，在吕后去世、铲除诸吕的政治争斗之余，强调帝王传承统系走上了正轨，扫除了阴谋篡夺，刘氏根基得以深固。接下来紧密论述选太子事对于建帝王纲纪的重要意义：豫建太子，乃重宗庙社稷，不忘天下；古代用此道能使有天下莫长焉；继嗣弗绝，天下大义；释宜建而选与诸侯宗室，非高皇帝之意。借此，《史记》是在申述太子继承制对于稳定天下政权的重要意义。第二，侧重评述汉文帝诸多措施的德属意义：封赏功臣及王子，遣诸侯之国，平定诸侯王叛乱；除诽谤妖言罪及肉刑、秘祝移过，祠官勿祈；举贤良方正能直言极炼者；尚农，免田租，驰山泽，发仓庾；备匈奴，倡和亲，等等。《史记》许以“德厚侔天地，利泽施四海”，“德莫盛于孝文皇帝”，“德至盛也”，“岂不仁哉”的评语，认为汉文帝当为天下帝王之楷模、纲纪之标准。从历史发展的轨迹看，至汉文帝主政之时，已经完成自力至德的转变。但实际上，汉代政治发展到汉武帝之时，德力结合的态势更为鲜明，达于高峰，而这已经不在本章的讨论之列了。

五、结　语

本天地之法则，建帝王之纲纪，表现出在考察人类历史的进程中，注意到自然和社会的特定规律与其彼此的相互关联，以及它们所给予帝王政治的深远影响，因而它在《史记》“究天人之际，通古今之变”“稽其成败兴坏之理”的撰述主旨中占有重要的地位。

本天地之法则，建帝王之纲纪，使《史记》本纪成为司马迁关于国家学说最为集中而具纲领性的意见表达，它阐述了中国古代大一统国家之产生及其社会管理职能的形成与诸多变化，同时揭示出专制主义中央集权存在的社会历史的必然性，政治理念清晰。

本天地之法则，建帝王之纲纪，是《史记》本纪依托于对古代文献"好学深思"般的组撰、对总体历史发展态势的研思与对现实政治的系统观察而做出的思考，体现出古人智慧。它是政治家、思想家的成就与司马迁治史宗旨的综合熔铸，故而具备中国古代传统文化精神的可贵价值。

本天地之法则，建帝王之纲纪，使本纪在内容上成为《史记》全书的主体架构，并且具有范围千古及厥协经传的浩博气势和统领全局的学术品格，在达致编史体裁的创新实践中，发挥出以不同视角观察国家社会生活时的思想引领作用，正是其作为全书之"纲"的本质。

第二章　《史记》在经学与
史学结合中的地位

一、六经的文献特点

　　章学诚有"六经皆史""六经皆器"的看法。

　　章学诚在解释"六经皆史"时说，六经不是如后代所说的"著作"，它记载的突出之处就是"未尝离事而言理"①，它之所记，"皆先王得位行道，经纬世宙之迹，而非托于空言"②，而六经所记载的"事"，不出于当日官司典守，国家政教的诸种内容，所以它的所记乃是"先王之政典"③。六经被后代儒家奉为经典，它包含了许多经世治国的深刻道理，但它在阐述这些道理时，并"非托于空言"，而是通过对"先王政典"的具体记述，来达到它企求的目的。章学诚强调，"古之所谓经，乃三代盛时，典章法度，见于政教行事之实，而非圣人有意作为文字以传后世也"④；"六经，则以先王政教典章、纲维天下"⑤。

　　"史"是就"著"而言，"器"则就"道"而言。与六经"未尝离事而言理"相联系，章学诚认为"道不离器，犹影不离形。后世服夫子之教者自六经，以谓六经载道之书也，而不知，经皆器也"。他认为三代以前，《诗》《书》六艺，未尝不以教人⑥，不是像后世尊奉六经，别为儒学一门，而专门将

---

① 《文史通义·易教上》。
② 《文史通义·易教上》。
③ 《文史通义·易教上》。
④ 《文史通义·经解上》。
⑤ 《文史通义·经解上》。
⑥ 《文史通义·原道中》。

它称为载道之书那样。在当时，"盖以学者所习，不出官司典守，国家政教；而其为用，亦不出于人伦日用之常，是以但见其为不得不然之事耳，未尝别见所载之道也"①。这样，六经就是"器"，它所载的则是"先圣先王之道"，所以孔子直接表章先王政教并拿官司典守昭示于人，而不是"自著为说，以至离器言道也"②。孔子自述作《春秋》时说过："我欲托之空言，不如见诸行事之深切著明也。"由此章学诚论定，当时在政教典章、人伦日用之外，"更无别出著述之道"③。

"六经皆史""六经皆器"的说法，正好表明了六经的文献特点，即它不是空言著述，而是结合着具体时代，以不同的记述方式显示出对社会历史事物的认识。正是它具体记述特征，使它本身具备着实在意义的"史"的性质；也是它所能显示的对社会历史事物认识的特征，在后来的儒家看来，就具备着能够载道的"器"的职能。这两方面，六经对于以后史学的产生有着重要的影响。

六经具有实在意义的"史"的性质，正是因为它的记述内容没有离开"先王政典"。礼经三百，威仪三千，所记乃是有关"夫妇父子君臣上下"④的等级关系和制度仪式。乐与礼关系密切。孔子曰："安上治民，莫善于礼；移风易俗，莫善于乐。"⑤故《礼》《乐》所记，是社会的重要典制史。"古有采诗之官，王者所以观风俗，知得失，自考正也。"⑥《诗》之所记，直接关系社会风俗与政治得失。孔子曰："诵《诗》三百，授之以政，不达；使于四方，不能专对；虽多，亦奚以为！"⑦熟悉《诗》，在社会外交方面尤为重要，"是则比兴之旨，讽喻之义，固行人之所肄也"⑧。《诗》政治史的特

---

① 《文史通义·原道中》。
② 《文史通义·原道中》。
③ 《文史通义·原道中》。
④ 《汉书·艺文志序》。
⑤ 《孝经·广要道章》。
⑥ 《汉书·艺文志序》。
⑦ 《论语·子路》。
⑧ 《文史通义·诗教上》。

色非常鲜明。《易》的产生，是出于"以通神明之德，以类万物之情"①的需要，而且对它意义的阐发，经历了很长的历史过程，"人更三圣，世历三古"②。章学诚推进孔颖达对《易》义的解释后得出结论："《易》为王者改制之巨典，事与治历明时相表里？"这是突出了《易》能阐述的社会历史变化所体现的"王者改制更新之大义"③的性质。《易》又与其他五经相互关联。"夫悬象设教(指《易》义)，与治历授时，天道也；《礼》《乐》《诗》《书》，与刑、政、教、令，人道也。天与人参，王者治世之大权也"④；"《易》以天道而切人事，《春秋》以人事而协天道"⑤。尽管这种认识包含了后代儒家的理解，但《易》确实表现了社会历史发展过程中所出现的天人思想，其"史"的意义不可忽视。"左史记言，右史记事，事为《春秋》，言为《尚书》，帝王靡不同之。"⑥以记言与记事来区别《尚书》与《春秋》是不确切的，但六经中视此二者具有更为直接的历史记载的性质，这也是古今人们先后一致的认识。

司马迁有他自己对六经的理解。《太史公自序》中说："《易》著天地阴阳四时五行，故长于变；《礼》经纪人伦，故长于行；《书》记先王之事，故长于政；《诗》记山川溪谷禽兽草木牝牡雌雄，故长于风；《乐》乐所以立，故长于和；《春秋》辨是非，故长于治人。"这里所强调的变、行、政、风、和、治人，都从不同的侧面反映着社会历史的面貌与政治要求，可以说，司马迁是很好地认识并把握了六经的文献特点的，所以接下来对于六经的作用，从接受孔子的观点出发，他也做出了自己的结论："是故《礼》以节人，《乐》以发和，《书》以道事，《诗》以达意，《易》以道化，《春秋》以道义。"司马迁的这种认识与结论，对于指导他《史记》的撰述，有着重要的意义。

---

① 《易·系辞下》。
② 《汉书·艺文志序》。
③ 《文史通义·易教中》。
④ 《文史通义·易教上》。
⑤ 《文史通义·易教下》。
⑥ 《汉书·艺文志序》。

二、协异传　齐百家

《史记》是一部通史，它记述了自远古传说时代的黄帝至汉武帝太初、天汉年间的史事。《史记》是"实录"，记事以必要的材料为依据。材料中最主要的是司马迁所能接触到的历史文献，这一点对于撰写远古的历史尤为重要。司马迁提出的利用历史文献的原则之一就是"协六经异传，整齐百家杂语"。

分析《史记》前四篇本纪的材料来源，对于具体了解这一原则的运用深度是很有意义的。

撰写《五帝本纪》运用的历史文献有：

《尚书》：《尧典》《皋陶谟》《禹贡》《汤誓》《吕刑》；

《大戴礼记》：《五帝德》《帝系姓》；

《左传》：《文公十八年》《昭公十七年》；

《国语》：《晋语》；

《墨子》：《尚贤中》；

《孟子》：《万章》《尽心》；

《尸子》；

《韩非子》：《难篇》；

《战国策》；

《吕氏春秋》：《荡兵》《应同》《去私》；

《家语》：《辨物》；

《淮南子》：《泰族训》；

《尚书大传》。[①]

对于这些文献的利用，司马迁自己有过评论。他认为五帝中尧以前的

---

①　材料分析来源据《史记会注考证》，下同。

黄帝、颛顼、帝喾，《尚书》不能提供必要的材料，而其他"百家"所言又不可信。于是他通过对远古遗迹的考察，发现"儒者或不传"的"孔子所传宰予问《五帝德》及《帝系姓》"，属于"总之不离古文者近是"的可靠材料，司马迁就主要利用了它。同时，司马迁还指出两点。一是学者对《左氏春秋》《国语》不去加以"深考"，因而没有能够很好地认识它们"其发明《五帝德》《帝系姓》章矣"的文献价值。二是完全可以用旁见于"他说"的《古文尚书》佚文，"采按而备论黄帝已来事耳"①。所以司马迁撰写《五帝本纪》的材料，除《尚书》以外，主要是采择了《五帝德》《帝系姓》，和"表"见这两篇文献的《左氏春秋》《国语》，以及其余的《古文尚书》所旁见于"他说"之缺佚。

《夏本纪》所采择的文献要简单些，包括：

《尚书》：《尧典》，《皋陶谟》，《禹贡》，《甘誓》，《汤誓》及序，《五子之歌》序，《胤征》序；

《大戴礼记》：《五帝德》《帝系》；

《左传》：《昭公二十九年》；

《论语》：《泰伯》；

《孟子》：《滕文公》《万章》。

实际上，《夏本纪》主要采自《尚书》，尤其是其中的《禹贡》和《皋陶谟》二篇。

比较而言，商、周对汉代是为近古，可资利用的文献要丰富得多，但其中最主要的仍然是《诗》与《书》。在《殷本纪》论赞中司马迁说："余以颂次契之事，自成汤以来，采于《书》《诗》。"可见他对《书》《诗》的重视。他所采择的《诗》篇包括《大雅·大明》《商颂·玄鸟》及《商颂·长发》。《尚书》采择的面更广，涉及《高宗之尧典》，《汤誓》，《盘庚》及序，《高宗肜日》及《高宗之训》②，《西伯勘黎》，《微子》，《牧誓》，《大诰》，《无逸》，《君奭》，

---

① 《史记索隐·五帝本纪》注。

② 《高宗之训》已亡佚。

以及《仲虺之诰》，《汤诰》序，《伊训》，《太甲》序，《咸有一德》，《微子之命》序，还有《帝诰》《汤征》《女鸠》《女房》《宝典》《夏社》《明居》《肆命》《徂后》《沃丁》《成义》《太戊》《原命》《仲丁》诸篇之序。① 此外，《殷本纪》采择的其他文献包括：

> 《大戴礼记》：《帝系》；
> 《逸周书》：《克殷解》；
> 《世本》；
> 《左传》；
> 《国语》：《楚语》；
> 《论语》：《雍也》；
> 《墨子》：《尚贤》；
> 《孟子》：《滕文公》《万章》《告子》；
> 《荀子》：《成相》；
> 《韩非子》：《喻老》《难篇》；
> 《吕氏春秋》：《异同》《当务》《过理》《行理》；
> 《礼记》；
> 《尚书大传》；
> 《新书》：《礼》《谕诚》；
> 《淮南予》：《原道》《道应》。

相对于《殷本纪》而言，《周本纪》所利用的文献，种类间差别不大，内容自然是有所变化了。所采择《尚书》的分量仍然不少，而《诗》的比重却加大了。由于周代延及春秋战国时代，故《左传》《国语》以及《战国策》被利用的机会增多了。诸种文献具体采择的篇目如下：

> 《诗》：《大雅》的《文王》《大明》《緜》《皇矣》《文王有声》《生民》，

---

① 《帝诰》以下诸篇并亡佚。

《周颂》的《天作》《思文》，《鲁颂》的《閟宫》；

《尚书》：《尧典》，《牧誓》，《洪范》，《金縢》，《康诰》及序，《无逸》，《君奭》及序，《顾命》及序，《吕刑》，《酒诰》，《梓材》《召诰》《洛诰》《多士》《康王之诰》诸序，《泰誓》《武成》《微子之命》《毕命》《冏命》《周官》诸序，《分器》《归禾》《嘉禾》《贿肃慎之命》《成王政》《将蒲姑》诸序①；

《逸周书》：《克殷解》《度邑解》；

《大戴礼记》：《帝系》；

《世本》；

《左传》：《僖公四年》《僖公五年》《昭公二十六年》《昭公二十八年》《定公四年》《哀公七年》；

《国语》：《周语》《鲁语》《晋语》《郑语》；

《论语》：《泰伯》《微子》；

《孟子》：《梁惠王》《告子》；

《庄子》：《让王》；

《韩诗外传》；

《尚书大传》；

《礼记》：《乐记》；

《荀子》：《正论》；

《战国策》：《西周策》《东周策》；

《吕氏春秋》：《审为》《制乐》《首时》《慎大》《音初》《疑似》；

《淮南子》：《道应》。

我们可以将上述四篇本纪所采择的文献中除《诗》《书》以外的各种，按照与《六经》的联系划分类别，就会发现它们大体上分别属于"异传"与"百家杂语"两种范围。依《汉书·艺文志·六艺略》，《尚书大传》《周书》属《书》类。《尚书大传》是汉初伏生注释《尚书》之作，《周书》班固注为"周史

---

① 《分器》以下诸篇并亡佚。

记"，刘向以为"周时诰誓号令也，盖孔子所论百篇之余也"，故又名《逸周书》，实为战国时人所编写的与《尚书》有关的杂著，其中有些篇有较高的史料价值。《韩诗外传》属《诗》类，系汉文帝时燕人韩婴所作，它杂引古事古语，证以诗词。戴德、戴圣叔侄虽系汉宣帝时最明《士礼》者后仓的弟子，但托名二人删定的《大戴礼记》和《小戴礼记》（即《礼记》），实系秦汉以前儒家治礼所辑解释和补充经文的资料，故可为司马迁所采用，其文献自然归于《礼》类。西汉时，文献分类中史学尚未独立，故《左氏传》《国语》《世本》《战国策》均隶《春秋》类：《左氏传》为"《春秋》三传"之一；《国语》则名《春秋外传》；《世本》班固注为"古史官记黄帝以来讫春秋时诸侯大夫"，乃系战国末年所编就的古代世系的文字记录；《战国策》班固指出它"记春秋后"，刘向以为"战国时游士辅所用之国为之策谋"，有历史记载的性质，故与《左传》同类。《论语》①与《孔子家语》同入《论语》类。故以上诸书，我们将其归于六经"异传"之中，就西汉时所能确定的基本性质而言，是恰当的。

《汉书·艺文志·诸子略》归《孟子》《荀子》《新书》于儒家，《庄子》于道家，《韩非子》于法家，《墨子》于墨家，《尸子》《吕氏春秋》《淮南子》于杂家，自是属于司马迁所述"百家杂语"之列。但是，值得注意的是它们与六经的关系。班固在序文中说它们是"各引一端，崇其所善，以此驰说，取合诸侯"，特别指出："今异家者，各推所长，穷知究虑，以明其指，虽有蔽短，合其要归，亦《六经》之支与流裔。"为说明诸子百家学术思想上的本源所自，班固在叙九流十家之学时，均指明它们各自出于古之某官。《庄子·天下》亦认为诸子百家于先王之道并非全无所得而自树一家之学，所以它说："《诗》以道志，《书》以道事，《礼》以道行，《乐》以道和，《易》以道阴阳，《春秋》以道名分。其数散于天下而设于中国者，百家之学，时或称而道之。"在学术思想上，六艺是总括全体，包罗万象，而诸子百家仅是就六艺中的某一方面加以引申、发挥。诸子意义纷繁，表面上看似乎与六艺很难有什么联系，实际它们却是源出六艺。所以章学诚解释"战国之文，

---

① 《论语》记录关于孔子的言行思想，东汉时才被列为"经"。

其源皆出于六艺"时得出结论："道体无所不该，六艺足以尽之。诸子之为书，其恃之有故而言之成理者，必有得于道体之一端，而后乃能恣肆其说，以成一家之言也。"①章学诚也只是继承并发挥了班固的思想。

相传六经由孔子所整理删定，而《春秋》实孔子据鲁史改作。司马迁非常尊崇孔子，所以他撰写《史记》采择历史文献时，必"考信于六艺"，"折中于夫子"，由此，他提出要"协六经异传，整齐百家杂语"。所谓"协"包含两层意义：一是将他所崇信的六经文献，依据它们本身所具有的实在价值，按其内容有条理地组编为一个历史系统；一是将"异传"中的不同解释协调统一，"择其言尤雅者"以为著述的可靠资料。所以，"协"既包含一种指导思想，又包含一种具体运用的取材方法，是思想原则与运用方法的实际结合。至于诸子百家，有它源于六艺之一端，但也有它恣肆发挥的特色，它们在阐述一家之学的时候，也多议古人古事以明其思想，故将它们当作历史文献用以表述古代历史时，就需要做些"整齐"的工作，"整齐"的结果，既使它们符合"考信于六艺"的需要，又使它们能够提供较为丰富多彩的文献资料，或以填补时事的空白，或以备为诸议之一说，从而可以使撰写出的历史成为思想之渊海、文化之总集。

以上是就《史记》前四篇本纪所引六经以外文献的归类情况而说的。但是，对于其中所涉及"异传"的某些内容，正由于它们对六经意义训释上的差别，又已经形成为一门特殊的学问即经学。这样，秦火之后的《尚书》则有传于伏生与出于孔壁的区别，《诗》则有齐、鲁、韩三家的解释，《春秋》则有公羊、榖梁、左氏三传的不同，等等；其中又有"今文"和"古文"的歧异。汉武帝出，儒学定于一尊，今文经学占据统治地位。因而当司马迁作为历史文献利用六经及其"异传"来撰述史书时，也必然无法摆脱这种特定环境的制约，尽管在《史记》中多古文说，但司马迁仍然利用和采择了解释六经的今文文献。时代潮流的推动，促使司马迁在观察社会历史和利用文献编写通史时，接受了某些具有积极意义的经学思想，从而有力地体现在他所撰著的《史记》全书之中。

---

① 《文史通义·诗教上》。

三、重要经学思想

六经乃经学的府库，《史记》为史学之开山；经学是汉官方哲学的基础，《史记》乃时代集大成之作。时势之造就，司马迁不能不接受官方哲学，故经学思想必然要渗入史学。司马迁服膺孔子之"我欲载之空言，不如见诸行事之深切著明"，故经学之渗入史学，并不是经由大量的空洞议论加以表述，而是寄寓在整体的历史撰述之中，通过"考信于六艺""折中于夫子"的具体文献资料的采择、移植，经学中所包含的思想也就体现在了史学之中。这种现象的出现，无论在经学和史学的发展中都是具有突出意义的。

我们的讨论需要结合上述《史记》前四篇本纪的编写内容，因为这涉及《史记》所撰通史的开始阶段。中国古代历史是怎样开始的，是如何发展的，它体现了什么样的思想等，是影响《史记》全书至关重要的问题。所以虽然讨论内容涉及的只此四篇，但对如何看待《史记》全书却有其特殊的意义。

经学思想包括的内容很广。在我们讨论的篇目范围内，如下三方面的思想带有影响深远的重要意义，试分别论之。

(一)历史变易思想

孔颖达说："夫《易》者，变化之总名，改换之殊称。"[1]变易的思想是《易》的要义，就体现在政治历史而言，它要表现的正是"王者改制更新之大义"。《易·革·象》曰："泽中有火，君子以治历明时。"其《彖》曰："天地革而四时成，汤武革命，顺乎天而应乎人。"章学诚借此做出说明："《易》始羲、农而备于成周，历始黄帝，而递变于后世；上古详天道，而中古以下详人事之大端也。"总之这是表现了"天人合于一"[2]。司马迁对《易》的这种体现天人合一思想在历史上的表现，简单而明确地论证为：

① 《周易正义·论易名》。
② 《文史通义·易教中》。

"桀、纣失其道而汤武作，周失其道而《春秋》作。"①这里以《春秋》比汤、武，明显是接受了公羊学家以《春秋》当新王的思想。汉初有关于如何看待"汤武革命"的论争，《五帝本纪》也有关于所谓"命""天命"的反映，记述中黄帝、颛顼、帝喾都没有能离开"天子""象天""倾天"。尧之即位，"其仁如天，其知如神"，天与神连在了一起。尧老了，"令舜摄行天子之政，荐之于天"，"以观天命"。尧崩，天下没有授给他不肖之子丹朱而授给舜，舜曰"天也"，然后"践天子位"。舜在位，"乃豫荐禹于天"，舜崩，"禹亦乃让舜子，如舜让尧子。诸侯归之，然后禹践天子位"。《五帝本纪》重在以人事说天命，但五帝相递代天以行命的思想还是存在的。变易总是在进行着，"自黄帝至舜、禹，皆同姓而异其国号，以章明德"，只是国号的更换是要以"明德"为基础的，人们行为上比较谨慎，正好符合天命。《史记》中亦有殷革夏命，周革殷命的详细记载。

历史著作是人类社会活动的记录。然而由于认识的局限，人们往往在解释朝代更迭这种重大变化时，将其终极原因归之天命。所以周武王说："天不享殷，乃今有成。"但重要的是，记述表明人们仍然是获得了一次使其哲理思考加以深化的宝贵经验，他们通过长期的历史观察，认识到历史是永远处在不断变易之中的。《易》的这种思想表现在历史记述中，对于人们认识历史的发展，具有非常积极的意义。

（二）大一统思想

在《史记》前四篇本纪的记载中，这种思想表现在如下四个方面。

第一，政令征伐的统一。轩辕接续衰败的神农氏时，他就"习用干戈，以征不享"，使得"诸侯咸来宾从"。他在战败炎帝、蚩尤之后，为诸侯所尊奉，"代神农氏，是为黄帝"，这样他就有权去继续征伐，平定"天下有不顺者"，保持政令的统一。黄帝能够"顺天地之纪，幽明之占，死生之说，存亡之难。时播百谷草木，淳化鸟兽虫蛾，旁罗日月星辰水波土石金玉，劳勤心力耳目，节用水火材物"，不仅是社会生产的组织者，而且还将天下的万事万物都置于自己的统一掌握之中，他集政权、神权于一身，

---

① 《史记·太史公自序·陈涉世家提要》。

是天、地、人三者之间的协调人与总其成者。他最为成功之处是能使"万国和",即将无数分散的地域组织统一于自己的指挥之下,所以,在司马迁笔下黄帝是中华民族统一大业的开创者和奠基人,形象伟大并具有深远意义。颛顼、帝喾、尧、舜,以至于夏、商、周,都只是继承和发展了黄帝的事业。值得注意的是,尧时出现了专门的历法制定人员,舜摄政时开始了"巡狩",还规定了刑法,完善了举贤、专任、考功、教化的制度,以至能实现"内平外成",即使"诸夏太平,夷狄向化"①而达到了"明德"的程度。

第二,国土四至观念的明确。黄帝的行踪所及,就是"东至于海,登丸山,及岱宗。西至于空桐,登鸡头。南至于江,登熊、湘。北逐荤粥,合符釜山,而邑于涿鹿之阿",已经有明显的政治中心。帝颛顼、帝喾、尧时,都有关于所及范围的记述。舜时已开始明确国土方域的面积:"方五千里,至于荒服。南抚交阯、北发、西戎、析枝、渠廋、氐、羌,北山戎、发、息慎,东长、鸟夷,四海之内咸戴帝舜之功。"这时的主要政策是"抚"了,"明德"的形象鲜明,而且"四海"的概念已经出现,说明国土的拓展是多民族不断融合所产生的结果,有积极意义。大概舜时确定了远古中华民族祖先所及疆土相对固定的中心区域,统一国家的大体规模已经确立了。②

第三,九州说与水土整治。夏禹是传说中受人尊敬的帝王,他的重大历史贡献是"开九州,通九道,陂九泽,度九山",从而能够使中国这片土地成为各族人民繁衍生息的安定之所。他整治水土的工作,正符合经典作家所论古代国家应该具备的可以保证农业生产顺利进行的修筑灌溉系统的职能。这里的九州说,是以战国时代历史发展为依托的对古代社会状况的思想追溯,它在以自然与经济相结合的具体地理条件的基础上,构建出一个大一统的王国。特别重要的是,以一个全国统一的标准划分出冀、兖、青、徐、扬、荆、豫、梁、雍九州不同地区的土地质量和贡赋等级,依各

---

① 《史记正义·五帝本纪》注。

② 五帝时代尚处于原始社会末期,国家政权规模的观念为后代儒家所附会。

地物产的特殊性，确定了各州贡赋重要物产的名称及其输往关中的经由路线，加上道九山、九川，如同一份全国性的政治经济规划图，体现出强烈维护"天子之国"统一和拥戴中央政权的意念。"天子之国"以外，又依教化程度的不同而划分出甸服、侯服、绥服、要服、荒服的等差，表现出中央政权对离政治中心远近不同地区的不同控制要求。在实现了这样思想的规划以后，"东渐于海，西被于流沙，朔、南暨：声教讫于四海。于是帝锡禹玄圭，以告成功于天下。天下于是太平治"。归于大一统，加强了大一统。

第四，单一而连续的王位传授制度。这是维系大一统的重要象征。《史记》第一次梳理出源于黄帝的明确统系，功不可没。

(三)仁德政治思想

《史记》前四篇本纪谈论仁德政治各有不同的表述特点。《五帝本纪》强调五帝个人美好品格的仁德价值，它有力地影响着事业的开创。黄帝一开始就是"修德振兵"，帝颛顼高阳则"有圣德"，帝喾高辛"仁而威，惠而信，修身而天下服"，"其德嶷嶷"。尧"其仁如天"，"能明驯德"。舜"年二十以孝闻"，"内行弥谨"，在位以后，"四海之内咸戴帝舜之功"。大约因为舜是五帝仁德的集大成者，开启了后世的为政之风，故称颂他是"天下明德皆自虞帝始"。《夏本纪》除叙禹之功以外，开始注意夏政的前后比较。夏禹为人有仁德，"敏给克勤；其德不违，其仁可亲，其言可信；声为律，身为度，称以出；亹亹穆穆，为纲为纪"，是人民行为的榜样。后治水有功，使"舜德大明"。然历经"夏后氏德衰"的过程，到了夏桀，"不务德而武伤百姓，百姓弗堪"，以至"修德"的商汤遂率兵以伐夏桀，并"代夏朝天下"了。

《殷本纪》叙商代的兴亡，则全系德之盛衰，这在谈论仁德政治中极具典型意义。《周本纪》记德治又别具一格，重在借祭公谋父谏穆王不可料兵之事，发挥为一篇"先王耀德不观兵"的长篇议论，而更富于哲理性。这意在说明先王的传统是专务以德化民，然而在形势的发展面前，德治的威力逐渐衰竭而需要显示武力，以故穆王在甫侯的支持下"作修刑辟"，力治的色彩开始加强。后厉王接近好利的荣夷公，又表现出"利"的欲望开始冲决"义"的堤防，厉王虽然由于弭谤而被国人赶跑了，而"好利"趋势随着东周的到来还是在发展中。

四、结　语

《史记》引用六经及相关文献不仅这四篇，如苏洵所说："五帝三代纪多《尚书》之文。齐、鲁、晋、楚、宋、卫、陈、郑、吴、越世家，多《左传》《国语》之文。《孔子世家》《仲尼弟子传》多《论语》之文。"[①]而这也仅是就涉及四种文献来说的。至于《史记》内重要经学思想的体现，则更是散见于全书之中，亦不仅及于直接引用六经及相关文献的篇卷。但是，我们以《史记》前四篇本纪来讨论这个专题，是因为春秋及其以前尤其是西周以前的历史主要记述在这四篇中[②]，具有很强的概括性。

六经未尝离事而言理，故"六经皆史"。同时"六经皆器"，器以载道就必须言理，所以它表述了记载整理者的思想认识和倾向。六经有"异传"，诸子百家又为六经之"支与流裔"，它们或解释经义，或借用史事来阐发思想。故此，当司马迁"协六经异传，整齐百家杂语"，采择这里的资料来编撰五帝三代的历史时，载于其中属于"道""理"的经学思想，也必然转移和凝固到这史学的开篇《史记》中来了，因为"道"也不能离"器"，且司马迁是"考信于六艺"，"折中于夫子"的。儒家学说作为一种思想，在不同的历史条件下延续发展，并通过历史编撰的连续性加强了它在思想统治中的主体地位。每个朝代都希望从远古来追溯自己的发展渊源，既然如此，谁也无法以另外的一部史书来代替《史记》，这正是《史记》的文献价值和它生命力之所在，也正是它的不朽之处。可知司马迁是使经学凝固于史学，并使儒家学说能在史学领域传播、发扬的功臣。这就是《史记》在经学与史学结合中的地位。

---

① 《嘉祐集》卷八《史论下》。
② 另有《秦本纪》，《三代世表》《十二诸侯年表》，十六诸侯和孔子的世家，前七篇列传、类传与八书中的某些部分。

第三章 《秦始皇本纪》的文献价值

《秦始皇本纪》是《史记》中的重要篇章，以其为研究秦朝兴亡的文献资料，很多人都熟悉它，故其价值仍然有深入探讨的必要。

一、完成统一　时势使然

首先，作为文献，《秦始皇本纪》清晰地记述了秦朝统一六国的过程及相关措施。嬴政十三岁代立为秦王后即开始征战，至十七年就得韩王安，尽纳其地以为颍川郡。十九年得赵王迁，迫使赵公子嘉至代自立为代王。二十二年降魏王假，二十三年虏荆王负刍，旋于二十四年破荆将项燕所立之昌平君。二十五年攻辽东得燕王喜，还攻代，虏代王嘉，同时平荆江南地，降越君，置会稽郡。二十六年得齐王建。至此，韩、赵、魏、荆、燕、齐"六王咸伏其辜，天下大定"①。秦王嬴政之二十六年，就结束了春秋、战国以来数百年的分裂混战局面，天下重新归于统一。统一后，紧接着采取了诸多措施，如议帝号，天子称号"皇帝"，自称为"朕"，除谥法，嬴政自为始皇帝；海内行政改设郡县，郡置守、尉、监，县置令、丞；搜集天下兵器，铸为钟镰、十二金人；统一度量衡，书同文字，车同轨，徙豪富于咸阳；筑甬道，治驰道；巡行封禅，立石颂功德等。这些措施都是重大的政治举措，有不可磨灭的历史贡献。从文献的角度看，值得注意的是，《秦始皇本纪》将始皇巡行郡县中所立之泰山、琅邪台、之罘、碣石、会稽的刻石文字录于文中，借以颂称统一的伟大功业，使我们得以见始皇核心统治集团当日之气势恢宏、超越古人的意志魄力。《史记》以其记载的实录精神，在保存石刻文献方面有独特的功效。

秦始皇的统一六国，实是继承了秦先王已开始了的事业。正如《史记·

---

① 《史记·秦始皇本纪》。下引诸文，未注明者，均见此篇。

秦楚之际月表序》所言，"秦起襄公，章于文、缪，献、孝之后，稍以蚕食六国，百有余载，至始皇乃能并冠带之伦"①，是说得很清楚的。而自襄公至始皇的发展中，有转折意义的是孝公时的商鞅变法，使秦的社会性质发生变化，增强了国力，为后来的统一六国打下了道义与物质的基础。实际上，嬴政为秦王以前，秦国征伐六国的活动已经取得了一定的成就，《秦始皇本纪》开篇时的文献中记载："当是之时，秦地已并巴、蜀、汉中，越宛有郢，置南郡矣；北收上郡以东，有河东、太原、上党郡；东至荥阳，灭二周，置三川郡。"文献说明，秦始皇是以二十六年的努力，完成了从秦襄公以来的东进统一之业，这也使得秦始皇在《史记》本纪总体设计所体现的由统一走向分裂，再由分裂走向统一的天下发展大势中占有突出的位置。秦统一以后，"地东至海暨朝鲜，西至临洮、羌中，南至北向户，北据河为塞，并阴山至辽东"，达于当时的全部国境。短时间内能取得如此辉煌的成就，秦始皇的统一天下，亦属时势使然。

文献记载表明，秦始皇的称帝，既是由分裂走向统一，也是取得执政权所运用手段的从"以德"之归于"以力"。以德，强调政治教化；以力，采取武力征伐。秦始皇统一天下的二十六年中，除采取重金收买六国豪臣以乱其权谋之外，最重要的就是派出秦国军队进行征讨。他先后任用蒙骜、王龁、麃公、杨端和、桓齮、王翦、腾、羌瘣、辛胜、王贲、蒙武等为将军，连续出讨，其中王翦、王贲、蒙武在最后六国的战役中功劳最为显赫，以至王翦与其先之名将白起在《史记》中立有合传，而蒙武（与其父蒙骜）的事迹亦见于专传《史记·蒙恬列传》中。战事是一种人群的活动，其浩大动荡、奋勇刺杀的局面，更能显示出"人"的能动性的价值。秦始皇顺应历史潮流，以武力征伐为手段，扫灭六国，完成统一，在《史记》的文献记载的表述中，较之其先的历史认识而言，正好突现出"人"的社会历史的主体作用。

---

① 《史记·秦楚之际月表序》。

二、四大转变　深远其义

从历史文献的角度来认识《秦始皇本纪》，它体现出当时历史上有重大意义的四大转变，即由分裂到统一，由封建到郡县，由儒学到法术，由贵族到平民。应该说这是一种划时代的政治性的转变，对此后中国历史的发展影响深远。

1. 由分裂到统一

《史记》是倡导大一统的，其开宗明义的《五帝本纪》，就是申述以黄帝为开始的中华民族国家的产生。《夏本纪》以《尚书·禹贡》为文献的中心内容，所叙九州物产、风土人情、贡赋路线，就是以中央朝廷的存在为核心而进行阐述的，再辅以五服学说，一统的观念更加明确。而这种观念较之于对传说时代的表述，更具学术文献的依据，已经是凿实而为人们所共知了。殷周是邦国、诸侯共治的时代，却是以承认天子的权威为前提的，天子权威是天下一统的象征。自春秋而战国，天子权力削弱，五霸争雄，七国扰攘，天下陷于分裂，山河阻隔，战乱频发，妨碍社会进步，人民遭受着痛苦，故国家统一是必然的趋势。《史记》文献本持着这一趋势观察分析，给予了秦的先王及秦始皇以肯定的评价，从而以文献记载的方式对秦始皇的统一加以赞扬。例如，秦王政二十六年初并天下，令议帝号时，文献记载丞相王绾、御史大夫冯劫与廷尉李斯等皆言，"昔者五帝地方千里，其外侯服夷服诸侯或朝或否，天子不能制。今陛下兴义兵，诛残贼，平定天下，海内为郡县，法令由一统，自上古以来未尝有，五帝所不及"，就是对这种转变的充分肯定。还有《泰山刻石》云"二十有六年，初并天下，罔不宾服"，《琅邪台刻石》云"六合之内，皇帝之土。西涉流沙，南尽北户。东有东海，北过大夏。人迹所至，无不臣者。功盖五帝，泽及牛马。莫不受德，各安其宇"，这是讲统一的功业广大。《之罘刻石》云"普施明法，经纬天下，永为仪则。大矣哉！宇县之中，承顺圣意""作立大义，昭设备器，咸有章旗。职臣遵分，各知所行，事无嫌疑。黔首改化，远迩同度，临古绝尤。常职既定，后嗣循业，长承圣治"，《会稽刻石》云"秦圣临

北京师范大学史学探索丛书

国，始定刑名，显陈旧章。初平法式，审别职任，以立恒常”，这是讲确立了一套有效的行政法令制度。《碣石刻石》云“皇帝奋威，德并诸侯，初一泰平。堕坏城郭，决通川防，夷去险阻。地势既定，黎庶无繇，天下咸抚。男乐其畴，女修其业，事各有序。惠被诸产，久并来田，莫不安所”，这是讲统一有利于发展生产，安定民众生活。秦始皇的统一大业，为后来中国的发展奠定了疆域和政制的基础，决定着中华民族生存的主体旋律，其影响及于当今的社会生活。

2. 由封建到郡县

自周成王正式实施封侯建国以后，分封、等级、世袭成为一种固定的制度，但因为时间一久，以血缘关系为纽带来维护天子权威的凝聚力逐渐丧失，从而形成分裂割据、互相争斗的混乱局面，不利于社会的发展。秦始皇统一全国，废封建，行郡县，这是中国历史上政治制度的一个重大转变。关于封建与郡县的利弊，《秦始皇本纪》记载的文献显示，在秦朝廷的主要官员中，曾有过两次激烈的争论。一次是秦王政二十六年议帝号的同时进行的，当时的丞相王绾提出要继续推行封建，而廷尉李斯表示反对，正是他提出来要实行郡县。李斯说：“周文武所封子弟同姓甚众，然后属疏远，相攻击如仇雠，诸侯更相诛伐，周天子弗能禁止。今海内赖陛下神灵一统，皆为郡县，诸子功臣以公赋税重赏赐之，更足易制。天下无异意，则安宁之术也。置诸侯不便。”面对两位大臣的见识分歧，始皇决断时赞成了李斯的意见，说：“天下共苦战斗不休，以有侯王。赖宗庙，天下初定，又复立国，是树兵也，而求其宁息，岂不难哉！廷尉议是。”就这样确定下来，推行郡县，并将全国分为三十六郡。实际上，朝廷大臣间关于这一问题的认识并没有完全统一，而且可能存在的统治集团内部矛盾爆发后的预防措施也没能有效地解决。过了八年，秦始皇三十四年在咸阳宫为始皇祝寿时，大臣间进行了第二次争论。这一次，仆射周青臣首先颂扬了郡县制，特别指出郡县的长处是可以避免“战争之患”。但博士齐人淳于越似乎考虑得更全面、更长远些，指出“臣闻殷周之王千余岁，封子弟功臣，自为枝辅。今陛下有海内，而子弟为匹夫，卒有田常、六卿之臣，无辅拂，何以相救哉？事不师古而能长久者，非所闻也”。还说周青臣一味地肯定郡县，是一种对始皇的"面谀"行为，不足取。由于做了丞相的李斯视淳于越为"愚儒"，没有考虑其意见的合理成分而将之彻底否定了，郡县制也就在秦朝境内坚定而单一地实施开来。随着秦始皇实施郡县，开始了我国封建社会专制主义条件下中央和地方的行政建制、相关机构、职官权力、礼仪规范及文化思想等的漫长而艰难的探索和改革之路。

3. 由儒学到法术

秦从西陲往东扩展的过程中，也吸收了中原的文化成果。嬴政即位时，任用可以和战国四公子并称的吕不韦为相，其时是"招致宾客游士，欲以并天下"。其施政特点应该是兼收并蓄的杂家主张。但好景不长，秦王政十年，相国吕不韦被免，李斯逐渐占据了行政权力的中心位置，后来他深得始皇的信任。李斯是法家学说的具体实践者，帮助秦始皇统一了六国，就在议帝号的同时，顺应始皇推五德终始之传而定秦为水德的思想，确定了"刚毅戾深，事皆决于法，刻削毋仁恩和义，然后合五德之数。于是急法，久者不赦"的施政方针。《秦始皇本纪》的文献显示，始皇称帝时是存在着儒学博士的，他们也参与了政权的谋划与建设。但在上述的两次论争中，儒学思想被压制下去。在咸阳宫论争时，李斯说儒学传统上就是"语皆道古以害今，饰虚言以乱实，人善其所私学，以非上之所建立"，而于当朝政治，"私学而相与非法教，人闻令下，则各以其学议之，入则心非，出则巷议，夸主以为名，异取以为高，率群下以造谤"。诋以反对政令，几乎形同造反。并且讲："如此弗禁，则主势降乎上，党与成乎下。"于是有了焚书的主张，下令全国除医学卜筮种植方面的书籍以外，只要不是博士官职位上所需用的《诗》《书》、百家语之类的图书，一概上交官府焚毁掉。并且禁绝相关的言论，"有敢偶语《诗》《书》者弃市，以古非今者族。吏见知不举者与同罪"。焚书令下达三十日不执行，就要判处四年论决为髡钳、输边筑长城的刑罚。更有甚者，秦始皇三十五年，始皇竟因方士求仙药不成而迁怒儒生，诋以"为妖言以乱黔首"，一次下令将所谓"犯禁"的儒生四百六十余人都坑杀于咸阳。秦始皇的长子扶苏对此提出了意见，认为对"皆诵法孔子"的儒生不能这样重刑惩罚。秦始皇很生气，把扶苏派到北边上郡去做蒙恬的监军，从而造成了秦始皇晚年身边没有确定合法继承人的局面，结果被阴谋者所利用，危害极其严重。

《秦始皇本纪》关于焚书坑儒的文献显示，秦代之实施从儒学到法术的转变有利也有弊。法术"以力"，能促使以战争手段夺取的政权短期内得到巩固，但是它在思想文化上的认识绝对化和残暴措施，激化了社会矛盾，结果使其自身的权威受到挑战，加速了秦代统治集团的崩溃。

4. 从贵族到平民

秦始皇统一六国，是以秦国的贵族取代分散的六国贵族来集中掌握社会权力。分裂局面结束了，但社会统治者的贵族性质没有改变，无论是奴隶主贵族或是封建地主贵族来统治，情况都是一样的。在社会活动中，民众是附从的，而民众利益的体现同样总汇于历史发展的潮流之中。国家统一，战乱减少，经济发展，生活安定，民众也分享了相关的社会成果，总体的政权结构能够维持下去，贵族仍然保留着对社会的统治权力。如果贵族们不顾及民众的基本生存权利，无限度地扩张自己的私欲，让民众承担起不堪重负的劳役之灾，自会激起民众的反抗，从而颠覆原有的社会秩序，将贵族们从社会权力的掌管地位上清除出去，让一批新的非贵族身份的领导者登上历史舞台，这个时候就会发生社会统治者从贵族到平民的转变。尽管转变后的平民统治者成了新的贵族，但历史终将要肯定这一转变的积极意义。

《秦始皇本纪》文献显示，秦始皇从二十七年起巡行郡县，镇六国贵族，刻石颂功德，行封禅，求仙药，取陆梁，筑长城，焚书坑儒，建阿房宫，修骊山墓，隐秘行踪。其执政的特点是刚愎自用，急法无恩，欲望无限，徭役无度，使民众没有享受到国家统一带来的更多实惠。秦始皇于三十七年卒后，二世即位，赵高为逆，诛贤戮亲，用法益刻，肆意极欲，原有的危难局面非但没有得到调剂缓解，反而变本加厉，使民众挣扎于水火之中。文献载二世元年："七月，戍卒陈胜等反故荆地，为'张楚'。胜自立为楚王，居陈，遣诸将徇地。山东郡县少年苦秦吏，皆杀其守尉令丞反，以应陈涉，相立为侯王，合从西乡，名为伐秦，不可胜数也。"大规模的农民起义爆发了，二世三年八月"燕、赵、齐、楚、韩、魏皆立为王，自关以东，大氐尽畔秦吏应诸侯，诸侯咸率其众西乡"。形势所迫，二世在赵高反谋中自杀，子婴先降于刘邦，后为项羽所杀。"项羽为西楚霸王，主命分天下王诸侯，秦竟灭矣。后五年，天下定于汉。"汉朝建立，其执政人多属布衣将相。陈胜起义、项羽灭秦、刘邦建汉完成了这一从贵族到平民的转变，在中国历史上具有不同寻常的意义。

三、意愿膨胀　趋重负面

有的学者提出："司马迁发现'人'。"①我以为这是一个好的认识，具有启迪人们思维的创新价值。人是社会历史的主体，离开了人就无从谈及社会历史。人生长在不同的环境之中，他们具有不同的品格和意愿。由此，我们需要从人自身的角度来考察，当他们对社会历史发展能产生某种影响时，他的自我意愿为他提供了何种推助力，而这种推助力又具有何种积极或消极的性质。在这方面，对于秦朝兴亡的急剧变化，《秦始皇本纪》为我们提供了关于秦之二代君王值得深入研讨的文献信息。

秦始皇在议帝号时自己说："寡人以眇眇之身，兴兵诛暴乱，赖宗庙之灵，六王咸伏其辜，天下大定。"在进行统一战争的过程中，他的品格是坚毅、果决，对历史具有责任心，对社会形势有较清醒的认识。时势造就了秦始皇。但随之而来的是他缺乏应有的冷静思考，将历史发展的潮流视为个人意愿的发挥，从而认为个人意愿的主观能动可以指挥一切、征服一切。于是他臆想"朕为始皇帝。后世以计数，二世三世至于万世，传之无穷"，而在后来的施政中只求个人意愿的满足，所采取的一些措施脱离了社会实际与民众的承受能力，把自己推向了历史潮流的反面，亲自指挥征战而创立的王朝，亦仅二世而亡。

《秦始皇本纪》有关于秦始皇品格意愿的多处文献表述。通过大梁人尉缭的口说"秦王为人，蜂准，长目，挚鸟膺，豺声，少恩而虎狼心，居约易出人下，得志亦轻食人"，性格凶狠少恩。秦王政十九年攻下赵地，"秦

---

①　程生田、高巨成、程宝山：《司马迁的人才观》，73页，西安，西北大学出版社，1998。

王之邯郸，诸尝与王生赵时母家有仇怨，皆坑之"，报私仇。据五德终始之传，定秦为水德，水主阴，阴刑杀，"于是急法，久者不赦"，急法刻削，好杀伐。秦始皇二十八年，上泰山封禅，"下，风雨暴至，休于树下，因封其树为五大夫"；归途中从长江乘船至湘山祠，"逢大风，几不得渡。上问博士曰：'湘君何神？'博士对曰：'闻之，尧女，舜之妻，而葬此。'于是始皇大怒，使刑徒三千人皆伐湘山树，赭其山"。同样是树，在秦始皇眼里完全可以给予截然相反的待遇，其意愿是希望以个人意志支配自然。秦始皇受方士鼓动羡慕"真人"，想如神仙一样与天长地久，故在咸阳有二百七十条复道甬道相连接的宫观中遍设官署，依随游居均可处理公文，并规定"行所幸，有言其处者，罪死"。不仅不能说他耽在何宫，就是他说过什么话也不能外传。一次他站在山上看见丞相出行的车骑非常多，不高兴，宫中有人私下告诉了丞相，丞相后来出行减少了车骑，始皇知道后"怒曰：'此中人泄吾语。'案问莫服。当是时，诏捕诸时在旁者，皆杀之。自是后莫知行之所在"。隐秘个人行踪，疑心特重。他下令坑杀四百六十多名儒生，长子扶苏以为不当，提出意见，"始皇怒，使扶苏北监蒙恬于上郡"。处事不计后果，什么人都信不过，自己儿子的建议都听不进去，形成晚年没有法定继承人的局面，贻害无穷。文献显示，秦始皇统一六国以后，除了议帝号、设郡县、行法令以外，他在位时主要做了四方面的事情。一是巡行郡县。秦始皇二十七年巡陇西、北地。二十八年上泰山，登琅邪，过彭城，自南郡归。二十九年登之罘，道上党入。三十二年之碣石，巡北边，从上郡入。三十二年上会稽，还过吴，并海北至琅邪、荣成山，过平原泽而卒。十一年中有五年都在外巡游，最终死于巡游的归途。他太缺乏思考处理国内重要政事的时间与精力。二是采取军事行动。秦始皇三十二年派将军蒙恬领兵三十万人北击匈奴，略取河南地。三十三年南取陆梁地，设桂林、象、南海三郡，又西北斥逐匈奴，城河上为塞，又派蒙恬渡河逐戎人。三十四年筑长城及南越地，仍在进行大规模的军事扩张活动。三是大兴土木。秦始皇二十六年每破诸侯，写放其宫室，在咸阳北阪上建造一座相应的宫殿。"殿屋复道周阁相属。所得诸侯美人钟鼓，以充入之。"二十七年在渭南造极庙，"道通骊山，作甘泉前殿。筑甬道，自咸阳属之"。三十五年，发动隐宫刑徒七十余万人造阿房宫。还在全国各地建宫殿，"关中计宫三百，关外四百余"。而且始皇从刚即位时就着手组织天下刑徒七十多万人来为自己修骊山墓。所有这些工程耗费了巨大的人力物力。四是寻仙求药。始皇对方士很着迷。秦始皇二十八年派齐人徐市发童男童女数千人入海求仙人。三十二年到碣石巡行时，派燕人卢生寻求古仙人羡门、高誓，同时派韩终、侯公、石生去求仙人不死之药。三十五年受卢生鼓动，为得到不死之药，自称要做"入水不濡，入火不爇，陵云气，与天地久长"的"真人"，故而开始隐秘其行踪。就是在这一年，因为对方士徐市、卢生等人无成效的不满而迁怒制造了坑儒事件。三十六年作《仙真人诗》，下令乐人谱曲传唱，并指称为"滈池君"预言"今年祖龙死"的人只不过是一个山鬼。三十七年巡行过吴至琅邪，梦见与海神相战，于是入海至之罘射杀一巨鱼。始皇晚年的思想状态是企求长生不死而成为一名永久的社会统治者，不仅浪费了不少时间钱财，还深深地陷入了迷信荒唐。

在坑儒事件之前，《秦始皇本纪》文献记载了方士韩客侯生与卢生的一次议论，二人说"始皇为人，天性刚戾自用，起诸侯，并天下，意得欲从，以为自古莫及己"。这很简单的一句话，却很有深刻的概括意义，正集中地表现了秦始皇统一全国后的行为特点。他夸大了自己在历史发展中的作用，在掌握全国政权以后，没有采取有效措施提升社会经济水平、改善民众生存条件。相反，他放纵个人的欲望，贪图享乐，动员全国的人力物力来实现个人的意愿，缺乏必要的忧患意识，导致在他去世后仅仅三年就颠覆了秦王朝，留下了惨痛的历史教训。

胡亥在阴谋家赵高的唆使下窃夺了朝廷权力，因而在以主观意愿违背客观现实要求的措施上变本加厉，并在放纵欲望方面有了一套理论阐发。陈胜、吴广起义已经大规模展开，巨鹿之战即将爆发之际，右丞相冯去疾、左丞相李斯、将军冯劫进谏说："关东群盗并起，秦发兵诛击，所杀亡甚众，然犹不止。盗多，皆以戍漕转作事苦，赋税大也。请且止阿房宫作者，减省四边戍转。"果真能如此，亦可以暂时缓一下矛盾，但二世非但不予采纳，反而引述韩非关于尧舜、大禹艰苦奋斗的言论加以申斥："凡所为贵有天下者，得肆意极欲，主重明法，下不敢为非，以制御海内矣。夫虞、夏之主，贵为天子，亲处穷苦之实，以徇百姓，尚何于法？朕尊万乘，毋其实，吾欲造千乘之驾，万乘之属，充吾号名。且先帝起诸侯，兼天下，天下已定，外攘四夷以安边竟，作宫室以章得意……又欲罢先帝之所为，是上无以报先帝。"又指责他们处置农民起义事件不力，由此二世逼冯去疾、冯劫自杀，使李斯就五刑。

文献长篇就此进行记述，实是彰显秦二世的昏庸，指出不爱惜民力、挥霍纵欲，不符合古代圣王的传统美德，也是有意暴露专制主义中央集权之君王思想认识上的荒谬，来揭示秦亡之必然法则，表现出自春秋以来的贵族之既贪于权势，又奢侈无度的衰败颓废的社会本质。完成了国家统一大业的秦始皇，仍然摆脱不了这一社会本质的约束，而且权力越大，资源支配越多，贪欲会越深，越不可自拔，以致感染到整个统治集团，使得原有的蓬勃进取的政治生命力完全萎缩，施政行为上也就一派死气沉沉，毫无调整纠正的能力。因而，只有等待着新兴的社会势力来收拾这个残局了。

四、取守无异　汉议为先

《秦始皇本纪》的论赞文献，引述贾谊《过秦论》来作为全篇的评论结语。运用这样的手法，在《史记》全书中也仅此一见，故而可知其特殊之价值。

汉承秦制。汉代是秦代的延续，并最终从政治上完成了秦朝没有完成的统一大业，故秦朝为汉代的发展打下了全面而坚实的基础。汉代从新政权长治久安的利益出发，从秦朝的短祚而亡中感到巨大震惊，自秦汉之际的陆贾开始，许多政治家就在深入地探讨秦朝速亡的原因，总结其中的经验教训，贾谊则是这些政治家中的杰出者。《过秦论》从政治历史上考察了秦国的发展和秦朝的败亡，得出结论是夺取天下与保守天下在政策上没能依据形势做出相应的变化。《过秦论》"其道不易，其政不改，是其所以取之守之者无以异也"的说法，实是一种具有明确真理性的见解。而《秦始皇本纪》则是从具体的历史事实考察出发，不仅对秦之统一六国，建立专制主义中央集权，到最后秦朝被农民起义推翻的整个过程有清晰的描述，而且结合当时整个社会政治、文化思潮，以至包括秦始皇个人性格品质等主观因素，多方面、全方位、深层次地进行了历史考察。不仅深化了贾谊"攻守之势异"的观点，而且将秦始皇个人对历史所起作用这样的重要理论问题纳入了社会政治考察的视线，使秦朝建立的过程与速亡的原因更为明晰。其总结历史经验的文献观念，较之《过秦论》更具震撼性、说服力。它不仅是汉代政治的一具明镜，而且对于此后中国社会的最高统治者来说都是一篇不可多得的、必须认真加以研读的、极具影响力的政治历史教材。

北京师范大学史学探索丛书

第四章　从《史记》之本纪看
项羽的历史地位

《史记》有十二本纪，《项羽本纪》是其中特殊的一篇，引起了历史上许多人的议论。

何谓《史记》之本纪？"本纪者，本天地之法则，建帝王之纲纪也。"①也就是说，《史记》本纪之主旨，则是要就《史记》所记三千年的史事，依帝王朝代的顺序，将其中所显示的历史发展大势揭示出来，以其法理，为后代帝王的在位行权提供执政理念的借鉴。

自黄帝开创性地建立"万国和"的国家政权起始，中华大地虽经五帝、夏、殷、周的朝代更替，但在总体上一直保持着一个中央统一的政权，对此后代学人引以为骄傲并加以热烈称颂。然而依《史记·十二诸侯年表》的划分，自西周厉王因国人起义出奔于彘地，从而出现"共和行政"开始，王室衰微，至周幽王时因其荒淫而导致犬戎的入侵，秦襄公护送周平王东迁始封为诸侯以后，中原的局面发生了大的改变。政权下移，齐、晋、秦、楚诸侯争霸，国家陷于分裂的局面，至春秋末，又出现三家分晋，田氏乱齐，进而推出了战国七雄间的合纵连横，长达数百年间战事频仍，社会动荡，民众生活不得安宁。

在这样一种因周室衰败而导致社会分裂的同时，受中原文化影响较小的一支西方原本的游牧部族乘势而起，《史记》之本纪为反映这一在未来实际具有支配力量的兴发，专列一篇《秦本纪》把握社会事势的发展，这就是如《史记·秦楚之际月表》序中所述："秦起襄公，彰于文、穆，献、孝之后，稍以蚕食六国，百有余载，至始皇乃能并冠带之伦。"实际上秦国最根

---

① 杨燕起：《本天地之法则　建帝王之纲纪》，见本书中篇第1章。

本的转变点是在孝公时的商鞅变法，为适应这一趋势，《史记》之列传，春秋以后战国人物的第一篇就是《商君列传》，表现出这一事件在中国历史整个的大一统业绩中具有的重大转折意义。秦始皇凭借着祖宗积累的业绩，最后依靠武力灭亡了六国，再次统一了中国，并在建立统一的国家王朝方面于政治、军事、经济、文化领域多有建树，为此后中央朝廷的稳定设置打下了制度的根基，因之《史记》而有《秦始皇本纪》。

我们今天的历史叙述中，在朝代的认识上，秦以后接着的是汉，这应该是没有问题的。但是对于处在汉武帝时代的司马迁来说，秦对于他那是太近了，而就他的所闻所知，秦与汉之间还有一个"楚"，这个楚，就历史的整体发展进程而言，实在是太重要了，所以他专要为项羽设立一篇本纪，以说明项羽所具有的独特价值及其杰出的历史贡献。

秦起于西垂，它的游牧部族的本性使它缺乏中原文化所富有的礼义仁信的涵养，它将拼杀所获得的天下视为自己应有的私产。秦始皇的穷奢极欲而导致的繁重的徭役负担，重新将民众推上了死亡的边缘，秦二世的《论督责书》，将蔑视民众利益的享乐思想加以理论化的阐发，秦王朝的统治者自己葬送了统一大业的丰硕成果，又一次站在了历史发展的对立面上，不能不被潮流所冲刷。项羽因之成为"灭亲"的英雄，而被司马迁所尊敬，所称颂。

《史记·太史公自序》之末百三十篇提要，关于《陈涉世家》说："桀、纣失其道而汤、武作，周失其道而《春秋》作。秦失其政，而陈涉发迹，诸侯作难，风起云蒸，卒亡秦族。天下之端，自涉发难。"这是说明了陈胜、吴广起义的合理性，同时也是在揭示一个天地法则，一个王朝经过较长时期的稳定统治之后，必然会出现其末代帝王的腐朽荒淫，因其"失道"而导致产生新的王朝，殷代夏，周代殷就是这样。周平王之东迁，虽朝代名称没有更换，时代却有了明显的变化，其礼崩乐坏的衰微趋势，受到了孔子所作《春秋》的贬损、讥议。然而这一法则到了秦朝建立却发生了很大的变化，它不是在开国以后经历多少个世代传递才丧失政权，而是仅仅在王朝执政以后的短短十五年就二世而亡，其"失政"的广度与深度，异乎寻常地超越了一般法则所能承受的范围，也就必然加速了秦朝的败亡。

北京师范大学史学探索丛书

因此,《史记》本纪所叙述的朝代接续,其所表述的社会进程,发展到战国之末,出现了两个必须解决的历史命题。一个是要求结束分裂战乱、实现天下统一,一个是清除因"失政"所造成的暴虐从而能使社会平稳发展,二者且是相辅相成的。统一是历史所企盼的,但统一之后随之出现的残酷暴虐,同样是不利于社会生产发展的,所以反分裂与反暴虐同样都是历史的重要任务。而这两项任务,分别是由秦始皇与项羽来初步完成的,而只有再次经过楚汉相争之后,历史会辨析得更加明确,刘邦建汉才达到了国家的稳定统一,并得到了使社会得以休养生息的好机会。因之,从《史记》所述三千年的历史发展来看,秦楚之际是一个紧密的结合体,它是由秦到汉的过渡阶段,它的作用是促成这两项历史任务的完满实现,项羽在其中的作用是必须要肯定的。司马迁相继写出《秦始皇本纪》《项羽本纪》《高祖本纪》,既客观地表述了历史进程,也把项羽放在了与秦始皇和刘邦同等的地位上,项羽的被推崇是显而易见的。司马迁锐利的历史眼光不能不令人惊奇。

二

项羽的历史功绩就是灭秦。

《秦始皇本纪》末尾记:"子婴为秦王四十六日,楚将沛公破秦军入武关,遂至霸上,使人约降子婴。子婴即系颈以组,白马素车,奉天子玺符,降轵道旁。沛公遂入咸阳,封宫室府库,还军霸上。居月余,诸侯兵至,项籍(编者注:即项羽)为从长,杀子婴及秦诸公子宗族。遂屠咸阳,烧其宫室,虏其子女,收其珍宝货财,诸侯共分之。灭秦之后,各分其地为三,名曰雍王、塞王、翟王,号曰三秦。项羽为西楚霸王,主命分天下王诸侯,秦竟灭矣。后五年,天下定于汉。"这段话很明确,《史记》是将"灭秦"之功最后放在了项羽名下。刘邦是先入关破秦,秦王子婴是先降于刘邦,但刘邦仍是"还军霸上",等待项羽来做最后的定夺处置。叙述肯定项羽是"从长",他到了咸阳,一系列"杀""烧""虏""分",才结束了最终的秦朝余脉与痕迹,一朝之"秦"才不存在了。叙述用了"灭秦之后""秦竟灭矣"的肯定字眼，也是明确将事情的结局定位在项羽身上。灭秦以后，"主命分天下王诸侯"的是项羽，而"天下定于汉"则是以后五年的事。《史记》将项羽的历史功绩辨析得很明确。

《项羽本纪》的论赞也说："夫秦失其政，陈涉首难，豪杰蜂起，相与并争，不可胜数。然羽非有尺寸，乘势起陇亩之中，三年，遂将五诸侯灭秦，分裂天下，而封王侯，政由羽出，号为'霸王'，位虽不终，近古以来未尝有也。"是说陈涉起义以后，逐鹿中原的诸侯不计其数，但项羽是位胜利者，从而成为五诸侯的主"将"，"灭秦"的主功自是挂在了他的名下，因此而出现了"政由羽出"的局面，项羽成了当时的唯一霸王。

《史记》其余部分也有非常权威的评议。《秦楚之际月表》之序开头就说："初作难，发于陈涉；虐戾灭秦，自项氏；拨乱诛暴，平定海内，卒践帝祚，成于汉家。"这与上文所引的两段，在观察的视角上是完全一致的。"初作难，发于陈涉"，即《项羽本纪》论赞所说，"夫秦失其政，陈涉首难"；这里也将"灭秦"之力归于项氏，只是明确指出他是采取了"虐戾"的手段，对项氏一些杀、烧、虏的做法提出了非议；"卒践帝祚，成于汉家"，《秦始皇本纪》最后一句就是"后五年，天下定于汉"，这里又多了八个字，实际也是说明项羽的主政时期，在"海内"也具有一定的"乱""暴"的特色。因之，此序文评议的最具价值之处，是关于陈涉、项羽、刘邦三人之间联系的定位。

在将"灭秦"之功归属于项羽的时候，有一个问题还需要论析。是刘邦先入关破秦，接受秦王子婴的投降，《史记·曹相国世家》记，曹参跟从刘邦，"前攻秦军蓝田南，又夜击其北，秦军大破，遂至咸阳，灭秦"；《史记·绛侯周勃世家》也说，周勃跟从刘邦，也"南攻南阳守齮，破武关、峣关。破秦军于蓝田，至咸阳，灭秦"。如此，不是刘邦先于项羽"灭秦"吗，为什么《史记》在一些关键的记述中，只将灭秦之壮举归于项羽名下呢？这里，除了在最后的处置上是项羽结束了秦王朝的余脉以外，重要原因是项羽在巨鹿之战中消灭了以章邯为统帅的秦军主力，使刘邦才争取到机会得以先入关中，由此，刘邦之先"灭秦"的机遇，正是项羽在牵制了秦军主力的形势下为他提供的，也可以说，没有项羽顽强的巨鹿之战的胜利，也就没有可能为刘邦提供顺利进入关中的条件，在当时制驭整个历史局势的还是项羽，不是刘邦，所以，灭秦的主功要归于项羽。清人汤谐就此议论说："太史公作本纪，自五帝及秦汉，以世相承，而项羽实为灭秦之主，沛公虽先入咸阳，然其始本属于项，而非羽战秦巨鹿，即欲入咸阳更不可得。"①这个表述应该是准确的。

从文化思想的角度来观察，项羽灭秦之后分封十八王，还留下了一项影响深远的遗产。《史记·高祖本纪》说："项羽自立为西楚霸王，王梁、楚地九郡，都彭城。负约，更立沛公为汉王，王巴、蜀、汉中，都南郑……兵罢戏下，诸侯各就国。项王使卒三万人从，楚与诸侯之慕从者数万人，从杜南入蚀中……至南郑……""负约"，是指当初楚怀王派宋义、项羽北救赵，令刘邦西略地入关，两路西进前跟众将领约定，"先入定关中者王之"，说好谁先带兵入定关中谁就做关中王。刘邦先入定关中，刘邦应做关中王，但项羽不受当时约定的影响，分封十八王时，将刘邦分到巴、蜀、汉中山地阻隔的偏远的西南地区，是企图限制刘邦势力的东出来和他争天下。这一分封，刘邦就成了汉王。后来争霸，刘胜项败，刘邦建立起王朝，这个朝代的名称因汉王而成为汉朝。故此，"汉"之为朝代名称，是基于项羽分封十八王而来，时至今日，延及未来，以至于长此以往，只要汉代名称不息，项羽分封的潜在效应是始终存在的。清人冯景从"明统"的意义上谈及项羽"宜登本纪"时说："当是时，羽灭秦，立沛公为汉王，是汉为楚所立也。汉之为汉，君天下而一统者且四百年，然卒遵羽是封之名，以为有天下之号而不敢易，犹谓汉不乘统于楚，得乎！则项羽宜登本纪，宜列于汉高之前，统在则然，亦作史之例则然。"②由此推论，今日之所谓汉族、汉人、汉语、汉服等，从其名称之背景窥之，潜移默化，不知不觉之间是否均有项羽的威权在呢？

① 《史记半解·项羽本纪》。
② 《解春堂文钞》卷七《书项羽本纪后》。

三

关于对《史记》本纪这一体裁的看法，大体有三类。

第一类，属于中性的、多及文献记载形式的认识。先是刘勰所说："子长……故取式《吕览》，通号曰纪。纪纲之号，亦宏称也。故本纪以述皇王……而得事序焉。"①指本纪仿《吕氏春秋》而来，记皇王并起纲纪作用。后如《史记索隐》说："纪者，记也。本其事而记之，故曰本纪。又纪，理也，丝缕有纪。而帝王书称纪者，言为后代纲纪也。"又《史记正义》说："本者，系其本系，故曰本；纪者，理也，统理众事，系之年月，名之曰纪。"②这里是指或按情事来记，或按世系来记，就称为本；或有系统条理的记述，或将众事依编年记述，就称为纪。唯《索隐》指本纪记载的是"帝王书"，故当为后代纲纪，亦属指历史记载一般的借鉴作用，有积极意义。

还有是章学诚的意见。他说："原其称'本'之义，司马迁意在绍法《春秋》。顾《左氏》《公》《穀》专家各为之传，而迁则一人之书，更著书、表、列传以为之纬，故加纪以'本'而明其纪之为经耳。"③这是就《史记》体例的内部关系而言，指"本"有全书之纲的价值，也是一种解释。

第二类，属于正统儒家的认识，影响很大，引起的论争也多。最先是裴松之《史目》所说"天子称本纪，诸侯曰世家"④，将本纪之所记述局限于天子。接下来刘知幾的一篇论述最具代表性，他说："然迁之以天子为本纪，诸侯为世家，斯诚说矣。但区域既定，而疆理不分，遂令后之学者罕详其义。案姬自后稷至于西伯，嬴自伯翳至于庄襄，爵乃诸侯，而名隶本纪。若以西伯、庄襄以上，别作周、秦世家，持殷纣以对武王，拔秦始以承周赧，使帝王传授，昭然有别，岂不善乎？必以西伯以前，其事简约，别加一目，不足成篇，则伯翳之至庄襄，其书先成一卷，而不共世家等

北京师范大学史学探索丛书

---

① 《文心雕龙》卷四《史传》。
② 上引二者均见《史记·五帝本纪》篇题注解。
③ 《永清县志·皇言纪序例》。
④ 《史记·五帝本纪》篇题注解《正义》引文。

列，辄与本纪同编，此尤可怪也！项羽僭盗而死，未得成君，求之于古，则齐无知、卫州吁之类也。安得讳其名字，呼之曰王者乎？春秋吴楚僭拟，书如列国。假使羽窃帝名，正可抑同群盗，况其名曰西楚，号上霸王者乎？霸王者，即当时诸侯，诸侯而称本纪，求名责实，再三乖谬。"①刘知幾之所言，一是"扬班抑马"；一是专从体例上设词，以《汉书》之"方以智"，来规范《史记》之"圆而神"；一是他不具备司马迁那样的"究天人之际，通古今之变"的思想，理解不了《史记》作史的真正主旨，有妄加议论之嫌。

与刘知幾一样采取相同看法的还有赵翼："迁用其体（指本纪），以叙述帝王，惟项羽作记颇失当。"②近人吴非、晏世澍也是。吴非说："作《史记》者，项羽且以本纪，同高祖而并列之，不当本纪而纪，而反不及乎义帝（编者注：即楚怀王）当本纪而不纪者，何也？"③为楚怀王鸣不平。晏世澍态度更明确，说："太史公著《史记》，列天子行事以本纪名篇……夫迁之取例诚如此，然姬自后稷至于西伯，嬴自伯翳至于庄襄，诸侯也，而亦以本纪名之，项羽名曰西楚，号止霸王，霸王者，即当时诸侯，而亦称本纪，自乱其例，曾为后儒所讥。"④晏世澍重复了刘知幾的意见，且见这是传统儒生所抱持的保守观点。

第三类，是基于事势发展而立论的进步认识。首先在学术上带来一股新鲜空气的是宋代的林駉，他说："尝考迁史之纪传世家矣。子长以事之系于天下则谓之纪。秦始皇己并六国，事异于前，则始皇可纪也。项羽政由己出，且封汉王，则项羽可纪也。孝惠、高后之时，政出房闼，君道不立，虽纪吕后亦可也。"⑤指出《史记》设本纪，目的不在于只记天子，而是因"事之系于天下"，视野开阔，立足于天下事势观察问题，亦辨析了吕后之可设纪。延及清之晚期，有朱一新之言："王士宗问《史记》体例。答：

① 《史通》卷二《本纪》。
② 《廿二史札记》卷一《各史例目异同》。
③ 《楚汉帝月表•史记不立义帝本纪辨》。
④ 《沅湘通艺录》卷二《太史公本纪取式吕览辨》。
⑤ 《古今源流至论》后集卷九《史学》。

义帝如韩林儿，政非己出，不可立纪；项羽曾宰天下，诸侯听命，自当立纪。《史通》之所讥非也，近人曲为之说亦非也……惟秦先世立纪，颇失界限，然不如是，则先后参差，不得不为变例。"①辨析项羽当立纪自可肯定，而"变例"之说亦不尽然。清以后的民国时期，新思潮杂起，此等认识有更深入之发展。孙德谦提出了《史记》以"天下人民为重"的观点："本纪者，记天子也，而项羽、吕后则入之。世家者，所以记诸侯也，而孔子、陈涉则入之。无识者莫不疑其为例之不纯矣。不知彼以天下人民为重，非第为一姓记存亡也。"②

民国时期，社会发展，文化多元，思想异常活跃，于是有刘咸炘提出："本纪者一书之纲，惟一时势之所集，无择于王、伯、帝、后。故太史创例，项羽、吕后皆纪。刘知幾诃之，非也。"③这是否定了必天子而可称纪的说法，而宣扬本纪是集中记述时势主宰者事迹的体裁，并对刘知幾进行了批评。再有吕思勉的意见："必天子而后可称纪；纪必编年，只记大事；每事又止以简严之笔，记其大纲，此乃后世史体，不可追议古人。《史记》于周自西伯，秦自庄襄以上，亦称本纪，盖沿古之《帝系》，《帝系》所以记王者先世，未必于其未王时别之为世家也……本纪出《帝系》，不出《春秋》，自不能皆编年矣。正统僭伪之别，亦后世始有，项籍虽仅号霸王，然秦已灭，汉未立，义帝又废，斯时号令天下之权，固在于籍；即名号亦以霸王为最尊（古代有天下者，在当时本不称帝），编之本纪，宜也；此亦犹崇重名号之世，天子虽已失位，犹不没其纪之名尔。"④这一段话文字较长，所言并不一定完全符合司马迁作《史记》的原意，但对有关本纪体裁形式上的事项提出了自己的看法，是恰当的；尤其是对刘知幾的论点，可以说是进行了全面的评析，并对项羽之适宜于入纪予以坚决肯定，是合适的。

此外，朱希祖以"述其宗祖曰本，奉其正朔曰纪"来解释本纪，并据此

①　《无邪堂答问》卷三。
②　《太史公书义法》卷上《行权》。
③　《史学述林·史体论》。
④　《史通评内篇·本纪第四》，14 页。

238
北京师范大学史学探索丛书

驳斥刘知幾要将周自西伯、秦自庄襄以上分列为世家的说法，"是欲臣其宗祖昧其本原也"；接着说："自赧王至秦始皇称帝，中国无统者三十四年，而灭周者秦，故列秦为本纪。自秦子婴亡至汉高祖称帝，中间无统者四年，而杀子婴封诸王者项羽，故列项羽为本纪。必欲称项羽为僭盗，则刘邦何尝非僭盗乎？必欲以称王为非天子，则夏商周何尝称帝乎？子玄成败论人，实非公论。"①关于"僭盗"的批评是有力的，说理亦畅快。朱东润就《史记》"本纪之滋后人议论"的《秦本纪》《项羽本纪》《吕太后本纪》三篇逐一进行了讨论，说《史记》作《秦本纪》，"此言秦帝业之所由来也"；作《吕太后本纪》，从"纲纪天下"的原则看，孝惠不能听政，舍吕后而谁？说得都十分中肯。关于《项羽本纪》则说："项羽自为西楚霸王，霸者伯之借字，伯长也，犹言诸王之长也。羽既为诸侯之长，故《本纪·赞》曰，'分裂天下而封王侯，政由羽出，号为霸王'。则史迁又安得而不为立本纪哉？"②

上述关于《史记》本纪认识的辨析中，实际主要是突出梳理了历代学人对设立《项羽本纪》所持的不同看法。从论争的内容看，表面上是对本纪体裁记事性质观察的分歧，但其焦点却是涉及项羽的历史作用，及其应该给予他以何等的社会历史定位，是"僭盗"还是"时势主宰者"。终究历史在进步，认识在深化，发展到现在，学人对项羽的认识也就更加理性，更为切合历史的实际。

第一，在"陈涉发迹，诸侯作难，风起云蒸"的形势下，项羽接过起义军的大旗，最终"将五诸侯灭秦"，起到了与汤、武"革命"，《春秋》"政变"③相同的作用，解决了当时中国社会发展进程中的重大命题，有力地推动了中国历史的发展。

第二，如同《周本纪》写"姬自后稷至于西伯"、《秦本纪》写"嬴自伯翳至于庄襄"所表现的是一种历史事势的总的发展趋向和潜在的内部力量一样，《项羽本纪》所写的就是"秦楚之际"时势主宰者的历史演变过程，"政

---

① 《中国史学通论》，73～74 页。

② 《史记考索》，10～11 页。

③ 李长之："在司马迁觉得，《春秋》原来代表一种政变。"见李长之：《司马迁的人格与风格》，64～65 页，天津，天津人民出版社，2007。

由羽出"，则是项羽生命价值的最高成就。《项羽本纪》不是一般的人物传记，而是具有与秦始皇、刘邦一样历史地位的英雄功勋史。

第三，涉"汉"名称的传承发展不能不与项羽有密切联系，时至今天，其文化符号的作用，不可小视。由此可见，项羽作为所形成的文化遗迹，是历史磨炼与思想成就的结合体，它具有无限精神凝聚的力量，在其拓展中，会不断散发出它原有积极意义的光辉，因而也就获得了难以估量的宝贵价值。

四

梁启超评《史记》时说道："其列传则人的记载，贯彻其以人物为历史主体之精神。"①本纪在《史记》中大多是编年纪事，但也不是每篇都是严格意义上的"纪必编年"，而《项羽本纪》就纯粹类似传记。因此，在《史记》中，就单独的个人事迹记述而言，《项羽本纪》则是显示"以人物为历史主体之精神"的第一篇。《五帝本纪》写的是传说时代接续承位的一个部落的家世群体，夏、殷、周及秦始皇四本纪，写的分别各是一个朝代的产生及其前后君王，《秦本纪》写的是一个表现时代潜在的主流力量发展进程的诸侯国的诸多国君，只有《项羽本纪》表现的中心纯粹是一个个人。如有的评论指出的那样，"他（司马迁）以整个的社会人生做对象，给以平等的眼光而作价值的叙述和描写……虽然他的本纪、世家、列传，往往是以描写个人为中心，而由个人上面，即可把当时的社会背景表现出来，若以现代文化以大众生活为主的眼光观之，则《史记》在文化史上的地位更为重要"②。曹聚仁也说，"纪传史是一种以人物为中心的史书"③。梁启超在谈到《史记》之取材时还说，"其最异于前史者一事，曰以人物为本位"④。在字义

① 梁启超：《要籍解题及其读法》，39页。
② 施章：《史记新论》，见张大可等编：《史记史学的研究》，2页，北京，华文出版社，2005。
③ 曹聚仁编：《中国史学 ABC》，21页，上海，ABC丛书社，1930。
④ 梁启超：《中国历史研究法》，28页。

上，本位有主体、中心的意思，而中心、主体又都有事物的主要部分的含义，故而主体、中心、本位的表述虽然不同，但其原则精神应有其一致之处是可以理解的。从这一认识出发，可知项羽在《史记》中，能够承担起"以人物为历史主体"，"以人物为中心"，"以人物为本位"的首位单篇的个人传记的主人翁的任务，也不是偶然的。

《项羽本纪》写出，项羽年轻时就有"取代"秦始皇的雄心，他随叔父项梁杀会稽假守起事，领着八千人渡江而西开始逐鹿中原。陈涉死后，项梁召别将计事，立楚怀王以为号召，战齐田荣、司马龙且，与刘邦协同至雍丘，大破秦军，斩杀李由。在定陶秦击楚，项梁战死，起义军暂时受挫，退至彭城，怀王"自将"项羽军。这是项羽的初起阶段，起义军已经获得了一定的发展规模。

秦军主力章邯破项梁军以后，调兵去包围赵歇为王的巨鹿城，形势紧急。怀王将起义军兵分两路，北路由宋义、项羽领着去救巨鹿，南路则由刘邦领着，拟经南阳入武关进关中。北路将领宋义迟疑观望，鼠首两端，项羽于是大义凛然，以关注社稷安危的大无畏精神，斩杀了宋义，自行领军救赵，接着满怀破釜沉舟、决一死战的巨大勇气打败秦军主力，完成了反秦起义的主要任务。此举亦震惊各路诸侯，项羽开始成为诸侯上将军，正式获得了起义军的领导权。经历数月，当章邯以军降于项羽的时候，刘邦正以招降的办法略取南阳。

项羽进关中，与刘邦鸿门相会。时项羽有兵四十万，刘邦兵十万，得项羽季父项伯的居中调停，刘邦脱离险境。旋即项羽入咸阳，杀秦降王子婴，烧秦宫室，然后分封十八王，以刘邦为汉王，自立西楚霸王，都彭城，"政由羽出"也。

汉元年四月，诸侯征战开始，项羽先战田荣，刘邦乘机还定三秦，开始了楚汉相争。汉二年冬，田荣被平原民杀之。这年春天，刘邦率五诸侯兵东伐楚，被项羽打败，楚乘胜逐北，战荥阳南京、索间，楚汉相持局面形成。其后，彭越绝楚粮，淮阴侯举河北，破齐、赵等，威迫楚军，项羽势力趋弱，终败垓下，死乌江，慷慨悲歌，结束了自己光荣的一生。

在《项羽本纪》中，《史记》主要通过描写项羽其人的许多作为，旨在展现出秦楚之际从反秦起义发生，经巨鹿之战打败秦军主力而陷秦于败亡，到项羽分封十八王主宰天下，进而导致诸侯战乱重起，使刘邦从中占得先机并最终战胜项羽，以建立汉家天下的历史过程。与描写项羽一样，《史记》也通过对其他相关人物的记述，从不同方向与角度，综合反映出从秦亡到汉兴这一期间的重大历史事件和历史变化的丰富内容，这正体现出《史记》之纪传体史书的记事特点。而项羽则是其时所记述人物中，有着鲜明人生个性和辉煌成就的一位杰出者。

从体现"人"的社会历史主体精神的角度，可以对项羽做如下的分析。

在陈涉农民大起义浪潮的席卷下，项梁、项羽以其家世原有的政治、军事、文化的优势，同时受到了起义军、秦的地方官员和下层士人的器重，并在"从民所望"的诱惑下，亦使旧的贵族势力对他寄予厚望。故此，在多重因素的综合影响下，项梁、项羽既接过起义军大旗，成为反秦起义的主力而发挥作用，但旧贵族间的矛盾积习及易于骄惰的本性，又必然限制着他们的未来发展。

项羽在巨鹿之战中，充分表现了面对强敌时他所具有的一身浑然正气的高贵品质，集中体现出最高的民族精神，是一次光辉的历史文化思想的有力宣扬。项羽当时站在了社会道义原则的最前沿，是时代前进的领路人。

项羽一味"逞力"，不善用智，他缺乏一个智谋集团的辅佐。因此，他完成了"灭秦"的任务；但在保存一统局面方面，因"分裂天下"而受到损害，以"虐戾"代替秦的残暴，故没有获得广大民众的同情和拥戴。他暂时主宰了天下，但没能完全代表历史事势的发展方向，最后不得不导致"天亡我"而退出历史舞台。

项羽具有浩大气魄和自我牺牲精神，曾以三万精兵让刘邦五十六万诸侯军惨败于彭城。他是一位战神，一生七十余战，"所当者破，所击者服，未尝败北"，他在生命的最后时刻，于东城会战，冲锋陷阵，毫无惧色，但最终至以战骑赐乌江亭长，以头颅成就故人功业，其悲情诚足以感天地，泣鬼神。项羽达到了人们牺牲精神的最高境界，永远为后人所崇敬。

项羽抱持着人生理想，以其辉煌战绩建立起"灭秦"的巨大功勋，他以自己的行为，表现并推动着秦楚之际的历史发展，故历史记述以纲纪天下的义例依托于他，借以展现出当时波澜壮阔的社会生活全景，从而也彰显出项羽作为杰出历史人物，代表着那个时代的绚丽的精神风貌。而且在一定方向上，因项羽的作为，后来也促使《史记》实现了其独特的撰述意旨，这同样是项羽在文化发展方面的有益贡献及其无形的光荣业绩。

第五章　项羽功绩的历史价值

一、破解历史命题

司马迁是表彰项羽功绩的第一勋臣。

依《史记》之创见，自黄帝以来，中国历史的延续是沿着两大趋势在发展变化。趋势之一，是由统一走向分裂，再达到有新高度的统一。黄帝因致"万国和"①而建一统的天下，历颛顼、帝喾、尧、舜之渐次扩展地域四至并建立中央朝廷规模，其总体局面经夏、商、周而延绵不绝，中华的建国传统由此稳固确立。然自周文武之分封，使平王东迁以后形成春秋、战国时诸侯林立的态势，中国走向分裂。数百年的战乱交汇，虽促进了文化播迁、民族融合，然生产破坏、民生痛苦，给整个国家的生存带来了灾难，终有秦王嬴政之顺应潮流，以武力征伐，使国家获得了重新统一，社会因而有了更为广阔的发展空间。所以，秦始皇为"千古一帝"，其辉煌灿烂的勋业将永远照耀着中国历史的发展前程。伴随着这一趋势而相并存在的，是德力交换的施政理念的不断变化，尽管它表现较为细微，一个朝代自身也会存在德盛德衰的强弱更易，但大体上讲是统一时期多倡导"德"，而分裂时期则崇尚"力"。在《史记》的记述范围内，这一趋势的模式就显示为"德—力—德"，而这后一个"德"，因为时代的变迁，其中会包含一定的"力"的成分，但仍是一个以"德"为主的概念。秦始皇统一了中国，形势的大变迁，使得宏观思考中的德力转化亦该相应地付诸实施，如若不然，仍固守原有的崇力的施政方针，则会受到社会潮流奔泻而前的强大推助力的抛弃。而恰恰在这一趋势面前，秦始皇的诸多举措违背了事物发展的内在规律，反其道而行之，自不能不受到严厉的历史惩罚。而正是在这一体现

---

① 《史记·五帝本纪》。

两大趋势的结合点上，项羽因为扮演了执行惩罚的角色，而表现出他无可取代的历史价值。

追溯秦的历史，探寻其行为的文化渊源，可以发现它施政理念的一二端倪。《史记·秦楚之际月表序》说："秦起襄公，彰于文、穆、献、孝之后，稍以蚕食六国，百有余载，至始皇乃能并冠带之伦。"这是对秦发展阶段形成的最为概括的表述。然对后来之统一能起到直接作用的，当追始于商鞅之变法，而更加需要关注的是作为孝公时的变法背景中所体现的文化思想意识以及它对历史发展的影响。《史记·秦本纪》叙述，"孝公元年，河山以东强国六……周室微，诸侯力政，争相并。秦僻在雍州，不与中国之会盟，夷翟遇之"。秦族地处西偏，为早期的中原文化所不及，加以其初期国势弱小，中原各国很轻视它，只将它视为不甚开化的边远部落，由此，秦国在很长的历史时期中，形成了一种为摆脱这种受歧视的地位而挣扎的文化思想。但当它的地位发生根本改变的时候，它就会以更为强暴的姿态来对待中原民众，以至于未能很好地吸收运用中原的儒家人本主义道德政治观念，取柔和的态度来治理国家。这正是导致它不能随着形势的变化而不断改变自身策略的深层次的社会历史原因。加之秦完全是靠武力谋诈以取胜于东方六国的，最后阶段较为顺利的战争进程，使它更为自信地崇尚暴力，战争中常视人命如草芥，"斩首"数量之巨大，亦容易形成一种轻视人的生存权利的思想法则，从而促使它的某些政策措施走向极端，甚至达到穷尽残忍而在所不惜的地步。沿此方向发展，最后竟然形成了秦最高统治集团享乐理论的极度荒谬化，《史记·李斯列传》所载君臣胁迫而形成的《论督责书》，就是它这一文化理论观念的集中体现，虽然事件发生在秦二世身上，却可视为是由始皇之行为所酝酿产生而延续下来的。最高统治集团政治思想文化观念的完全扭曲，给政治上图谋不轨的阴谋家、野心家以可乘之机，终致使统治中心自身陷入杀戮恐怖的危害之中。是非颠倒，道德沦丧，因追求奢欲极权而导致政权内部残酷谋害，造成它面对外部压力时因彻底丧失了对时政的自我调节与修复能力而无可救药，结果等待它的只能是灭亡的悲惨命运。审视中国历史的重新统一及第一个封建王朝的建立与其短祚而亡的经验教训，重要的一条，是人过高地估计了其自身的主观意志的能动作用，而漠视了社会发展客观存在的规律，正如《过秦论》(中)之所言，"秦离战国而王天下，其道不易，其政不改，是其所以取之守之者无异也"。

可以看到，是两大趋势之间发生了严重碰撞，因而出现了有如夏殷末年的相似状况。大一统所带来的战火停息、关隘通畅、四至广阔、百物繁盛的情景，并没有给广大民众带来美好生活，相反，秦始皇以图传万世的君王威权极度纵欲，频繁的大规模巡游、行封禅、筑长城、派军30万北部戍边、信图谶、求仙药，特别是建阿房、修骊山，严重地加大了民众的劳役负担，将因大一统所拥有的优厚物质条件转化而为替皇帝个人的无限欲望服务的手段，加上帝王尊严的神秘性及肆意行法的无限滥用，将民众逼迫到忍无可忍的地步，以致整个秦皇朝被引向了邪恶的歧途。短短十余年，一统后的秦皇朝继续崇"力"的所作所为，使它成了阻碍历史前进的绊脚石，造成了历史发展的无限困境。在这种情况下，如何破除这一社会困境，使历史的车轮得以沿着正确的轨道前进，成为当时一个非常艰难而痛苦的时代命题。而项羽正是以其最终的亡秦壮举，成为这一时代命题的最切实的破解者而使自己的声名彪炳于史册。

这就是项羽功绩的第一大历史价值。

二、接续农民起义

在破解秦末社会历史发展的艰难命题中，亦有着陈胜、吴广"初作难"的作用，考察陈胜、吴广起义产生的背景，正足以揭示出上述所论历史命题的严肃性与深刻内涵。《史记·秦始皇本纪》在展现秦皇朝产生的社会转变的同时，既充分肯定了秦始皇统一天下的积极意义，亦极细致地分列出促使秦之加速败亡的诸多缘由，异常贴切地显示出整个中国社会历史发展两大趋势的紧密结合中所暴露出的相互间的尖锐矛盾与冲突，而"天下苦秦久矣"的共同呼声正是这种矛盾与冲突最为普遍而直接的反映。《史记·李斯列传》素有"秦外纪"之称。李斯辅佐秦始皇完成了统一大业，然而在重大的历史转折关头，他私心作祟，不能坚持正确的道义原则，结果葬送了秦皇朝的大好河山。该传极其尖锐地揭露了封建专制主义王朝走向极权的巨大罪恶，及其在社会文化思想上所产生的负面影响，其从而成为加速秦皇朝灭亡的催化剂，正为陈胜、吴广起义铺设着顺利发展的道路。

陈胜、吴广在大泽乡发动起义，攻下附近几个县以后，陈胜在陈县乃立为楚王，设立叫"张楚"的国号，确定起政治领导的中心。随着起义风起云涌的发展，陈胜派出将领四面进击，及于赵地、魏地乃至燕地，并九江、南阳、东海诸郡，扩展了起义军的声势，严重地摧毁了秦皇朝的地方政权，为后来的最终亡秦预设了有利条件。而起义军的自身队伍，由吴广领军去西击荥阳，由周章领"车千乘，卒数十万"去进击关中，周章因此到达秦京城咸阳东面的戏亭，起义的大好形势发展到了它的顶峰。随后事态急剧转变。因起义军直接威胁到秦朝廷的安全，秦皇朝命令少府章邯"免骊山徒、人奴产子生，悉发以击楚大军"，军力对比对起义军不利，周章先后败退出函谷关、曹阳及渑池。随后起义军大败，周章自杀而亡。章邯还乘势打败了居郯、居许的起义军，直到陈县，使起义军全部瓦解。与此同时，吴广被部下田臧诛杀，陈胜退出陈县前往汝阴，回到下城父时被车夫庄贾直接杀害。至此，大规模的农民起义告一段落，但它所倡始的亡秦斗争的伟大事业还在继续。

项梁、项羽叔侄二人在其后的亡秦斗争中起到了至关重要的作用。项梁、项羽也正是当"陈涉等起大泽中"，这个"江西皆反，此亦天亡秦之时"①的背景下，杀了会稽守殷通而起事的。当他们先在吴中得精兵八千人，着手抚徇下属各县时，广陵人召平恰好在替陈胜经略广陵，还未攻下，听说陈胜败离陈县，秦军将至，就渡江来假传陈胜的命令，委任项梁为楚王上柱国，并告知项梁江东已定，可以赶紧领兵往西进击秦军。这个委任，就标志着项梁、项羽承担起了起义军的责任，带着八千江东子弟渡江而西，正式开始了轰轰烈烈的亡秦壮举。

项梁的父亲是项燕，乃战国后期楚之名将，秦灭六国时为秦将王翦所杀。项梁渡江后先到了东阳，这时东阳青年民众杀了县令，相聚数千人响

---

①　下引凡未注明者均见《史记·项羽本纪》。

应陈胜、吴广起义，急于寻找一位领袖。东阳令史，素称长者的陈婴向大家举荐了项梁，陈婴说词是："项氏世世将家，有名于楚。今欲举大事，将非其人不可。我倚名族，亡秦必矣。"项梁受到推崇，于是东阳的起义军就归属于项梁。项梁领军过了淮河，又有黥布、蒲将军的士兵来加入，他的部队迅速增加到了六七万人。项梁、项羽以其才华及社会影响，使起义军的队伍重新得到了壮大。

接下来，项梁遇上了秦嘉。秦嘉，陵县人，与董緤、朱鸡石、郑布、丁疾等均是自行起兵反秦的一员，他们共同将东海守围于郯，陈胜听说后，派武平君畔为将军去监领他们，秦嘉不接受，杀了武平君畔。此时，他又立景驹为楚王，驻扎在彭城东面，想抗拒项梁。项梁对军吏说："陈王先首事，战不利，未闻所在。今秦嘉倍陈王而立景驹，逆无道。"义正词严，将背叛陈胜视为大逆不道，勇于维护起义军的权威。随后项梁进军出击，秦嘉战死，景驹走死梁地，项梁合并了秦嘉的军队。由此可知项氏对陈胜起义军的忠诚。在栗县，项梁与章邯正式相遇，战斗中失利，项梁进到薛城。待攻下襄城的项羽回来报告说，陈王确定已经死亡，项梁就主动召集各支起义军的将军到薛城来计谋大事，起兵于沛县的刘邦也前来与会。这表明，在陈胜牺牲后是项梁扛起了义军的号令大旗，在亡秦的事业上发挥起了相对引领的作用。

其后，项梁听从居巢人范增的意见，受"楚虽三户，亡秦必楚"思想的影响，从民间寻找到原楚怀王的孙子，一个名叫心的牧羊人，说是从民之望将他立为楚怀王。后来也正是这个怀王设计派刘邦、项羽分别从南北两路进军关中，灭亡了秦朝的。在军事上，项梁与齐之田荣、司马龙且大破秦军于东阿，派出刘邦与项羽在濮阳打败秦军及在雍丘大破秦军并斩杀李由，项梁自己也在定陶再破秦军。但项梁因战事顺利而有骄色，轻于防备，在秦给章邯大量增援而来反攻的情况下，在定陶的战斗中死亡，楚兵由此遭遇重大挫折，刘邦、项羽及怀王也都转移到了彭城。这应是起义亡秦的又一发展阶段。

陈胜、吴广发动的农民起义，声势浩大，波澜壮阔，激发出民众的意志，动摇了秦皇朝的统治根基，但它因为力量不足，周章所率领的大军已经前进到了戏地，最后也未能摧毁秦皇朝，而项梁、项羽的接续亡秦，不仅使起义军开创的事业没有半途而废，更是赋予了陈胜、吴广的农民起义以更深、更广和更为完整的历史意义。《史记·陈涉世家》说："陈胜虽已死，其所置遣王侯将相竟亡秦，由涉首事也。"陈胜、吴广的功业因项羽等的亡秦更为彰显，而项羽也因乘陈胜、吴广起义之势而崛起，并以能完成陈胜、吴广起义的未竟伟业而名垂史册，在促使中国历史上两大发展趋势的结合中，演绎出异常壮丽的光辉篇章。

这就是项羽功绩的第二大历史价值。

三、"虐戾"灭亡秦朝

这是亡秦起义的第三阶段，也是最后实现目标的阶段。

章邯打败了项梁的军队，就认为对秦朝来说江淮一带楚地的形势稳定了，于是将秦军领过黄河去攻击以赵歇为王、陈馀为将、张耳为相的赵军，赵军被打得大败而进驻了巨鹿城。赵军本来就是陈胜为王时往北派军经略土地的过程中所派生的，总体上自是属于起义军的阵营，因之迁到彭城的怀王决定派兵去援救，而这正是他设计派出的南北二军的北支部队。项羽被分派在北军，就此揭开了他亡秦壮举的光辉篇章。

项羽的亡秦壮举，有三个步骤。

第一步是夺取亡秦军队的总指挥权。楚怀王派军救巨鹿，是委任宋义为上将军，做总指挥，项羽只被任为次将，还有范增为末将，楚怀王的意图是以宋义来控制项羽，掌管亡秦的调节大权。宋义领军救赵，行至安阳，停留四十六日不前进，因为他要采取"先斗秦赵"的策略。他认为让秦军先攻赵，即使秦军胜利了也会非常疲惫，乘机进击就会获利；如果秦军不胜，那么乘势"引兵鼓行而西"就可以彻底打败秦军了。宋义很自负，不允许他人违背这个策略，而要斩杀那些强硬反对者。项羽则认为，秦军把赵王围在巨鹿城，楚军赶紧过河从外进击，赵军从内呼应，内外配合，一定会打败秦军。项羽坚持认为宋义采取的是一种绝对错误的策略，借着宋义送儿子宋襄相齐，在天寒大雨中饮酒高会、使士卒冻饥的事件，在晨朝的时候杀了宋义，而自立为假代的上将军，并追杀了宋襄。不得已，楚怀王只好任命项羽为上将军，让黥布、蒲将军的军队都归他指挥。

第二步是夺取了救赵的巨鹿之战的伟大胜利。司马迁对项羽的这一举动特别赞赏，他以极其饱满的热情，用歌颂的笔触，写下了一段传颂千古的精美文字，值得颂读。

> 项羽已杀卿子冠军，威震楚国，名闻诸侯。乃遣当阳君、蒲将军将卒二万渡河，救巨鹿。战少利，陈馀复请兵。项羽乃悉引兵渡河，皆沉船，破釜甑，烧庐舍，持三日粮，以示士卒必死，无一还心。于是至则围王离，与秦军遇，九战，绝其甬道，大破之，杀苏角，虏王离。涉间不降楚，自烧杀。当是时，楚兵冠诸侯。诸侯军救巨鹿下者十余壁，莫敢纵兵。及楚击秦，诸侯皆从壁上观。楚战士无不一以当十，楚兵呼声动天，诸侯军无不人人惴恐。于是已破秦军，项羽召见诸侯将，入辕门，无不膝行而前，莫敢仰视。项羽由是始为诸侯上将军，诸侯皆属焉。

"卒存巨鹿者，楚力也。"①巨鹿之战，项羽以其宏伟气势及顽强的战斗精神，不仅打败了秦军，解了赵军之围，还以此威服了诸侯，被推为诸侯军的总指挥。他正式成为亡秦义军公认的真正领袖。

第三步是促使秦军彻底投降。巨鹿解围结束，章邯率领的秦军还有二十多万人驻扎在巨鹿之南的棘原，项羽驻军在漳水南，相持未战。章邯的军队仍然是秦王朝存在的支柱，标志着秦王朝仍保持着生命力，是起义军最后摧毁秦廷的主要障碍。此时秦廷内部的矛盾亦更为尖锐化，章邯陷于"有功亦诛，无功亦诛"的困难境地，想投降项羽又心生狐疑。在这种情况下，项羽采取正确策略，先派蒲将军去战秦军，一再打败秦军，然后项羽亲率大军进击秦军，又将秦军打得大败。最终使章邯无奈，在洹水南殷墟上正式投降项羽。秦廷的军队至此才告彻底瓦解。

---

① 《史记·张耳陈馀列传》。

此后，为了防止投降的秦军进入关中后出现意外，在进入关中前，项羽让黥布与蒲将军将秦卒二十余万人全部坑杀于新安，进入关中后又"引兵西屠咸阳，杀秦降王子婴，烧秦宫室"。做了这些象征性的事件后，亡秦的事业就正式结束了。

怀王派项羽北救巨鹿的同时，刘邦以素为宽大长者的形象，被怀王派出从南路攻秦。刘邦经砀、陈留、开封、颍阳、阳城、宛、丹水，其中亦北涉昌邑、白马、平阴，在章邯军降项羽之后，先期入武关、峣关而至霸上，秦王子婴降。待项羽率诸侯军攻破函谷关时，已晚于刘邦进入关中约二三月，所以刘邦是先于项羽有了"亡秦"之举的。《史记》有刘邦、项羽均为"灭秦"的记载。记刘邦之军"前攻秦军蓝田南，又夜击其北，秦军大破，遂至咸阳，灭秦"①，"破秦军于蓝田，至咸阳，灭秦"②。记项羽，"项羽既存赵，降章邯等，西屠咸阳，灭秦而立侯王也"③，"项羽灭秦，立沛公为汉王"④，"项羽至，灭秦，立沛公为汉王"⑤。司马迁从历史发展的大势考量，将灭秦的重大作用落实到项羽身上，是非常客观睿智的。《史记·秦本纪》末句"子婴立月余，诸侯诛之，遂灭秦"，《秦始皇本纪》言"项羽为西楚霸王，主命分天下王诸侯，秦竟灭矣"，《秦楚之际月表》评论说"初作难，发于陈涉；虐戾灭秦，自项氏"，都非常明确地给予了清楚表述。"亡秦"之功首推项羽，结论令人信服。

灭秦，是项羽一生功绩和辉煌成就的最为集中的体现。唯其如此，才得以破解因秦之暴政而阻碍历史发展的时代命题，为新的社会进步预留了前进的空间，极大地缩短了两大趋势迅速结合的距离。唯其如此，使项氏接续下来的陈胜、吴广起义所抱定的亡秦目标得以实现，有力地激扬起大规模农民起义的历史震荡力，最终体现出社会最广大基层民众参与国家事务可能显示的巨大潜力，使整个认识层面有了根本转变，注意"土崩"之势

---

① 《史记·曹相国世家》。
② 《史记·绛侯周勃世家》。
③ 《史记·田儋列传》。
④ 《史记·樊郦滕灌列传》。
⑤ 《史记·樊郦滕灌列传》。

可能遭遇的政治风险。唯其如此，才可以为项羽之能一时掌控天下创设条件，填补起秦汉之间帝王在位的时间空白，增强了他在中国历史发展中的特殊社会地位的分量。项羽亡秦，在中国人民的民族心理上揭示出一个真理，任何暴政均将失败，唯有给予民众以美好的生活权利，社会才可以长治久安，这一启示，将永远为人们所深识。

"虐戾"灭秦，是项羽功绩的第三大历史价值。

四、主命分王天下

项羽之主命分天下王诸侯分三个步骤。

第一步，鸿门宴。宴会进行中，项庄舞剑，意在沛公，刘邦正处于危急之中，张良将樊哙叫进来，于是樊哙"谯让"起项羽来，语有"夫秦王有虎狼之心，杀人如不能举，刑人如恐不胜，天下皆叛之"，如果现在诛杀"劳苦而功高"的刘邦，"此亡秦之续耳"这样的话。项羽听了，"未有以应"。项羽的沉默，表明他认为樊哙的话有道理，因为他心中始终秉持着亡秦正义性的理念没有动摇。而且他先天晚上已经答应了项伯不杀刘邦，因为项伯说"沛公不先破关中，公岂敢入乎？今人有大功而击之，不义也，不如因善遇之"，表明项羽处事是非常理智的，是以道义为先的。项羽觉得，当时刘邦亲自上门解释、道歉，并向项伯说了"日夜望将军至，岂敢反乎"，是已经向自己示弱，承认了自己的强势地位，"项羽亦因遂己，无诛沛公之心矣"。还有，项羽需要在正式分封前维持一个诸侯间团结合作的气氛，如真杀了刘邦，正如樊哙所说，"臣恐天下解，心疑大王也"①。所以，和刘邦隐瞒真实意图、做了又不敢承认的龌龊行为相比，项羽所显示的正义感、仁德大度及有全局考虑的心志，使鸿门宴成为他正式分封前的一次政治宣扬与威服攻势。

第二步，分封。项羽先是提出了"然身被坚执锐首事，暴露于野三年，灭秦定天下者，皆将相诸君与籍之力也"的分封标准。依据这个标准，"田

① 《史记·樊郦滕灌列传》。

荣者，数负项梁，又不肯将兵从楚击秦，以故不封"。其次是预设了对刘邦的防范。刘邦依怀王的约定当王关中，却让他"王巴、蜀、汉中，都南郑。而三分关中，王秦降将以距塞汉王"。以故立章邯为雍王、司马欣为塞王、董翳为翟王。再次是变更原有王的封地，徙魏王豹为西魏王，徙赵王歇为代王，徙燕王韩广为辽东王，徙齐王田市为胶东王，将他们的故地封给项羽认为合适的人，只有韩王成因故都，都阳翟。然后是以或迎楚、降项羽，或定河内、击南郡，或常冠军，或从入关，封申阳为河南王、司马卬为殷王、张耳为常山王、黥布为九江王、吴芮为衡山王、共敖为临江王、臧荼为燕王、田都为齐王、田安为济北王。项羽分封的原则是无可挑剔的。最后是灵活掌握，给予兼顾，将环绕南皮三县封给陈馀，而陈馀之客以"陈馀、张耳一体有功于赵"，建议封他为王，项羽以陈馀"不从入关"①予以拒绝。又因番君将梅鋗功多，封他为十万户侯。分封十八王之后，项羽自立为西楚霸王，王九郡，都彭城。总体分析，项羽分封是公平的。

第三步，平乱。项羽分封，是企图维持一个天下一统的局面，维护天下的安定。但其分封没有建立全国范围内从中央到地方一体的行政机构，没有明确西楚霸王与诸王之间的关系原则，也没有制定出诸王间的行动盟约，加上从各自利益的考量上不可能全都得到满足，诸王罢麾下后就乱象丛生。主要表现为田荣不服从分封的局面，反于齐，项羽北至城阳与之会战，田荣不胜，出走中被平原民众杀掉。其弟田横收齐亡卒得数万人，又反城阳，项羽不得脱身。刘邦走出汉中，定关中之同时率领常山、河南、韩、魏、殷五诸侯，东伐楚，入彭城。项羽即令他将击齐，自领精兵三万人南从鲁出胡陵，乃西从萧，大破汉军。后来两军在荥阳、成皋间对峙，开始了刘项相争的历程。其后，彭越数反梁地，断绝项羽军队的粮食供应，项羽忧患中又亲去陈留、外黄一带进击彭越。平乱活动，让项羽疲于奔命，最终使他在楚汉对抗中遭受失败。项羽主命王天下的历史至此宣告结束。

---

① 《史记·张耳陈馀列传》。

司马迁是特别赞赏项羽之灭秦及其主命分天下王诸侯之功的历史价值的。为此，《史记》特设了《项羽本纪》，将对项羽事迹的记述置于《秦始皇本纪》与《高祖本纪》之间。司马迁当然是从中国历史发展的天下大势的角度出发的，但这一编撰体例中的细致安排，恰恰是有意将项羽放在了和秦始皇与汉高祖刘邦同等的历史地位上。司马迁明确认为项羽虽然失败了，而他的功绩所体现的时代价值是绝对不可忽视的。

《史记》还设了一篇《秦楚之际月表》，是将秦二世元年（公元前 209 年）七月陈胜起义开始至刘邦即皇帝位之汉五年（公元前 202 年）间的历史活动按月记述在内。该表不称秦汉之际，而称秦楚之际，是特别突出了"楚"的地位。该表有三个特点。第一，有表示正朔意义的主体时间记述是逐渐推进的。表的第一栏，先是记秦二世元年至三年，公元前 206 年 1 月起则记义帝（编者注：即楚怀王心）元年，公元前 205 年 10 月，记"项羽灭义帝"后，第一栏就月份空缺了。而在义帝元年二月之"楚"栏则记："西楚主伯，项籍始，为天下主命，立十八王。"这是表明主控天下形势的权力已落在项羽身上，项羽为天下宰。第二，表在楚之后还分别列有项、赵、齐、汉、燕、魏、韩诸栏，"陈涉死"后，影响形势发展的主要记事内容均置于"项"栏，表示了项梁、项羽接续农民起义以后在总体时局中所发挥着的重要作用，其中尤其强调了"至关中，诛秦王子婴，屠烧咸阳，分天下，立诸侯"。第三，依据"实录"原则，尽管从公元前 206 年 10 月"秦王子婴降。沛公入破咸阳，平秦"开始，"汉栏"记"汉元年"，并从"正月"起停止了与诸王一样的连续记月，但汉仍纳于与诸侯各王并列的位置，也没有将它提到首栏去掌控正朔，这实际是有点"汉家的头五年并非汉家天下"的意思，是拿现实事态来为项羽鸣不平，题中之意应该是承认项羽的"时势主宰者"的真实地位，与《项羽本纪》的立意是一致的。司马迁为确认项羽功绩的历史价值，利用史书编撰途径的巧妙安排，做出了人们不易察觉的可贵贡献，且影响深远。

主命，是主受天命？大概不是，因为项羽说"天亡我"，天既要亡项羽，自不当授予他以天命。主命，乃主宰国家命运，是他以"乘势起陇亩之中，三年，遂将五诸侯灭秦"的功业争到手的。刘邦，也是因为项羽在北方救赵中牵制了秦皇朝四十万军队的主力，才有可能先期进入关中。项羽是因接续陈胜、吴广摧毁了秦皇朝的腐朽政权，在诸侯的拥戴下，获得了分封天下的主宰权；而刘邦则是因从打败秦王朝并分封诸侯的项羽手中夺得天下，才"卒践帝祚"的。二者相比，历史意味似有很大的不同。司马迁歌颂并同情项羽，为之立本纪，而后代有的史学家却指责司马迁的观点不符合正统。这种分歧是因为这些正统史家对项羽之能"主命分天下王诸侯"这一行为所具有的历史价值认识不足所造成的。

这是项羽功绩的第四大历史价值。

本纪，是《史记》全书的总纲。在史书中，它第一次建立了中国历史发展的统系，打下了中国通史叙述的基础。在这个通史统系中，它以两大历史趋势的演进作为线索，表述出各朝各代的基本政治状况，及某些重要时势主宰者在其中的地位与作用。正是在这一编制体系中，司马迁与汉代皇家的指导思想有所不同，在表面上遵从汉家纪年的形式中，强调和突出了项羽在中国历史发展统系中的作用，说明他的史识是大胆的，是有独到见解的，并具有某种程度的"叛逆"精神。《项羽本纪》之论赞说："夫秦失其政，陈涉首难，豪杰蜂起，相与并争，不可胜数。然羽非有尺寸，乘势起陇亩之中，三年，遂将五诸侯灭秦，分裂天下，而封王侯，政由羽出，号为'霸王'，位虽不终，近古以来未尝有也。"这是概括而明确地说明了要将项羽立于本纪的理由，"灭秦"，"封王侯"，特别是强调"政由羽出"，也就是说当时主宰天下的不是另外的什么人，而正是项羽。项羽在中国历史发展的两大趋势的结合中发挥了重要作用，当然应该列入本纪，而不是如后来的正统史家一般，将项羽的功绩纳入汉家之创建天下的范围内，而忽视了项羽在长期历史发展趋势中的地位与作用。至于项羽为什么"位虽不终"，那就需要与汉家之创建天下的手段联系起来思考了，而司马迁不能明说，只好从项羽之自身的失误上来说明"理由"。《史记》该如何读法，那就要由读者自己来考虑了。

《史记》将项羽列入本纪，可以说是视项羽之功为光照天地、灿如日月，司马迁对其功绩评价之高，在同时代史家中可谓"无与伦比"。在同情、叹息之余，《史记》还特意表彰了项羽的可贵精神。

第一是敢于代秦的宏大志向。项羽年轻时，跟从曾杀人的叔父项梁避仇于吴中。秦皇朝之十二年，秦始皇巡游会稽，路过浙江时，项梁和项羽一起去围观，项羽望见了秦始皇，就说了一句："彼可取而代也。"这可吓坏了项梁，他赶紧掩住项羽的嘴巴，说："毋妄言，族矣！"项羽少具壮志，怀有意欲取代秦始皇的雄心，成为他人生成事的强劲推动力。而项羽的代秦志向，是秦皇朝面临崩溃、即将发生大规模农民起义时社会心理变化的强烈反映，能从项羽身上流露出来，则意味着时代做出了选择，显示他具备足够的条件去最终实现这一光荣而伟大的使命。

第二是破釜沉舟的战斗勇气。当卿子冠军宋义率军救赵，行至安阳停留四十六天不行的时候，已经激起了项羽的极大义愤，他针对宋义"先斗秦赵"的策略及其专横自私的霸道作风，在决定社会前途的关键时刻，敢于不顾个人安危伸张正义，表示了对"社稷"高度负责的决心。"夫以秦之强，攻新造之赵，其势必举赵。赵举而秦强，何敝之承！且国兵新破，王坐不安席，扫境内而专属于将军，国家安危，在此一举。今不恤士卒而徇其私，非社稷之臣。"短短的几句话，形势明晰，义理深透，它不仅是对宋义思想行为的严正谴责，更是一份项羽决心亡秦的宣言书、战斗令，使他斩杀宋义的举动不能不受人肯定。而其后之"破釜沉舟"的战斗决心，则正是他这一宣言的实践与延伸，自然能收到气壮山河、惊天地、动鬼神之效了。

第三是维护团结的宽仁胸怀，第四是坚持一统的平叛决心。这两种精神，在前面的论述中已经涉及了。项羽的性格总体上是坦诚的，不像刘邦那样老是藏着掖着。项羽杀宋义前的一席话就非常坦诚；听曹无伤派人来告密，他很生气地说第二天早晨要打败刘邦的军队；鸿门宴上听刘邦说自己先入关是在等着项羽，只因有"小人"在从中乱说才使二人之间产生嫌隙，项羽随口就说，这是刘邦的左司马曹无伤说出来的，毫无心计，丝毫没有遮掩。而刘邦则很有心计，能从长远考虑，暂时委曲求全，项羽最终

北京师范大学史学探索丛书

没有斗过刘邦。项羽身遭乱世，时势给了他逐鹿中原的机会，但他一开始就投入拼杀，加之又没有完全学好"万人敌"的本事，整个拼杀时间亦只有八年，所以他缺乏的是成事能量的蓄积期、自身修养的历练期、帝业品质的准备期。他将自己的主观能动作用发挥到了极限，但比较刘邦而言，他的活动也缺乏太多的历史暗示，在一个上下都制造天命神话的国度里，他是非常吃亏的。因此，他获得了"亡秦"的美誉，却没有成就"践祚"的梦想，是很可惜的。

第五是自我牺牲的反省意识。东城决战以后，项羽领着仅有的二十六骑来到了乌江边，本想东渡乌江以利东山再起，乌江亭长也已附船着岸在等着他，而且说现在岸边只有这一艘船，渡过去了即使汉的追兵到了也无法渡去过，他就可以逃脱了。就在这欲渡将渡的千钧一发之际，项羽突然改变了主意，他笑着对亭长说："天之亡我，我何渡为！且籍与江东子弟八千人渡江而西，今无一人还，纵江东父兄怜而王我，我何面目见之？纵彼不言，籍独不愧于心乎？"在这个时候，项羽能有这样的反省意识，说明他是准备以牺牲自己为代价来面对这一结局的，这需要何等坚强的意志和巨大的勇气。在军事上，项羽最辉煌的成就除巨鹿之战外，就是汉之二年四月，他以三万的兵力，与刘邦的五十六万诸侯军在彭城打得个飞沙走石，天昏地暗。汉之四年，刘项二军相持荥阳、成皋，待广武间刘邦数落他时，项羽已处于相对劣势，到汉五年他被围垓下，自陷四面楚歌，项羽不能不溃逃了。这个迅速瓦解的过程，使项羽这位"欲以力征经营天下"见长的人看到即使过江而东也不能重新起家了。他不想再以战争来危害中原民众，显示了项羽舍身自刎的自觉意图。项羽牺牲自己换来天下一统的局面，是他亡秦后做出的最后一次贡献。以羞耻之心引发的反省意识，自可造福于人民，其可贵精神应予肯定。

精神永存，这就是项羽功绩的第五大历史价值。

第六章　《项羽本纪》

——一篇关于战争评述的纲领性文献

项羽短短的一生都处于战争之中，他因战争而辉煌，亦因战争而败亡。因而《项羽本纪》有关战争条件、过程、结局等的评述，相对于《史记》全书中所叙战争的事例而言，有揭示一般规律的意义，以至该篇具备其纲领性的文献价值。

北京师范大学史学探索丛书

一、项羽能成为战神的条件

在《史记》中，司马迁是把项羽当作战神看待的。之所以如此，项羽具备其自身的条件。

第一，项羽出身于将领世家。《项羽本纪》说："项氏世世为楚将，封于项，故姓项氏。"在这个家世中，项羽的季父项梁，就是秦末起义军的著名将领，也是项羽进入人生历程的导师和领路人；而项梁的父亲就是楚国的将领项燕，即在战国末年被秦将王翦所杀死的一名抗秦英雄。家世传统在项羽的血液中注入了战将的基因。而且，当时起事地区的民众认为，"项氏世世将家，有名于楚。今欲举大事，将非其人，不可。我倚名族，亡秦必矣"。不仅如此，在"楚虽三户，亡秦必楚"的看法盛行时，项梁、项羽如范增所说"以君世世楚将，为能复立楚之后也"，而起到使江东"楚蜂午之将皆争附君"的效果。项氏始终处于当时强大的社会舆论的中心地位，有强烈的号召力量。

第二，"项籍少时，学书不成，去学剑，又不成"。项梁生气了，恨他不成器。项羽却说："书足以记名姓而已。剑一人敌，不足学，学万人敌。"项梁就往这方面培养他，"于是项梁乃教籍兵法，籍大喜，略知其意，又不肯竟学"。后来的发展表明，项羽虽没有掌握什么精妙的兵法，但却能率领一支偌大的部队拼死战斗，克敌制胜。领军作战，是项羽的喜好，崇尚在战争中发挥人生价值，是项羽追求的终极目标。不能不说，对于从事战争，项羽是有那么一点天生灵气的。

第三，雄心凸显，充满前进动力。公元前210年，秦始皇巡游会稽，渡过浙江的时候，项梁和项羽一块去参与围观。看到秦始皇巡游时候的威吓气势和壮观场面，项羽受到震惊，勾起了他久蓄的灵念而突发奇想，说："彼可取而代也。"少年项羽竟如此口出狂言，可一下子吓坏了项梁，赶紧掩住项羽的嘴巴，叮嘱他说："毋妄言，族矣！"冒着族灭的风险，项羽敢当众吐露自己的心声，说明他志向的高远和意念的坚定。宏伟的理想促使项羽在从事战争的过程中能义无反顾、勇往直前。

第四，在冷兵器时代，两军战斗多数情况下是短兵相接，士兵要保全性命、取得胜利，强壮的体魄是不可缺少的。在这种情况下，将领们常常是身先士卒，冲锋陷阵。当立马阵前，单独挑战时，更是需要身材魁梧、膂力过人，才可以获取军事上的成功。而项羽这方面的天赋也是不可忽视的，"籍长八尺余，力能扛鼎，才气过人，虽吴中子弟皆以惮籍矣"。项羽身材高大，力气超常无比，一般人见到他都感到害怕，完全具备做古代将领的天生条件。

第五，威猛震敌的形象。战争是很残酷的，刀枪飞舞，火炮轰鸣，尸横遍野，满目疮痍，故人们想象中的战神形象常会是凶神恶煞、面目狰狞。然而《史记》对战争的认识是双向的，它更多的是看到了战争在促进社会进步方面的强大作用，其中关于战争结局的描写，很少有如此悲观而凄惨的场景叙述。《史记》视项羽为战神，是因为项羽与其他人不同，他短促的一生参与诸多战事，冲锋陷阵，谋划指挥，除此而外，很少能具体涉足政治、经济、文化等事宜，他在战争上创造了奇迹，他的精神贡献更能鼓舞人们奋勇前进。说项羽是"战神"，不是视他为一个关于战争凶残性的抽象意义上的代表，而是说在他身上显示出的战争运行中所具备的更多元素，能给人们带来启迪与思量。项羽的威猛非常突出，巨鹿战时，由于秦军的强大，诸侯军的各个将领都害怕出战，故"皆从壁上观"，等到秦军已被打败，"项羽召见诸侯将，入辕门，无不膝行而前，莫敢仰视"。项羽获胜的气势，使得见秦军都寒心丧胆的诸侯军将领们大失风采，都不敢抬头看项羽一眼而甘拜下风。汉之四年，楚汉俱临广武久相持未决，汉军有善于骑射的楼烦，三个回合中都射杀了楚军出阵挑战的壮士，"项王大怒，乃自被甲持戟挑战。楼烦欲射之，项王瞋目叱之，楼烦目不敢视，手不敢发，遂走还入壁，不敢复出。汉王使人间问之，乃项王也。汉王大惊"。项羽一怒目圆睁，连刘邦都被吓得魂不附体，可见其神情气势着实能让人胆战心惊而恐惧异常。即使在他人生最后一战的时刻，项羽仍然保持着这种豪爽奔放、视死如归的威严气魄。东城快战，在汉军五千骑的紧追下，他仅有二十八骑，仍毫无惧色而为部下溃围、斩将、刘旗，"于是项王大呼驰下，汉军皆披靡，遂斩汉一将。是时，赤泉侯为骑将，追项王，项王瞋目而叱之，赤泉侯人马俱惊，辟易数里"。项羽睁大眼睛一吆喝，汉军就得让出好几里地由他通过，否则阻挡者将会在他的铁蹄下化作肉泥。这时候，项羽虽已至穷途末路，仍不失具有威猛气势的战神形象的英雄本色。

基于这样的条件，在秦楚之际项羽显示出鲜明的独特性，他叱咤风云，投入与群雄的争霸中，取得了一个又一个的辉煌胜利。

二、从"天之亡秦"到"天之亡我"

战争催生出秦王朝，亦将推翻秦王朝；战争使项羽能成就功名，亦使项羽最后走向失败。

(一)战事机缘

秦王朝建立以后，没有采取与民休息的政策，而是大兴土木，使民众继续承受繁重的劳役负担，于是激起了民众大规模的反抗。"秦二世元年七月，陈涉等起大泽中。其九月，会稽守通谓梁曰：'江西皆反，此亦天亡秦之时也……'"这就说明当时秦的地方最高行政长官都已看出秦王朝灭亡的趋势。正是这次对话后，项梁、项羽就杀了殷通而"起大事"，得吴中"精兵八千人"，渡江而西。过了淮河，兵员增加到"六七万人"。待到定陶，项梁被秦军章邯所杀，项羽领军接替宋义而为楚之上将军并以浩大声势取得巨鹿战争的伟大胜利以后，陈馀书遗章邯劝其投降于项羽时最有说服力的理由仍然是："且天之亡秦，无愚智皆知之。"陈馀在信中还列举了秦王朝内部的固有矛盾，如斩杀功臣白起、蒙恬，赵高恐二世诛之，欲找人替罪以脱其祸，章邯久居外，多内隙，有功亦诛，无功亦诛等，并明确指出："今将军内不能直谏，外为亡国将，孤特独立而欲常存，岂不哀哉！"加上项羽的连续进攻，不得已，章邯最终投降项羽。由此，秦王朝对内镇压的军事力量彻底瓦解，从而导致它的崩溃。秦朝灭亡，项羽的战功卓著自不待言，但秦王朝内外交困所导致的衰败趋势，更是事情发展的内在原因。所以，项羽是"乘势"，这个"势"，也就是"天之亡秦"的所谓"天"。项羽是充分利用了战事机缘。

项羽灭秦后，转入刘项争霸。至汉五年，垓下突围后，退至东城，"项王自度不得脱。谓其骑曰：'吾起兵至今八岁矣，身七十余战，所当者破，所击者服，未尝败北，遂霸有天下。然今卒困于此，此天之亡我，非战之罪也。'"然后他愿意为部下快战，"令诸君知天亡我，非战之罪也"，再次强调是"天亡我"，不承认他在战事方面有什么罪过。实际上，项羽灭秦以后，这位战神仍只崇奉战争，分封十八王时，也仅将自己当作诸侯联盟的霸主，缺乏对建立后续政权的整体考虑，甚至连诸侯间有效的控制盟约都没有签订。他从一开始就未能认真地进行战略思考，逐渐抛弃了民众的拥护，使原有的政治军事机缘丧失殆尽，从而不得已最终走上了乌江自刎之路。

(二) 战争胜败

"天"，表现在一个具体时段上可以是机缘，而从长远的历史时期看，则可以表现为一种趋势、规律。人们从事战争，其结果符合历史趋势的要求、具有进步性则常可获胜并成为推动历史前进的有效手段。所以，项羽取得巨鹿战争辉煌胜利，是有效地实现了"天之亡秦"，是顺应历史潮流的举动，受到了肯定。然而战争是把双刃剑，胜败常是互相转换的。当秦始皇将战争的功能发挥到极致，统一中国而建立起秦王朝时，战争的消极影响也得到了充分暴露，百业凋敝，社会破坏严重。继之而起的项羽，在这样重要的历史转折关头，不思变革，而始终沉迷于"所当者破，所击者服"之中，仍会受到时代的唾弃，遭受"天之亡我"的惩罚。

因此，就一般的规律而言，战争的胜败是受"天"制约的，顺"天"则胜，违"天"则败。项羽是没有违背这个规律的。

（三）人生价值

《史记》给战神项羽以很高的评价，说："夫秦失其政，陈涉首难，豪杰蜂起，相与并争，不可胜数。然羽非有尺寸，乘势起垄亩之中，三年，遂将五诸侯灭秦，分裂天下，而封王侯，政由羽出，号为'霸王'，位虽不终，近古以来未尝有也。"《史记》对项羽做出了如此高的评价，其中充分体现出项羽的人生价值为：在陈涉、项梁相继被杀以后，项羽接过农民起义军的大旗，帮助农民军完成了历史任务；继续战斗，率领诸侯军顽强拼搏，一举推翻了秦王朝；在此期间，他掌控着天下局势，获得了在《史记》中被列入本纪的崇高地位；在与刘邦的争斗中虽然失败了，但其作为为刘邦后来的一统天下奠定了基础，他与陈涉一道，同样是汉家政权的拓路人。

从"天之亡秦"到"天之亡我"，说明了秦楚之际战争发生的背景、结局及其意义，也说明了项羽之所以能成为战神的历史机缘。他最后虽然遭受失败，但仍能充分体现出其突出的人生价值。

三、取胜之道

《项羽本纪》关于战争取胜的表述有很充分的内容。

第一是先发制人。秦的会稽守殷通对项梁说："江西皆反，此亦天亡秦之时也。吾闻先即制人，后即为人所制。吾欲发兵，使公及桓楚将。"这是表述了一种战争中的先发制人的思想。项梁、项羽正是利用了这个思想，当时就采取行动"起大事"的。当然，项梁、项羽利用这一思想的出发点和效果与殷通是完全不一样的。后来项羽在战争中，很多情况下都能利用这一思想主动出击而获取胜利。

第二是正义性。项梁定陶被杀，楚怀王任命宋义为上将军号卿子冠军，率领楚军前往巨鹿救赵，以解秦军包围之危。宋义自彭城行至安阳，迟疑观望，"留四十六日不进"，理由是"今秦攻赵，战胜则兵罢，我承其敝；不胜，则我引兵鼓行而西，必举秦矣。故不如先斗秦赵”。并压制次将项羽提出反对意见。宋义为送儿子宋襄相齐还"身送之至无盐，饮酒高会。天寒大雨，士卒冻饥"。项羽见此情景非常气愤，对宋义的举动当即予以揭露、批驳："将戮力而攻秦，久留不行。今岁饥民贫，士卒食芋菽，军无见粮，乃饮酒高会，不引兵渡河因赵食，与赵并力攻秦，乃曰'承其敝'。夫以秦之强，攻新造之赵，其势必举赵。赵举而秦强，何敝之承！且国兵新破，王坐不安席，扫境内而专属于将军，国家安危，在此一举。今不恤士卒而徇其私，非社稷之臣。"这是所见项羽发表的最为长篇的议论，有很高的文献价值。他的陈词分析了形势，申述了援赵战争的正义性，说明了此举关系整个国家发展的前途命运，应以奋发进取的大无畏精神去迎接挑战、主动出击，夺取反秦战争的胜利。项羽的言论，揭示了反秦战争取胜的根本原因，为他此后的称霸道路打下了坚实的政治基础。

第三是果断指挥与拼搏精神。项羽夺了宋义的楚军的指挥权以后，领军渡河救巨鹿，"皆沉船，破釜甑，烧庐舍，持三日粮，以示士卒必死，无一还心"。激发起士兵誓死的战斗意志，采取果敢行动，加以正确的战术指挥，使"楚战士无不一以当十，楚兵呼声动天，诸侯军无不人人惴恐。于是已破秦军……"项羽由此在巨鹿取得了反秦战争的决定性胜利。项羽的果断指挥和楚兵顽强的拼搏精神，就是由战争的正义性所派生出来的。战争的正义性起到了决定性的作用。

第四是充分利用敌方矛盾，顺势而为。巨鹿战后，因"秦军数却，二世使人让章邯。章邯恐，使长史欣请事……赵高不见，有不信之心。长史欣恐，还走其军……报曰：'赵高用事于中，下无可为者。今战能胜，高必疾妒吾功；战不能胜，不免于死。愿将军熟记之。'"在已经遭受失败的情况下，秦朝廷内部的矛盾加深，信用危机严重，章邯失去依靠，迟疑动摇。项羽利用这一时机，对之进行分化瓦解，并一再施以强大的军事压力，使章邯最终投降项羽。章邯所部秦卒二十余万人完全失去战斗力，导致了秦王朝的彻底崩溃。

第五是政治决策与作为。这方面相对于项羽来说是薄弱环节，乃至成为其失败的主要原因。《项羽本纪》论赞中说"及羽背关怀楚，放逐义帝而自立，怨王侯叛己，难矣"，就是明确指出项羽政治上存在的问题。项羽立志取代秦始皇，但是为什么要取代，拿什么去取代，从后来的表现看，他自己并不明确。这导致他在"用兵"的过程中，很少考虑长远的政治策略，将这方面的优势拱手让给刘邦，使自己陷入了非常被动的地位。

第六是粮道为重。《项羽本纪》关于粮食在战争中的重要性，有很多具体的表述：

> 章邯令王离、涉间围巨鹿，章邯军其南，筑甬道而输之粟。
>
> 今岁饥民贫，士卒食芋菽，军无现粮，乃饮酒高会，不引兵渡河因赵食……
>
> 皆沉船，破釜甑，烧庐舍，持三日粮……与秦军遇，九战，绝其甬道……
>
> 章邯使人见项羽，欲约。项羽召军吏谋曰："粮少，欲听其约。"

以上是反秦战争时期的记载，刘项相争中这方面的叙述更为充分。

> 汉军荥阳，筑甬道属之河，以取敖仓粟。汉之三年，项王数侵夺汉甬道，汉王食乏，恐，割荥阳以西为汉。
>
> 纪信……曰："城中食尽，汉王降。"楚军皆呼万岁。
>
> ……汉王……使刘贾将兵佐彭越，烧楚积聚。项王东击破之，走彭越。汉王……军广武，就敖仓食。
>
> 当此时，彭越数反梁地，绝楚粮食，项王患之。
>
> 是时，彭越复反，下梁地，绝楚粮。
>
> 是时，汉兵盛食多，项王兵罢食绝。
>
> 汉欲西归，张良、陈平说曰："……楚兵罢食尽，此天亡楚之时也，不如因其机而遂取之。"
>
> 项王军壁垓下，兵少食尽，汉军及诸侯兵围之数重。

手中有粮，心里不慌。大兵团行军作战，保证充分的粮食供应，是获

北京师范大学史学探索丛书

取战争胜利的必要手段。

第七是众多的同盟者。正义战争必将获得民众的同情与拥护。项羽反秦，齐、赵、韩、魏、燕等各诸侯军积极支持参与，使战争迅速取得了胜利。其时田荣不识大体，"不肯发兵助楚"，反秦胜利后自不能获得封王，且在随后项羽对他的讨伐中，"田荣不胜，走至平原，平原民杀之"，这说明田荣当初企图分裂起义军队伍的作为是不得人心的。后来的发展，项羽的行为又失去民心，亦使他受到孤立。相比之下，刘邦以宽大长者的姿态出现，在政治上受到拥护，如张良、韩信、陈平等人，原先都在项羽属下，后来却都转到了刘邦一边。从《项羽本纪》中可以看到，刘项争锋后期，如纪信、周苛、黥布、郑忠、彭越，乃至于项伯，都站在刘邦方面，给项羽出谋划策的人少得可怜，仅一个范增也被逼走以致"疽发背而死"。如此一来，项羽能不失败吗！

这几个方面，虽不是战争取胜的全部内容，但可说是关乎战争胜败的极其重要的因素。它们在战神项羽的一生中体现出来，也表现出一般战争规律的基本要求，因而闪烁出《项羽本纪》特殊价值的耀眼光芒。

四、观念思考

(一)"斗智"与"斗力"

项羽分封天下后的四年，战略形势的优势已经逐渐向刘邦方面转移。其时楚汉"俱临广武而军，相守数月"，项羽受彭越的干扰，粮食断绝，形势不利，非常着急，就想和刘邦之间来一个速战速决，刘邦自然不会答应。于是二人之间有过一次很有意义的对话："楚汉久相持未决，丁壮苦军旅，老弱罢转漕。项王谓汉王曰：'天下匈匈数岁者，徒以吾两人耳，愿与汉王挑战决雌雄，毋徒苦天下之民父子为也。'汉王笑谢曰：'吾宁斗智，不能斗力。'"这就出现了"斗智"与"斗力"的观念分歧。

项羽凭借其强壮体魄和超强武功，当然希望与刘邦进行一次两人之间的搏斗，而他自信会取得绝对的胜利，刘邦也是明白这一点的。但刘邦此时已经看到形势的发展对自己有利，绝对不会拿自己的性命去做无谓的牺牲，他知道自己率领着一支浩大的队伍，是要去实现建立一个刘家王朝的目的的。他鄙视这种领袖个人凭借体力逞强的作风，而主张充分发挥智慧的力量，来进行彼此间的全面较量。"力"，是战士参战的必要条件和获胜的可贵基础，不可想象，一群残弱的士兵能在战场上长久地冲锋陷阵，但"力"很少能成为战场获胜的决定因素。而"智"，它不仅指一个人的智力、智慧，同样包含着如战略设计、战术指挥、人才策略、政治谋划、总体调度、形势估量等方面的内容，所指范围非常广泛，常常需要一个集团的成员共同长期酝酿形成，它可以确定战争前进的方向，并最终能使战争获取胜利。

项羽称霸后，刘邦只得进入汉中韬光养晦，待项羽东归，他随即返回并占领关中，以之作为后方基地，带领数十万人追击项羽至彭城。失败后退居荥阳，与项羽大军相对，既据敖仓粟，又派出韩信开辟北线战场，扩大地盘略下魏、赵、燕、齐，并争取彭越、黥布支持，会师垓下，消灭项羽。刘邦用的是方略，依靠的是人才，通过一系列谋划，运用的全是以"智"克"力"的策略，最终夺取了天下。刘项"智""力"争斗的结局，有显示一般战争历史规律的价值。

(二)"师古"与"力征"

《史记》评述项羽："自矜功伐，奋其私智而不师古，谓霸王之业，欲以力征经营天下，五年卒亡去国，身死东城，尚不觉悟而不自责，过矣。"

过往的社会经验显示，事不师古而能长久者，非所闻也，说明"师古"与事业长久有着非常密切的关系。强调"师古"，是肯定中国古代传统文化在指导人们行为时的重要价值。而中国古代传统文化的集中表现是一个"礼"字，而"礼"的核心是仁义。所谓"礼以节人"①，就是要以儒家的仁义道德来调节人们的行为，而孔子所说的"克己复礼"②，也是要人们节制自己的行为，去按照礼制实践仁义道德。项羽只顾"奋其私智"，仰仗自己的小聪明，不知从大局出发行仁道，一味想依靠四处拼杀来掌控天下，结果

---

① 《史记·太史公自序》。
② 《论语·颜渊》。

如《史记·太史公自序》诸篇提要所说，"诛婴背怀，天下非之"①，让自己走上了失败的道路。

（三）"天"与"战"

项羽失败的最后时刻，他对部下说："此天之亡我，非战之罪也。"他不了解自己作战一生究竟有什么罪过，实际上他虽是战神，却并不真正了解关于战争的根本性质及其规律。

借用《史记》十篇"有录无书"之一的《律书》说："兵者，圣人所以讨强暴，平乱世，夷险阻，救危殆。"这是说战争的目的性与正义性，依这个准则去做，就如黄帝有涿鹿之战，颛顼有共工之陈，成汤有南巢之伐一样，获得"胜者用事，所受于天也"的成效。这说明当时的战争符合客观社会发展及其自身规律的要求，所以是成功的。相反的情况同样存在并且有着典型历史教训的意义："夏桀、殷纣手搏豺狼，足追四马，勇非微也；百战克胜，诸侯慑服，权非轻也。秦二世宿军无用之地，连兵于边陲，力非弱也；积怨匈奴，絓祸于越，势非寡也。及其威尽势极，闾巷之人为敌国，咎生穷武之不足，甘得之心不息也。"可惜项羽并没有思考这些教训，故不知转变策略，仍然是"自矜功伐，奋其私智"地进行"力征"，已经不符合时代的需要了，他只好遭到历史的抛弃。项羽这位"战神"不"自责"的错误是至死不明白他的过分崇奉战争正形成了他的罪过。后来的历史发展证明，仍如《律书》所说，刘邦的"偃武—休息"，汉文帝的"休宁北陲"，"得息肩于田亩"，才是历史发展的必然，才合"天"意。

---

① 《史记·太史公自序·诸篇提要》。

第七章　项羽的人格魅力

在司马迁笔下，项羽是一位可歌可泣的英雄，他在事业上虽然最后遭受失败，但他的人格魅力仍然光彩照人、传颂千古。

一、欲代始皇　少具壮志

项羽与他叔父项梁在会稽起事的前一年，秦始皇出游会稽，渡浙江时，项梁和项羽一同去围观。就是在这个时候，项羽竟惊人地说出了一句话："彼可取而代也。"这可吓坏了项梁，赶紧掩住项羽的嘴巴，说："毋妄言，族矣！"①项羽说这样的话，要是被秦始皇的随行人员和地方官吏们发现了，当地项氏会被族灭的。

"彼可取而代也"是什么意思，那是说秦始皇的天子之位是可以夺取过来去代替他登临的，当时一个仅二十三岁的年轻人，要是没有一点思想酝酿和人生雄心，能随便冒族灭的风险，即兴吐出这种真言吗！少年吐雄心，最能体现出项羽纯真而超凡的人格魅力。而这种雄心的出现绝不是偶然的，正是当时国家和社会动荡、变革及项羽家世经历与个人素质培养相结合的反映，具有极高的时代价值。

第一，项羽具有敏锐的时局观察力。秦始皇巡游会稽，是在嬴政做了秦王的第三十七年，是秦王朝建立的第十二年，秦始皇巡游完会稽以后就在回京城途中死于平原津，可知项羽说"彼可取而代之"这句话时，已经是秦始皇在位的最后一年。秦王朝在统一六国以后，由于没能及时地实行政策转变，注重发展经济、改善民生，仍然抽调大量的人力、物力去修骊山墓，建阿房宫，派大军戍守边塞，导致徭役严重，民不聊生，使国家陷于土崩瓦解的局势之中。就在项羽说这句话的次年七月，"陈涉等起大泽

---

① 所用原文，凡未加说明者，均引自《史记·项羽本纪》。

中"，还是秦朝地方官员的会稽守殷通对项梁说："江西皆反，此亦天亡秦之时也。"殷通也想发兵反叛朝廷，可见秦王朝对局势的不可掌驭。亡秦而后才可取代，故知项羽之意欲取代，在他的念想中已经预测秦王朝将要灭亡。雄心的提出，来源于他对时局变化的认识及敏锐的观察力。

第二，项羽具有强烈的社会责任感。项羽出身"世世为楚将"的家族，他的祖父项燕就是有名的楚国将领。秦始皇二十三年，派将军王翦击楚，虏楚王负刍，项燕就另立昌平君为楚王，在淮南继续抗秦。秦始皇二十四年，王翦和蒙武进攻楚军，昌平君死，项燕被围而自杀。项燕之"为秦将王翦所戮"，项氏对秦本有家仇。更有甚者，秦统一六国的过程中，楚是最受秦凌辱的。楚怀王曾受秦国说客张仪欺骗，最后被拘死于秦，这件事对楚国的伤害非常严重，以致形成国恨。当时有一种说法："自怀王入秦不反，楚人怜之至今，故楚南公曰'楚虽三户，亡秦必楚也'。"由此形成的社会舆论，促使楚地民众成为反秦的中坚力量。国恨家仇，加上项羽对"岁饥民贫"百姓的同情和强烈的社会责任感，使他不自觉地成为反秦中坚力量的杰出代表，从而在脑海中形成了隐秘的"欲代始皇"的意念。

第三，项羽具有深度的才能自信心。项羽年轻时不愿意学习书法和剑术，他认为"书足以记名姓而已，剑一人敌，不足学"，他要学的是带领万人去与敌方进行对抗的战略战术，于是项梁就教他"兵法"，这使项羽非常高兴。项梁不仅书面上教项羽，还带着项羽在日常活动中暗中实践，项梁带项羽避仇于吴中时，"每吴中有大徭役及丧，项梁常为主办，阴以兵法部勒宾客及子弟，以是知其能"。这种实践教导，自会使项羽获得许多加速成长的机会，且在暗中进行着反秦起义的准备，也正是在这以后项羽才抛出了他"欲代始皇"的宏大意念的。项羽身高八尺有余，力气大到能扛鼎，由此他"才气过人，虽吴中子弟皆已惮籍矣"。项羽对于实现自己的意念目标，是以其充分的才能自信心作为基础的。

第四，项羽具有有效的行动趋成度。司马迁列项羽于本纪，是肯定他最终能灭亡和取代秦王朝而"主命分天下王诸侯"①的，但在军事上只把项

---

① 《史记·秦始皇本纪》。

羽看成是一位"兵法"家，指出项羽学兵法也只是"略知其意，又不肯竟学"，不能精通兵法，所以他很难成为一个战略家，这导致他在楚汉战争中败于刘邦。但这不妨碍司马迁以饱满的热情充分赞扬项羽，说："夫秦失其政，陈涉首难，豪杰蜂起，相与并争，不可胜数。然羽非有尺寸，乘势起陇亩之中，三年遂将五诸侯灭秦，分裂天下，而封王侯，政由羽出，号为'霸王'，位虽不终，近古以来未尝有也。"这个崇高的评述，恰恰以后来的结果、效应证明了项羽"欲代始皇"的重大意义。抱持潜在的雄心，项羽跟从项梁在会稽"起大事"，渡淮攻襄城，与刘邦一道屠城阳，攻定陶，再在雍丘斩秦相李斯之子李由，在项梁战死于定陶之后，又和刘邦共同承担起领导农民起义军的任务，继续打击秦军，一直到推翻秦王朝。他带领士卒风起云涌似的席卷中原大地，自东向西，以极佳的行动趋成度实现了理想、伟业。

秦失其道，在并起的豪杰中，只有项羽敢于发出欲代始皇的豪言壮语，相比之下，更凸现出项羽人格魅力的光辉。陈胜部将武臣渡河后对诸县豪杰揭发秦之"乱政虐刑"后说出的"夫天下同心而苦秦久矣。因天下之力而攻无道之君，报父兄之怨而成割地有土之业，此士之一时也"①这句话，正是道出了豪杰们的共同心声，他们的希望是获得"割地"而被封王。这些人如果从他们的最后作为进行整体的人格分析，较之项羽有着非常大的差别。例如，魏豹曾被项羽封为西魏王，但认为"人生一世间，如白驹过隙"，故保留六国旧贵族陋习，只追求利禄，随势俯仰，不识大体。彭越初为巨野泽中之"群盗"，秦楚（陈胜、项梁）对立时，他抱着"两龙方斗，且待之"的骑墙态度，到刘项相持时仍然观望，人生追求是"亦欲王"。②黥布以布衣而为刑徒，论输骊山，亦"亡之江中为群盗"，项梁起事以兵属之而为当阳君，至项羽封他为九江王，后因叛汉而被番阳人杀于民田舍。故楚之令尹曾评说他："布故丽山之徒也，自致万乘之主，此皆为身，不顾后为百姓万世虑者也。"③不只是黥布，当时的诸多豪杰，"不顾后为百姓万

①　《史记·张耳陈馀列传》。
②　上引均见《史记·魏豹彭越列传》。
③　上引均见《史记·黥布列传》。

世虑"这句话，都可说是点中了他们的要害。韩信是司马迁笔下的有名战略家，有政治观察力，其作为可以决定刘项的胜负，《史记》论赞说"韩信虽为布衣时，其志与众异。其母死，贫无以葬，然乃行营高敞地，令其旁可置万家"①。韩信人生的目标也在求封王。

至于韩王信、卢绾之"外倚蛮貊以为援，是以日疏自危，事穷智困，卒赴匈奴"，那样的深陷成败之计，司马迁早为之叹息了："岂不哀哉！"②田儋、田荣、田横兄弟，自以为是齐田氏后裔，"皆豪，宗强，能得人"，始终视齐地为自己私族领地，不与农民军协力反秦，汉定天下以后，刘邦虽赞叹："嗟呼，有以也夫！起自布衣，兄弟三人更王，岂不贤乎哉！"③但这只是为了安定的需要而说的，实际上为了一个"王"字，他们将自己放在了给起义力量造成分裂的地位上，有些可悲。纵观群雄，项羽的少有壮志，是光照日月、独树一帜的，其人格魅力实是令人敬佩。

二、社稷为重　刚毅果决

项梁、项羽起事后，因陈胜死难，他们和刘邦共同扛起了农民起义军的大旗，为"从民所望"，项梁听取居巢人范增的建议，从民间找来了在替人牧羊的楚怀王的孙子熊心，仍然"立以为楚怀王"，企图起到号召作用，项梁自号为武信君，实际掌握军事指挥权。后来反秦战事发展顺利，在定陶再破秦军，项羽等又斩杀李由，项梁于是"益轻秦，有骄色"，章邯率领大量增兵后的秦军在定陶大败楚军，项梁亦战死，楚军遇到了重大挫折。其后章邯乘胜渡河去进击赵地，包围了赵歇为王、陈馀为将、张耳为相所保守的巨鹿城。因此，在巨鹿一地所进行的秦王朝与起义军的战斗，将是决定双方前途命运的一次具有重大意义的战役。

楚兵在定陶失败后，怀王恐惧，将都城从盱台迁到彭城，并从项羽等人手中收回军队指挥权。为了救赵，怀王任命宋义为上将军，项羽仅为次

---

① 《史记·淮阴侯列传》。

② 《史记·韩信卢绾列传》。

③ 上引均见《史记·田儋列传》。

将，以范增为末将，所有其他将领都隶属宋义。并且褒尊宋义，特称号他为卿子冠军，怀王的意思实际上是想在内部气势上压制项羽的锋芒。

宋义将大军带到了安阳，采取坐山观虎斗的姿态，停留四十六日而不前进，并对项羽提出的正确意见不予采纳，还说项羽如不听指挥则会即行斩杀。宋义在派他儿子宋襄去相齐时，亲身送到无盐，且不顾天寒大雨、士卒冻饥，举行"饮酒高会"。这可气坏了项羽，他因此对宋义说："将戮力而攻秦，久留不行。今岁饥民贫，士卒食芋菽，军无见粮，乃饮酒高会，不引兵渡河因赵食，与赵并力攻秦，乃曰'承其敝'。夫以秦之强，攻新造之赵，其势必举赵。举赵而秦强，何敝之承！且国兵新破，王坐不安席，扫境内而专属于将军，国家安危，在此一举。今不恤士卒而徇其私，非社稷之臣。"项羽的一番申述说理深析、气势恢宏，使他坚信自己认识的正确性，从而增添了无穷的意志力，促使他在晨朝见上将军宋义的时候决意"即其帐中斩宋义头"，夺得了全军的指挥权，诸将领亦皆慑服，没有人敢反对。在这次救赵的行进途中，项羽敢于斩杀迟疑犹豫、以权营私的上将军宋义，表现出在国家安危的紧要关头，一位"社稷之臣"的思想境界与意志风范，其丰满的人格形象使他赢得了众将的拥戴。

项羽乘"已杀卿子冠军，威震楚国，名闻诸侯"之势，率领楚军进行巨鹿决战。他以破釜沉舟，"烧庐舍，持三日粮，以示士卒必死，无一还心"这种义无反顾的英雄气概，激励士卒一以当十、呼声动天地投入战斗，于是杀秦将苏角，虏王离，逼使涉间自杀，大败秦军。楚军这种无畏的拼杀精神，让当时增援赵军却作"壁上观"的"诸侯军无不人人慑恐"。项羽如此勇猛顽强，赢得了各路援军的敬畏、尊重，诸侯们开始正式推举他为上将军，各路诸侯也都归属他指挥。项羽以自己使人威服的战斗业绩成就了反秦战争的辉煌战功。

巨鹿城解围，但秦军主要将领章邯的军队仍然驻扎在巨鹿南，楚军还在与之"相持未战"。这时秦二世派人来责让章邯，而章邯的部将司马欣也已认识到当时的形势，是"天之亡秦，无愚智皆知之"，建议章邯投降项羽以争取能够封王。此时，项羽机智地分析秦王朝内部分崩离析的矛盾局面，从而利用双方开始议约未成的瞬息，以"再破""大破"的威势，创造有利条件，迫使章邯按照自己的要求投降，从而最终结束了巨鹿之战。章邯的降服，瓦解了秦王朝对内镇压的军事战斗力。项羽率领的起义军取得的胜利，从根本上决定了秦王朝的最后灭亡，这对于项羽来说有着值得骄傲的特殊价值。

项羽的坚毅果决，是他"欲代始皇"志向的直接延伸，是他追求为社稷利益奉献力量的最具说服力的行为显示，因而也是他高尚人格魅力的杰出表现。

三、鸿门相会　仁心为上

楚怀王在派出项羽随宋义去救赵的同时，也派出刘邦往南向西发展，企图分南北两路攻取关中，灭亡秦王朝。其后在项羽连战于巨鹿之际，刘邦已先期自武关进入了关中，秦王子婴也已向刘邦投降。刘邦进关中后听从部将的意见，派出一支军队把守函谷关。项羽军队结束巨鹿战争去略定秦地时，碰上刘邦的军队守关，不得入。项羽又听说刘邦已破秦都咸阳，大怒，派出下属黥布等击关。进到关中，到达戏地之西，其军四十万，驻在新丰鸿门，而刘邦还没能和项羽相见，领兵十万，驻在霸上，距离项羽仅四十里。其时刘邦下属左司马曹无伤想讨好项羽，派人对项羽说，刘邦想做关中王，让子婴做相，秦宫室的珍宝尽归自己占有。曹无伤这样挑拨项羽和刘邦的关系，危害极大，会造成起义军两大部队的火并，如果生事，局面将不可收拾。果然，原本进函谷关时就窝了气的项羽，听了曹无伤的话以后更是勃然大怒，就下达命令第二天早上要去打败刘邦的军队。在这千钧一发的关键时刻，项羽的季父项伯当天晚上去到刘邦军营见张良，想拉出好友张良以避祸患。张良将情况报告刘邦，刘邦大吃一惊，自己十万人怎么打得过项羽的四十万军队。怎么办？刘邦、项伯、张良三人商议，由刘邦第二天早早去见项羽，而项伯当天晚上先回去向项羽做出说明。项伯借机从中和解，劝说项羽，刘邦"不先破关中，公岂敢入乎？今人有大功而击之，不义也，不如因善遇之"，将事情解决的思想前提归到"义"与"不义"的角度来认识。项伯在缓释项羽与刘邦此时的矛盾上是有功的。项羽最终同意了项伯的建议。

在随后举行的鸿门宴上，尽管进行过程中存在着项庄舞剑、意在沛公以及樊哙侧盾闯营、死且不避的紧张气氛，最终还是由于项羽的道义大度，而使项羽、刘邦二人间的嫌隙暂时烟消云散。在这里，"道义"二字在项羽的人格体现中分量是非常重的。

刘邦在先一天晚上见到项伯时就解释说："吾入关，秋毫不敢有所近，籍吏民，封府库，而待将军。所以遣将守关者，备他盗之出入与非常也。日夜望将军至，岂敢反乎！愿伯具言臣之不敢倍德也。"第二天清早，刘邦带百余骑来见项羽，到了鸿门，一见面就对项羽道歉说："臣与将军戮力而攻秦，将军战河北，臣战河南，然不意能先入关破秦，得复见将军于此。今者有小人之言，令将军与臣有隙。"樊哙撞进营门，啖了生彘肩，饮了斗卮酒，乘酒兴气盛之时，发了一通议论："夫秦王有虎狼之心，杀人如不能举，刑人如恐不胜，天下皆叛之。怀王与诸将约曰'先破秦入咸阳者王之'。今沛公先破秦入咸阳，豪毛不敢有所近，封闭宫室，还军霸上，以待大王来。故遣将守关者，备他盗出入与非常也。劳苦而功高如此，未有封侯之赏，而听细说，欲诛有功之人。此亡秦之续耳，窃为大王不取也。"这些都是明白的道理、客观的事实，项羽不会不清楚其中的奥秘。但是，项羽还会觉得，首先，刘邦能亲自上门道歉，本身已经是示弱了，他心理上得到了满足，是可以在其他方面原谅刘邦的。其次，他不相信刘邦此时会有什么野心，能对自己玩弄什么政治花样。到达鸿门以后范增对项羽说过："沛公居山东时，贪于财货，好美姬。今入关，财物无所取，妇女无所幸，此其志不在小。吾令人望其气，皆为龙虎，成五采，此天子气也。急击勿失。"项羽把范增如此尖锐看法的话都当成耳边风，他能按照范增示意的举动去杀刘邦吗？再次，项羽相信自己当时的实力，认为刘邦仅以十万之众还不可能与自己的四十万大军对抗。最后，有一个判断是不可忽视的，他认为自己在形式上还没有做到主政分天下，如果处置了刘邦，定会引起诸侯们人人惶恐，分崩离析，导致起义军的事业完全失败，自己"欲代始皇"的少年壮志也就无法实现了。

应该说，在鸿门宴上，项羽是考虑了社稷的利益、起义军形势发展的大局和道义的分寸，恰当地做出了放刘邦一马的正确抉择，从开始大怒到有意督过，再到受璧置坐上，对刘邦是大释所疑了，刘邦也因此逃脱一难，得以继续施展他的才华。还是范增有政治头脑，将事情看得透彻，在项羽已经放走刘邦之后，他认为项羽"不足与谋"，叹息地指出"夺项王天下者，必沛公也，吾属今为之虏矣"，后来的结局，让范增不幸而言中。但是就鸿门宴的具体处事而言，项羽重在社稷、道义为上的风格仍然是应予肯定的。

鸿门相会，表面上看是项羽处于强势、主动，但实际从历史机缘上看，刘邦以退为进，采取隐瞒真实意图、虚张声势的手法避患趋利，不说是强势，却夺取了主动。然而从人格风貌上，项羽以率直对待了曲迂，以诚信对待了欺瞒，以纯真对待了心计，显示出一位英雄的大度与自信，仍然是高超于同时代的任何一个同盟者的，可亲可佩。

四、诸侯分封　豁达坦荡

鸿门相会后过了几天，"项羽引兵西屠咸阳，杀秦降王子婴，烧秦宫室，火三月不灭；收其货宝妇女而东"，采取了与刘邦进入咸阳时完全不同的政策、策略。接下来，项羽正式主政，"乃分天下，立诸将为侯王"。

项羽自斩杀宋义以后就是唯一的"上将军"，他破釜沉舟，取得了巨鹿之战的胜利，接着降服了章邯，他是消灭秦王朝军事主力的最大功臣，气势之盛，战绩卓著，是无人能敌的。刘邦虽然单独战于河南，先入关中，但并无显赫的战功可陈，此时还无能力与项羽争夺分封的主导权。所以，在灭亡秦王朝以后，项羽自然应该承担起相应的社会责任，主政分封，安定天下，满足各路诸侯的要求，保持一个相对安定的局面，以利于国家的发展。在这一关键时刻，项羽以其豁达自信，既没有请示"义帝"（即楚怀王），也没有故作谦让请众诸侯推举，敢于站出来，彰显出自尊、自强的人格风貌。项羽具备充分的道义力量，并能受到诸将的拥戴，自是没有问题的。

项羽分封的基本标准很明确，即依据战功和反秦中的表现。他在"先王诸将相"的开始时就说："天下初发难时，假立诸侯后以伐秦。然身被坚执锐首事，暴露于野三年，灭秦定天下者，皆将相诸君与籍之力也。"主要依据伐秦贡献分封，应该是最公平的，是大家可以接受而不会产生异议的，所以分封在平和的情况下进行得很顺利。依据这一基本标准，项羽分封刘邦、章邯、司马欣、董翳、魏豹、申阳、司马卬、韩王成、赵王歇、张耳、黥布、吴芮、共敖、韩广、臧荼、田市、田都、田安十八人为王。分封十八王，应该是秦亡过程的一个总结，是一个英雄盛举，因此，其时逐鹿中原的各路豪杰大体都已包括在内。当然也有两人例外。一个是田荣，项梁起事后，他曾与楚将司马龙且在东阿将秦军打得大败，此后即因田假、田角、田间事与项梁有矛盾，"齐遂不肯发兵助楚"，与楚在反秦上分道扬镳，并且无发兵入关之功可言，自不会在分封之列。一个是陈馀，巨鹿之战期间，他本是赵王歇之将，因与张耳对战事处理见解上的分歧后而出走南皮，亦未入关破秦，不可受封也是当然之事，但项羽因"素闻其贤，有功于赵"，还是给他依南皮"环封三县"。项羽还因"功多"，给番君将梅鋗"封十万户侯"。这样，总计因封而受益的包括项羽自己共二十一人，这个队伍不可谓不庞大。至于后来有名的彭越，此时尚处于"众万余人毋所属"①的状况下；而韩信此时在项羽属下只是个郎中，还未到出头之日，分封后才准备"亡楚归汉"②，要谈及他也还没有提到日程上。

项羽分封，在地位上他和豪杰们也是平等的。项羽少年时"欲代始皇"，他可能想过怎么样去代始皇，好像是没有想过代了始皇以后应该怎么办，所以他最直接的办法就是主政分天下。他没有考虑建立一个真正有效的、指令全国的政治中心，没有建立起一套全国系统的政权体制；他没有能剥夺削弱各诸侯国的实力，而仍让诸侯们率领军队分赴各个封地；他也没有与诸侯订立有约束力的盟誓，并建立起上下间的联系、督察制度，他照样认为诸侯们彼此都是平等的，完全将信任建立在事业的正义和个人才能、威望的掌控上。可以说，项羽是代表了当时中原民众从过去走向现

---

① 《史记·魏豹彭越列传》。
② 《史记·淮阴侯列传》。

在，但他没能代表得了从现在走向未来。因为前一半，他是成功的豪杰，因为后一半，他是失败的英雄。项羽把自己放在与诸侯豪杰同等的地位上，所以大家都是同盟者，无论强弱，不分上下。由于大家都是同盟者，必须有一个暂时的共主，项羽就封自己为西楚霸王，这是由项羽自身人格中的平等观念决定的，它显得异常的豁达坦荡。事实表明，项羽一心反秦，企求成功，所以他决心代始皇，但是这个人没有什么野心，也不善于拉拢一拨人策划什么长远图谋，即使别人有深思的建议，他也常是自行其是，这是由他人格的坦荡豁达决定的。

分封中，项羽并不是完全没有兼顾自己利益的倾向。他以"巴蜀亦关中地"为理由，似乎是要履行谁先入关就可以做关中王的承诺，而将刘邦王于巴、蜀、汉中，都南郑，实际是图谋抑制刘邦"之有天下"。又将投降于自己的章邯、司马欣、董翳三位原先的秦将三分关中，各别封王而让他们驻守，以阻止刘邦重新返回关中。他这样做，为诸侯间的舆论提供了把柄，韩信拜将后对刘邦分析天下形势时就拿此事作为主要说辞，证明项羽已失天下人心。但是项羽的主要问题恰恰是在烧毁秦宫后见咸阳残破，又抱持着一种思欲东归的庸俗观点，不封自己为关中霸王，放弃占据关中、控制全国的大好形势，而使自己由主动变为被动。反映在人格上，也是因为他过于豁达坦荡，没有预计到刘邦这么快就不承认他反秦首功的地位，而是趁整个天下局面未稳，就急速地收拾了三秦王，并以关中为基地，东向来和他争霸天下。所以分封以后，田荣、彭越等人的反叛、闹事，黥布之不听调遣之类，都不应将问题的发生完全归罪于项羽分封的不公，而是由于刘邦急于求成地出来争天下促成的。项羽处事的弱点被刘邦利用是一方面，项羽人格上的豁达坦荡不及刘邦计谋深沉是更为重要的一方面。项羽本想防备刘邦，但他的防备失当，正好成了刘邦反对他的理由，好像刘邦先入关，秦亡后天下就应该是刘邦的，项羽的主政分天下是横生是非，一切都是错在项羽，这完全是一种"成者为王"的理论。好在司马迁还是做出了公正的评议："夫秦失其政，陈涉首难，豪杰蜂起，相与并争，不可胜数。然羽非有尺寸，乘势起陇亩之中，三年，遂将五诸侯灭秦，分裂天下，而封王侯，政由羽出，号为'霸王'，位虽不终，近古以来未尝有也。"

项羽这才有了他在《史记》本纪中的正确地位。

五、乌江自刎　悲壮其生

项羽与刘邦之间进行的五年争霸战争以项羽的失败而告终，乌江自刎结束了项羽英雄而短暂的一生。可敬的是，项羽在他慷慨悲歌、叹息自己时运不济而陷入无可奈何的时候，仍然表现出当初"力拔山兮气盖世"的大无畏精神。项羽在垓下突围后来到东城，进行了他一生中的最后一次战斗，他所指挥的并不是入关时的四十余万人，而是只有突围时麾下壮士骑从者中的二十八骑。他以二十八骑对抗由灌婴率领的汉追军五千骑，力量对比的悬殊是可想而知的，最终的结局也将是不言而喻的。但是面对此情此景，项羽毫无畏惧之色，而恰恰把它当作一次个人人格和才能表现的极好机会，同时也是以这样的行为来对决定自己命运的"天"进行有力的申辩、抗争。在东城战斗中，项羽以其骁勇善战和战神般的威猛，不顾及"今日固决死"，而为他的从骑诸君快战，当他从山上大呼驰下时，汉军皆披靡，汉将赤泉侯杨喜来追击他，"瞋目而叱之，赤泉侯人马俱惊，辟易数里"，他斩了汉军一将、一都尉，杀了数十百人而自己只损失了两骑。面对这样的战果，他还有闲情来与部骑共同评说、赞赏。到了乌江边，在他决定放弃渡江以后，"乃令骑皆下马步行，持短兵接战。独籍所杀汉军数百人，项王身亦被十余创"。尽管如此，项羽此时已经处于英雄末路，在他的骁勇威猛的冲杀中，还是透露出几分令人心酸的同情色彩的。但项羽的人格始终是高尚的，高尚到人生的最后时刻能为故友的请功封赏而献出自己的头颅。然而这件事不正是意味着项羽为刘邦登上帝位享受荣华富贵供奉出了自己的整个身躯吗！

从"天之亡秦"到"天之亡我"，项羽的一生就是一位战神。东城最后被围，他对属下的二十八位骑将说："吾起兵至今八岁矣，身七十余战，所当者破，所击者服，未尝败北，遂霸有天下。然今卒困于此，此天之亡我，非战之罪也。"这可谓是关于项羽从事战争的自我总结。项羽虽然是战神，骁勇善战，威猛无比，但很可惜，他恰恰不懂得"用兵"二字的真实含义。他以为战争就是一对一的"斗力"，而不知道除勇力之外，战争还有更为重要的"斗智"因素，如政治的、经济的、外交的、心理的、策略的诸多方面。项羽从事了一辈子战争，却不真正懂得战争，所以司马迁要批评他："自矜功伐，奋其私智而不师古，谓霸王之业，欲以力征经营天下，五年卒亡其国，身死东城，尚不觉寤而不自责，过矣。乃引'天亡我，非用兵之罪也'，岂不谬哉！"

项羽一生参加了大小七十余次战斗，最后一次参加战斗的地区是东城，而且他是死于此次战斗，所以说他"身死东城"。在东城一战中具体是如何死的？战斗的最后他原本"乃欲东渡乌江"，过江后再图发展。到了乌江边，本来乌江亭长完全可以将他用船渡过去，以摆脱汉军的追击，但是他突然改变了主意，不渡江了，这时不能投降的唯一选择就只有"自刎而死"。项羽结束自己生命的方式是乌江自刎，这在《史记》里是记得明明白白的，所以，身死东城就是指自刎乌江，自刎乌江也就是身死东城，顺读《史记》文本，这是很自然能得出的结论，虽不排除在学术上可以进行诸多深入的论述考证，但二者不应该互相矛盾排斥。项羽本想东渡乌江为什么又不渡过去呢？第一，当初他是和江东子弟八千人共同渡江而西去亡秦的，现在他们中一个人都没有回来，项羽是愧对江东父兄了，所以他不能回去。这是项羽已经公开对亭长说过了的。其实还有第二，他曾经说过富贵了归故里才是荣光的，如今他非但不是富贵，而完全是一个失败者，他不也感到羞愧吗！第三，他虽然领军推翻了秦王朝，但"欲代始皇"的事业并没有坚持下来，仍然是一种遗憾。第四，既是"天亡我"，已经是没有重起战争、可以获胜的丝毫希望，江东父兄还能再支持吗？反过来说，那样还会给江东重新带来战争的苦难，更是有悖于江东父兄的意愿了。就在这欲渡要渡的瞬间，他通过紧张的思虑，权衡利弊，态度发生了根本性的转变，决定不再渡江，而是要在这江西了结自己的一生。这是一个勇敢而清醒理智的决定，是对江东父兄情志的深入解读与照应。由于有了这一决定，项羽由愧于心而达于义，由求于虚而通于实，由矜于己而系于民，他以个人的生命为代价，求得了最后的人格升华，继续保持着豪迈的英雄气概，在悲壮中赢得了历史的同情与尊重。

项羽少有壮志，能以社稷为重，在关键的军事行动中坚毅果决，从而在亡秦的事业上建立了历史功勋。在对待同盟者的态度上，他仁心为上，宽宏大度地化解了与刘邦的矛盾，一时维护了起义军的团结。他自信地主政天下，以亡秦贡献的公正标准，较为平等地分封了诸侯。在与刘邦的争斗中他失败了，但仍不失威武勇猛的英雄气势，因顾及江东父兄的感受而愧疚，敢于悲壮地了结自己的一生，虽对战争的认识仍有差误，但其人格魅力，始终是如此高尚、光辉，不可磨灭，因而他的美好形象永远深深地烙在人们的心坎里。

北京师范大学史学探索丛书

第八章 刘邦在中国历史发展
大势中的地位
——读《史记·高祖本纪》

一、"拨乱世反之正"

汉之十二年(公元前195年)四月甲辰刘邦去世,丙寅下葬,己巳立太子为帝,在太上皇庙群臣给他上尊号为"高皇帝"时共同议论说:"高祖起微细,拨乱世反之正,平定天下,为汉太祖,功最高。"①这是一个极备推崇、具有深刻历史意义的高度评价,确实是刘邦奇勋的完美写照。

从刘邦所处的时代回过头来看历史上的"乱世",由远及近,可以分四个层面。

第一个层面是西周末期。西周,是中国以天子为核心的贵族社会体制发展最为成熟完善的时期。其始初,礼乐征伐自天子出,大一统局面巩固,社会繁荣,文明突显,以至成为后来儒家向往追思的理想境界。但世事多变,时间一久,贵族社会等级、分封、世袭的固有特点暴露出自身的矛盾,社会分化,乱象丛生。至西周晚期,因为周厉王的"好利"和"弭谤",激起公愤,导致国人起义,政变发生,将厉王赶出到京城以外的彘地,一时间,中央朝廷权威崩溃,不得已而经历史称为"共和行政"的十四年。厉王死于彘地后,又经宣王而达于周幽王,因幽王的荒淫与失信,使他被犬戎所杀,秦襄公则护送平王东迁。由此,西周的历史在极度的乱象中结束,大一统的局面受到了严重挑战。

第二个层面是东周时期。这个时期天子权威丧失,政权重心下移,春

---

① 以下引文凡未注明出处的,均见《史记·高祖本纪》。

秋时起作用的先后是齐、晋、秦、楚等诸侯霸主，战争成为政治争斗的主要手段。继而时局演变，大夫世禄，终致三家分晋、田氏乱齐，以致又有战国七雄的对立，矫称蜂出，誓盟不信，互相间难有约束可言。战事频仍，乃是此期的最大特点。然而进程中原处西偏的秦国兴起，其在商鞅变法的推动下势力大增，从而掀起了一场自西向东的扫灭六国的战争，重新实现了国家的统一。但长期的战乱，导致生产凋敝，社会动荡，百姓生灵涂炭，难得安宁。

第三个层面是秦朝时期。秦的统一中国极具进步意义，但秦朝统治者突出强调个人主观意志的满足，忽视客观现实的可容性，过分兴作，短短十五年内，用大军戍边，修直道驰道，巡游封禅，建阿房宫，筑骊山墓等，导致百姓负担繁重的劳役，致使男子力耕不足粮饷，女子纺绩不足衣服，加上严刑峻法，民众非但没能享受到统一带来的应有成果，反而陷入水深火热的煎熬之中，终致忍无可忍，迫使陈胜、吴广发动大规模的农民起义，使整个社会重新进入再次的政治调整时期，让国家付出了沉重代价，大一统面临着新的危机。

第四个层面是项羽称霸。项羽以"虐戾"的手段参与灭秦和他在主霸五年中经营天下时的"力征"方式，使秦亡以后的社会局面仍处于不停息的争斗之中，根本无暇顾及政权建设和社会民生问题，反复不断的军事行动，致使人民连半点社会安定的影子都见不着，更不可奢望什么大一统了！

这四个层面涉及的时间跨度是六个半世纪。历史始终是前进的，在这六个半世纪中，自然会产生出许多经济、政治、军事、学术方面的成就，从而显示出中华民族的历史辉煌。然而我们所探讨的乱世层面，也是非常现实并且不可忽视的，是与历史辉煌共生且无可掩饰的。从四个层面的表述上可以综述出乱世内容包含的几个主要方面。乱世，首先是乱了君主专制所体现的大一统，天子权威丧失，诸侯称霸，大夫世禄，社会陷入了长期的分裂状态；其次是乱了中原固有的政治文化秩序，曾被视为夷狄的秦族于西方兴起而东进，且有北方胡人的南侵，对原有以齐鲁礼仪为基调的政治伦理思想带来了巨大冲击；再次是以德治国的处政理念受到质疑，代之而起的是强凌弱、众暴寡的武力征伐，无数次战争带给社会的是杀戮与破坏；最后是乱了普通民众的生活，分裂、战争、赋税、徭役、严刑，加上严重的自然灾害，一层层套在广大百姓的身上，使得他们痛苦地挣扎在死亡线上，他们是喊出"天下苦秦久矣"声音中的最底层的那个群体。

应该说，时空演进到秦汉之际，天下大势的发展，已经给出了一个需要"拨乱反正"的历史命题，等待智能之士去加以破解。而在这个历史命题的前面，秦始皇、项羽和刘邦同样都有可以破解的机遇，而最终的结局是破解的任务落在刘邦身上，这绝不是偶然的。秦始皇凭借商鞅变法以后的国势积累及其先辈的艰苦经营，扫灭六国、统一宇内，第一次在中国历史上建立起了封建专制的王朝，再一次完成了大一统的事业，本应是为拨乱反正打下了良好的根基。但是，正如《高祖本纪》的论赞所说，在"三王之道若循环，终而复始"的关节点上，秦犯下的一个非常荒谬的错误是，"秦政不改，反酷刑法"，于是，它虽建立了大一统的伟业，却又违背了广大农民要求能过宽缓生活的愿望，使刚建立起来的封建专制的大一统王朝，轰然倒塌在以陈胜、吴广、项羽、刘邦为首的农民起义大军的前进路上。事实表明，要拨乱反正，除大一统的政治作为之外还有更为深奥的理念、法则存在，那就是在广大民众正需要过宽缓生活的时候，执政者切不可逆势而上，执行"反酷刑法"的政策。一个刚建立的有无限生命力的政权，要稳定还要世代延续，重要的一条是顺势而为，切实满足最下层群众最基本的愿望要求，否则，即使做了自以为符合历史要求的事，也不可能一世、二世乃至万世地传下去。秦朝的历史教训是够惨痛的。

至于项羽，他在中国历史上建立了亡秦的功勋，在一个短暂的时期主宰过天下大势。但是，他没有建立起真实的大一统的王朝，对由他消灭了军事主力而灭亡的秦皇朝的亡国教训并没有认真加以总结研究，找出历史发展变化的应对之策，仍然是一味恃"力"而不知悔悟。除此之外，在真实的意义上他没有完成"拨乱"的任务，反而自身不自觉地陷入了制造"乱世"的怪圈，更不用说还能去"反正"了。他仅仅是一位招致人们深切同情的可悲的历史英雄。

因此，拨乱反正的时代任务历史性地落在刘邦的身上。而刘邦以其出色条件和优秀品质，严谨并豁达地向世人交出了美满的答卷。

二、"素宽大长者"

西周末年以来，天子权力削弱，政权下移，到东周以至于出现"陪臣执国命"的境况，大夫建立了诸侯国，表明贵族势力的兴衰变化，这是一方面。另一方面，处于社会底层的普通劳动人民也有要求改变自己地位的强烈愿望，而这种愿望在一定的历史条件下转化为巨大的社会力量，并可能决定社会发展的进程及走向。最终还是人民成了历史发展的动力，而陈胜、吴广发动的起义，就在刘邦生活的时代证明了这一点。

《史记·高祖本纪》载，刘邦出身于"家人"直接从事"生产作业"的家庭，虽与陈胜出身于雇农稍有差别，但在深入接触、了解社会直接生产者的感受与疾苦方面应该有其相通之处。这一点刘邦与项羽、秦始皇相比，有着巨大的不同，是非常显然的。刘邦的性格，记载中表述是"仁而爱人，喜施，意豁如也，常有大度"。性格决定成就，在当时的社会历史背景下，表明他可以团结带领一批人，干出一番惊天动地的事业。

刘邦的一生中，和他的性格有关的三件事具有标志性的意义。

第一件事是解纵所送徒。当刘邦以亭长身份要替县里送一批民工去骊山参加劳役时，民工在半道上多已逃亡。刘邦估计等到了目的地民工恐怕会全都逃亡，依据这样的景况，他毅然做出一个决定，在刚到丰县西边的泽地时，夜晚时分就将要送的所有民工全部放走了。他让民工们都回去，说他自己从那时开始也不干这份差事了。刘邦这一举动出人意料，使人感动，民工中有十多个青壮劳力不愿意回去了，决心跟着他干下去。这样，刘邦也就开始准备着参与农民起义的事项了。

刘邦做出这个决定，依照当时秦朝的法令，是要冒很大风险的。但是从这个行动中可以解读出刘邦品质的多个方面。他具有很高的识见，估摸到秦皇朝将陷入风雨飘摇之中，官方已经不太可能对这种逃亡事件进行追究了。他不怕事，还敢于承担责任，正好要借这个机会组织愿意跟从他的民工乡亲，准备去与这个摇摇欲坠的政权进行斗争。更为可贵的是，他具有深刻的同情心，知道送去骊山服劳役的民工将经受何等的苦难，现在应

北京师范大学史学探索丛书

该而且可以将这批民工从死亡线上挽救出来。在这里，正好强有力地显示出其"仁而爱人"的本质特征。嗣后的形势发展证明，陈胜起义掀起了"诸郡县皆多杀其长吏以应陈涉"的风暴，刘邦凝聚准备参与反秦的人众也"已数十百人矣"，在萧何、曹参的协同下，夺得沛县城而正式成为秦末农民起义的一支重要力量。可以看到，刘邦的起事，就他个人的品质而言，仁而爱人、豁达大度起了潜在的作用。

第二件事是派谁入定关中。秦二世三年（公元前207年），农民起义军与秦皇朝处于最后的决战阶段，楚怀王决定一方面派宋义、项羽去巨鹿救赵，一方面派刘邦向西略地进入关中。怀王还与所有的领兵将军约定，"先入定关中者王之"，这是一个非常重要而且有严格的法定和舆论约束力的约定，对后来的形势发展具有深刻影响。当时起义军中刘邦与项羽是最强的两支队伍，而秦军主力章邯还在，关中防卫亦严密，秦军总体还强盛，很多将领都认为接受领军入关的任务对自己并不有利，有些退缩，唯独项羽因为怨恨秦军杀了他叔父项梁，报仇心切，所以特别愤激，表示愿意与刘邦一起西进入关。当然，项羽盘算着要先于他人入关而去夺得实力与舆论的先机，以便做关中王。于是怀王和各位老将一起研究，掂量一下，既不能耽误救赵以对抗秦的主力，又要及时入关、乘虚进咸阳去摧毁秦朝的政权中心，两者相比较当时入关比救巨鹿更具战略意义。研究中准备在刘邦、项羽二人中做出选择，怀王与老将们的议论可以说是对二人进行了尖锐的比较，得出的结论是"项羽为人僄悍猾贼"，"诸所过无不残灭"，而认为刘邦是可以"扶义而西"的"长者"，说："秦父兄苦其主久矣，今诚得长者往，毋侵暴，宜可下。今项羽僄悍，今不可遣。独沛公素宽大长者，可遣。"最终，大家没有同意让项羽入关，而是决定派遣刘邦往西去略地，朝关中进发。刘邦仁而爱人、豁达大度的品格，在反秦起义的战斗实践中得到了肯定，从而使他获得了"宽大长者"的赞誉，并转化为政治军事上的优势，最终率先进入了关中。在这里，"宽大长者"与"僄悍猾贼"是相对立的，与"诸所过无不残灭"是绝不相容的。这种对立与不容，寄托了对民众愿望的同情关怀和对百姓生命权利的尊重。

第三件事是"唯恐沛公不为秦王"。刘邦率先进入关中以后，就有条不綦地执行了严格的策略措施。首先，他没有杀掉来向他投降的秦王子婴，当时有将军建议要将子婴杀掉，刘邦说，当初怀王派自己来原本就因为自己"能宽容"，秦王已经投降，要是杀了他，绝不是好主张。于是，刘邦只把子婴交给下属监管起来，自己和军队也不在秦宫中入住。其次，刘邦召集各县的父老豪杰来向他们宣告，过去父老们"苦秦苛法久矣，诽谤者族，偶语者弃市"，太残酷了。按照约定，"先入关者王之"，刘邦就应当是关中王，他以关中王的身份跟父老们约法三章："杀人者死，伤人及盗抵罪。"其余所有的秦朝法律，一律废止不用。再次，刘邦让原来朝廷中的办事人员，通通待在原来的岗位上，说："凡吾所以来，为父老除害，非有所侵暴，无恐！"仍然驻军霸上，等待诸侯各路人马的到来，再商讨安定关中的计划。最后，刘邦还派人与原秦朝的下吏到各县乡广泛宣示告谕。关中原是秦朝的政治中心，害怕诸侯军进来会烧杀抢掠，肆意破坏，都有强烈的恐惧心理。刘邦有了这些处理和宣示以后，"秦人大喜，争持牛羊酒食献飨军士。沛公又让不受，曰：'仓粟多，非乏，不欲费人。'人又益喜，唯恐沛公不为秦王"。

举出这三件事，是因为它们在观察刘邦的品格及其对他事业的成功的影响中分别具有特定的意义。解纵所送徒，体现了刘邦的果决精神和他对被劳役人群的同情与关爱，而他仁而爱人、豁达大度品格的产生，正是在现实的条件下适应了广大被压迫人民寻求解脱所企盼形成的精神呼唤，恰恰是顺应历史潮流所滋养的天赋成果，以此用于造福社会，正是"神"化刘邦命意之泉源。以宽大长者的形象能先入关破秦，反映起义军高层之关心大众疾苦及企求获得政权稳固基础的倾向，历史选择了刘邦，而刘邦正是借着当王关中的道义支持而开创了新的历史局面。在这里怀王及诸老将之选择刘邦，充分显示出历史对事势发展的潜在推动。关中民众如此热烈欢呼刘邦的到来，是借着父老豪杰与秦人的赞颂来宣扬刘邦政治策略的成功，更富说服力的是显示刘邦作为的顺势而扬与水到渠成，自居真实自然之美。

三个故事，三个层次，一个意图，均说明刘邦仁而爱人、宽大长者的成功。从刘邦之受到不同人群的肯定、赞扬和拥戴中，揭示出人心向背的历史作用。历史滋育了刘邦，刘邦以其品格及作为适时回应了广大民众的愿望与要求，历史又以欢呼与拥戴报答了刘邦而促其最后成功。集中在一点，在其中起根本作用的就是人心，正好说明得人心者得天下，这是一切英雄人物事业成功的真谛。

三、"此吾所以取天下也"

刘邦能在历史上建立拨乱反正的奇勋，两方面的条件对于他有重大意义，一是顺人心，二是集众智。

汉高帝五年(公元前 202 年)之十二月，刘邦在垓下打败项羽，正月即皇帝位于氾水之阳。天下大定，五月刘邦置酒洛阳南宫大肆庆贺。志得意满之余，他提出要讨论之所以能战胜项羽的原因，在列侯诸将发表看法之后，刘邦做出总结，说张良、萧何、韩信三个人各有其自身的优长处，分别比较起来，每个单方面自己都比不过他们，但是综合起来，"此三者，皆人杰也，吾能用之。此吾所以取天下也"。这固然是道出了刘邦内心深处的喜悦，但也恰好又揭示了一个历史的真谛：帝王如果要使事业成功，就必须善于用人，而且是会用强人、能人、众人。刘邦还拿自己与项羽进行了比较，说："项羽有一范增而不能用，此其所以为我擒也。"正好说明是否善于用人是事业成败的关键。

能用汉初三杰而得天下，是刘邦亲自道出的具有深切感受的肺腑之言，它不必夸张，也无须掩饰，因为它是真实的存在，就其实质而言可以说是一个颠扑不破的真理。这一事例在中国历史上的政权建设中影响深远，在传统文化中的地位可以说是无人不知、无人不晓的。它看似很平常，却很难做到，以其实在的深刻义理而言，它永远会具有振聋发聩的作用与价值。正因为如此，刘邦之伟大、杰出是可想而知的。

在楚汉相争过程中，能帮助刘邦战胜项羽的人才，除三杰这最具代表性的人物外，还有其他对刘邦的成功有过重要影响的人才。楚汉相争，应该从楚怀王派项羽救赵和同意刘邦西入关破秦就已开始了。如《高祖本纪》所叙，刘邦在引军西行时，在高阳遇到了隐藏起来为里监门的名士郦食其，此人在秦末混乱的时局中，一直在静观各种人物的政治作为，而他最终的判断是"诸将过此者多，吾视沛公大人长者"，觉得只有刘邦信得过，就去求见刘邦。他先告诫刘邦要在礼节上尊重名士、长者，然后建议刘邦派兵袭击陈留，获取秦朝在此处的积粟。这是一个很有战略眼光的思考，对刘邦在以后的军事行动中重视解决粮食问题有重要意义。

刘邦西入关，南阳郡是其必经之途，秦之郡守保城守宛，挡住了前进道路。刘邦想绕过去，又怕在前方遇到秦军强力阻击时它在后面出击，使自己陷于前后受敌的地步，觉得绕不过去就从另一条道路夜晚回军，反把宛城围了个里外三层，水泄不通。南阳守害怕了，想自杀，这时一个叫陈恢的舍人站出来劝慰郡守，并且自己越过城墙来见刘邦，指出："尽日止攻，士死伤者必多；引兵去宛，宛必随足下后：足下前则失咸阳之约，后又有强宛之患。"因此建议刘邦："为足下计，莫若约降，封其守，因使止守，引其甲卒与之西。"这样做的结果，还可以使"诸城未下者，闻声争开门而待，足下通行无所累"。刘邦称赞陈恢的建议非常好，予以采纳，就封宛守为殷侯，也分给陈恢十万户，从而消除了南阳受阻的困扰。由于有招降南阳守并加之封侯的先例在，再引兵往西，对其他地方势力的处理就轻松得多，均能顺利通过，很快就接近武关了。而恰恰在这个时候，巨鹿之战中章邯已将军队投降于项羽，在"先入咸阳者王之"的问题上，刘项的争斗非常紧迫，陈恢的建议使刘邦保存并扩大了实力，争取到了先破武关进入咸阳的时间，价值很大。

项羽分封十八王之后，诸王都要去到自己的封国，兵罢戏下，刘邦领军要去汉中。到了南郑，出现了"诸将及士卒多道亡归，士卒皆歌思东归"的情况，于是后来做了韩王的韩信向刘邦建议，利用"军吏士卒皆山东之人也，日夜跂而望归"的现状与心理，"及其锋而用之，可以有大功"。并说"天下已定，人皆自宁，不可服用"，现在等于被项羽迁居南郑，利用当前的时机，"不如决策东向，争权天下"，走出汉中，杀回关中。韩信的建议启发刘邦，迅速改变了当初去汉中时"辄烧绝栈道""亦示项羽无东意"的韬光养晦策略，借着项羽在东边齐地、赵地与田荣、陈馀酣战无暇西顾的机遇，从故道回师关中，开始了与项羽的正式争霸，并一步一步地走向胜利。

汉之三年，刘项之争在荥阳已相距岁余，此时项羽的势力还略占优，刘邦只得在夜晚设谋逃出荥阳，又一次进入关中搜集兵力，准备再次东出函谷关。就在这时，有位叫袁生的说客劝告刘邦，说刘项在荥阳相距数岁，汉常困，希望刘邦这次改出武关，项羽听说一定会引兵南走，如此，刘邦则深壁不与战，把项羽引到南阳地区来，让荥阳、成皋间暂且休整一段时间，另外则派出韩信等人辑河北赵地，连燕齐，这一步走出去了，刘邦就可以再奔赴荥阳，还不为晚。这样一部署，项羽就要多方应付，力量就分散了，刘邦得到了休整，再与项羽决战，打败楚国就是必然的了。刘邦采纳了袁生的计谋，东南出武关进入宛叶间，同时派韩信前赴赵、燕、齐去开辟北方战线，图谋合围项羽的设计亦在其中矣。

郦食其、陈恢、韩王信、袁生，他们在当时的地位和后来的命运均不相同，但都在其合适的时机向刘邦提出了建议，使刘邦摆脱困境，变被动为主动，取得战略战术上的优势地位。其他如郦生、陆贾之陷利秦将因袭攻武关，项伯欲活张良之因以文谕项羽，三老董公之说汉王哭怀王为发丧，谒者随何之说九江王布背楚而归汉，陈平以金之间疏楚君臣死亚父，纪信诳楚之终脱出汉王于荥阳，于小修武南郑忠之止说汉王高垒深堑，垓下败楚后灌婴之追杀项羽东城定楚，终各以其一技之长助刘邦兴汉，在历史时势的发展中，分别做出了不同的贡献。

刘邦打败项羽而建汉，可以说是合众人之力、集天下之智慧而成就其事业，因此有众多人物的活动夹叙在《高祖本纪》中。历史在经历了数百年的相对动乱之后，推出了一位号称"素宽大长者"的人物来收拾这个严酷的局面，历史也就在同时请出了诸多智谋、策略、忠诚、勇敢的各色人士来辅佐这位长者完成他应尽的责任。君臣合谋，是长者与智者的契合。在这里，长者以其能宽容、得人心而使贤能发挥其智慧，而智能之士以其善观察、识义理，通过长者的体恤采纳，而使其谋略能服务于国家社会。可以肯定，智慧是历史不断前进的有力的推动力，称赞贤能正足以表彰智谋的历史地位、历史作用。

汉之四年，刘邦与项羽在荥阳、成皋间往复交锋，后在广武间相持数月。这时的形势是楚汉久相持未决，丁壮苦军旅，老弱疲转漕，而刘项双方军力的对比上项羽逐渐显示出颓势，项羽希望尽快撤出争斗，以便保留自己的实力。在这种情况下，"项王谓汉王曰：'天下匈匈数岁者，徒以吾两人耳，愿与汉王挑战决雌雄，毋徒苦天下之民父子为也。'汉王笑谢曰：'吾宁斗智，不能斗力。'"①这段对话说明凭"智"还是恃"力"是刘项二人之间最大分歧，其结果，正如《史记》批评的那样，项羽一直是自矜功伐，始终坚持欲以力征经营天下，以致五年卒亡其国，身死东城，落得一个可悲的下场。其实，范增发表过对项羽很有用的战略战术方面的意见，项羽未加采用，历史的现实是，项羽无能于集中天下之智慧以成事。

从另一个角度看，刘邦在洛阳南宫高会上的即兴陈辞，既是一种表彰，也是一种策略导向，从表彰中显示出导向。刘邦通过对张良、萧何、韩信三人功绩地位的肯定，表示出对他们一直忠诚地追随自己的赞扬，是鼓励诸侯和将军们继续为创建汉家朝廷而尽心尽力，以便发挥臣民们的智慧，在保持一个相对稳定的政治环境中，开创出一统天下的新局面。

四、"天无二日　地无二王"

刘邦推翻秦朝，打败项羽，建立汉朝，他直接继承了秦始皇所创建的专制主义中央集权的优秀成果，郡县的设立、朝廷的构建、军功的爵赏、统一的措施等许多方面都在保持和采用。但是汉朝也有两方面的重大改变，一是刘邦入关时宣布了"约法三章"，一时间废除了秦时的许多严刑峻法，极大地减轻了民众的痛苦；二是恢复了封侯建国的制度。从《高祖本纪》的记载分析，刘邦在建立汉家天下的初期，采取的主要措施有几项。

第一项就是平定异姓王。汉初的异姓王在帮助刘邦打败项羽时建立了功勋，有的在反秦起义中也出过力，但他们多是在六国旧贵族的观念及影响下产生的社会势力，其封侯建国的强烈欲望会对大一统国家的建立造成冲击甚至是反抗。韩信平齐后自请假王，韩信、彭越在获得裂地而封的承

---

① 《史记·项羽本纪》。

诸后才会兵垓下，英布原为项羽反秦的先锋而获分封十八王之一的九江王，其后又叛楚而归汉，韩王信与匈奴勾结谋反致使刘邦被围平城，均显示其分裂属性的危害倾向。因之，从长期历史观察的角度来考量，它们的存在本身仍属于乱世末流的一种表现。从发展的趋势看，自应是处于被铲除的范围之列的，刘邦只不过是在履行他"拨乱世"的责任而已。在打败项羽建汉后，平定异姓王花费了刘邦最主要的精力，他最终也是因为在汉十二年冬自行领军去平定淮南王黥布的反叛时为流矢所中，拒绝接受医治才辞世的，可见刘邦之完成大一统局面所需要做出的努力是多么艰难，所付出的代价是多么沉重。刘邦最终因铲除了异姓王才实现了大一统的伟业。

第二项是分封同姓王。这里先要提到一件事，那就是刘邦注意总结秦亡经验教训的问题。建汉以后，一位叫陆贾的辩士经常时不时跑到刘邦面前说《诗经》《尚书》对处理政事如何如何好，刘邦生气地骂他，说自己是骑着马打下天下的，哪里需要用什么《诗经》《尚书》？陆贾反驳说："居马上得之，宁可以马上治之乎？且汤武逆取而以顺守之，文武并用，长久之术也。昔者吴王夫差、智伯极武而亡；秦任刑法不变，卒灭赵氏。向使秦已并天下，行仁义，法先圣，陛下安得而有之？"一番话说得刘邦心里有些不是滋味并感惭愧，就告诉陆贾"试为我著秦所以失天下，吾所以得之者何，及古成败之国"。由此，陆贾就写了一本书《新语》，"乃粗术存亡之征"①，一篇篇献给刘邦，刘邦称赞写得特别好。以此刘邦重视吸收秦亡教训。

秦之废封建是为了防止分封势力的强大会形成对一统天下的危害，是有积极意义的，但是它带来的一个问题是当中央政权受到侵犯打击时又缺乏地方亲属诸侯的支撑，使全国一统的大厦顷刻间容易倒塌，这是一个严重教训。因此，刘邦采取了既分封同姓诸侯，又彻底打击异姓诸侯的政策措施，只有个别极为忠诚又难有作为的异姓诸侯才幸免于难。

刘邦分封同姓王时，田肯的见解有重要意义。在燕王臧荼和项羽降将利幾反叛之后，刘邦以谋反之名设计执拘了楚王韩信时很高兴，于当日大赦天下。田肯借着西都关中、逮捕韩信两件事向刘邦表示道贺，进而游

---

① 《史记·郦生陆贾列传》。

说，称赞关中是形胜之地，相对于各路地方诸侯有百分之二百的地利优势，可以起到高屋建瓴的作用，接着田肯说，"夫齐，东有琅邪、即墨之饶，南有泰山之固，西有浊河之限，北有勃海之利。地方二千里，持戟百万，县隔千里之外，齐得十二焉，故此东西秦也"。意思是说齐地无异于东部的一个关中，地理位置特别重要，"非亲子弟，莫可使王齐矣"。刘邦听了田肯的说辞，特别加以称赞，还赐给田肯五百斤黄金。

鉴于秦的短祚而亡，刘邦特别注意分封同姓时对全国形胜的把握。他封长子刘肥为齐王，封地很大，包括七十多座城池，将所有能讲齐地方言的地区都划归齐国。汉之六年，先后分封同族刘贾为荆王，王淮东；封其弟刘交为楚王，王淮西；封其兄刘仲为代王（八年冬刘仲弃国逃亡，废以为侯）。汉之十一年冬封子刘恒为代王，都晋阳；封子刘恢为梁王，封子刘友为淮阳王，封子刘长为淮南王。汉之十二年十月，又封兄子刘濞为吴王；十二月，最后封子刘建为燕王。由此，刘邦建汉，在郡国并存的情况下，朝廷坐镇关中，而诸族兄子侄则被分封在自代、梁、燕、齐、淮以至于吴的较远的扇形地区，拱卫京师，图长久之计，以稳定国家的大一统局面。刘邦的策略是成功的，他继承秦始皇创建的专制主义中央集权的一统政体，兴利除弊，加以改革，使其逐步完善、稳定以至于延续数百年，为中华民族的发展做出了巨大贡献。

第三项是确立体现皇权威严的礼制。打败项羽、天下大定的第二年，本来已经做了皇帝的刘邦，仍旧是五日一朝太公，执行如普通家人一样的儿子向父亲请安的礼仪。太公的家令发现这当中有问题，对太公说，"天无二日，土无二王"，现高祖虽然是儿子，但他是皇帝，太公虽然是父亲，但却是天下一般的臣民，怎么可以让皇帝来拜见臣民呢！像这样做下去，皇帝的威重就体现不出来，很不恰当。家令说过以后，高祖再来向父亲请安时太公就像士卒一样手持扫帚在家门口待着，恭恭敬敬地倒退而行将刘邦迎进家中。刘邦一时大惊，赶紧降下身份扶起太公，太公就说，皇帝是天下的君主，怎么能够因为他而扰乱了天下的礼法。这以后，高祖就尊称太公为太上皇，心想家令的话说得非常得体，很能体察自己的心意，也给家令"赐金五百斤"的奖励。

为体现刘邦做了天子的威严，丞相萧何负责营建了未央宫，规模宏大，分东阙、北阙、前殿、武库、太仓等建筑体，辉煌壮丽。刘邦从出击韩王信反寇的前线回到长安，一看这么宏大壮丽的宫阙就非常生气，责难萧何："天下匈匈苦战数岁，成败未可知，是奈何治宫室过度也？"萧何回答说："天下方未定，故可因遂就宫室。且夫天子以四海为家，非壮丽无以重威，且无令后世有以加也。"刘邦听了这番说明，心里才特别高兴。

两件很具体的事表明，汉代建立之初就在加强体现专制主义中央集权最高领导威严的礼制建设，以稳固其等级森严的政权结构和社会秩序。

第四项是图谋国家的稳定延续。刘邦见到未央宫的壮丽辉煌，就想到了"成败未可知"。汉之十一年，刘邦返回沛地，酒宴上仍然在唱"大风起兮云飞扬，威加海内兮归故乡，安得猛士兮守四方"，充分体现他对国家前途发展预期中的深度忧患意识。一方面现实形势还处在局部动荡中，另一方面秦朝突然崩塌的情景过去并不遥远，后来的现实说明宫廷的变故并非没有可能。刘邦临终前对丞相后续人选的安排，以及刘邦去世后吕后与审食其的谋划，及将军郦商往见审食其所做的一番分析，表明汉初政权稳定的条件还是充分具备的，这仍然是得力于刘邦在忧患意识下所进行的部署与安排。在汉代建国时，最高层官员中流行的一句话是很有震慑力的，"天下者，高祖天下"①，后来发展中有诸吕代刘、七国反叛、淮南衡山的蠢动，包括异族入侵等，曾几何时，谁又能撼动高祖的天下呢！历史上的刘邦确实很伟大！

五、"莫近于《春秋》"

《高祖本纪》的论赞，以夏忠、殷敬、周文为三王之道，它们之间优劣转化环环相扣，显示出终而复始的循环变化。周末而及于秦，建立起了专制主义中央集权的一统王朝，是历史上的一大成就。但它在变化的轨道上当变不变，在施政的举措上"反酷刑法"，仍没能摆脱"乱世"的羁绊。刘邦

---

① 《史记·魏其武安侯列传》。

继起，承受起历史的责任，接续着秦代创设的基础，步上了循环变化的大道，让天下人摆脱了困顿的处境，实现了五帝时所开创的在夏代得到完善并拓展了的"天下于是太平治"的一统伟业，符合社会发展所体现的天地法则，是谓"得天统矣"。

刘邦的"拨乱世反之正"，恰恰是"承敝易变"所取得的历史成果，这个"正"，就是摆脱了乱世的一统伟业。刘邦以此而彪炳于史册。

中国传统文化的核心价值观，最主要的方面就是强调国家的大一统。《史记·太史公自序》在上大夫壶遂与司马迁讨论"昔孔子何为而作《春秋》"的问题时，司马迁引用董仲舒的言辞中宣明："夫《春秋》，上明三王之道，下辨人事之纪，别嫌疑，明是非，定犹豫，善善恶恶，贤贤贱不肖，存亡国，继绝世，补旧起废，王道之大者也。"并在谈到五经的相互比较中明确，"《春秋》辨是非，故长于治人"，"《春秋》以道义。拨乱世反之正，莫近与《春秋》"。这里所指的"是非""义"，其主旨最核心的是其开宗明义表述之"春王正月"中所体现的君主专制与天下大一统。由是说"故《春秋》者，礼义之大宗也"，就是将天下大一统确定为国家体制中不可动摇的最根本的政治原则。在中国古代历史上，周王朝是第一波峰期的大一统的鼎盛时期，经过数百年的乱世之后，到刘邦建汉形成中国古代历史上第二波峰期的大一统局面，这不能不让人崇敬与赞叹。所以，在《高祖本纪》中评述刘邦是"拨乱世反之正"，而在《太史公自序》中肯定"拨乱世反之正，莫近于《春秋》"，正是借孔子之颂扬《春秋》义理，前后呼应，用以显示对刘邦大一统历史奇勋的表彰。

第九章 《孝文本纪》散论

一、《汉书》"改"《史记》

在《汉书》"改"《史记》中，就《史记·孝文本纪》与《汉书·文帝纪》加以比照，可见其异同。

第一，移文。《汉书》从《史记》中移出了几处重要的文字。例如，文帝元年十二月与有司论法而"除收孥诸相坐律令"事，《汉书》文移《刑法志》；三年六月文帝讲与匈奴原约为昆弟，而匈奴"入盗，甚敖无道，非约也"，《汉书》文移《匈奴传》；六年淮南王长废先帝法，谋反，群臣请处蜀严道，邛都，行病死，《汉书》只言"淮南王长谋反，废迁蜀严道，死雍"，而更详细的记事见于《淮南王传》；十三年夏讲"今秘祝之官……其除之"的一小段话，《汉书》只记"夏除秘祝"，而文移《郊祀志》；五月讲齐太仓令淳于公因罪被拘，其少女缇萦随行至长安上书请赎父刑罪而导致文帝废除肉刑，《汉书》只言"除肉刑法"而文移《刑法志》；十五年春张苍、公孙臣、新垣平论德属改正朔服色，郊见并立渭阳五庙事，《汉书》将相关记载移于《郊祀志》。

第二，增录。《汉书》比《史记》增多了内容。这可以分为两方面。一是增加了文帝的六篇诏书：元年三月"其议赈贷"；二年九月"其赐天下民今年田租之半"；十二年导民务本"其赐农民今年租税之半"；当年又赐孝悌、力田、三老、廉吏各有差及三老、孝悌、力田依率设常员；十三年春二月亲耕具礼仪；后元年春三月，数年不登，有灾，议佐百姓之策。六篇诏书中五件关系农业、农民、农税，一件涉及下层政员。二是增设了元年四、六月，六年冬十月，十六年五月，以及四、五、七至十二、十五、后元至五诸年的简略记事，如立王封侯、赐诸侯王女邑、孝惠皇后诸王丞相将军薨、周勃下狱、日蚀、地震、山崩、大水、大旱、桃李华、未央宫灾、河决、有长星出、令郡国无来献、复刘属籍、作顾成庙、除盗铸令更钱、无得擅征捕、匈奴寇、出惠帝后宫美人、除关无用传、诏举贤良能直言极谏者、免官奴婢为庶人，以及八次行幸等。

第三，更评。将《史记》文帝遗诏前的一段亦叙亦评的文字，挪作《汉书·文帝纪》的论赞语；亦将《史记》最末所录的景帝尊崇文帝的一段诏书文字，挪在《汉书·景帝纪》的开篇。《汉书》对《史记》这样改动的差异，究其实质，正如章学诚所说，是"迁书体圆用神"和"班氏体方用智"①的区别，试析言之。

首先，《史记》设本纪是以之为全书之纲，其主要作用是显示出天下的发展大势，表述出德力转化影响朝代兴亡的思想观点，在这样的发展环节中，《孝文本纪》有其特别重要的意义。无论是就十二本纪的总体而言，还是就其中的某篇而言，这一倾向是不容忽视的。《五帝本纪》写五帝各自的诸多作为，延续相承，归结到舜帝则是"天下明德皆自虞帝始"，司马迁的写作本意非常明确。《夏本纪》主要是采《尚书·禹贡》编写大禹的事迹，归结为"天下于是太平治"。如果《五帝本纪》显示出从远古以来在时间上相续的德治的话，《夏本纪》则表示出以黄河、长江流域为中心的中华民族发展中因国土整治而在空间上勾画出的相同概念。《殷本纪》是最典型的写德之盛衰，"汤德至矣，及禽兽"，故兴；纣"淫乱不止"，故亡。武王灭殷始建周朝，然《周本纪》写了周先王之积德行义，至西伯阴行善而为"盖受命之君"，不写西伯以前的历史不足以明周之德；至幽王成祸，平王东迁，"周室衰微，诸侯强并弱，齐、楚、秦、晋始大，政由方伯"。德治被强势取而代之，故有秦兴，秦自柏翳至于庄襄单立一本纪，就是说明这个道理，因为它具有扭转乾坤之功效。始皇据以统一天下，虽功过五帝，地广三王，然将武力推至极限，而其虐政导致短祚而亡，教训深刻，至有贾谊之推言"仁义不施而攻守之势异也"②。项羽之灭秦，形成时局转折，为历史之一大贡献，在短期内他主导天下大势，立纪在司马迁看来是天经地义的，然他恃"私智而不师古"，处事残暴，终不胜长者刘邦，说明"欲以力

① 《文史通义·书教下》。
② 见《史记·秦始皇本纪》。

征经营天下"仍不可行。刘邦起而兴汉，"承敝易变"才得"天统"，他是一个开创新时代的人物。以吕后总"制天下事"，故《史记》无惠帝本纪而立《吕太后本纪》，司马迁之求实精神人所共知，然此纪形同列传，专讲吕、刘之间的斗争，于吕后图谋多寓批评，但论赞称她所施行的"君臣俱欲休息乎无为"的政策非常成功，以至"刑罚罕用，罪人是希。民务稼穑，衣食滋殖"，好一幅"天下晏然"的景象。在这样的背景下，在汉兴四十多年以后，文帝以其个人魅力，将德推向"至盛"的地步，从而达到了"仁"的境界，最是司马迁之所希望歌颂的，故《孝文本纪》畅其笔墨，纵横捭阖，实足以使人陶醉。"体圆用神"所要传达的，即以其题材的富于变化而表述出撰史的意旨与神韵，单就《孝文本纪》而言就有充分的体现。而《汉书》断代为史，在体制上不具备这样的条件，且班固也缺乏和司马迁一样的史学统领识力，自然不可能将《文帝纪》做如此看待。

其次，基于历史事势的发展观，《史记》努力塑造出文帝的仁德形象。在《孝文本纪》的叙事中，先以"贤圣仁孝，闻于天下"为其立论基础，接着述法之"禁暴而率善人"和强调立太子时的谦让，以及托出赐天下鳏寡孤独以布帛米肉、举贤良方正能直言极谏、亲开籍田、除诽谤妖言之罪，乃至除秘祝、除天下之田租、除肉刑及与匈奴和亲、发仓庾以赈贫民等诸多论列，都是为了铺垫出文帝对国事和天下民生的关爱情怀，最后的亦叙亦议进一步阐发出文帝之节俭、忧民、安内、靖边，而总归于"专务以德化民，是以海内殷富，兴于礼仪"，接着又申其遗诏之睿思豁达并企求"方内安宁"，复以景帝之诏作结，颂其盛德而比之高祖，"世功莫大于高皇帝，德莫盛于孝文皇帝"，将文帝德治光辉的评述推向极致，从而为他论赞的结语提供了充分的事实和论说依据。德至盛而达于仁，在《史记》中是对帝王人物形象的最高推崇，也寄予了司马迁的论政理想，故此篇为事势发展、形象塑造与理想寄托相结合的令人赞叹的华章。班固《汉书》创制有其新意，书志、列传更趋完备。为体例的需要，它必然会将相关的内容集中在一起，故《孝文本纪》中的一些内容移到了他篇，并为《文帝纪》增加了《史记》所不愿记、不必记或缺载的某些叙事，以完成它自身应具的合理性。这样，《汉书》体例规整了，也可以使人们读到更多历史记载的内容，但是它无法顾及《史记》突出文帝盛德形象的意图，结果是追求理想仁君的境界、效果也就不见了，显示出"体方用智"与"体圆用神"的又一差别。

最后，《汉书》的增改，完成了从《史记》创设的本纪到《汉书》成为后代史书范例的本纪的过渡。《汉书》断代为史，本纪自然起于《高帝纪》，接着是《惠帝纪》《吕后纪》，然后是《文帝纪》。《汉书·高帝纪》比之《史记·高祖本纪》，除主旨思想的变化和叙事时间更准确之外，基本上是由《高祖本纪》加上移入的原属《项羽本纪》的有关内容而形成的，《史记》的原色更强些。惠帝纪，《史记》未立，《汉书》强调义例，突出君位，实际内容也是虚的。吕后在位是《汉书》想回避但又不得不载的事，故《吕后纪》将涉及吕氏篡权活动的内容移出，只记政事，保证了本纪体裁不受损害，但记述内容与《史记》差别甚大。而《汉书·文帝纪》既保留了《史记·孝文本纪》的基本内容又增添了缺载诸年的大事记录，还严格按要求将景帝诏书移出，把有关二十三年的亦叙亦评移作论赞，是既体现了在内容上与《史记》有密切联系又使体裁原则实现了规范化的重要篇章，比之于《高祖本纪》《吕太后本纪》，在完成体例形式的转变上更具典型意义。而在完成这一转变的过程中，可以看出《春秋》记事的原则精神对《汉书》的深刻影响，以及班固对"纪"体性质与作用的最终定位，后来刘知幾据此而总结为"以天子为本纪"，"系日月以成岁时，书君上以显国统"①，就成了一种论事的标准。正如前述，这就已经脱离了《史记》当初创设的意愿了。

二、记事的再思考

《史记·孝文本纪》开篇写刘恒（即汉文帝）即位是直接与《吕太后本纪》的末端相联系、相呼应的。《吕太后本纪》是以吕氏篡权并被平定为全篇之核心。汉初，如何避免吕氏事件的再次出现，是大臣们当时的思虑中心，故选择谁做天子就事关重大。大臣们经过对齐悼惠王、淮南王和代王三家的比较，最终以四方面的条件选择了代王：方今高帝见子，最长，仁孝宽

北京师范大学史学探索丛书

---

① 刘知幾：《史通·本纪第四》。

厚，太后家薄氏谨良。所以说"且立长故顺，以仁孝闻于天下，便"。其实，大臣们为社稷着想，思虑中母家的善良是被看得很重的。因而司马迁把决定选择刘恒出任天子之事，写在了《吕太后本纪》之末。

召迎代王是关系刘恒就任为天子的事，自然写在了《孝文本纪》的开篇。但在叙述过程中，司马迁将阐发的主旨放在历史事势与人心向背的宏大议论方面，从而为刘恒的就位展示出厚重的社会背景，并为比较此前大臣们的思虑提供了更为深广的文化积淀的视角，而更具哲理意义。故宋昌的一番言论甚富政治家的识见，他提出：第一，刘氏之能掌握天下是秦末群雄逐鹿的结果，是历史的选择，现在没有可能有谁对此提出挑战；第二，刘氏的分封改变了秦代无地方藩属的状态，建立了掌控天下局面的牢固基础；第三，汉代建立以来君臣俱欲休息无为而使天下晏然的政策已经扎根于人心，没有人能够撼动刘氏政权。为了直接打消刘恒害怕进京时遭遇不测的顾虑，他说以吕氏的严厉经营这么多年都没有动摇刘氏天下，"今大臣虽欲为变，百姓弗为使，其党宁能专一耶"？吕氏没有动摇刘氏天下，大臣们更不可能专制天下，由于代王的特殊条件，"故大臣因天下之心而欲迎立大王，大王勿疑也"。宋昌的分析，坚定了刘恒进京入主天下的信心和决心。而司马迁这样布局，这样写，是在有意交代当时的事势发展决定于人心向背，"此乃天授，非人力也"。

《史记》记载，汉文帝即位才三个月，有司就提出立太子之事，文帝就此发表了一些看法，论者据此说文帝在谦让的外装中表现出了虚伪，窃以为这不是主要的一方面。而要注意的是，从论事的另一方面看，这其中还揭示了更深的思想文化转折的内涵。秦建立王朝以后，始皇立扶苏为太子而不予信任，发配到北方为蒙恬监军，结果导致赵高阴谋扶立胡亥而使秦朝短祚灭亡；汉代立国，刘邦本想立戚夫人之子赵王如意为太子，但迫于吕后及大臣张良等人的压力，最后不得不立了后来的惠帝，从而出现了吕后专权、外戚当政的局面。所以，太子之立实是关系着政权接续及国家存亡的大事。从更远的历史考察，《五帝本纪》叙述尧舜之禅让，而夏禹之传启、殷代之兄终弟及，也反映王位继承形式的多样选择与变化。提出立太子，文帝首先以"博求天下贤圣有德之人而禅天下"来追思禅让，既而想在

"诸侯王宗室昆弟有功臣，多贤及有德义者"的人们中进行"选举"，"举有德以陪朕之不能终"，这在当时是一种以谦让形式出现的封建统治集团内部民主意识的浮动。文帝说"今不选举焉，而曰必子，人其以朕为忘贤有德者而专于子，非所以忧天下也"，即使是出于试探的企图，也不失有增强皇朝家族团结并发挥其政治凝聚力的作用。禅让与选举的提出，显示了在封建王朝初期王位继承人问题上所闪动的思想借鉴的余光，它不仅仅是单纯的政治选举，也是一种转折时期的重要文化现象。《史记》记述所要借重的正是希望反映出富有这种余光的文化思考，因而在这里应该看到和肯定文帝所具有的深沉思虑及浓重的历史意识，和一般的帝王相比，这正是他的可贵之处，不当全以虚伪论之。然而有司是坚持"立嗣必子"的，他们举出殷周有国治安千余岁为历史例证，又搬出以刘邦为"帝者太祖"的招牌理论，"子孙继嗣，世世弗绝，天下之大义也"，最后强调要安抚海内，非立太子不可，文帝也只好接受了，就立了刘启为太子。这也表明，事势发展经过多种文化选择，立太子的制度已经是大势所趋，势不可挡。在后来中国封建王朝坚持实施的这一制度，在经过这个短暂的疑惑和思考后，已经趋向于规范化、健全化、制度化、程式化。文帝的一番议论在认识上具有一定的转折价值，需要立实评处才好。

文帝二年冬十一月晦，日蚀；十二月望，月蚀。这本是很正常的自然现象，但统治阶级却感到异常恐慌，文帝于是下诏，说是因为"人主不德，布政不均，则天示之以灾，以诫不治"，认为是自己没有把国家治理好，上天是拿发生日蚀这样的灾变来警告自己。于是下令：让臣民举告自己的过失；推举贤良方正能直言极谏的人来匡救政事；各级官员必须"务省徭费以便民"；减少宫廷侍卫，"其罢卫将军军。太仆见马遗裁足，余皆以给传置"。这是中国历史上皇帝第一次因灾变而调整政事，显示出在还没有达到以大的社会动乱来改变政权的情况下，在现实社会矛盾逐渐深化的时候，统治者还能较清醒地反省自己，修补政治措施，以避免社会发展中的矛盾激化。可见文帝有对社会矛盾被激化的敏感性和能自主协调政事的胆识，有可肯定之处。然而从社会思想意识方面看，阴阳五行学说自战国邹衍创始后，已经逐渐渗入帝王的理政信念之中，故此何"德"之属也就引起其时大臣之间的争论。秦以水德，开始时认为汉不承秦，汉继周仍为水德，文帝时有黄龙出现在成纪，发生了否定水德的趋势而以汉为土德，"天子始幸雍，郊见五帝"，又立渭阳五庙。由此方士们乘机开始兴风作浪以影响政治，表明天人感应思想侵袭统治意识有它正负两方面的作用。《史记》中的这一记载，亦是涉及此类问题的帝王作为的正史文献之始见，影响所及，不可忽视其意义。这一趋势发展到汉武帝时期，则有董仲舒的天人感应与阴阳五行学说相结合的《春秋》公羊学理论而将它推向极致。从这样的历史进程看，文帝这方面的言行正好是汉初守成积聚期的一种极好过渡，其社会历史意识也正好表现出这样的时代特色。这又恰恰是《史记》为此记事的用意所在，值得注意。

三、汉文帝政绩评述的特点

对于汉文帝的政绩，在司马迁笔下表现出如下的特色。

首先，汉文帝的诸多作为是守成中透视着创意。守成是他要保持高祖、吕后的基业和政策导向，创意是他在处理具体政事时有着自己的信念、思虑和有效的方法。前面提及的立太子及因天灾而自省，文帝都提出了在当时别人没有发出的思考。刘邦与吕后立太子时，都没有讲出什么政治道理，只靠张良略施小计请出四皓才作罢，文帝却在禅让、选举、立嗣上与大臣进行了推论、比较；日蚀出现，文帝借以说出一番"朕下不能理育群生，上以累三光之明，其不德大矣"的话，其处事的方法在历史上有首创的意义。他决定除收诸相坐律令的时候，讲出了"法者，治之正也，所以禁暴而率善人也"，"法正则民悫，罪当则民从。且夫牧民而导之善者，吏也；其既不能导，又以不正之法罪之，是反害于民为暴者也"的话。他主张"率善""导善"的思想，应该是在做代王时就有过酝酿的，显示出他"本好刑名之言"①的原色，只是现在才有机会在全国范围内实施，其法律意识较之其他的专制君王更加开明，更有理论说服力。汉文帝的除诽谤妖

①　《史记·儒林列传》。

言之罪、除秘祝、废祠官致敬，表明他能体察群臣心意，加上举贤良方正能直言极谏者，可以除去臣属们的顾虑，广纳群言，促进统治集团内部团结，发挥各级官员们的积极性。本持先君的政向，适时处理面临的重大事件时，文帝的措施是柔弱中显现出刚强，如对淮南王、南越王、张武以至于匈奴和亲等内外问题的解决上，均避免了矛盾激化而保持了社会的相对稳定，有利于实现他的总体政治主张。

其次，着力于写文帝爱护黎民。文帝以黎民为念，他令列侯就国，就是鉴于古时的诸侯各守其地，而"今列侯多居长安，邑远，吏卒给输费苦，而列侯亦无由教驯其民"。他之能废除肉刑，就是因为一位少女缇萦上书愿赎父刑罪而引起的。文帝认为刑罚越重而民犯法越多，是因为政治的"训道不纯"而使"愚民"陷于其中，悲叹"夫刑至断肢体，刻肌肤，终身不息，何其楚痛而不德也"，各级官员不能保护民众，反而用重刑伤害他们，还能算是"民之父母"吗，故为保护民众起见，他下令废除了肉刑。他一再赦免那些被官吏认为是"大逆""诽谤"的愚昧无知的"细民"及曾被裹挟参与济北王反叛的诸吏民的罪过，对犯法民众实施了宽大的政策。文帝在位期间，关心农业生产，曾亲开籍田，赐天下孤寡以布帛米肉。后六年夏四月，天下大旱，发生蝗灾，他下令诸侯驰山泽之禁，发仓庾以赈贫民。十三年六月，为了劝勉农业，"其除田租税"，亦能缓解农民的困苦。文帝遇到"四荒之外不安其生，封畿之内勤劳不处"的时候，他总是"怛惕不安""忧苦万民"。所以在与匈奴结和亲之约以后，凡匈奴背约入盗，他都采取抗御的姿态"令边备守，不发兵深入"，他这样做想到的是"恶烦苦百姓"，毕竟大动干戈除了大量物资消耗以外死伤的大多总是普通民众。

再次，表彰文帝的节俭淳朴，"为天下先"。文帝在因天灾自省时，曾经减少了宫廷的护卫和太仆使用的马匹。发生大旱蝗灾的年份，他下令朝廷"减服御狗马，损郎吏员"。他在位二十三年，"宫室苑囿狗马服御无所增益，有不便，辄驰以利民"，他如此抑制自身的享乐欲望，这在古代帝王中也算是少有的。朝廷官员曾建议修一座观赏的"露台"，计算后需要花费相当于中等财富人家十户产业的费用，他下令给撤销了，认为住在祖先留下来的宫室中都常常感到羞耻，还建观赏台干什么。他和后宫夫人在日常穿着的是粗布缝制的衣物，生活上朴素的情形可见一斑。和天下的暴君、奢君不同的是，文帝不认为做了天子就应该享尽天下的荣华富贵，他没有制定多少礼仪来炫耀自己，他执政的后期也常幸行，但仍是"廪廪乡改正服封禅矣，谦让未成于今"。论者均语文帝的这些作为是受当时社会发展形势的制约，那是不错的，但司马迁肯定文帝谦让、节俭的淳朴行为是值得赞扬的帝王风范，也应有其历史的意义。

最后，寄寓着批评武帝的明确用意。司马迁之《史记》成于汉武帝之末年，他亲自接触并深知汉武帝时的帝王思想与社会现实。他歌颂了汉武帝开拓疆土、扩大帝业的大一统作为，也见到了社会矛盾尖锐化的诸多景象，歌颂之余他有许多不平而怨由心生，直接评论武帝政事却遭到判处宫刑的奇耻大辱，然而作为一个具有正直良心的历史学家，他仍不能不表白自己的心声。由此他借题发挥，在《史记》中树立文帝这样一个理想中的仁德主，昭彰于世人后代，"述往事，思来者"①，让人们自己去做出判断。如果我们拿《封禅书》《平准书》《匈奴列传》《酷吏列传》综合与《孝文本纪》比照的话，《孝文本纪》叙述文字的背后隐意当是人所共知的。此篇虽然是纪体，但不失于人物的形象塑造；写的虽是文帝一生的政策、风范，但明显是寄寓了司马迁自己的政治理想。它虽然不如后代学者将之整体命为散文的名篇，但它在《史记》中是起脊梁作用的重要篇章。

四、比照《秦始皇本纪》

我们仍不妨将《孝文本纪》与《秦始皇本纪》进行局部比照。

秦始皇的一生统一了中国，建立起第一个封建王朝，对历史的贡献是彪炳史册的，为万世所称颂。但他为人刚戾暴虐，欲望无穷。他不仅希望秦王朝一世、二世以至万世而传之无穷，还希望他自己长生不死，永享人间富贵。在方士们的鼓动下，他曾派出五百名童男童女入海去寻找仙药，并为此花费了不少财富，其结果是可想而知的。面对人生的死亡，秦始皇

① 《史记·太史公自序》。

是一个绝对的唯心主义者。而汉文帝就不同，在生死观念上比秦始皇要高明许多倍。文帝在遗诏中宣布："盖天下万物之萌生，靡不有死。死者天地之理，物之自然者，奚可甚哀。"在这点上文帝虽受道家影响，但态度是唯物主义的。万物有生有死，是天地间的自然现象，人也是一样，所以没有人会是长生不死的。人生之死，符合自然规律，虽然有些惋惜，但不必过于悲痛。作为一个帝王能有这样的思想，应该说是很高尚的，其哲理的光辉，无疑是对那些千方百计企求长生不死者的有力批判。

秦始皇在位，生活穷奢极欲，死后仍然想在地府不放弃天子般的豪华生活。就位后即开始穿治骊山，等到天下统一以后，从全国各地调集刑徒七十余万人来修他的陵墓（并建阿房宫），陵墓中设计出具有天文、地理的百川江河大海的模式，他是死了也要统治全国。他的陵墓最后有"树草木以象山"①，规模宏大。而汉文帝则在遗诏中就清醒指出："当今之时，世咸嘉生而恶死，厚葬以破业，重服以伤生，吾甚不取。"文帝在世时也修了陵墓，但是"霸陵山川因其故，无有所改"，并没有过分地大动土木，而且文帝还规定，"治霸陵以瓦器，不得以金银铜锡为饰，不治坟，欲为省，毋烦民"。在这种节俭处事作风的背后，文帝心里想着的还是不要烦扰民众。以此文帝也对具体缩小丧事的礼仪规制提出了要求。文帝安葬也动用了三万多人"藏郭穿复土"，但比起秦始皇之动用数十万人，规模已经是小得太多了。

秦始皇在修骊山墓和建阿房宫的同时，还派了三十万人由蒙恬率领在北边去防御匈奴，繁重的劳役负担，将民众推向水深火热的生活之中。他去世刚刚三年，民众走投无路，揭竿而起，推翻了秦王朝。当然，秦的灭亡有多重因素，但与秦始皇生死观念之虚妄也不无关系。汉文帝正处于吸取秦亡教训的时期，在休养生息的总体国家政治思想的指导下，迅速调整了统治策略，使得汉朝积蓄力量以待发展扩张，文帝的生死观正是这个阶段社会思潮的积极反映，其效果比之于秦始皇的消极作为则有天壤之别。

从这一比照中，人们可以认识到帝王的生死观及其或是节俭或是挥霍的处事态度，其对于影响国家兴亡的重大意义也是值得关注的。窃以为这正是司马迁要详细记录下文帝遗诏的用意之所在。

北京师范大学史学探索丛书

---

① 《史记·秦始皇本纪》。

下　编

第一章　十六诸侯世家论析

《史记》三十世家，其"拱辰共毂"之主旨，体现出以汉武帝时代专制主义中央集权的潜在意识为指导，本着等级、分封、世袭的传统观念，分别类型，为大一统发展的业绩做纵横双向阐释的深刻政治意图，因而使之成为构成通史内容的重要组成部分，有其独特价值。今仅就其前十六篇所叙之西周、春秋、战国时之重要诸侯，加以论析。撮其精神，试举以为下列诸义，是否有当，敬请方家指正。

一、著始封人之业绩

《史记》之记叙十六诸侯分封，可以认为具备如下四方面的观察视角。

第一，一统观念的王侯分封。十六诸侯中，鲁周公、管叔鲜、蔡叔度、曹叔振铎均为文王子、武王弟，晋唐叔虞为武王子、成王弟，郑桓公系周厉王少子而宣王之庶弟，他们都是王室亲属，在普天之下莫非王土的意义下，给予划地、分享特权利益是很自然的事；然而更为重要的是要他们去京畿之外，以便在关键时刻起到承卫天子的作用。《管蔡世家》中论赞说："管蔡作乱，无足载者。然周武王崩，成王少，天下既疑，赖同母之弟成叔、冉季之属十人为辅拂，是以诸侯卒宗周，故附之世家言。"这与《史记·汉兴以来诸侯王年表》之序所言"武王、成、康，所封数百，而同姓五十五，地上不过百里，下三十里，以辅卫王室"，在思想上保持了完全的一致性。也正说明分封始初，所企望的正在于要求它起到维护一统的积极作用。

第二，中国疆土的四面开拓。吴太伯及弟仲雍，因周太王意欲传位于其弟季历之子昌，即后来的周文王，而逃奔荆蛮，自号句吴而君之，周武王克殷后，借以封仲雍（太伯无子）之曾孙周章而为吴。太公望吕尚，因以计谋辅佐"为文武师"帮助建周，武王平商之后而封之于营丘号为齐。召公虁与周同姓，故武王封之于北燕。楚之先祖出自黄帝之孙帝颛顼高阳，其苗裔鬻熊之子事周文王，后之曾孙熊绎，周成王以子男封之于楚蛮，故而为楚。越王勾践，其先禹之苗裔，而夏后帝少康之庶子，封于会稽，以奉守禹之祀。加上其后秦襄公之受封，周王朝通过分封使威权之所及达到了东负海、南进蛮越、西和夷戎、北涉燕漠的四至荒远之地。

第三，帝王功业的后代追颂。陈胡公满，虞帝舜之后，武王克殷以后封之于陈，以之奉帝舜祀，是为胡公。杞东楼公，夏后帝禹之后苗裔，武王克殷后所封，亦以之为奉帝禹之祀。《陈杞世家》后部有一段表述，总叙舜、禹、契、后稷、皋陶、伯夷、伯翳、垂、益、夔龙，"右十一人者，皆唐虞之际名有功德臣也，其五人之后皆至帝王，余乃为显诸侯"。且说"滕、薛、邹，小，不足齿列"，表明世家之设负有表彰前代帝王功业的作用，而无须罗列所有诸侯小国。由此殷代虽已亡国，周成王时仍分殷遗民为二，其一封微子启于宋，以续殷祀，其一封康叔（武王弟）为卫君，这就有了宋、卫之世家，以肯定殷代帝王的历史作用。

第四，世事变化的时代转换。十六诸侯存在时间的中后段，跨越春秋、战国，其间有着许多重大变化，三家分晋、田氏代齐是变化中的有名事件。赵氏之先，与秦共祖。蜚廉二子，恶来之子为秦，弟季胜之后为赵，世业为御。季胜以下三代至造父，周缪王封之于赵城，由此为赵世。造父已下七世至叔带，以周幽王无道去周如晋，事晋文侯，始建赵氏于晋国。魏之先，毕公高之后，与周同姓。武王之伐纣，而高封于毕，为毕姓，其苗裔曰毕万，事晋献公而被封于魏。毕万子武子，从重耳出亡，返，列为大夫，袭封而治魏。韩之先亦与周同姓，其后苗裔事晋，得封于韩原，曰韩武子，其后三世有韩厥，从封姓为韩氏。赵、魏、韩三氏势力在晋国，因为参控军队，关涉政事，后来的发展各据六卿之位。晋顷公时则共同诛灭公族祁氏、羊舌氏，旋败范氏、中行氏。赵襄子、魏桓子、与韩康子继又共灭智氏，主宰晋国。其后赵、魏、韩三家皆相互立国，实现了从大夫到诸侯的过渡。陈完，本为陈厉公他之子，受国内王位争斗的影响而出奔于齐。齐桓公使为公正，则以陈字为田氏。五氏而至田乞，事齐景公为大夫，齐悼公时为相而专齐国政。其子田常弑齐简公。至田常曾孙

北京师范大学史学探索丛书

田和则立为齐侯，列于周室，完成了从姜齐到田齐的转变。三家分晋、田氏代齐这样的过渡和转变，是诸侯国内部下属势力的一种崛起，也是西周以来政权下移的必然体现。

《史记》十六诸侯世家记述的四种视角，有其历史观方面的重要价值。它说明分封既是一统天下时代的派生物，也是对中央集权的有力维护和延续补充；分封使政教所及的影响范围得到了极大的扩展，中原的概念已经不可以完全代表中国；对于这一事态发展的回顾，应该肯定从舜禹以来历朝先贤做出的传统努力，并且肯定政权下移、时代变化的积极意义，从而使"拱辰共毂"的真谛得到了充分细密的阐释。

二、重继承制之传统

世袭制度是世家爵禄特权能维持长久的核心保证，商周以来的通常原则是"父死子继，兄终弟及"，周以后嫡长子继承制更是家族利益维系的主导，并成为整个社会政治稳定发展的基石。而恰恰在这个问题上，各诸侯国的内外势力常进行着激烈的争斗，引发出不少的震荡与危机，十六诸侯世家的记述对此给予了深切的关注。

这种关注在《鲁周公世家》中表现得集中而突出。鲁是周公受封之国，以其私德之盛而保有"天子礼乐"，故鲁被视为周礼之邦，因而核心的世袭制度的记述在该篇带有一定的思想阐述及显示社会效应的典型意义。其一，指出即使是周天子，如若破坏了这一礼制，也会动摇他的统治根基。周宣王因自己的喜爱要立鲁武公(其长子为括)的少子戏为鲁太子，大臣樊仲山父就进谏说，"废长立少，不顺"，"行而不顺，民将弃上"，"今天子建诸侯，立其少，是教民逆也。若鲁从之，诸侯效之，王命将有所壅"。① 但周宣王不听劝谏，执意立戏，后为鲁懿公，结果造成鲁人攻弑懿公而立括子伯御为君、宣王又伐鲁杀伯御立懿公弟称为鲁孝公这样的混乱局面，

---

① 《史记·鲁周公世家》。

《史记》于是记"自是后，诸侯多畔王命"①，可见核心制度的破坏对周王朝具有极大的危害性。其二，在宋宣公说过"父死子继，兄死弟及，天下通义也"②之后，鲁庄公之二弟叔牙亦申述了他关于继承的主张为"一继一及，鲁之常也"③。这是借以明确，国君继位问题的基本原则是"继"与"及"，此二者关系的妥善处理能够保证统治权力的正常交替。至于"继"与"及"孰先孰后，孰为主辅，则应依当时的具体情况而定，礼制规范是与利益协调相依存的。其三，鲁昭公时大夫叔孙豹说过："太子死，有母弟可立，不即立长。年钧择贤，义钧则卜之。"④在决定继位人问题上，这可视为一条有效的补充选择方式，即先选同母之弟，若无，则立庶子之长；若年岁相仿，则择其贤能者；贤能亦若齐等，则由卜筮决定。本来嫡子继位只以长不以贤，而这个程序揭示出选择时的慎重，特别关注于庶子中的贤能人才，这自然对诸侯国的发展会是有利的。但现实中常是权贵当国，最好的办法如果和他们的利益相冲突也无法施行，他们要选择的不在于国君的贤否，而在于是否方便自己掌控国政，所以叔孙豹的建议当时就被季武子否定了，因为"政自季氏久矣"⑤。其四，本篇的史公论赞，集中而明确地将弑君之事与周礼联系起来，直接指出行事之戾已导致"鲁道之衰"："观庆父及叔牙闵公之际，何其乱也？隐桓之事；襄仲杀适立庶；三家北面为臣，亲攻昭公，昭公以奔。"⑥以鲁国为例悲叹着世事变迁的复杂、深刻。加上前面所说周宣王主戏而后为鲁懿公，又其前之幽公弟沸杀幽公自立为魏（微）公，鲁国历史上总计发生了六次国君继立的危机，明显昭示着周礼之乡核心典制上的不断破坏。

基于周礼的要求，各诸侯国在总体上是坚持了太子继承制，不少政治人士亦为此做出了必要的努力。首先，确立嫡子的合法性，不可舍嫡而求

北京师范大学史学探索丛书

---

① 《史记·鲁周公世家》。

② 《史记·宋微子世家》。

③ 《史记·鲁周公世家》。

④ 《史记·鲁周公世家》。

⑤ 《史记·鲁周公世家》。

⑥ 《史记·鲁周公世家》。

他君。晋襄公去世前立了太子夷皋，并嘱托执政赵盾要将夷皋教导成才。因为夷皋年少及晋国多难，大臣们在襄公死后想更主他君，太子母坚决反对，说："先君何罪？其嗣亦何罪？舍适而外求君，将安置此？"且指斥赵盾"言犹在耳而弃之"①，赵盾终立夷皋为灵公，并安排他参加当年秋天在扈地与齐、宋、卫、郑、曹、许等国君的会盟，完全排除了"舍嫡"的风险。楚平王去世，太子珍年少，又其母乃太子建所当娶的，名声不好。楚国有将军想立平王之庶弟令尹子西，子西严词拒绝，说："国有常法，更立则乱，言之则致诛。"②最后还是立了太子珍为昭王。赵盾、子西尽到了自己应有的政治责任，是可肯定的。故此，当事人臣应守嫡子嗣国的义理之节，保证这一制度的施行。吴之国君寿梦有四个儿子，季札居第四，贤，寿梦想将君位传给他。为遵父意，长子就位后马上想让位给季札，季札举曹宣公去世后子臧"能守节"的例子对其长兄说："君义嗣，谁敢干君！有国，非吾节也。札虽不材，愿附于子臧之义。"③这既肯定嫡子嗣国是得礼之宜，又称赞了季札的"守节"行为合乎"义"，表彰之意甚明，还指明及时确立太子对国家安危具有重要意义。战国中期，魏武侯去世，子窑与公中缓争为太子，韩、赵乘机威胁，欲两分魏，幸二家谋而不和，未能得逞。至于因主动让国而形成的燕子之乱，及赵武灵王自称"主父"终被围困饿死"为天下笑"④的著名事例，也都表明无论以何种缘由轻率废弃嫡长子继承制的做法都为不合时宜，是不可取的。

但是，长时间的世局变换、礼崩乐坏使得各诸侯国内部因继立问题产生出频繁的纷争。卫国因公室矛盾、大夫作乱所形成的君位传承上的乱事甚多，以致司马迁在论赞中都发出质问："或父子相杀，兄弟相灭，亦独何哉？"⑤同样，这类事在宋国也非常严重，而它的特点则表现为长时间的危害性，记述借用《春秋公羊传》"君子大居正"的理念进行评议时说："《春

---

① 《史记·晋世家》。

② 《史记·楚世家》。

③ 《史记·吴太伯世家》。

④ 《史记·赵世家》。

⑤ 《史记·卫康叔世家》。

秋》讥宋之乱自宣公废太子而立弟，国以不宁者十世。"①历此十世，平公以后进入春秋末期，宋之国力也就更为衰竭了。而此等内乱涉及面最广的当是由晋国骊姬之乱所导致的废太子中生，经惠公、怀公及于文公才告一段落的国君更立事件，历史影响深刻，故在记述上也给予了浓重的笔墨。另外，关于楚国"弃疾以乱立"②的具体记述中，引述了叔向回答韩宣子问语时提出的继立中之"取国有五难"③，即所谓无人、无主（内主）、无谋、无民、无德的评说，亦可视为是借以从一个侧面肯定齐桓、晋文回国取得政权的合理性的"互见"式的表达方法，并加强了政权更替问题论析上的深度，也是有意义的。最后，基于要批判"权利"的交合所发生的无数弑君事件及造成诸侯国不同的混乱状况，十六诸侯世家的记述将表彰让德作为其主旨的一个鲜明目标，以其严峻的历史观察的视角，为人们提供了有益地进行政治伦理思考的空间，其立意之深令人赞叹。

三、昭诸贤能之功德

十六诸侯世家记述的主要例则是编年，但这并不妨碍它凸显人的社会历史主体性，在它编年的总体框架内还包含纪事本末、传记、评议、文征等多种形式，这正在于企图打破按年叙列的呆板程式，为历史人物的才能施展开辟出更丰富而有效的活动空间。因此，昭诸贤能之功德，亦尽其可能地在阐释司马迁对相关历史人物活动作用的关切。

这可以从三个方面来进行论说。

第一个方面是受封的开国之君，仅就其中的吴、齐、鲁、燕、楚而言，他们各自都有彪炳史册的业绩。吴太伯是"让"天下，到了荆蛮之后，能文身断发，统领土著民众开创出新的天地。齐太公是"圣"，睿智有谋略，"要之为文武师"④，对倾商政、建周业做出了不可磨灭的贡献。燕召

---

① 《史记·宋微子世家》。
② 《史记·楚世家》。
③ 《史记·楚世家》。
④ 《史记·齐太公世家》。

公是"仁"，处政决狱，能不分贵贱做到公平正直，因此特别受到民众的怀念歌颂，故其阴德之光辉及于后世的八九百岁。楚之先王熊绎，"辟在荆山，荜露蓝蒌。以处草莽，跋涉山林以事天子，唯是桃孤棘矢以共王事"①，承奉周成王尽心尽力，也是功业昭著，才打下了"镇尔南方夷越之乱"②的权力基础。而尤为突出的是鲁周公，在始封人中，他既是王者戚属，更是创业勋臣，同样还是周代文化制度设计的奠基人。在武王伐商而有天下时，他与齐太公、燕召公同为重要辅佐；在武王重病、成王年幼时，他能以生命相许，摒弃谗言，维持着周王朝的稳定；鉴于建国之艰难，为防止国家将来立政方向的偏离，他在思想教育、施政原则上，对他人提出了严格的要求。他的思虑深远睿智，品质赤诚忠贞，他应该是武王灭商以后真正建国的先哲，所以司马谈就说，"夫天下称诵周公，言其能论歌文武之德，宣周邵之风，达太王王季之思虑，爰及公刘，以尊后稷也"③，肯定了他在周代政治文化思想传承中的历史作用。受这一赞许的启示，《鲁周公世家》关于周公言行与事迹的记述，是篇幅最多、内容最充实的，可以说是起到了某种个人传记的作用，其撰写规模是其他始封人的个人记事无法比拟的。综上所述，我们看到，圣仁诚让，成为那个时代人们建功立业的精神支柱。

第二个方面是在各诸侯国的继位君主中，突出显现了春秋时的霸主齐桓公、晋文公、楚庄王，而对他们的记述却各具特色。对于齐桓公，以亦叙亦议的评述方式，着眼于形势之所至，特别指出他能称霸的历史条件："是时周室微，唯齐、楚、秦、晋为强。晋初与会，献公死，国内乱。秦穆公辟远，不与中国会盟。楚成王初收荆蛮有之，夷狄自置。唯独齐为中国会盟，而桓公能宣其德，故诸侯宾会。"齐桓公因此取得了"兵车之会三，乘车之会六，九合诸侯，一匡天下"④的显赫成就。但因产生骄色，齐桓公有了欲行封禅的违礼意图，司马迁对此给予了批评。对晋文公则是采取纪

① 《史记·楚世家》。
② 《史记·楚世家》。
③ 《史记·太史公自序》。
④ 《史记·齐太公世家》。

事本末的叙事方式，将他出亡十九年的艰辛磨难及民情体察一一展现，达到使他取得义理上的广泛认同及"天实开之"①舆论效果，从而赞扬他获得了霸业的成功。对楚庄王记述虽短，却以一种异乎寻常的隐喻方式展现他奋起的精神风貌，暗示出他有可贵的潜行观察、果敢决策的政治品质和成就霸业的充分条件。至于春秋霸业的内容，综其叙述可以概括为三项。其一为遵礼。齐桓公责楚成王之包茅不供与周室，晋文公之能入襄王于周，楚庄王领悟了"在德不在鼎"②的道理之后放弃了试欲逼周取天下的企图，均说明尊王仍是春秋霸业的一面旗帜，暂时还难以彻底动摇。其二为守义。齐桓公面对曹沫的威胁而返鲁侵地，城濮之战中晋文公对楚之退避三舍及战后之复曹伯，楚庄王之"轻千乘之国而重一言"③以复陈等都是历史上仁义宣示的重要事例，颇得人心。其三为用贤。齐桓公得管仲、鲍叔、隰朋之佐，晋文公有赵衰、咎犯、贾佗、先轸、魏武子之辅，楚庄王纳伍举、苏从之谏，都是他们成就霸业不可或缺的条件。这三条，正符合其时治国理政规律的基本要求，有重要的历史借鉴意义。霸业之外，其他如吴王阖庐（即吴王阖闾）之败楚入郢、宋襄公之"有礼让"④、越王勾践之复国灭吴、齐威王之"最强于诸侯"、赵武灵王之胡服骑射等都在记述中给予了应有的注意。其中，《越王勾践世家》有如专传一般，将勾践能卑躬屈膝而韬光养晦、坚毅顽强又顺应时机、任用贤能且忍杀忠贞的品格表露得深刻入微，从而使之成为传颂千古的名篇。

　　第三个方面是各诸侯国的贤臣。首先，记有辅佐之臣。除前面提到的管仲、赵衰、伍举等人之外，记述特别关注到范蠡，且独一无二地在《越王勾践世家》之最后专门为他设立了一个小传。范蠡是在春秋末年辅佐勾践登上霸主地位的功勋之臣，他不仅是一位优秀的政治家，还是一位精明的商业经营家，更是一位有深邃观察处事能力的社会活动家，故司马迁在《史记》中是多处表彰了他的。其次，记执政之臣，如晋之赵盾、楚之令尹

---

① 《史记·晋世家》。
② 《史记·楚世家》。
③ 《史记·陈杞世家》。
④ 《史记·宋微子世家》。

北京师范大学史学探索丛书

子西、郑之子产等。赵盾在襄公卒后遵循礼制扶立太子夷皋，曾受命以车八百乘平周乱而立匡王，灵公奢暴而对之屡加劝谏，被时人称为忠臣。郑之子产仁爱人，事君忠厚，他主张"为政必以德"，能妥善处理公室内部矛盾及与晋楚两个大国的关系，维护好国家政权。他死后"郑人皆哭泣，悲之如亡亲戚"，孔子也称他为"古之遗爱也"。[①] 再次，记有存危之臣。一个明显的例子就是伍子胥。他逃出楚国前，其父伍奢说："胥亡，楚国危哉。"[②]为报复楚平王听取谗言而杀害他父兄的仇恨，伍子胥后来竟策动吴王阖庐伐楚并大败楚国，给了楚国一个沉重打击。延陵季子对卫国考察后说"卫多君子，其国无故"，就是因为卫国当时有如蘧瑷、史狗、史鳝、公子荆、公叔发、公子朝等一批贤能之人。卫公室多内乱，但卫却是秦所灭诸侯国中绝祀最晚的。此类臣中，子产亦属其一，因有记述言"子产仁人，郑所以存者子产也"[③]。他们的任举或逃亡，常常关系着一个国家的兴盛危亡。最后，记有建言之臣。辅佐、执政、存亡等臣在言论思想上常有建树者，亦均可与此贤能之列。晏婴在齐被权臣崔杼视为忠臣，但他正是反对崔杼与庆封二相之专政结盟的人，说"婴所不唯忠于君利社稷者是从"[④]，这实是闪光的思想语言。他敢于用朴实唯物的言语谏说君王，怜惜百姓痛苦，所以获有"民之望也"[⑤]的美誉。再有如师旷，他在回答晋悼公问治国时说："惟仁义为本。"[⑥]简短的一句话，就充分揭示了诸侯治国的大道及时政弊病根源之所在。

四、阐文化观之价值

(一)天人和合的法则

《宋微子世家》全文收录"鸿范九畴"，叙述表明其内容系箕子对武王克

---

① 子产事见《史记·郑世家》。
② 《史记·楚世家》。
③ 《史记·郑世家》。
④ 《史记·齐太公世家》。
⑤ 《史记·齐太公世家》。
⑥ 《史记·晋世家》。

殷后访政的回答，实际是战国及其以前有关治政规律探究的一种总结。它将人们的一切活动建立在五种自然元素的基础之上，注意充分发挥人自身的主观能动作用，倡导运用健全的社会组织，顺应天时，极力推行君主权威及其施政原则，并在不断的观察与验证中实现人为的自我调节，以谋求民众的幸福安康。其文化观念的可贵之处在于，首先是提倡天地人之和谐，企图达到一种"大同"的境界，它以独特的思维角度，将五行、五纪及雨、阳、奥、寒、风、时纳入治政的视野之中，强调了人与自然关系的协调一致，从而确立了它作为"大法"在思想上所依存的客观现实的坚定基础，以至使它具有极强的科学思想价值；其次是在肯定君主权威的同时，主张王者治政要推行中正之道，排除"淫朋""比德"而奖善惩恶，重用贤能以谋求国家昌盛，由此才可显示出他真正具有"作民父母"的高贵品质；再次是强调卜筮在观察和处理政事中的地位与作用，表明这一法则所具有的既定时代的知识结构和认识水平的明显特征，既然如此，在治政的效果上就不能完全排除会受到偶然的或不可预测的因素的干扰和影响；最后是注意到人自身既是治政各个环节上主观能动作用的发挥者，更是治政效果的实际利益的获取者，说明治政的终极目的是要将寿、富、康宁、攸好德、考终命等实惠施予天下之子民，充分体现出人本主义的思想价值。

（二）神意政治的附会

《田敬仲完世家》的论赞，指出了《易》术幽明通达的特点，说明以它为依据的占语，在一定的范围内常能反映出事势发展的趋向，而其结果正好印证了这一趋向预测的准确性，从而使由它而产生的某种神秘认识增添了社会生活中所附会的神意政治的色彩。除卜田敬仲完卦得《观》之《否》，及毕万卜事晋"遇《屯》之《比》"①而外，十六诸侯世家尚有及于他类之卜事者，如鲁桓公卜季友之将生"为公室辅，季友亡则鲁不昌"②，晋献公卜曰"齿牙为祸"③而竟导致骊姬之乱，梁伯以女妻晋惠公而卜其所生子"男为人臣，

---

① 《史记·魏世家》。
② 《史记·鲁周公世家》。
③ 《史记·晋世家》。

316

北京师范大学史学探索丛书

女为人妾"①等，就是其例。叙述中尚有关于托梦及神怪的记载，如周武王梦天命其所生子名曰"虞"而后受封为唐叔虞，卫襄公之贱妾梦卫祖康叔名其将生子曰元以"天所置也"而后嗣位为卫灵公，郑文公之贱妾燕姞梦天（指南燕祖）与之兰而后其所生子终继位为郑穆公，此类属于吉例。赵盾梦其始祖叔带持腰悲哭而后屠岸贾皆灭其族，赵孝成王梦衣偏裂之衣乘飞龙见金山而竟遭长平之难，二者则属祸例。引述秦穆公七日而寤于是出秦谶，赵简子五日不知人醒而言晋七世而亡，乃为借帝语做出预测例。曹伯阳时国人有梦曹叔振铎言政请待公孙强者而遭宋灭曹，以此司马迁论赞议为"公孙强不修厥政，叔铎之祀忽诸"，实亦指其"唯德之不建"②为绝祀之因，乃为引出评议之例。其他如楚共王之望祭群神使主社稷，晋狐突之遇载已亡人恭太子申生，赵襄子时原过于王泽见"自带以下不可见"③之三人，内蛇与外蛇斗于郑南门中而内蛇死等，实属神怪鬼异之说。或梦或怪，其结果均及于当时之政事，或别吉凶，或测发展，或评政举，所释大体同于卜筮，然仅不能如彼之能做出更深的理论解释。以上所叙这种文化现象的出现，一方面说明人们需要对正常行为规则以外或某些人为的主观意志无法完全控制的事件做出必要的论析；另一方面，反过来说，所做出的论析又是人们长期社会实践经验抽象化的观念总结，因而其具有极强的思想价值。而更可能的是，这种总结有时候是在将某些事物出现以后的现实结局加以虚拟，改换面貌当作事前的预测烘托出来，以增加其神秘性而引起人们的重视与推崇，目的正在于增加君权神授观念及命中注定意识，正好导致社会认识的丰富多彩及思想文化的复杂多元。

（三）情志交融的乐评

自周以来，礼是国家的根本政治制度。乐和礼是紧密相连的，因而乐在国家政治生活中有不可忽视的作用。春秋末，齐景公好会于夹谷时，欲借莱夷之乐屈辱鲁定公，孔子则使有司执莱人斩之，景公于是"归鲁侵地

① 《史记·晋世家》。

② 《史记·管蔡世家》。

③ 《史记·赵世家》。

以谢，而罢去"①。孔子之正礼乐，使鲁在诸侯间赢得了应有的尊严。战国初，赵烈侯好音，欲以田各万亩赐所喜爱的"郑歌者枪、石二人"②，相国公仲连之所进士牛畜侍烈侯以仁义，约以王道；荀欣侍以选练举贤，任官使能；徐越侍以节财俭用，察度功德。如此谏说化解了烈侯的赐田意图，是说明当时仁义王道仍是胜过了郑、卫之音的弥漫。论及音乐与政治的关系，驺忌子的说法最为集中、精辟："夫大弦浊以春温者，君也；小弦廉折以清者，相也；攫之深而舍之愉者，政令也；钧谐以鸣，大小相益，回邪而不相害者，四时也。夫复而不乱者，所以治昌也；连而径者，所以存亡也：故曰琴音调而天下治。夫治国家而弭人民者，无若乎五音者。"③驺忌子的说法受到了好鼓琴的齐威王的肯定称赞，其所论说明音乐协调则政令通畅，二者相辅相成。

　　一个区域的民族历史、地理环境、政治措施、经济活动以至民情风俗往往是很不相同，甚至是有巨大差异的，由此各地产生的诗歌，因表现风情的区别而各具特色。一位优秀的鉴赏家完全可以各依其本地区诗歌所常用的声曲，听声对其所表现的意志情怀准确地做出评判。春秋鲁襄公二十九年，吴季札出使至鲁，以鲁有所受虞、夏、商、周四代之乐，故请观周乐。"为歌《周南》《召南》。曰'美哉，始基之矣，犹未也，然勤而不怨。'"如此每歌一方之乐，季札均能对之给以恰当的论定。或说德深秉义，虽遭乱亡而不至于困(《卫》)；或说其风细弱，无远虑持久之风而将先亡(《郑》)；或说诗风舒远，世数长短未可量，将可复兴(《齐》)；或说去戎狄之音，而备诸夏礼乐之声(《秦》)；或说忧深思远，情发于声，而有尧之遗风(《唐》)；或说淫声放荡，无所畏忌，故曰国乃无主(《陈》)。此等品说，情志交融，剖析深刻。季札称述《颂》为"五声和，八风平，节有度，守有序"④，及见诸舞至《大韶》，则赞为"虽甚盛德，无以加矣。观止矣，若有

_____

　　① 《史记·齐太公世家》。
　　② 《史记·赵世家》。
　　③ 《史记·田敬仲完世家》。
　　④ 《史记·吴太伯世家》。

他乐，吾不敢观"①。以上均是将乐曲的表现形式音、声、风与历史、政治、道德、思虑、品质、情怀、国运联系起来做出判断，集中体现出当时音乐理论高度发挥的深邃文化思想，为后人所景仰。

(四)远古追思的博畅

重视历史传统的思想，在十六诸侯世家中有明显的反映。《鲁周公世家》记周公教导成王时，所作《多士》中称"自汤至于帝乙，无不率祀明德，帝无不配天者"；《毋逸》中也提到殷王中宗、高宗、祖甲各享国的年数，告诫成王治国不要淫佚。《吴太伯世家》提到伍子胥劝谏夫差，说在昔有过氏灭夏后帝相不尽，使帝相之妃所生子少康得有虞氏之助，"逐灭有过氏，复禹之绩，祀夏配天，不失旧物"，建议不要接受越王勾践的"委国为臣妾"，而应彻底将之灭亡。后在勾践率众朝吴王时，伍子胥的劝谏还引述《尚书·盘庚》的诰语，提出"有颠越勿遗，商以之兴"的警示，意在借鉴宝贵的历史教训，但仍未得到夫差的重视、采纳，结果是显而易见、人所共知的。《楚世家》中伍举对灵王八次成功盟誓与三次失败会盟的阐释，及被灵王称赞为"析父(当为子革)善言古事焉"中有关楚与齐、晋、鲁、卫受封不同原因的论列，当属史事类别比较的典型例则。周太史伯对郑桓公友关于选择迁居地的回答，所说地理形势与政情及有关齐、秦、晋、楚之将兴盛的见解，具有将历史与现实紧密联系加以思考抉择的开阔视野，甚具启发价值。郑子产对晋平公问，所言辰为商星，参为晋星，而实沈为参神，台骀为汾、洮神的解说，更多涉及人所不易知的神话传说及星宿分野等历史文化信息，非饱学之士实难以掌握，无怪乎平公包括叔向要赞赏地称子产为"博物君子"了。所以不可否定，博畅的历史知识是处理政治事务和提高人们文化素养的重要手段。至于正考父之得《商颂》，宫之奇之喻唇亡齿寒，郑伯之请楚庄王不忘其厉、宣、桓、武，郑大夫癸言姞姓乃后稷之元妃等，均涉在现实政治中，不可忽视他们对历史文化思想理论的把握与运用。

---

① 《史记·吴太伯世家》。

五、显总时局之变化

(一)政权下移

十六诸侯世家的跨越时间，是自周初至秦统一的漫长岁月。武王分封本欲增强王室辅弼，拓展政治空域，企求持久统治，然其结果是世代迁延，亲情削弱，终使王室走向灭亡。齐、鲁、燕、晋，原是给亲属与谋臣所分封的大国，为周王室的重要支柱，而燕地处北偏，维系力渐失，以致在应尽供奉天子之职时还要齐桓公去督促它"复修召公之法"①，而在政权体制上，因有子之之乱已体现出严重的损害迹象。至于鲁，晋史蔡墨回答赵简子问话时所言已概述其名器假人的真实情况："季友有大功于鲁，受鄪为上卿，至于文子、武子，世增其业。鲁文公卒，东门遂杀适立庶，鲁君于是失国政。政在季氏，于今四君矣。民不知君，何以得国！"②而晋之世，先是因"末大于本而得民心，不乱何待"③，遂有曲沃武公之代晋，再历一个半世纪则出现"六卿强，公室卑"，"政在私门"的局面，其后晋宗家祁氏、羊舌氏被灭，智伯与赵、韩、魏共分范、中行地以为邑，紧接着三家又杀智伯尽并其地，最终赵、韩、魏被命为诸侯，终灭晋后而三分其地，晋绝不祀。及齐，田敬仲完入于姜齐而发展，行"阴德"于民，逐渐使"齐国之政皆归田常"④，至田和则灭齐而有之，姜齐变成了田齐。十六诸侯世家后四篇之设主正是体现了进入战国时期前后所发生的这一巨大变化，脉络清晰明确。

(二)文化南迁

《楚世家》较之他篇，有更多关于文化内容的问询辨析。吴本为荆蛮，太伯、仲雍兄弟以周太王之子而逃于此，导以德义，虽至王寿梦时"始通

---

① 《史记·燕召公世家》。
② 《史记·鲁周公世家》。
③ 《史记·晋世家》。
④ 《史记·田敬仲完世家》。

于中国"①，但却滋育出"见微而知清浊"的"阂览博物君子"延陵季子，可见其地中原本初文化播扬之深厚。楚则不然，地处蛮夷，封又给予子男之等，虽一直在江汉间拓展，但文化底蕴似嫌欠缺，故每有与中原之邦执拗相对，摩擦较量间亦促使中原文化优势南迁。记述所叙王孙满之劳楚庄王对问九鼎大小，伍举之谏楚灵王谈会盟，析父之对楚灵王论楚与齐、晋、鲁、卫受封之不同，叔向对韩宣子议及齐桓、晋文之能有国，孔子之评楚昭王之"通大道矣，其不失国宜哉"，陈轸之为齐说楚柱国昭阳勿画蛇添足为"持满之术"，楚人好弋者之对楚顷襄王言"再发之乐"而促其复从伐秦，周王使武公对楚相昭子语"欲器之至而忘弑君之乱"以辍其图周之计等，或比较为政、申礼乐之重德，或论列细密、求处事之借鉴，或畅叙渊源、甚具历史视野，或条分缕析、特显论理贴切，或隐喻含蓄而寓意深远，或剖析形势而结语犀利，既是政治谋略的争斗，又是秉持观念的碰撞，均显示出中原文化思想对南方楚蛮意识的进逼。可以看出，楚虽有求九鼎之雄心，然未能获得在深刻社会变革前提下所产生的足以抗衡中原文化的政治理念及思想风格，它内耗严重、目光短浅、不识大体、易于动摇，导致怀王忧死于秦，最终没有利用优越的自然条件而在历史上矗立。然而随着文化的南迁，加以本土的患难悲情，它却酝酿出了思想文学方面的光辉成就。

（三）谋诈游说

商鞅变法以后，步入了战国中后期新的历史阶段。秦因政治改革的完成及东进方向的确立，已经取代周王朝成为社会发展的主导力量，伴随着战争作为主要的政治手段，以苏秦、张仪为代表的纵横家的活动，开始在缓和各诸侯国之间的矛盾及平衡其国内政治秩序方面发挥出重要的作用。十六诸侯世家在记述如张仪、苏代、陈轸、公孙昧、陈筮、中旗、唐雎、范痤等人的说辞的同时，载录了公子无忌及苏厉的两篇上书文献，则有其特别的价值。无忌谓魏王所言，正是道出了当时整体形势发展的症结及秦施政的本质；而苏厉的《为齐遗赵王书》，则显示了一般合纵家的游说特征，并代表着纵横家所具有的严密逻辑思维和论理深析、语言洒脱等极显说服力的气质风格。战争是这个阶段史事记载的最重要的内容，越到后期

---

① 《史记·吴太伯世家》。

越是战事频仍，大小交互，连续不断，并伴有斩杀数量的记述。而谋诈手段在战争中的运用，也加速了六国的崩溃与灭亡。例如，秦使反间，令赵括以军降，卒四十余万皆坑之；张仪将所言商於之地方六百里改为六里，亦终使楚叛齐合秦；齐相后胜等多受秦间金，以致齐不助五国攻秦，以不修攻战之备而轻易降秦。这些均是秦最终成功的显著例证。

（四）走向统一

统一是这样一个时期总体的发展趋势，并彰显出其社会进步的巨大功能，它大致可分为三个阶段。首先，周武王的分封，建立了中央王朝对诸侯政权的全国性的直接统属关系，改变了殷商时代实际是邦联制的分散社会形态，因此表面上的分封却蕴含着实质为国家统一的职能。其次，"周武王时，侯伯尚千余人。及幽、厉之后，诸侯力攻相并"①。在分封的状态下，诸侯国各自的征讨活动为未来全国性的统一也打下了坚实的基础。齐太公之受命"五侯九伯，实得征之"②、楚成王被赐"镇尔南方夷越之乱"③，所能起到的作用，正是具有这样的性质。其中楚国的功劳更不可轻视，它不但相继讨伐了杨越、随、申、许、黄、宋及陆浑戎等许多小国，还灭亡了如邓、英、夔、江、六、廖、庸、顿、胡、陈、越（越灭吴）、蔡、杞、莒、鲁等国家，也参与了亡宋的举措，领土大为扩展，正走在为全国统一做出贡献的道路上。最后，秦始皇的并吞六国，则是依靠武力谋诈实现国家统一的必然步骤。因此，若以审视的目光加以探讨，就统一走势的记叙而言，十六诸侯世家的分述结构犹如浑然一体的完整的一篇文章，而《田敬仲完世家》的末尾表白正好是这一篇走势合理而顺畅的文章的美好小结，秦灭周，灭韩，灭赵，杀轲破燕，灭楚，虏代王嘉，灭燕王喜之后，出兵击齐，虏王建，迁之共，遂灭齐为郡，完成了政权统一的历史进程，接着司马迁以肯定的语言做出赞赏的结论："天下一并于秦，秦王政立号为皇帝。"周初以来的分封局面结束了，形势变化，一个具有崭新面貌和重要历史价值的帝国出现在中华大地上，从而预示着又将创造出更为辉煌的伟大时代。

---

① 《史记·陈杞世家》。
② 《史记·齐太公世家》。
③ 《史记·楚世家》。

第二章 《史记》宣示
"孔子智慧"的价值^①

孔子以其智慧拔然卓立于世，成为我国历史上第一位兼政治家、思想家、文献学家、教育家、史学家于一身的文化名人。司马迁通过深邃的观察，在历史上第一次评孔子为"至圣"，其长远影响亦至今犹存。

《史记》以其异常崇敬的态度，通过五方面的记述来宣示"孔子的智慧"。

一、游历国

在《孔子世家》的前半部分，此项记述内容有三个方面。

首先，孔子提出了济世良方。孔子所处时代的形势，已经没有了周天子的权威，而是六卿擅晋权，楚北陵中国，齐大而近鲁。鲁国小弱，在国外要应对齐、楚、晋三方面的侵凌；而在国内，"季氏亦潜于公室，陪臣执国政，是以鲁自大夫以下皆潜离于正道"。面对这样的局面，孔子宣传自己的政治主张时开出的济世良方，第一是孔子回答齐景公问政时所说的"君君，臣臣，父父，子子"；第二是"卫国欲得孔子为政"，子路于是问孔子如果在卫国治理政事他的首要任务将是什么时，孔子回答的"必也正名"；第三是最后孔子回到了鲁国，"鲁哀公问政，对曰：'政在选臣。'季康子问政，曰：'举直错诸枉，则枉者直。'"这是指要正确用人。其实，孔子所说的正名，就是要正君臣父子之名，回到周王朝所确立的名号上去，革除种种偏离正道的僭越行为，维护周天子的权威，重新实现天下一统。这应该是一个很光辉的思想。孔子不仅这样想，他还希望有机会能具体加

---

① 有感于 2006 年 2 月 20 日《北京日报》20 版所载 1988 年在法国有 75 位诺贝尔奖获得者集会时发表的"巴黎宣言"："如果人类要在 21 世纪生存下去，必须回头回到 2500 年前的孔子那里去寻找智慧！"而撰此文。

以实施，做出一个榜样来。孔子第一次从卫国返回鲁国的时候，他刚好 50 岁，《史记》叙述："公山不狃以费叛季氏，使人召孔子。孔子循道弥久，温温无所试，莫能己用，曰：'盖周文武起丰镐而王，今费虽小，傥庶几乎！'欲往。子路不悦，止孔子。孔子曰：'夫召我者岂徒哉？如用我，其为东周乎！'"孔子的志向不小，是想借助"周文武起丰镐"历史经验的鼓励，拿费城做基地，在东方复兴起周道来。基于同样原因，他也非常欣赏秦穆公之以"国小处辟"到最后的称"霸"中原，说其原因正在于"志大""行中正""身举五羖"，还认为秦穆公能做到这三条，"虽王可也，其霸小矣"。可见孔子对于如何以小的基地复兴是有过深刻考虑的，并非一时的兴致之词。他反复强调用人，意图之一也是希望有人能用自己。孔子有这样的自信，就是认为"文王既没，文不在兹乎"，他自恃是当世唯一掌握了西周礼乐制度的人。同时他也有很强的执政能力。鲁定公十年春，孔子摄相事，辅助国君与齐景公会于夹谷，正因为他熟悉传统礼仪，能行君子之道以强国，致使"齐侯乃归所侵鲁之郓、汶阳、龟阴之田以谢过"。定公十四年（时孔子 56 岁），孔子在鲁国由大司寇行摄相事，又做出了"与闻国政三月，粥羔豚者弗饰贾；男女行者别于途；途不拾遗；四方之客至乎邑者不求有司，皆予之以归"的政绩。于是其后在卫国，他就感叹说："苟有用我者，期月而已，三年有成。"孔子有着复兴周道的迫切心情。

其次，孔子的主张与行动声威强劲。由于孔子致力于宣传周道并身体力行，引起了诸侯和列国大夫的恐慌、畏惧。孔子迁居陈蔡之间的时候，楚国曾使人去聘用他，孔子计划前去楚国。这时陈蔡的大夫设谋阻止他，他们说："孔子贤者，所刺讥皆中诸侯之疾。今者久留陈蔡之间，诸大夫所设行皆非仲尼之意。今楚，大国也，来聘孔子。孔子用于楚，则陈蔡用事大夫危矣。"出于这样的原因，陈蔡大夫们"乃相与发徒役围孔子于野"，使得孔子得有"困于陈蔡"的经历。随后楚昭王还是派了军队去把他迎到了楚国。鉴于孔子的声威，"昭王将以书社地七百里封孔子"，这又遭到了楚令尹子西的反对，子西除了认为楚国没有像子贡、颜回、宰予这样的能臣之外，最主要的理由是："且楚之祖封于周，号为子男五十里。今孔丘述三五之法，明周召之业，王若用之，则楚安得世世堂堂方数千里乎？夫文王在丰，武王在镐，百里之君卒王天下。今孔丘得据土壤，贤弟子为佐，非楚之福也。"楚国大夫是非常害怕孔子的"述三五之法，明周召之业"，以及其"贤弟子为佐"的，楚昭王因此也就作罢。此事恰好印证了孔子复兴周道、游历宣传的重要意义和它的强烈反响，也说明了时移事迁，孔子的理想难以实现。

最后，周游列国时坚韧不拔的精神。第一是称述他追求真理而不知疲倦的乐观态度。借孔子自己的话说，是"其为人也，学道不倦，诲人不厌，发愤忘食，乐以忘忧，不知老之将至"，真令人敬佩！第二是宣传他遇到任何挫折都不改初衷，能"进取不忘其初"。在恶劣的政治环境中，他可以做到"磨而不磷""涅而不淄"，从不放弃自己的学术原则。他相信自己的正确性，认为任何强人也不能加害于他："天生德于予，桓魋其如予何？"所以他能矢志不移，不畏强御。别人形容他"累累若丧家之狗"，他听说后也只是欣然一笑了之，毫不懊丧。他本想过黄河从卫西去赵国，因听说晋之大夫窦鸣犊、舜华被杀，才叹息是自己的命运不济而又返回卫国。遇到困境，他仍"讲诵弦歌不衰"，他认为自己是"君子之穷"，与那种滥溢为非的"小人穷"是完全不相同的。第三是反对求容。孔子曾经与子路、子贡、颜回讨论过为什么他们的主张不被世人所接纳，他认为不是"仁者而必信"，"知者而必行"的问题，如果"不修尔道而求为容"，那才是"志不远矣"。他赞赏颜回的一番话："夫子之道至大，故天下莫能容……夫道之不修也，是吾丑也。夫道既已大修而不用，是有国者之丑也。不容何病，不容然后见君子！"可以说，《史记》也正好借记述这句话来大力称颂孔子之为有道君子的。另外，《史记》还特意记录下关于隐者长沮、桀溺、荷蓧丈人和楚狂接舆评述孔子的话，也正好是从另一角度衬托出孔子积极入世态度的高尚情操和"君子"风格。

二、修六艺

首先，《史记》叙孔子有对古代文献加以整理的深厚学识基础。孔子是商汤的远裔，宋王室的后代，他生时虽然家境贫困，但仍不失受没落贵族遗风的影响而"年少好礼",这有利于他的学识长进。所以他35岁时到了齐国,"与齐太师语乐,闻《韶》音,学之,三月不知肉味",对古代的先王之乐就已经有很深的感悟。在鲁定公八年(公元前502年)以前,由于鲁国自大夫以下都潜离于传统的礼制原则,孔子不可能入仕,就开始退下来"修诗书礼乐"。他之所以能这样做,是因为他具有完备的关于史事及文物鉴定的知识结构和学术秉性。孔子善于学习,在卫国向师襄子学鼓琴,通过习其曲、数、志而得其为人,体味出"黯然而黑,几然而长,眼如望羊,如王四国"的形象非周文王莫属,而识其曲为《文王操》。孔子对乐曲理论的深刻修养,他人莫及。

其次,《孔子世家》记孔子之分别整理六经。当孔子在其政治才能无法施展时,鉴于其时"周室微而礼乐废,《诗》《书》缺"的状况,他于是"追迹三代之礼,序《书传》",观夏殷之所损益而书《礼记》。他深入了解乐曲连续相生、流畅不绝的性质,而为相关的《诗》整理乐谱,说:"吾自卫反鲁,然后乐正,《雅》《颂》各得其所"。他又将古代太多重复的诗篇,依"可施于礼义"的标准,整理出《诗》,并以乐相配,"三百五篇孔子皆弦歌之,以求合《韶》《武》《雅》《颂》之音",从而使得它们具备宣扬王道的品格。孔子非常喜欢《易》,辛苦读《易》而"韦编三绝",他为《易》做了进一步的阐释,因之"序《彖》《系》《象》《说卦》《文言》"而成《十翼》,以利于其深意的发明和传播普及。更可贵的是他"据鲁、亲周、故殷,运之三代。约其文辞而指博",修订了《春秋》。针对世衰道微的社会弊病,使《春秋》蕴含了绝对政治伦理道德方面的"贬损之义",从而起到了"《春秋》之义行,则天下乱臣贼子俱焉"的无限效果。因为他态度的熟虑而执着,使得《春秋》成为表述他高昂心志的独特之作。

再次,《史记》叙述了"六经"的传承及流变。孔子的时代,春秋及其以前的文献材料繁杂多种,有文字记载、神话传说,其中也涉及不少荒诞的内容。孔子以其智慧,只从其中选取了精华的一部分,整理出《书》《诗》《礼》《乐》《易》《春秋》,总称为六艺,并以之教弟子而相续传承。在《史记》中,我们可以看到的一个完整的传承记录是:孔子—商瞿—轩子弘—矫疵—周竖—光羽—田何—王同—杨何。传至田何已经进入汉代,杨何则已是汉武帝时候的人了。六艺在传承中《乐》已经遗失了，后来传世的就只有"五经"。《史记》特设《儒林列传》，将五经的传授与汉代相关的政治联系做出了清楚的说明。司马谈有《论六家要旨》的名文，将至汉代为止的学术流派分为阴阳、儒、墨、名、法、道六家。这六家中，专门以学术派别名称而在《史记》中立传的只有儒家，由此可以看到经孔子整理六艺教弟子而传承的儒家学派在汉代地位的重要性。

最后，《儒林列传》的序是很值得关注的。本来孔子是"闵王路废而邪道兴，于是论次《诗》《书》修起礼乐"，又因"西狩获麟"而感觉到"吾道穷矣"，才"因史记作《春秋》，以当王法"的，可见这只是他的政治理想在现实社会碰壁后才去进行的一种学术性的文献整理活动。在当时，尽管他作的《春秋》可"以当王法，其辞微而旨博"，六艺也是不被直接用于政治的。但是，孔子智慧的可贵，正在于他不是作用当世，而是影响后代，这也正是他所创设的儒家学说的价值所在。《儒林列传》序正好揭示了这个奥秘，即儒学的逐渐政治化的过程。它先是说明了儒家学说在传承的过程中实现了自身的改造，孟子、荀卿的"润色"，孔甲的对陈涉"委质为臣"，叔孙通的"作汉礼仪"，公孙弘的"以文学礼义为官"，以至正传中所述董仲舒的"推阴阳所以错行"等就是很好的说明。同时，这也使人看到了历史的变化，时代政治需要不断地改造儒家学说，使之能成为一种辅政的手段，而"谀儒"们也就放弃了始初的原则，逐渐将学说变成了讨得入仕饭碗的工具，这已经完全违背了孔子创设时的原意。最后，公孙弘的功劳就在于使儒家学说到汉武帝时期在具体实施中已经实现了与政治的完全结合。从根本上说，这正是孔子智慧无所不在作用的结果。

三、教弟子

《孔子世家》记孔子年少时，就有鲁人孟懿子和南宫敬叔来他这里"学礼"，继而出现了"弟子弥众，至自远方，莫不受业焉"的盛况。后来的发展趋势是"孔子以诗书礼乐教，弟子盖三千焉，身通六艺者七十有二人"，教育的成就非同小可。《史记》由于盛赞孔子的教育成就，特别设立一篇

《仲尼弟子列传》，在学术六家中，这也是高规格地对待了儒家。传的开头，称述在孔子门下"受业身通者七十有七人"，都是"异能之士"，并指出孔子对弟子的教学分别有德行、政事、言语、文学等门类，其中一些人有辟、鲁、愚、喭、屡空、屡中等各自品格和不同人生遭遇。《孔子世家》还提到孔子的教学内容是文、行、忠、信，教学的态度是毋意、毋必、毋固、毋我；他非常慎重对待的三件事是斋、战、疾；很少谈论的话题是利、命、仁，而根本不涉及的话题是怪、力、乱、神。他的教学原则是"不愤不启，举一隅不以三隅反、则弗复也"。作为老师，孔子很虚心，说"三人行，必得我师"，很注意观察学习别人的长处。他要求弟子经常修养德行，努力钻研学业，并一心向善，不断改正缺点错误，说："德之不修，学之不讲，闻义不能徙，不善不能改，是吾忧也。"

从《仲尼弟子列传》所记的谈话、事迹看，《史记》叙述所关注的有如下内容。

（一）道

孔子与弟子所讨论的道，可以有多种解释，但主要是指治理国家的政治主张和理想信念，同时也是一种个人的行为原则和气节要求。当陈子禽问子贡"仲尼焉学"时，子贡回答说："文武之道未坠于地，在人，贤者识其大者，不贤者识其小者，莫不有文武之道。夫子焉不学，而亦何常师之有！"这番话一方面告诉人们孔子善于学习，而且无所不从学，故无常师；另一方面说明孔子追求的是周文王、武王时的政治原则，这也是他一生为之奋斗的最高理想。当时，弟子中许多人都有强烈的入仕愿望，但在子思问耻的时候，孔子强调："国有道，谷。国无道，谷，耻也。"谷，是指仕俸。孔子认为国君无道而在其朝入仕，食其俸禄，就是一种耻辱。所以孔子肯定闵子骞的"不仕大夫，不食污君之禄"的精神。孔子也因此赞赏公皙哀（季次），说："天下无行，多为家臣，仕于都；唯季次未尝仕。"无行，就是无道。孔子认为季次未曾屈节为大夫之家臣，是保持了高贵的气节。由此孔子主张"用之则行，舍之则藏"，而且觉得只有他和颜回才能真正做到这一点。孔子主张"乐道"。不去入仕，就会带来贫困，孔子与子贡的对话中曾肯定"贫而乐道"。孔子特别称说颜渊"贤哉回也！一箪食，一瓢饮，

北京师范大学史学探索丛书

在陋巷，人不堪其忧，回也不改其乐"，就是出于要"乐道"的缘故。孔子评说子路"由也升堂矣，未入于室也"，除学问不够精深外，也是指子路在循"道"方面还没有达到应有的境界。

(二)礼

礼，在孔子的智慧中，大的方面是指国家的政治制度，小的方面是指个人的道德行为规范。《史记》载弟子有若的一小段话："礼之用，和为贵，先王之道斯为美。小大由之，有所不行；知和而和，不以礼节之，亦不可行也。"这里的"和"是中和，即平常所说解决问题恰到好处。语句是说实行先王之道就是要遵循礼，而在运用礼的时候最宝贵的是处事恰如其分，如果能这样就是最美好的了。这是讲到了礼与道的关系。礼实施道，在实施的过程中，礼又起着调剂节制的作用。在孔子眼中，礼和义紧密联系在一起，礼和仁关系密切。

(三)仁

颜渊问仁，孔子回答说："克己复礼，天下归仁焉。"意思是说约束自己的行为去实践礼，天下的人都会说你有仁德了。孔子是主张人们完全按照礼来视、听、言、动的，由此，他关于礼的内容应该是要符合君、臣、父、子的秩序和"正名"的原则的。有人问孔子冉求和子路算得上仁吗？孔子回答说，他俩分别可以去负责和总管一个千户规模大邑或一个具备千乘兵车大国的军事，至于他们的仁德就弄不清楚了。孔子不承认冉求和子路具有仁德，可能是因为二人在仕进的行为上不符合礼的要求。宰予认为三年之丧实在太久，觉得有一年就足够了。孔子批评他说："予之不仁也！子生三年然后免于父母之怀。夫三年之丧，天下之通义也。"这里的"仁"，是指一般的行为规范，破坏了三年之丧的行为规范，表明宰予没有三年的爱心去对待死去的父母，就不符合礼的要求。原宪问："克伐怨欲不行焉，可以为仁乎？"孔子回答说一个人能没有这好胜、自夸、怨恨、贪婪的四种毛病，确实是难能可贵的，但是不能由此就断定他是否仁。孔子的意思是不可以消极地看待仁德，应该从更积极的角度去加以理解。最突出的是樊迟问仁，孔子回答说"爱人"，这恐怕就是孔子所说的仁的核心了，它具有其广泛而深刻的意义。

(四)君子

子路问孔子："君子尚勇乎？"孔子回答说："义之为上。君子好勇而无义则乱，小人好勇而无义则盗。"孔子的言辞中强调君子的行为必须尊崇义，即国家社会的政治道德原则，不遵守这一原则，君子勇敢了会犯上作乱。"义之为上"是对君子的严格要求。孔子在听到武城宰子游所说"君子学道则爱人，小人学道则易使"时（在这里，"道"是指"弦歌之声"的礼乐），虽戏其治小而用大，但还是肯定子游所进行的礼乐教育的。"君子学道则爱人"，爱人在"道"中具有重要的地位。孔子对子夏说："汝为君子儒，无为小人儒。"何晏对此解释说："君子之儒将以明道，小人为儒则矜其名。""明道"当是君子的行为准则。南宫括具有"禹稷躬稼而有天下"的认识，由是孔子称赞他"君子哉若人，上德哉若人"。这就是肯定君子应该"明道"的具体事例，说明君子同时也是崇尚道德的。君子崇尚道德也需要好的培养条件。孔子说："子贱君子哉！鲁无君子，斯焉取斯？"子贱是鲁人，孔子的一位贤弟子，具有虚心好学的品质，孔子说子贱的好品质是从鲁国君子身上学来的，这同时也是指环境对人的成才有很重要的作用。

综上所述，可知孔子教弟子是要使他们追寻先王之道，遵循周礼，从而培养起仁德的品质，成为真正的君子。

四、宣道德

礼仪道德常常是并称的，是指人们的日常行为规范及品格修养，孔子非常重视这件事，他说"德之不修，学之不讲，闻义不能徙，不善不能改，是吾忧也"。这里修养品德、讲习学业、趋向正义、改正错误，都属于人们的道德修养。《孔子世家》特别记载下两条，说孔子"其于乡党，恂恂似不能言者。其于宗庙朝廷，辩辩言，唯谨尔。朝，与上大夫言，訚訚如也；与下大夫言，侃侃如也"。在不同场合，对待不同的人与事，孔子分别以温恭、谨慎、中正、和乐的态度对待之。"入公门，鞠躬如也；趋进，翼如也。君召使傧，色勃如也。君命召，不俟驾行矣"。对于君命，孔子特别兴奋，因此他就特别恭敬与忠诚。孔子也有很好的思想品质，"绝四：

北京师范大学史学探索丛书

毋意，毋必，毋固，毋我"，遇事不猜测、不武断、不固执、不主观，也需要很强的道德修养才能做到。

如上所说，孔子所讲的道德常常是和政治相关的，这方面的内容在《仲尼弟子列传》中表述得更多些。

首先，从政治行为中讲道德。孔子困在陈蔡间论行事时说："言忠信，行笃敬，虽蛮貊之国行也；言不忠信，行不笃敬，虽州里行乎哉！立则见其参于前也，在舆则见其倚于衡，夫然后行。"是说若时时刻刻想着忠信、笃敬，行事就会成功。子张问如何可以求得禄位，孔子回答说："多闻阙疑，慎言其余，则寡尤；多见阙殆，慎言其余，则寡悔。言寡尤，行寡悔，禄在其中矣。"是说言论少过错，行为少悔恨，则可以谋得职位。回答子张问人如何才能通达时，孔子说："夫达者，质直而好义，察言而观色，虑以下人，在国及家必达。"是说能做到质朴正直好义以及谦恭而甘居人下，无论在诸侯之国或大夫之家都会通达。仲弓问政，孔子说："出门如见大宾，使民如承大祭。在邦无怨，在家无怨。"这里也讲要崇尚恭敬。子路要去蒲地做大夫，告辞时孔子告诉他："蒲多壮士，又难治。然吾语汝：恭以敬，可以执勇；宽以正，可以比众；恭正以静，可以报上。"是说若恭谨谦敬，宽大清正，不烦忧民众而清静，就可以取得成功。这都是讲忠信、笃直、谦谨、恭敬、宽大、清正等是对待政事所应具有的道德品质。

其次，孔子很重孝道。孔子对子我说过："夫三年之丧，天下之通义也。"他反对修改三年之丧的意见。孔子认为曾参"能通孝道，故授之业"。他专门将关于尽孝的道理传授给了曾参，曾参后来作了《孝经》。《史记正义》引《韩诗外传》谈到曾子："曾子曰：吾尝仕为吏，禄不过钟釜，尚犹欣欣而喜者，非以为多也，乐道养亲也。亲没之后，吾尝南游于越，得尊官，堂高九仞，榱提三尺，躬毂百乘，然犹北向而泣者，非为贱也，悲不见吾亲也。"可见其孝亲的诚心。孔子还特别赞扬闵子骞，说："孝哉闵子骞，人不间于其父母昆弟之言。"《史记集解》引陈群说："言子骞上事父母，下顺兄弟，动静尽善，故人不得有非间之言。"所以孔子所讲的道德，自然包括基于血缘关系的伦理道德。

最后，孔子所讲的道德还包括一般意义上的思想道德，如子贡颂扬孔子之以"温良恭俭让"而赢得一些国君的尊重，和孔子对子贡说的"贫而乐道，富而好礼"对"富而无骄，贫而无谄"之超越。孔子称赞过颜回为"为学"，还说他具有"不迁怒，不贰过"的品质。孔子还说人们若能除掉"克伐怨欲"这些不好的品质，也就是难能可贵的了。为了道德修养，孔子还主张"内省"。司马耕问如何做才能成为君子，孔子回答说："君子不忧不惧"，司马耕接着问："不忧不惧，斯可谓君子乎?"孔子又回答说："内省不疚，夫何忧其惧!"这是说自我反省没有罪恶，就什么也不会忧惧了。孔子认为经常反省自己是加强政治伦理道德修养的必不可少的条件。

五、宣示价值

《史记》为了宣示孔子的智慧，特意将孔子列于世家，为孔子的弟子和汉代儒林写了两篇列传，又在《太史公自序》中论列了孔子作《春秋》的主要思想。作为历史著作，《史记》对待古代文化名人之如此处理，是绝无仅有的。为此不能不思考的一个问题是，《史记》对孔子智慧论述的价值究竟何在? 试析言之。

第一，赞赏周道的治世精神。《太史公自序》关于《孔子世家》的提要概述说，"周室既衰，诸侯恣行。仲尼悼礼废乐崩，追修经术，以达王道"。正是因为这个"王道"引起了司马谈、司马迁父子的思想共鸣，于是在瞻仰了孔子故居、徘徊而不愿离去的同时，他们的虑念也就回到遥远的古代。《太史公自序》记司马谈教导儿子司马迁的时候所说："夫天下称诵周公，言其能论歌文武之德，宣周邵之风，达太王王季之思虑，爰及公刘，以尊后稷也。"这正追述了整个"王道"的发展史。而在"幽厉之后，王道缺，礼乐衰"的情况下，孔子如此地不怕牺牲，"修旧起废，论《诗》《书》，作《春秋》"，就是要复兴"王道"。《史记》在总结历史经验、分析事势总体发展中，还是认为具有大一统本质精神的"王道"才是治理乱世的最佳方案，才是使中原文明能够维持的政治保证。《史记》认为孔子之所以能如此不畏困苦，不遗余力地宣称克己复礼、君臣父子、必也正名等，其坚毅果决、矢志如初的豪情，正是受到了周道精神的鼓励，其信心与力量正是来自他坚

北京师范大学史学探索丛书

信为正确的周道。《史记》基于对现实社会辉煌成就的歌颂，站在汉代已经再次实现了真正大一统的时代，来追述孔子的周游列国、编修六艺，其最终的主旨还在于宣扬周道的治世精神。

第二，追迹儒家经典的整理与传承，肯定其在民族文化中的主体作用。《孔子世家》论赞说明，《史记》之仰孔子为"至圣"，就在于"天下君王至于贤人众矣，当时则荣，没则已焉。孔子布衣，传十余世，学者宗之。自天子王侯，中国言六艺者折中于夫子"。《史记》为孔子立世家，引起历代学者讨论，但《史记索隐》《正义》都还是阐释了《史记》的看法，因为孔子是"教化之主，又代有贤哲"。"教化之主"是关键。上述《孔子世家》提要在"以达王道"后接着说，"匡乱世反之于正，见其文辞，为天下制仪法，垂《六艺》之统纪于后世"，就是说明了要列孔子于世家的根本原因。司马迁以其敏锐的观察力看到了中华民族文化发展的精神依靠和传承渊源。因为六经正是周道治世精神的凝聚，如先王政典、乾坤变易、礼乐损益、区域故俗等，正是上古时代发展中关于哲学、政治、社会、历史等的思想精髓，它体现出政治、经济、法律、文化等的社会行为规范，是大一统社会的典则、楷模。由此我们看到了《史记》肯定孔子为"至圣"的无限价值。六经确立以后，以其强劲的思想内涵在不断地传承中排除了其他文化的干扰和侵害，从而形成了中华民族的主体文化精神。《史记》的记述，两千多年来使中华大地上的民众从中获取了无限的教益。《史记》的历史眼光功不可没。

第三，肯定孔子实施平民教育、私家教育的开创之功。孔子智慧表现在教育方面尤为充分，他丰富的教育思想和教育实践，使他成为我国古代一个伟大的教育家。六艺是他教育弟子的必要内容，这样既宣扬了先王的政绩和他们仁德的诱人光辉，也使儒学的传承有了切实可靠的保证。如《儒林列传》所述："自孔子卒后，七十子之徒散游诸侯，大者为师傅卿相，小者友教士大夫，或隐而不见。故子路居卫，子张居陈，澹台子羽居楚，子夏居西河，子贡终于齐。如田子方、段干木、吴起、禽滑厘之属，皆受业于子夏之伦，为王者师。"依托于弟子们的传承效应，使儒家主体文化成为不可抗拒的力量，并起着强有力的同化作用。正如《儒林列传》所记，

"于威、宣之际，孟子、荀卿之列，咸尊夫子之业而润色之，以学显于当世"，及"公孙为学官，悼道之郁滞"，而建议"补博士弟子"所产生的"自此以来，则公卿大夫士吏斌斌多文学之士矣"，都是这种传承变化脉络的生动写照，而儒学的生命力也在于它具备保持基本精神原则下强劲的适应力。

第四，赞扬了《春秋》的记事精神。在《太史公自序》中，称述《春秋》是"上明三王之道，下辨人事之纪，别嫌疑，明是非，定犹豫，善善恶恶，贤贤贱不肖，存亡国，继绝世，补敝起废，王道之大者也"。能充分体现"王道"精神是《春秋》的最重要的职能，所以《春秋》是"礼义之大宗"，"拨乱世反之正，莫近于《春秋》"。这里，《史记》是借转述董仲舒的话进一步肯定了《春秋》的经世作用。而且认为《春秋》不只是具有"刺讥"的功效，它主要还是"采善贬恶，推三代之德，褒周室"的。司马迁觉得自己处在"明天子"的时代，"主上明圣而德不布闻"，就是有司的过错，因此他要学孔子作《春秋》那样，记载下"明圣盛德"和"功臣世家贤大夫之业"以表彰当世。由此，司马迁正是以"能绍明世，正《易传》，继《春秋》，本《诗》《书》《礼》《乐》之际"，而有意决志做当代的孔子的。《史记》于是继承了《春秋》为史学产生、发展滥觞的治学精神，开启了我国史学自觉发展的新局面。

第三章 《史记》所撰孙武之传 的历史价值

一、突现春秋时期特点

列传是《史记》的重要组成部分，司马迁对传主的选择及其篇卷顺序的安排，都是颇具命意的。七十列传的首篇记的是一位传说人物伯夷，论者认为其立意是要以之体现出列传部分的总序性质，何焯《义门读书记》："《伯夷列传》，此七十列传之凡例也。"①白寿彝《史记新论》说："'列传'七十篇。首篇《伯夷列传》并不是专为伯夷而写的，它是列传的帽子，带有总序性质。"②此议已经为学者接受，几成共识。首篇之后的二到七篇，记述的则主要是春秋时期的人物，而此实体人物的第一篇是管仲与晏子，接下来是老子(还有庄子、申不害、韩非)，然后是司马穰苴与孙子(附孙膑，还有吴起)，之后是伍子胥，伍子胥之后是仲尼弟子。从第八篇写商鞅起，列传的记述就总体而言进入了战国时期。从春秋时期记述的人物看，实体人物选择管仲开头，意在强调发展经济对于国盛兵强的重要性。《史记》的"书"体以"平准"压轴，而其传体则在《自序》前以"货殖"结篇，表明司马迁认识到最终还是经济的发展才是强国的根本，写出管仲来与货殖前后呼应，恐怕不是没有讲究的。从老子到韩非，是以此作为凭借阐述治国思想从道家到法家的转变，暗示为汉代立政思想的产生找出了学术的渊源，其命意非常深刻。在经济政治论述之后谈及军事，应是非常现实的课题，于是有了司马穰苴与孙武等的议论，而兵法的出现正是当时社会军事争斗异

---

① 何焯：《义门读书记·史记》，汲古阁本。
② 白寿彝：《史记新论》，66页，北京，求实出版社，1981。

常激烈的表现及其相关经验的升华凝练，司马兵法是列传记述范围所能论及的最早兵法，《孙子兵法》则是其后出现的成就最大、影响最为深远的军事论述著作，绝不可忽视它们在社会历史发展中的地位与贡献。春秋后期，中国社会仍保持着总体上向东南方向拓展的趋势，《史记》通过写伍子胥的个人事迹，来表明在这一拓展中吴、楚、越、齐、晋、秦诸国间的相互关系及其各自势力的消长，以见当时政治军事外交的格局，并阐发出社会思想中正义与邪恶的区别及其所产生的巨大精神力量之不可忽视。论及春秋，不能不提到儒家，因为已将孔子列入"世家"，故特写仲尼弟子，来表明司马迁对儒家文化传播所产生的社会政治作用的高度重视。

从这样一个轮廓式的勾画可以看出，在对于春秋时期以列传人物事迹来表现历史发展进程的记述中，司马迁注意到并展示了政治经济思想的确立、社会学术思想的演变、激烈的军事存在及兵法家的出现、诸侯国间的交往及某种精神力量在其中的作用，以及儒家文化的传播规模及其价值等命题。但是这当中最能突显春秋时代社会特点的莫过于人物传中论及兵法家的这两篇。这是因为春秋时期的显著特征是诸侯争霸，而能争霸的条件除政治经济外交方面的作为之外就是要依靠武力，而兵法家的出现，其以善于总结军事实践经验所取得的思想成就正好成为推动争霸事业前进的有效手段，并以人类宝贵文化遗产的面目影响着以后的历史进程，必然受到人们的重视。另外，学者以为司马迁写春秋时历史的主要资料来源于《左传》，而探讨者发现，恰恰是司马穰苴与孙武在《左传》中很少有具体的记载。梁玉绳在《史记志疑·孙子吴起列传》中说："《吴世家》《伍胥传》并有将军孙武语，然孙子之事，与穰苴媲美，而皆不见于《左传》，何耶？"[1]面对这样的资料现状，司马迁仍能另辟蹊径地为司马穰苴和孙武列出专传，不能不说体现出了他有着独特的历史眼光与深刻命意，以至于可以由此将兵法家与著名政治家管仲、晏婴放在相同的地位上来加以评论，并将他们的思想成就与老庄道家和孔子儒家等同看待，对兵法家给予的评价之高，不能不令人赞叹。

---

① 梁玉绳：《史记志疑》，第3册，1193页，北京，中华书局，1981。

《史记》之为孙武设计列传，是企图借孙武其人、其事的精彩表现及前后相关篇卷撰写意图的总体安排，突出显现春秋社会内容结构的诸多方面及兵法家的产生并在其中所起作用的时代特征，从而以此标示出它自身具有的真实历史价值。

二、承续前代演进态势

初读《史记》，常会有一种很自然的感觉：孙武这样一个重要人物，为什么关于他的传只写了一场"宫中教战"就悄无声息地结束了呢？其实司马迁在这里采取了举重若轻、以小见大的表现手法来塑造孙武的兵法家形象。吴王阖庐要孙武演示兵法，而能让阖庐在极短的时间内直接感受到兵法妙用的真实效果，也只有在宫中操练了；而如能在一批娇贵、任性并缺乏任何训练的后宫美女身上显示出基本的兵法要素来，虽说有些困难，却可以收到常人难以想象的轰动效应，使阖庐看了目瞪口呆、口服心服。孙武深悉"知己知彼，百战不殆"的奥秘。他知道吴王阖庐是位企图要做一番事业的国君，不会因为一点小的损失而放弃长远的目标；他也知道宫廷中严重的贵族习气，是一般人不敢轻易下手去触动的，但不除去宫廷中的这种贵族习气，将更使君王丧失意志，国家也就很难振兴；还有，他知道宫中操练是一次很好的机会，可借以向国君宣示一些极为重要并带有决定意义的兵法理念，在明见其效果时增强国君的信心，以便未来在君臣的处事关系中能得到国君对兵法运用的理解与支持。"宫中教战"集中而有力地展现了孙武的识见、才能和胆量，阖庐亦因此确实了解到孙武的厉害，于是，君臣意愿一拍即合，阖庐得到了一位治军强国的将才，孙武从此也获得了他应有的活动舞台。

读《史记》孙武的传还会发现，司马迁为他写传时所设计的文篇结构，与其前一篇司马穰苴的传有极为相似之处。两篇传在各自情节的具体安排上因为二人行事的差异自然不会一样。例如，在身份上，孙武处在吴王阖庐拜将前的测试阶段，而穰苴则由于晏婴的推荐已被齐景公任命为将军；在场景上，孙武是在演练"宫中教战"，穰苴则处于要领军出征前的仪式上。但是在涉及传事内容的核心问题上，两篇传关于兵法理念的阐述要求却显示出惊人的一致性。于是在军队行为的处置上，孙武强调的是约束申令，因为宫女们在反复训导后仍不能达到要求，他就下令斩杀了作为队长的吴王阖庐的两位宠姬，而穰苴则执着于军法约束，对素来娇贵并且没有按照约定在"日中"时刻到达军门的庄贾，亦毫不迟疑地进行了处决。在对国君企图干预军中具体事务的态度上，孙武拒绝了吴王阖庐希望不要斩杀宠姬的命令，穰苴则对传达齐景公"持节赦贾"要求的使者的仆从给予了斩杀，两人如此做也都是抱持了同样的军法信念："将在外，君令有所不受。"对于两人依军法严格治军行事结果的表述，大体也是相同的。孙武西破强楚，北威齐晋，从而使吴国显名诸侯，穰苴则罢晋师，解燕师，"遂取所亡封内故境而引兵归"，"田氏日以益尊于齐"。当然，在二者文篇结构极为相似且总体叙述均较为简略的情况下，司马穰苴传的前后内容还是要丰富一些。

通过上述比较可以看出，叙述结构极为相似的前后两传，已显示出极强的异曲同工之妙的功能，从纵向的学术发展潮流的意向来考察，亦使孙武与司马穰苴在兵法思想核心要素内容的阐释上保持着异乎寻常的相同观察角度，更能表明孙武所创之兵法与前人相关的学术成就有着深刻而密切的内在联系。《史记·司马穰苴列传》最后说："齐威王使大夫追论古者《司马兵法》而附穰苴于其中，因号曰《司马穰苴兵法》。"①可知孙武所创兵法学术之前已有《司马兵法》。古《司马兵法》是春秋中期以前的军事典籍，司马穰苴对它有过深刻的研究和阐发，是一位能够申明古《司马兵法》的军事将领。其实，再往前追溯，依据《汉书·艺文志》的记载，还有以传说时代人物神农、蚩尤、黄帝为名的兵法出现，亦有依托黄帝之臣封胡、风后、力牧、鬼容区等的兵法之作。战争经验的不断总结有着深刻而密切的内在联系，从而昭示我国古代兵法学说的发展始终以一种饱满的激情，前后承续地有力推动着其自身演变的历史进程。以此，孙武之传所传递的兵法理论与其前存在的古代相关学术思想之间有着认识上密切的相互传承关系的信

北京师范大学史学探索丛书

---

① 《史记·司马穰苴列传》。

息，又一次标示出它自身所具有的真实历史价值。

三、显示吴王霸业成就

孙武传中，关于他兵法后来的实际效用，只是说："于是阖庐知孙子能用兵，卒以为将。西破强楚，入郢，北威齐晋，显名诸侯，孙子与有力焉。"这种"宫中教战"以后的概括表述，算是虚写。而它较为详细的具体表述，则联写在有关伍子胥事迹的叙述中，算是实写，可以形成对孙武记事的补充。

吴王阖庐是位有信念、敢行事、企图强国、愿意有所作为的国君。吴国地处的自然条件比较好，它的立国有较优秀的历史传统，在其发展中也产生过如季札这样杰出的文化名人，但是它开辟的时间较晚，距离中原政治中心比较远，可以说，只有到了春秋晚期，主要北方诸侯大国因为应对外敌与内争而相对有所削弱的情况下，它才获得了表现自己的机会，而这个任务就正好落在吴王阖庐的身上。恰恰在这个时候，伍子胥和孙武成为吴王阖庐的辅助力量，帮助吴国最后走上了"春秋末霸"的道路。

在吴王阖庐任君位的 19 年间，吴楚间的争斗引起了当时的政治家及后来的历史学者的关注。阖庐三年（公元前 512 年），吴伐楚，攻下楚之舒地，并擒杀了先前降楚的吴国的两位公子烛庸与盖余。这个时候，阖庐就想攻进楚国的都城郢，被将军孙武加以阻止，孙武说，"民劳，未可，待之"，阖庐采纳了孙武的意见。四年，吴又伐楚，攻取了六和灊二地。五年，吴讨伐并打败了越国。六年，吴国迎击楚军的来犯，在豫章将楚军打得大败，吴国取得楚之居巢才回军。连续数年吴国对楚国的军事胜利，使吴王阖庐大受鼓舞，又因休养了三年，到了九年，吴王阖庐就对伍子胥和孙武说："始子之言郢未可入，今果如何？"俩人告诉阖庐，楚国带兵的将领子常贪婪，唐、蔡两个小国都怨恨他，一定要大肆讨伐楚国，并能得到唐、蔡的协同作战才行。阖庐按照这个建议行事，领军西伐楚，先夹汉水摆开阵势，然后派兵突袭楚军，楚兵大败而逃，吴王纵兵追击，追到柏举，吴楚间五番大战，楚国都遭受失败。楚昭王没有办法，逃出郢都到达郧县，这样，吴王阖庐就领军进入了楚国的都城。这之后的第二年，因为发生了三项变故，阖庐退出了楚之郢都。一是越国乘吴国内空虚，出兵攻吴，阖庐不得不派出另外一支军队去对付越国；二是因楚臣申包胥在秦廷哭了七日七夜，使秦哀公遣车五百乘救楚击吴，败吴兵于稷丘；三是阖庐弟夫概从前线逃回国内自立为吴王，阖庐不得不引兵回国将夫概打败。阖庐回吴，楚昭王重新回到郢都。吴王阖庐之十一年，阖庐派太子夫差再次将兵伐楚，攻取了番地。面对吴国三番五次的进攻，楚国感到恐惧，结果楚王离开了郢，把国都迁到了鄀邑。这对吴王阖庐来说是一个很大的胜利，增强了他在诸侯国间的地位。《史记·伍子胥列传》评述这个时期阖庐的成就说，"当是时，吴以伍子胥、孙武之谋，西破强楚，北威齐晋，南服越人"，充分肯定了吴王阖庐治国、用人的功效。吴王阖庐在位十九年打下的政治军事基础，使他的儿子夫差即位以后在北边多次取得对齐战争的胜利，并在夫差执政十四年(公元前482年)的时候，能"北会诸侯于黄池，欲霸中国以全周室"，一定程度上满足了吴国企图称霸的欲望。

在吴王阖庐实现振兴吴国的事业中，孙武以其兵法智慧为之出谋划策。这里所能显示的体贴"民劳"和联合与国的建议，阖庐采纳后就收到了明显的直接效果。孙武帮助吴王阖庐振兴了国家，而吴国政治军事强劲发展形成的阳光雨露，正滋润与培养了孙武兵法的茁壮成长，孙武兵法之能在吴国催生绽放，恰恰是因为整个春秋争霸事业的运动趋向正往东南转移，进而使吴国在春秋后期所取得的成就为之提供了丰厚的土壤。孙武兵法得益于吴王阖庐的图强意志，也有力地显示出吴王阖庐的霸业成就，二者互为因果、相得益彰。这正是孙武之传所叙吴王阖庐和孙武之间以"宫中教战"来显示"兵法"效应的命意所在。

如果说司马穰苴之传所述内容与孙武兵法在思想上的联系有其纵向探讨价值的话，那么，伍子胥之传与孙武的活动事迹在实际成效的探索上就有着横向补充说明的价值。司马迁在为孙武写传所设计的前后篇卷间的内在关联上，有将己事寄寓于他篇的明显用意，实际是扩展了"宫中教战"以外孙武事迹的叙述范围，其表现手法值得称道。

孙武以自己兵法运用的杰出功效，有力地显示出吴王霸业的军事成就，正是他"宫中教战"事业所开发的理想结果，有其切实的历史价值。

四、肯定约法申令功能

孙武的"宫中教战"与司马穰苴的立表出征，二者的故事叙述有异曲同工之妙。所谓"同工"，就是在他们关于兵法的表述中，都侧重于强调约法申令及君命不受两个方面，这绝不是一种偶然的巧合，更不是总体论述上的无妄重复。在司马迁看来，谈及兵法，这两方面极具其根本性的要素价值，是绝对不可忽视的。

纪律应该是维系军队活动及体现战斗力的生命线。通常所说"军人以服从命令为天职"，是说服从就是一种绝对严格的纪律要求。没有纪律，没有服从，各持己见，各行其是，一盘散沙，形不成拳头，能是军队吗？孙武"宫中教战"教的就是纪律，就是服从。教你向前、向左、向右、向后，你就得向前、向左、向右、向后，马虎不得。指挥官命令你了，你非但不照着做，还嘻嘻哈哈，当作儿戏，那申令约束还有什么作用呢！要是新兵，开始不会做，指挥官就得耐心说服，指导训练。如果指挥官尽责了，一而再，再而三，还是不听指挥，那就是基层军官的不力，没有模范地听从命令，没有起到应有的带头作用，法不责众，就要拿基层军官开刀了。孙武于是将作为队长的吴王阖庐的两个宠姬给斩了，孙武一动真格，宫女们就都一一按着命令去做，一切的行动都中规矩绳墨，也就有了战斗力，终于可以达到"虽赴水火犹可也"的满意程度了。"宫中教战"中斩杀二位宠姬，表现出孙武具备勇于革新的无畏精神，其目标就在于整肃军纪，除去腐败的贵族风气，提高军队的战斗力。

司马穰苴地位低贱，齐景公任命他为出征军队的将领，他怕自己威望不够，下面的军官和士兵不听他的指挥，经请求，齐王就派庄贾来做监军。庄贾是朝中重臣，深得齐王宠信，要统领出征的又是自己带过的军队，于是他心想没有人能奈何他。司马穰苴本来与庄贾约定第二天中午见于军门，举行仪式后就出征了。第二天中午，司马穰苴一到军中就立表下漏等着庄贾的到来。而庄贾素来娇贵，只顾及享受亲戚朋友设宴给他送行的欢快和荣耀，根本就不在意是不是错过"日中"这个时限。司马穰苴候着庄贾，左等不到，右等也不到，直到"夕时"庄贾才到了，因为违背了"日中"应到的约定，司马穰苴依据军法下令把庄贾给斩了。由此，大家会想，司马穰苴连庄贾都敢斩，更别说是敢违军纪的其他人了，所以一切的约束申令就都得切实地贯彻执行，部队遵守纪律的素质自然会大大提高，以至出征后取得了预期的胜利。

两个斩杀事件的性质是一样的，说明立意于清除贵族习气的革新，对于部队建设和战斗力的保证与提高是多么的重要。约束申令不仅是一般的纪律问题。在当时要能在军队中自上而下认真地使每项约束申令都能得到贯彻执行，不把贵族生活中娇贵、自私、蛮横、虚荣、自以为是、凌驾于他人之上的那种目空一切的腐朽风气及其相关的势力加以清除是不可能的。所以，要将一支军队建成为能捍卫国家领土完整和政治尊严、保证完成国家交给的一切使命的神圣武器，最现实有效的措施就是要整肃部队的军纪。因而纪律问题，就不是日常行为生活的小事，而是关涉军队政治建设的重大革新问题，乃至是关乎军队性质和能否完成国家使命第一位的问题，具有全局意义。司马迁写史，关于军事人物，首先注意的是兵法家的成就及其基本理论，他将把政治革新、严明法纪视为兵法理论核心要素的认识，采取"宫中教战"的故事形式最为轻快而通俗地宣示出来，以表现孙武兵法成就的光辉价值，其立意之深，值得回味。

使约束申令在军队建设中发挥其应有效力，是孙武之传所具有的又一切实的历史价值。

五、赞许不受君命精神

君命不受，这是需要保证指挥官在军队中具有自主决断、不受干扰的全部权力。指挥官受命御敌，远在千里之外，形势千变万化，将军们适时判断、临机处置，对保证战斗的胜利而言非常重要。在这种情况下，国家的最高统治者再以各种理由来影响和要求领军在外的指挥官，将使军队的建设运行及其战略战术意图的贯彻非常容易受到各种利益集团的干扰、破坏，对整个国家都是不利的。而且在军事行动中，不期望、依靠前线将军以外的其他途径的决断来号令指挥，可以排除整个部队下级军官及士兵的迟疑观望的心理、态度，对树立指挥官的权威，使全军团结一心、振奋精神、同仇敌忾地去完成战斗任务，也是十分必要的。基于这样的实际考虑，在古代兵法思想中产生出"君命不受"的理论成就，应该是合理的。

孙武在"宫中教战"中为了保证训练的成功，严肃法纪，要斩两个队长"王之宠姬"时，阖庐大惊失色，赶紧派人给孙武下令说，"寡人已知将军能用兵矣。寡人非此二姬，食不甘味，愿勿斩也"。孙武回答说，"臣既已受命为将，将在军，君命有所不受"，意志坚定，"遂斩队长二人以徇"。这以后任凭孙武如何号令，"妇人左右前后跪起皆中规矩绳墨"，一切指挥命令都得以贯彻。但如果孙武按照吴王阖庐的命令行事，保留了两位队长，其教战绝对不可能收到预想的效果。

同样的情况在司马穰苴的列传中也有记述。当庄贾作为监军没有按预先约定适时到达军门之际，司马穰苴依军法要斩庄贾，庄贾恐惧，马上派人去禀报齐景公，让景公替他说情以免于被斩，但司马穰苴没等景公下达命令，就"斩庄贾以徇三军"了，"三军之士皆振慄"。过了些时间，景公果然派使者"持节赦贾，驰入军中"，司马穰苴也是说"将在军，军令有所不受"，他不仅不能赦免庄贾，还要以驰入三军之罪斩景公使者，考虑到"君之使不可杀之"，变通办法，"乃斩其仆，车之左驸，马之左骖，以徇三军"，并将处理情况报告给了景公，然后就领军出征了。孙武之斩王之宠姬与司马穰苴之斩庄贾，二人不受君命的说法是一致的。而二人都拒绝君命的事实表明，这在当时是治军最应该遵循的一条根本原则，其重要性可见一斑。

《史记》中也有关于违反"君命不受"的实例，魏公子无忌窃符救赵就是。公元前257年，秦昭王打败赵长平军以后又进兵围邯郸，赵国危急，请求魏国救援，而秦国发出警告，谁要是救赵，拔赵之后最先要打击的就是救赵之国。魏王恐惧，指示已经派出去救赵的将军晋鄙留军邺地不动，"名为救赵，实持两端以观望"。赵王于是想通过魏公子无忌去说服魏王进军击秦，魏王因为害怕秦国，怎么也不听公子无忌的意见。实在想不出好办法的时候，公子无忌之客魏之隐士侯嬴出主意，让无忌请求能出入魏王卧内的魏王之宠姬，将魏王给晋鄙发兵的虎符偷夺到手，无忌即可带着这件虎符到邺地去要求晋鄙进军击秦。虎符夺到手，魏公子无忌要去晋鄙之军，出发的时候，侯嬴对无忌说了这样的话："将在外，主令有所不受，以便国家。公子即合符，而晋鄙不授公子兵而复请之，事必危矣。臣客屠者朱亥可与俱，此人力士。晋鄙听，大善；不听，可使击之。"果然，无忌到了晋鄙军，二人合符，晋鄙就心存疑虑，当即表示："今吾拥十万之众，屯于境上，国之重任，今单车来代之，何如哉？"晋鄙不想听从无忌，无忌没有办法，只好让朱亥以铁椎椎杀了晋鄙，夺其军队以救赵。魏公子救了赵，因为窃符杀晋鄙也不敢回国，后"留赵十年不归"①。这件事发生在战国末期，"将在外，君命有所不受"，乃是领兵在外的将军们因为肩负着"国之重任"而不能不异常谨慎地坚持的一项治军的原则。这个故事也从一个侧面说明，坚守"君命不受"，对于国家的治军是多么不可轻视。

到三国时期，曹操是个军事家，对《孙子兵法》自有其精深的研究。《史记集解》在"将在军，君令有所不受"下的注释引有"魏武帝曰：'苟便于事，不拘君命。'"②当然，曹操解释这句话，可能另有所图，而他所说之"事"，应该是指关涉前途命运的国家大事，从国家整体利益出发的认识和其前一样是可以肯定的。

《史记》所写孙武的传中，承续其前篇司马穰苴的事迹，除集中强调将领治军的严明纪律、申令约束之外，亦均坚持"将在军，君令有所不受"的重要信念，自当有其表述上的缜密思虑，乃是想在最初兵法家的评议中特意突出强调这两方面作为治军指导原则的核心价值，这在历史上是很有意义的。尤其是这后一方面，联系到司马迁所处的时代而言，或当隐含对前线指挥将领缺乏主见并阿谀君王意旨的思想行为做出一定批判的深意。

① 见《史记·魏公子列传》。
② 裴骃：《史记司马穰苴列传·集解》。

第四章　司马迁的"为百姓言"

《史记》评论君臣关系涉及国家利益这一问题的时候，特别注意"阿谀之臣""恭谨之臣"与"直谏之臣"的不同作用，并细致地记述了他们不同的思想状况、行为品德，及其对国家政治生活所造成的影响。从司马迁对这三种人所持的态度，我们可以分析出他所主张的"为天下言""为百姓言"思想中反映的基本倾向。

一、阿谀之臣

《史记》中记述阿谀之臣不是从汉初开始的，司马迁明言过迎合国君的意旨对秦国历史曾经带来了恶劣影响。但《史记》把阿谀之臣的记述重点放在汉代，而且表述了这种风气在汉代的严重发展。汉代的阿谀之臣，司马迁集中写了叔孙通、公孙弘两个人物。

司马迁评论说："叔孙通希世度务，制礼进退，与时变化，卒为汉家儒宗。"①他用个"谀"字来勾画叔孙通的一生，说叔孙通专捡天子所喜欢听、喜欢看、喜欢做的事情来干，借鲁两生的话说叔孙通"公所事者且十主，皆面谀以得亲贵"②。叔孙通迎合刘邦的需要制定了一套朝仪，把刘邦搞得心里乐滋滋，不知道有多么高兴。叔孙通带出一批儒生，都是把儒学当饭碗，当他们因为参与定朝仪成功做了"郎"，得了"五百斤金"而志得意满时，都一致称赞说："叔孙生诚圣人也，知当世之要务。"③因此，司马迁对汉代儒宗叔孙通的批评，实际就是对汉代儒学性质变化的批评，指出他们已经抛弃了先秦儒家的道德、政治传统，以及孔子菜色陈蔡、孟子困于齐梁而坚持原则的精神，成了为最高统治者所收买、满足天子私欲的一种御

---

① 《史记·刘敬叔孙通列传》。
② 《史记·刘敬叔孙通列传》。
③ 《史记·刘敬叔孙通列传》。

用工具。

但是，在司马迁笔下，叔孙通还是一个质朴爽快的人，能明言直说，敢于把自己的看法公之于众，而公孙弘就不同了。公孙弘既虚伪亦狡猾，他曾经和汲黯一起商量到汉武帝面前去陈述意见，他让汲黯先说，自己在旁边观察天子的脸色，而后他所说的话意思完全变了，"皆倍其约以顺上旨"①，一下子就成了一个两面派，于是汲黯当着汉武帝的面诘责他"多诈而无情实"为"不忠"，汉武帝问他究竟是不是这样，他却说，"夫知臣者以臣为忠，不知臣者以臣为不忠"，把判断忠诚的权力交给了汉武帝，实际是当面讨好，当面交易，还反过来倒打一把，险恶地中伤汲黯。就这样，公孙弘一步一步地得到了汉武帝的厚遇信任，以至做到了丞相。之后，他表面上俭朴心里却特别狠毒，司马迁说他"为人意忌，外宽内深"，公报私仇，陷害忠良。他为人虽然"恢奇多闻"，但却有一番阿谀的本领，"每朝会议，开陈其端，令人主自择，不肯面折庭争"，把一切好的政治抉择完全让给汉武帝。所以他有病想告假隐退时，汉武帝却执意挽留他，说"惟所与共为治者，君宜知之"，表示君臣二人已经达到了声息相通的地步，特别需要公孙弘继续留在自己身边。以此公孙弘还帮汉武帝建立了一套使"天下之学士靡然向风"，"则公卿大夫士吏斌斌多文学之士"②的粉饰太平的局面。由于这样，儒学也就有了更适时的妙用。但是，司马迁认为，儒学虽然是通达了，但儒学的本质却丢光了，儒学的首领也越来越虚伪了，越加迎合最高统治者的需要了。在《史记》中，司马迁对这点是多批评和指责的。

二、恭谨之臣

同时，司马迁记述了一些被称为"长者"的"恭谨之臣"，这就是《史记·万石张叔列传》所集中表现的一些内容。这些人在司马迁笔下的特点

① 《史记·平津侯主父列传》。
② 《史记·儒林列传》。

是孝谨、醇谨、审谨，他们在家、在乡、在朝的行为准则，就是仁孝敦厚、谨慎小心。

石庆父子这些人，严格束缚自己的意念，使其行为完全适合封建伦理道德和最高统治者的要求。他们注意适合时宜地处理父子、君臣、邻里、同僚之间的关系，他们从来没有而且也不敢去干扰最高统治者的决心，对于朝廷的重大决策，明哲保身，不置可否，以便随顺最高统治者的意愿，让最高统治者自行其是，为所欲为。他们从不触犯天子的神威，一丝毫也不表现出自己的才能，不让天子对自己有所畏恶，谨慎小心，瞻顾游移于严刑峻法之间，避免触犯刑律；息事宁人，不与人争，完全避免与朝野官僚因发生摩擦以致形成彼此凌辱或互相残杀的局面，也注意防止与地方势力之间矛盾的激化和造成冲突。由于这样，在实践中他们暂时赢得了社会各层和统治阶级的普遍尊敬和赞扬。这类人物，对于调和矛盾、稳固统治、使社会获得相对安定还是有一定好处的。明人于慎行在《读史漫录》卷三中说，"当纷更多事之时，丞相以才使自效，不过一吏而已。故镇之以醇谨而潜有消弥，不至极敝，此真宰相事也……自庆以后，丞相皆起刀笔行伍之中，各以才使自效，相继诛夷，无有以功名终者"。所以石庆这种人比那些凶相毕露、惨急少恩以及武断于乡曲的人还是好一些，但是从总的方面来说，司马迁认为他们还是应该受到批评的，这主要是因为他们只关心自身的安全祸福，他们思想的中心是保全自家的性命、禄位，以及使已经获得的利益延续于后代。而这一点他们是得到了，像万石君一样，确实是"人臣尊宠乃集其门"[1]。但他们却不顾及国计民生的大业，不能对国家对"百姓"做出有益的贡献。他们是天子的宠臣，却不是历史的功臣。所以司马迁批评他们"醇谨而已……无能有所匡言"，"文深审谨，然无他大略为百姓言"，"自初官以至丞相，终无可言"。做了一辈子官，毫无一点建树，他们究竟是应该受到歌颂，还是应该受到轻视呢？总之，司马迁对他们是不欣赏的。

司马迁还指出，具有这种一般乡愿的市侩哲学的长者是不分学术倾向

---

[1] 《史记·万石张叔列传》。

的，他们当中有比"齐鲁诸儒质行"还要讲究的儒生，有"学《老子》言"的道家人物，也有"治刑名言"的法家人物。不管如何，他们的思想行为都受到正直人们的讥刺，其中有些人虽号"笃行君子"，然而他们或是"微巧"，或是"处谄"，几乎已是"近于佞"的人了。总之，就"恭谨之臣"最基本的一面来说，与"阿谀之臣"也是所差无几的。所以清人刘大櫆在《海峰先生文集》卷三中说："夫君之所求乎臣，臣之所为尽忠以事其上者，在匡君之违，言君之阙失，便利及生民而已。若夫君之所可而因以为是，君之所否而因以为非，其所爱因而趋承之，其所恶因而避去之，此厮役徒隶之所为，曾谓人臣而亦出于此！"这些人的恭谨与趋承，于国于民都是不利的。清人陆继辂在《崇百药斋文集》卷十四说："嗟夫，国家之患，莫大于君骄而臣谄！孝武之世，君之骄甚矣，而将相大臣患得患失，专以阿意取容，面折廷辱，独一汲黯，而卒以弃外，此子长所为痛心也。不得已托于微言以垂戒万世，而世犹不察，以为谤书。呜呼，岂其然哉！"明清人都拿汲黯和他们相比，这是很有道理的。

三、直谏之臣

第三种人即所谓"直谏之臣"，正是以汲黯为典型。

司马迁说汲黯"为人性倨，少礼，面折，不能容人之过。合己者善待之，不合己者不能忍见。士亦以此不附焉。然好学，游侠，任气节，内行修洁，好直谏，数犯主之颜色"①。这是评论他为人倨傲，不识时务，不合时宜，在官僚中比较孤立，是少数，但是他的品行很好，好学，肯帮助人，更主要是他不迎合天子的意图，敢于直谏。司马迁记述，汲黯的直谏是因为他抱持了自己的政治道义原则：

第一，他认为大臣应该上能"褒先帝之功业"，下能"抑天下之邪心，安国富民，使囹圄空虚"；

第二，守节死义，难惑以非；

---

① 《史记·汲郑列传》。

北京师范大学史学探索丛书

第三，肯正为天下言；

第四，不从谀承意，陷主于不义，认为大臣绝不可因为爱惜自身而玷辱朝廷。

汲黯这四条正好和前两种人是相对的。由此，他对汉武帝好大喜功的做法有意见就敢于在朝廷当面提出，他好几次当着群臣的面把汉武帝搞得下不了台，汉武帝感情上非常不喜欢他，但在理智上不得不承认他性格戆直，原则上"守城深坚，招之不来，麾之不去"，说他近于古代的"社稷之臣"。司马迁引用汉武帝这句话来评论汲黯，正是借这种肯定语言来颂扬他是国家的栋梁。汲黯不畏惧当时的权贵丞相田蚡、大将军卫青，不能容忍企图谋反的淮南王的轻举妄动，特别是深深憎恶为汉武帝所器重的公孙弘、张汤。《史记》记汲黯"常毁儒，面触弘等徒怀诈饰智以阿人主取容，而刀笔吏专深文巧诋，陷人于罪，使不得反其真，以胜为功"。所以公孙弘、张汤也特别痛恨他，曾想借委他为右内史之职使其犯罪来杀害他，却没能得逞。但最后汉武帝还是把他调离了朝廷。在离开朝廷时他把张汤狠狠数责了一番，说："御史大夫张汤智足以拒谏，诈足以饰非，务巧佞之语，辩数之辞，非肯正为天下言，专阿主意。主意所不欲，因而毁之；主意所欲，因而誉之。好兴事，舞文法，内怀诈以御主心，外挟贼吏以为威重。"记述中司马迁以赞赏的笔调称颂了汲黯的这种批评，而对汲黯的处境表示了深切的同情。汲黯自己批评汉武帝用人如积薪，后来者居上，确实，像公孙弘、张汤在汲黯已列为九卿时都只是小吏，但后来公孙弘做了丞相，张汤做到了御史大夫，汲黯却还不过是个右内史，连过去的丞相史也都跑到他前面去了，亲戚、同乡不仅比他提拔得快，而且有的人（如司马安）其兄弟同时至二千石者竟达十人之多。对社稷之臣汲黯遭到的这种冷遇，司马迁表示了极大的不平。

以上的比较，可见三种人物，三种作为，三种遭遇。

四、维护整个国家的利益

司马迁认为，社稷乃整个国家的天下，非天子一人之天下，维护社稷的安宁是所有百姓的责任，不只是天子一人的责任，因此在制定礼教措施（包括维护天子的权威）、选用人才、发动对外战争、改革法制等方面，大臣都应该以维护整个国家的利益为原则，而不能只是去迎合天子个人的意志和愿望。他认为在维护国家权益中天子有最大的决定权，但是当天子由于各种原因不能做出符合"天下""百姓"利益的决定时，大臣应予直谏，匡君之过以扶正社稷，在这种情况出现的时候，天子的专横拒谏，大臣的明哲保身、一味迎合，都是不符合国家利益的。能够维护国家利益，即使是顶撞天子，冒杀身之祸也在所不惜的人是最值得尊敬、最值得称颂的。在处理大臣个人与国君的关系时，把国家利益摆在前面是至关重要的，所以司马迁不仅热烈称颂汲黯的所作所为，而且也还表彰了一批直谏之臣，如反对面谀动摇天下的季布，不以天子一言而废法"守法不阿意"①的张释之，"不知忌讳"②而廷谏的冯唐，"明主之美以救过"③的田叔等人都是，包括对贾谊、晁错、袁盎等人的认识，司马迁都寄寓了这样的思想，也由此司马迁对汉文帝、景帝，甚至包括武帝在内的天子的勇于纳谏的精神表示了称赞，而对于汉武帝尤其喜欢大臣恭维、迎合的思想毫不留情地做了批评。

司马迁是我国历史上自觉总结历史的第一人，当然这是指在他那个阶级、那个时代认识的基础上来进行总结。他从三千年的历史中认识到，稽其成败兴坏之理主要还是一个维护阶级统治的问题，而这一问题的核心是保证社稷即阶级统治的长治久安。司马迁是注意维护天子权威的，但他也认为必须拿"直谏"作为维护天子权威的补充，甚至可以说天子权威、大臣直谏二者是相辅相成的。在某种意义上可以说，司马迁是主张实行一种范围十分狭窄的近似意义上的阶级"民主"，因为阶级统治的长治久安是"天下""百姓"利益的核心，而在实行这种统治时，司马迁希望通过直谏来体现"天下""百姓"的意志。但司马迁也觉得要使这一点能够实现，那是很不容易的，他认为包括汉武帝这样雄才大略的天子，也难以真正做到。正因

---

① 《史记·张释之冯唐列传》。
② 《史记·张释之冯唐列传》。
③ 《史记·田叔列传》。

为这样，他越觉得需要尽可能发挥群臣的智慧，要使国家重大问题的决定、政策法令的实施作为一个体现整体意志的力量来行动。维护天子的权威是礼教的需要，帮助天子正确实施"天下""百姓"的意志、愿望则是更为紧迫的事。这就是司马迁批评"阿谀""恭谨"，表彰"直谏"的真实用意之所在。

这样，我们可以看到，司马迁的思想代表了封建统治阶级中比较开明的、有政治远见的、有深刻考虑的这一部分人的意愿，也即代表了要求实现阶级统治长治久安的这些"天下""百姓"们的利益，这和那些显贵权要，或则好大喜功、穷奢极欲，或则急功近利、光图眼前富贵的人是有所不同的，因而两者之间也就存在着一定的矛盾，这就是司马迁在《史记》中之所以要强烈批评汉武帝、公孙弘、张汤、石奋等人的原因，这也就是所谓"谤书"的实质。当然司马迁对汉武帝的所作所为不是不加分析地一律加以反对的，对其实行儒法结合、对外实行扩张，司马迁也是有过肯定的，他反对的是他担心搞得过分会影响阶级的长远利益、长久统治的那些事情，比如，他反对专横武断、严刑峻法、礼教的虚伪性、上下为奸鱼肉百姓，反对因政策实施不当而导致出现秦末土崩瓦解的局面，反对将整个国家朝廷的利益当作天子私家事务来处理的做法等。司马迁的主张是一种具有历史学家眼光来观察处理事物的结果，是他的政治远识、卓越的思想家才能的表现。实际上汉武帝晚年对自己的作为也有忏悔之意，这就正可反过来说明司马迁这一思想的真实价值及其重要的历史意义。

第五章　汲黯的人格魅力

一、直谏原则

在《史记》中，汲黯以"切谏""直谏"而著称。分析起来，汲黯直谏有其自身的特色。

第一，强调朝廷的利益与天子的多欲具有义与不义的严格区别，亦揭示出大臣的爱身与辱朝廷之间关系密切。汲黯担任主爵都尉参与朝廷议事时，第一次就以特别戆直的风格揭出了汉武帝的思想底细，引起了朝廷的一番骚动。在汉武帝正热衷于招文学儒者来宣扬自己的思想如何如何时，汲黯当面对武帝说："陛下内多欲而外施仁义，奈何欲效唐虞之治乎！"①这样一句大胆无情而又破局的谏言一下子搞得汉武帝下不了台。于是，"上默然，怒，变色而罢朝"。惹怒了武帝这还了得，这引起了公卿们的恐惧心理，都替汲黯捏了一把汗。"上退，谓左右曰：'甚矣，汲黯之戆也'！"武帝斥责汲黯做得太过分，当着众多大臣的面毫不给自己一点面子。于是群臣中有人借此指责汲黯，汲黯却很平静地对待，说："天子置公卿辅弼之臣，宁令从谀承意，陷主于不义乎？且已在其位，纵爱身，奈辱朝廷何！"汲黯既不害怕，也不认为是自己的错，他觉得自己完全是从朝廷的利益来考虑的，认为只是顺着汉武帝的意愿去想去做就会把天子陷入不义的境地而使朝廷蒙受损害，作为一位辅弼之臣，总是想着保护自身会对国家、朝廷非常不利。由此，他不能因为自身会受到惩处而从谀承意，不站出来谏言以致使天子陷入不义。在这里，汲黯并没有把朝廷与天子完全等同看待。他认为当天子的言论施政符合朝廷的利益时，他们之间是一致的，否则他们就有不一致的地方。他本持的看法是：朝廷的利益与天子的

352

北京师范大学史学探索丛书

---

① 《史记·汲郑列传》。以下凡未注明者均见此篇。

多欲并不完全是一回事，而是有义与不义的区别，而在应该如何对待这一区别的态度上，大臣们就有一个爱自身与辱朝廷二者关系的处理问题。而汲黯的原则是把保护朝廷的利益放在第一位，把自己因冒犯天子威严而可能遭受的惩处放在次要地位。汲黯愚戆的原则坚定性非常明确，也非常天真可爱。

第二，具备"守成深坚"的高贵品质。汲黯"以数切谏，不得久留内"的事情，都是关涉汉武帝而由汉武帝处理的。虽说如此，汉武帝感到汲黯这个人还是有他特殊的气质，特殊在什么地方，汉武帝也没有琢磨透。赶上庄助最后一次来为汲黯请病假，汉武帝就问庄助汲黯是个什么样的人，庄助回答说，让汲黯担任一个普通官职去处理政事，他做不出超人的业绩，"然至其辅少主，守城深坚，招之不来，麾之不去，虽自谓贲育亦不能夺之矣"。汉武帝这时顿然明白，"古有社稷之臣，至如黯，近之矣"，高度评价汲黯近似于古代的社稷之臣。什么是社稷之臣，《史记》中有过一次议论。周勃因为平定诸吕有功，文帝即位后让周勃出任丞相，周勃因此在朝廷上对文帝表现出骄傲的神采。中郎袁盎认为这是"臣主失礼"①的表现，建议文帝纠正这种局面，显示出天子的威严来。袁盎进，问文帝认为丞相周勃是个什么样的人，文帝说，周勃是社稷臣。袁盎说，周勃只是功臣，不是社稷臣。袁盎随即解释说，社稷臣应该是"主在与在，主亡与亡"，说周勃在诸吕擅权时"为太尉，主兵柄，弗能正"，吕后崩，"大臣相与共畔诸吕，太尉主兵，适会其成功"，两方面衡量，周勃是"所谓功臣，非社稷臣"。文帝接受了袁盎的建议，改变了对周勃过于"谦让"的态度，使君臣关系达到了和谐。什么是"主在与在，主亡与亡"？《史记集解》引如淳的说法是"人主在时，与共治在时之事"，人主不在了，"不以主亡而不行其政令"。这就是说，不论形势如何变化，大臣能始终排除干扰，坚持执行前主所实施过的正确的策略措施。这一解释，应该说与"守城深坚"在精神上是一致的，而袁盎也正是汲黯所羡慕的一位直谏之臣。所以汲黯的可贵处就是在任何情况下能秉持正义、原则，不为一切外界的引诱所动

---

① 袁盎的言论及相关解释见《史记·袁盎晁错列传》。

摇，以此来维护国家朝廷的利益。汲黯常常表现出"伉厉守高不能屈"的气势风貌，在别人看来，他是"以庄见惮"，故此天子害怕他，权贵害怕他，叛臣更加害怕他。正是因为他"好直谏，守节死义，难惑以非"，淮南王谋反时不害怕丞相公孙弘，却很害怕他，认为在朝大臣中要想能撼动汲黯简直是件不可想象的事。

第三，视"高皇帝约束"为朝廷利益的根本标准。汲黯多次在汉武帝面前质疑与责备张汤的作为，说张汤作为廷尉，在"褒先帝之功业"与"抑天下之邪心，安国富民，使囹圄空虚"两方面都没有好的成就，却着力于"非苦就行，放析就功"地"更定律令"，指责张汤"何乃取高皇帝约束纷更之为？公以此无种矣"。败坏到"无种"的地步，当然是最严重的罪恶了，原因就在于张汤频繁地变更了汉高祖刘邦建国时确定的大政方略。汉代人有句叫得很响的话，叫作"天下者，高祖天下"，话虽由汲黯同朝人窦婴在景帝时说出，却表达了文武大臣的共识。刘邦起微细，定海内，才有了汉家天下。为了开创新局面，"汉兴，萧何次律令，韩信申军法，张苍为章程，叔孙通定礼仪"，从而奠定了汉室规范的基础。遵循高祖所确立的汉家制度，就是汲黯等人"守城深坚"的目标，是保证实现国家朝廷利益的有效手段，所以对于张汤的频繁更定律令，汲黯是无法容忍的，这正是他要严厉责骂张汤的基本原因。

第四，本持的目标是"为天下言"。汲黯政治生命的最后旅程，是汉武帝要借重他的老成持重，把已经"隐于田园"的他加以启用，让他去盛行盗铸五铢钱的楚地要冲淮阳做太守。汲黯不愿意接受，说愿意做个中郎，出入禁闼，给朝廷"补过拾遗"，汉武帝没有同意，不得已汲黯必须去赴任。汲黯辞别京城，仍不忘批评张汤，对大行李息说了一段很重要的评论张汤的话："黯弃居郡，不得与朝廷议也。然御史大夫张汤智足以拒谏，诈足以饰非，务巧佞之语，辩数之辞，非肯正为天下言，专阿主意。主意所不欲，因而毁之；主意所欲，因而誉之。好兴事，舞文法，内怀诈以御主心，外挟贼吏以为威重。公列九卿，不早言之，公与之俱受其僇矣。"但是李息因为害怕张汤，在朝中始终没有把汲黯的一番忠言转述出来，后来张汤果然因失败而自杀，事情败露，李息也由此受牵连而抵罪。这说明汲黯

北京师范大学史学探索丛书

对张汤的批评是看得很准的。评论语中显示汲黯考虑问题时有一个追求的目标，即大臣们行事，出主意佐君王，要看他的主观意愿是不是真正在为"天下"说话。提出"天下"，表明汲黯具有广阔的胸怀和长远的眼光，着意于以整个国家的根本利益作为处事的出发点。如果天子的辅佐大臣不着眼于天下国家的整体利益，而只迎合君主的意愿办事，就是很不正常的政治现象，会生出很多弊端。汲黯在这里仍然认为君主的意愿与"天下"的利益并非永远都是一致的，如果二者发生冲突时，是"专阿主意"还是"为天下言"，对朝廷大臣是个考验。汲黯执意认为在这个时候，"肯正为天下言"才是一种正确的选择，他是不主张去专门迎合君主的。他思想的最高境界在这里，他仕宦中"不得久留内"的原因也在这里。

以上四个方面在汲黯思想中的结合完全是一致的。正确的朝廷决策与施政，就是"为天下言"的最佳表现，而这正是"高祖约束"所追求的目标，作为一个朝廷大臣其主要使命就是要能"守城深坚"，维护高祖天下的利益，补过拾遗，辅佐君主使国家得到长远的发展。汲黯的这一思想的联系与阐发，表现出一个负责任的朝廷大臣行为规律的价值，以及作为社稷之臣栋梁作用的内在的根本要求，因而在古代社会，其思想的深刻性具有一定的普遍意义。

直谏原则明确，是汲黯人格魅力之一。

二、忠谀辩争

汲黯一是要为天下言，二是认为天子的意愿与朝廷的利益不完全一致，三是视天子的多欲属不义的范畴，所以他反对一味迎合天子的意愿。他对丧失原则、不为国家利益着想而只对天子阿谀奉承的大臣的言行要进行论争和批评。而这种论争和批评是集中到一个"忠"字上进行的，汲黯对丞相公孙弘、御史大夫张汤的看法，突出地表现出这样的性质。

公孙弘是七十岁的时候，即元光五年（公元前 130 年）才拜为博士然后进入官宦圈的。他从自己并不太复杂的曲折经历中深深体会到"合上意"①
的重要，他也正是沿着"顺上旨"的道路走下去，受到汉武帝的赏识、厚待
才当上了丞相。汲黯与公孙弘同朝为官，表现出完全不同的品格，公孙弘
根本没有汲黯那种当面论说汉武帝言行的素质和勇气，而奉行的是"每朝
会议，开陈其端，令人主自择，不肯面折庭争"，"弘奏事，有不可，不庭
辩之"，"尝与公卿约议，至上前，皆倍其约以顺上旨"的处事原则，行的
是顺水推舟、见风使舵、出卖同僚、看天子眼色说话以显示忠诚的那一
套。于是汲黯在朝廷上当面诘责公孙弘说："齐人多诈而无情实，始与臣
等建此议，今皆倍之，不忠。"一个忠的问题摆上了桌面，而且"不忠"里还
含着"诈"，汉武帝问公孙弘是不是这样，公孙弘回答得非常有技巧、有学
问，竟说"夫知臣者以臣为忠，不知臣者以臣为不忠"。这是发出信息，要
把自己的身心全盘交托给汉武帝，于是汉武帝心领神会，肯定了公孙弘的
回答。公孙弘不讲对天下、社稷、朝廷的忠诚，而是讲对天子个人的忠
诚，为此，他可以背叛原则，背叛朝廷的利益，背叛公卿间的约定，甚至
将判断自己是否忠诚的权力都交给了汉武帝。而且他还强烈地暗示武帝，
汲黯与武帝的看法不一致，反倒挑动了汉武帝对汲黯的忌恨，实属阴毒。
故此，以后幸臣们越责难公孙弘，汉武帝就越厚待公孙弘，二人达成了忠
佞的默契。对忠诚理解的如此混淆是非、丧失原则，这是汲黯绝对接受不
了的，他因此必须予以揭露。

　　达成忠佞默契是一回事，但真正做到心灵相通还要有个过程，公孙弘
还需要接受磨合。元朔二年(公元前 127 年)，公孙弘做了御史大夫。这时
候汉武帝同时通西南夷，东置沧海，北筑朔方之郡，公孙弘也多次进谏，
认为这样做是"罢敝中国以奉无用之地，愿罢之"。汉武帝就派朱买臣等人
摆出了近十条设置朔方郡好处的理由，来对公孙弘进行辩难。在人们看
来，以公孙弘的才华，驳倒这十条理由毫不困难，但是公孙弘选择了伪
装，表现出一条理由都无能辩驳，因为他知道不可以通过辩驳来违背汉武
帝的意志，于是他抛弃了理智，完全变了一副嘴脸，赶忙谢罪说"山东鄙

---

　　①　公孙弘的言行见《史记·平津侯主父列传》。

人，不知其便若是，愿罢西南夷、沧海而专奉朔方"，迎合了汉武帝。就这样，公孙弘又向"合上意""顺上旨""不庭辩"、不敢逆上的方向迈出了更为谄谀的一步，君臣间的结合也就更加紧密了。对此，汲黯也非常了解。

公孙弘善于伪装。汲黯揭发他"位在三公，奉禄甚多。然为布被，此诈也"，汉武帝又问公孙弘是怎么回事。公孙弘回答说，在九卿中和他关系最友善的没有人超过汲黯，今天在朝廷上汲黯当面诘责他，确实是说到了他的要害。做了三公的人，家里还用麻布做被，实在是在以粉饰的手段进行欺诈，想沽名钓誉。不过，管仲奢侈辅佐了齐桓公称霸，晏婴节俭也帮助齐景公治好了国家。像他这样还用布被，使得"自九卿以下至于小吏，无差，诚如汲黯言"。公孙弘这样回答，反倒更加显示出没有着力表现自己尊贵地位的谦让品德，而且强烈暗示是否节俭或奢华都不妨害为天子效忠尽力，何必为此大做什么文章呢。接下来，公孙弘最后说了一句"且无汲黯忠，陛下安得闻此言"，又把一个"忠"字推到了汉武帝面前，是让汉武帝来比较一下，究竟是公孙弘还是汲黯，对天子是真正的忠呢？"为人意忌，外宽内深"的公孙弘，真可谓居心叵测，话语间递给了汉武帝一件足以伤害汲黯的致命暗器。然而《平准书》就公孙弘的"布被"问题有过一个评议，说"当是之时，招尊方正贤良文学之士，或至公卿大夫。公孙弘以汉相，布被，食不重味，为天下先。然无益于俗，稍骛于功利矣"①，明显是支持了汲黯的看法，并揭示出汉武帝与公孙弘的唱和企图和良苦用心。这以后，汉武帝更加厚待公孙弘，元朔五年（公元前124年）提升他为丞相，并封之为平津侯。示忠又一次给公孙弘带来了甜头，他从拜为博士到封侯，才刚满六年。

公孙弘阿谀得到了回报，汉武帝与公孙弘的结合也有了深入的发展。当公孙弘将淮南衡山王的谋反和他当宰相不称职联系起来自责而给汉武帝上书请求辞职时，汉武帝的报语却很有意思："古者赏有功，褒有德，守成尚文，遭遇右武，未有易此者也。朕宿昔庶几获承尊位，惧不能宁，惟所与共为治者，君宜知之。盖君子善善恶恶，君若谨行，常在朕躬。君不

---

① 　及下所引，见《史记·平准书》。

幸罹霜露之病，何恙不已，乃上书归侯，乞骸骨，是章朕之不德也。今事少间，君其省思虑，一精神，辅以医药。"武帝告诉公孙弘：第一，武帝实行文治，公孙弘非常尽忠，他能做丞相、封侯，是他的"功""德"所致；第二，武帝与公孙弘两人心灵相通，合作是很默契的，"惟所与共为治者，君宜知之"这句话最关键，说明汉武帝想要公孙弘做什么，公孙弘是非常明白的；第三，武帝反感那些不听话的人，只要公孙弘谨言慎行，不干扰武帝的意志决心，他即使病了什么都不做，也要经常待在武帝的身边，武帝是不会赶他走的；第四，公孙弘现在真是走了，别人会认为君臣之间有什么不协调，会说武帝的坏话；第五，现在事少，公孙弘安心养病就是。这样，公孙弘吃了定心丸，过几个月病也就好了，照常"视事"。情况告诉人们，到了这时，汉武帝之需要公孙弘比公孙弘之需要汉武帝更见重要。而所谓"诈""忠"，自是当时形势特别加以培植的结果，而不只是属于公孙弘个人品质缺陷的问题了。因此，只要能"合上意"，"顺上旨"，不仅会保有高位，而且想走也是走不脱的，故公孙弘到他离世时的元狩二年（公元前121年），已是八十岁的高龄了仍在担任丞相，绝不像汲黯好直谏经常惹事那样"不得久居位""不得久留内"。诶谀正是当时社会政治的一种必然现象，也因此才产生了如汲黯这样能与之进行抗争的国家栋梁之臣。

张汤和公孙弘是汉武帝的左膀右臂，在诈忠性质上二人基本上是一样的。张汤是《史记·酷吏列传》①中的记述主角。该传中，《史记》写他做了廷尉以后，"孤立行一意而已"，"汤为人多诈，舞智以御人"。但是他最大的本事也是迎合上意。"奏谳疑事，必豫先为上分别其原，上所是，受而著谳决法廷尉，絜令扬主之明。""所治即上意所欲罪，予监史深祸者；即上意所欲释，与监史轻平者。所治即豪，必舞文巧诋；即下户羸弱，时口言，虽文致法，上财察，于是往往释汤所言。"处理案件根本不在于法律准则，完全是按汉武帝的个人意愿行事。张汤和公孙弘在汉武帝时期还是联手操作，互相鼓励与支持。"是时上方乡文学，汤决大狱，欲传古义，乃请博士弟子治《尚书》、《春秋》补廷尉史，亭疑法"，"而刻深吏多为爪牙用

北京师范大学史学探索丛书

———————

① 及下所引，见《史记·酷吏列传》。

者，依于文学之士。丞相弘数称其美"。由于为汉武帝办案得力，受到器重，汉武帝升张汤为御史大夫。

上面我们已经提到张汤"纷更"高皇帝的约束，及汲黯履任淮阳太守离开都城时对李息谈及有关张汤的看法，指出张汤"智足以拒谏，诈足以饰非"，"专阿主意，主意所不欲，因而毁之；主意所欲，因而誉之"。所以，《酷吏列传》中特记博士狄山在汉武帝面前说出"若御史大夫汤乃诈忠"，实是点出了张汤的政治要害。狄山的想法符合汲黯的看法，但狄山的最后结局比汲黯要惨许多，汉武帝认为狄山说张汤诈忠是反对自己的对匈奴之政策，就将狄山发配到北部边塞上一座险要哨所，活活让"匈奴斩山头而去。自是以后，群臣震慑"。汉武帝用这样的手段来威服反对者，保护张汤。但汲黯还是敢于在朝廷与张汤论议，《汲郑列传》记，"汤辩常在文深小苛，黯伉厉守高不能屈"，两人的风格特点明显不同，汲黯看不惯张汤的诈忠，责骂张汤说："天下谓刀笔吏不可以为公卿，果然。必汤也，令天下重足而立，侧目而视矣！"毕竟汲黯是近似的社稷之臣，与狄山不同，汉武帝也没能拿他怎么样。

不畏强御，忠诚为国，是汲黯的人格魅力之二。

三、君臣歧异

汉武帝正在他希望大有作为并付诸行动时，恰恰碰上了汲黯这样一个不和谐的因素，两人之间有时显得似乎紧张的君臣关系，经常会掀起一些波浪，汲黯在三方面给汉武帝增加了麻烦。

一是揭露了汉武帝的内心秘密和干扰了他行动的决心。"陛下内多欲而外施仁义"，仅这一句话就将汉武帝的内心世界全盘托出，将其内法外儒的施政本质总体地呈现在大臣面前，使汉武帝陷入非常尴尬的境地。这可以说是汉武帝时期对之进谏而最刺中其要害的一句话，汉武帝只得"怒色而罢朝"了。本来，汲黯自他担任谒者时起，就开始显示自己独立思考的能力，接受差使中曾自作主张、自行其是，尽管最后证明他的想法是好的，也不能不使汉武帝暗中生气，铭记在心。伐匈奴是汉武帝举全国之力要办好的一件大事，为了显示武功和优待异国的归顺之士，汉武帝竟在匈奴浑邪王来降的处置上表现出非常大度的风范，要"发车二万乘"去边界迎接这些匈奴降卒。因为国家府库拿不出钱，就要从民众中赊账借马，老百姓把马藏起来，一时办不齐这么多马，汉武帝发怒，就想将备马的长安令给杀了。长安令在右内史的管辖内，汲黯正担任右内史。汲黯说长安令没有罪过，唯独把他斩了，民众肯把马拿出来。并且进谏说，让匈奴降卒所经过的各县挨着次序护送他们来京就是了，何必这么兴师动众地去迎接他们呢？指出汉武帝这样好大喜功，是"罢弊中国而以事夷狄之人"，实属本末倒置。对于汲黯如此不能理解自己的政治意图，汉武帝感到十分的无奈，"上默然"。

匈奴降卒到了京城，他们想把随身携带的物品出售换些钱花，政府就为他们开辟一个场所。长安商人知道后就来与匈奴降卒做生意，政府却又以贩卖走私货的罪名要将五百多名商人处死。汲黯请求接见，在未央宫中的高门殿见到了武帝，进谏说，国家花了"巨万百数"的钱财从事对匈作战，而武帝得到这些俘虏，都应当把他们当作奴婢"以赐从军死事者家；所卤获，因予之，以谢天下之苦，塞百姓之心"，现在即使不能这样做，也不能把这些俘虏当骄子一样，"虚府库赏赐，发良民侍养"，而一般的老百姓又哪里知道，在长安市面上买了一点匈奴物品，而文吏却以禁运货走私出边关的罪名将其绳之以法呢？武帝纵不能得匈奴之资以谢天下，又以微文杀无知者五百余人，"是所谓'庇其叶而伤其枝'者也，臣窃为陛下不取也"。这使汉武帝从道义上无话可说，"上默然"，却认为是汲黯又一次妄发议论，未予采纳。汲黯干扰了汉武帝的行事决心。

二是贬损了汉武帝得力的用事大臣。具体地说，汲黯专意于质责公孙弘、张汤，实际就是抨击汉武帝的政策作为。读《酷吏列传》所记即可知其奥秘："会浑邪等降，汉大兴兵伐匈奴，山东水旱，贫民流徙，皆仰给县官，县官空虚。于是丞上指，请造白金五铢钱，笼天下盐铁，排富商大贾，出告缗令，锄豪强兼并之家，舞文巧诋以辅法。汤每朝奏事，语国家用，日晏，天子忘食。丞相取充位，天下事皆决于汤。百姓不安其生，骚动，县官所兴，未获其利，奸吏并侵渔，于是痛绳以罪。则自公卿以下，

至于庶人，咸指汤。汤尝病，天子至自视病，其隆贵如此。"张汤之所以如此隆贵，就是要他想方设法保证搞到钱并推行政令，故能取代当时丞相李蔡、庄青翟等办一切事来贯彻实现汉武帝多欲的意图与作为。

而公孙弘又恰恰是在为汉武帝之外施仁义做儒术缘饰。"是时，汉方征匈奴，招怀四夷……上方向儒术，尊公孙弘，及事益多，吏民巧弄。上分别文法，汤等数奏决谳以幸。"《平准书》有评论也是将公孙弘与张汤并列起来说的："自公孙弘以《春秋》之义绳臣下取汉相，张汤用峻文决理为廷尉，于是见知之法生，而废格沮诽穷治之狱用矣……长吏益惨急而法令明察。"汲黯看在眼里，更敢于进行批评。"而黯常毁儒，面触弘等徒怀诈饰智以阿人主取容，而刀笔吏专深文巧诋，陷人于罪，使不得反其真，以胜为功。"这就等于直接批评了汉武帝，以至于引起武帝的不高兴，"上愈益贵弘、汤，弘、汤深心疾黯，唯天子亦不说也，欲诛之以事"。甚至三人合谋要将汲黯处置了，公孙弘于是建议汉武帝任命汲黯去掌管有众多贵戚滋事之地的右内史，想乘汲黯办不好事借题发挥清除他。幸好汲黯在右内史任内治理得当，未曾遇害，但隔阂、争斗是很明显的。

三是戳穿了汉武帝用人策略的玄机。汉武帝用人，唯亲色彩严重，很重要的一条是重用按照自己意图办事的人。在汲黯做主爵都尉列于九卿时，公孙弘、张汤才是小吏。等到公孙弘、张汤被汉武帝看中，逐渐让他们更加尊贵、和汲黯处于同等官列的时候，汲黯又非毁了公孙弘、张汤这些人。后来公孙弘做了丞相封了侯，张汤做了御史大夫，过去比汲黯官职低的丞史们有的人官阶已与汲黯同列，有的人甚至被尊用超过了汲黯。看到这样的情况，汲黯心里不能不产生怨恨。见到汉武帝，他很严肃郑重地说了一句："陛下用群臣如积薪耳，后来者居上。"这是批评汉武帝抛弃论资排辈的传统，利用善于揣摩自己意图、听自己话的后来人以压制老臣、弃用老臣。汉武帝感到汲黯很难办，不好对他说什么，"上默然"。汲黯说汉武帝不重用老臣，汉武帝又认为汲黯思想落后跟不上形势，君臣之间的认识差距很大，是不可以磨合的。但汲黯的进说，还是表明"后来居上"是汉武帝行事用人的重要策略，算是观察得深刻，说得也是很准的。汉武帝的这种用人策略，加上他任凭张汤镇压大农颜异，推助了当时官场奉迎谄谀的风气。如《平准书》记，"自是之后，有腹诽之法比，而公卿大夫多谄谀取容矣"，不能不说是个严重的社会问题。

敢于为天子补过拾遗，是汲黯人格魅力之三。

四、戆默缘由

汲黯与汉武帝，一个进谏戆直，一个受谏的当时不想说什么，使我们在《汲郑列传》四见"上默然"。对此戆直与沉默之间的分歧应该如何看待呢？

汉武帝在位五十四年，他敢于作为，创造了中国封建社会发展史上统一帝国的第一个辉煌时代。汉武帝治国，建立了很强的天子权威，他必须动员整个社会的财富、智慧与力量来实现自己的目标，更必须使朝廷的大小官员按照自己的意愿来行事，否则对这些官员要么是弃而不用，要么是严加惩处。所以当时的社会政治气氛中谄谀之风是在所难免的，在这种情况下，像汲黯这样敢于如此刚直进谏，实在是一面十分醒目的旗帜。汲黯倡导正义，支持原则，维护汉高祖以来的建国方针，考虑国家长远发展，针对汉武帝施政过程中的个人意愿以及所产生的不少弊端站出来为整个天下的安全利益说话。汲黯抱持的进谏理念及精神是可取的，是有意义的！特别是他以刚直对谄谀，反对一味地顺承天子意志的思想，能不避强御，勇于直接向武帝进谏，实在是有可肯定的地方。所以汉武帝认为他是近似于古代社稷之臣的赞语，应该是对他一生作为的最高贵的评价，以至使他在历代中享有直谏名臣的重要地位。

在汲黯与汉武帝的相互关系中，我们可以看到一种坚守传统与选择变革之间的矛盾。汲黯如辅少主可以守成深坚，他能守节死义，难惑以非，但他总体上是属于坚持传统的一代，比如，他强调"高皇帝约束"不可"纷更"，亦以较为保守的观念看待欲望、仁义，思想视线放在仿效"唐虞之治"上，但是面对形势变化他就难以做出准确的判断。他说汉武帝"内多欲而外施仁义"，这句话无论从什么方面来评说都是没有错的。汉武帝行的就是内法外儒的一套，故不用董仲舒而用公孙弘。实际上当时儒家的理论

思想是董仲舒发明的，公孙弘只是实践这种理论思想的人，但"为人正直"的董仲舒因公孙弘的"希世用事"就曾认定他是"从谀"。① 而汉武帝就是要用具有儒家理念的谀臣。汲黯理解"多欲"是一个祸害，其实多欲正是一种政治变革的推助力，是一种社会要发展、国家要强盛的内在思想冲动，是对"高皇帝约束"的发扬，是"正为天下言"的最具本质的表现。应该说，这是汉武帝与汲黯对事物运动发展理解的差别。在汲黯对汉武帝说过"后来者居上"这话之后，等汲黯走开了，汉武帝说"人果不可以无学，观黯之言也日益甚"。说汲黯"无学"，从消极方面，从浅处说，是要汲黯学识时务，学顺上旨，学阿谀，这方面汲黯的无学并没有错，反倒显得他高贵、有气节；从积极方面，从深处说，让汲黯多学学如何跟上时代变化，也没有什么不好，克服些保守观念也表明天子对他的一种期待。可惜无论从哪方面说，汲黯都是做不到的。

　　在学术的层面上，汉武帝实行以天人感应与阴阳五行学说相结合的《春秋》公羊学的儒家学说，而汲黯所学属"黄老之言"。故汲黯为政，"治官理民，好清静，择丞史而任之。其治，责大旨而已，不苛小"。汲黯虽然多病，但他可以"卧闺阁内不出"，就能把一个东海郡治理得特别好，受到称赞。他被汉武帝提上来做了主爵都尉以后，也是"治务在无为而已，弘大体，不拘文法"。后来汲黯治右内史数岁，照此行事，仍是"官事不废"，没有让公孙弘、张汤抓住什么把柄，摆脱了被诛杀的危机。最后他还按老办法治理淮阳郡，也使"淮阳政清"。可以说汲黯是不计个人恩怨，忍辱负重，本着为天下国家负责的精神，在贯彻"高皇帝约束"方面做出了表率，做出了一位老臣应该做出的贡献，是有功于社稷、朝廷的。但是汲黯在学术思想上与汉武帝有矛盾，他指称汉武帝"内多欲而外施仁义"，在认识上也属于学术思想上的分歧。道家学说是汉初的主要政治思想，在汉代建国初期对确立"高皇帝约束"等方面发挥了作用，而经过七十多年之后，汉家国力强盛，形势变化使汉武帝要启用有作为的儒家学说。窦太后去世后，还如汲黯一样企图以道家学说来治国理政已是强弩之末，没有更

---

　　① 《史记·儒林列传》。

多的实际指导作用，公孙弘、张汤之被重用，汲黯被"后来者"压在下面也是自然会发生的事。这是学术理念不同、形势变化的结局使然。

汲黯是春秋时卫国贵族的后裔，他的性格特点非常鲜明。"为人性倨，少礼，面折，不能容人之过。合己者善待之，不合己者不能忍见，士亦以此不附焉。"他周围能让他团结的人不是很多。故此，汉武帝也会认为他的戆直只是个人的行为，不会构成政治上大的危害，也没有刻意设法处置他。汲黯有好的品质，"好学，游侠，任气节，内行修洁"，除了直接相关的政治事务以外，他也没有别的动作，进谏之余，也没有过多引起汉武帝的注意。当时的权贵如武安侯田蚡、大将军卫青，虽然汲黯常对他们"不为礼"，甚或是"亢礼"，但也没有指责过汲黯，卫青甚至褒扬他，这对汲黯也有很好的保护作用。汲黯在朝廷上由于他的政治见解与个人性格，既得罪了重臣公孙弘、张汤，使他们忌恨他，"欲诛之以事"，也受到大将军卫青的器重，"数请问国家朝廷所疑，遇黯过于平生"。加上他的政治业绩很好，在当时阿谀的朝廷气氛及酷烈的官场纷争中，他最终还是保全了自身并获得了极高的社会赞誉。社稷之臣的汲黯是位值得充分肯定的历史人物。

内行修洁，外治政清，是汲黯人格魅力之四。

第六章 《史记》所叙
汉武之拓边陲

　　《史记》叙述汉武帝之拓边陲，主要是在北方进击匈奴。建元间马邑之谋失利后，自元光五年（公元前130年）始，汉武帝派出大将军卫青、骠骑将军霍去病先后率军多次抗击匈奴，或至赵信城，或登临翰海，至元狩四年（公元前119年）春，已将匈奴远逐至漠北。其间，元朔二年（公元前127年）建朔方郡。为有效防范匈奴，断其右臂，汉亦通使西域。元封三年（公元前108年），使赵破奴击破姑师，虏楼兰王。又出使西通月氏、大夏，以翁主妻乌孙王。太初元年（公元前104年），使贰师将军李广利西伐大宛，太初三年（公元前102年）破斩其王而还。为利通西域，先后设酒泉、敦煌二郡。与此同时，汉亦南诛两越。元鼎六年（公元前111年）冬破南越，定为儋耳、珠崖、南海、苍梧、九真、郁林、日南、合浦、交阯九郡。元封元年（公元前110年）冬平东越，徙其民于江淮间而虚其地。由此而"蜀、西南夷皆震，请吏入朝"①，设为牂柯、越嶲、沈犁、汶山、武都五郡。元封二年（公元前109年），西南灭劳浸、靡莫以为益州郡，"独夜郎、滇受王印"②。于东北，元封三年（公元前108年）夏定朝鲜为真番、临屯、乐浪、玄菟四郡。

　　《史记》所叙汉武帝之拓边陲，充分展示其独特的视角特点。

一、营造论辩气氛

　　《史记》在《匈奴列传》《大将军骠骑列传》与《南越列传》之间，安排了一篇《平津侯主父列传》，这是很有意思的。这篇传强调的是公孙弘的阿谀逢

---

　　① 《史记·大宛列传》。
　　② 《史记·西南夷列传》。

迎与主父偃敢于直言进谏二者之间的对比，却在主父偃传内辑录了主父偃、徐乐、严安三人的谏伐匈奴书，这实际上就是以厉色严词来论辩是不是应该征伐匈奴或南越。《史记》传次的这种安排，本身就是司马迁"寓论断于序事"的一种巧妙的表现手法，它所营造的论辩氛围值得关注。三篇上书概括起来可以分三层意思。

第一，值不值得伐匈奴，或者说伐匈奴可以获得什么利益。主父偃上书中说："夫匈奴无城郭之居，委积之守，迁徙鸟举，难得而制也……得其地不足以为利也，遇其民不可役而守也。"而且说："夫匈奴难得而制，非一世也。行盗侵驱，所以为业也，天性固然。上及虞夏殷周，固弗程督，禽兽畜之，不属为人。"要想改变虞夏殷周以来的这种看法，而一定要兴师征伐，就会造成"男子疾耕不足于粮饷，女子纺绩不足于帷幕。百姓靡敝，孤寡老弱不能相养，道路使者相望"的悲惨局面，是值得忧苦的。

第二，总结秦朝教训，伐匈奴闹不好会造成"土崩"之势而使国家败亡的。严安上书，总结出周朝其治三百余岁，及其衰也经历三百余岁，最后出现田常篡齐、六卿分晋，以至于战国纷争，民众疾苦。秦始皇并吞战国，"人人自以为更生。向使秦缓其刑罚，薄赋敛，省徭役，贵仁义，贱权利，上笃厚，下智巧，变风易俗，化于海内，则世世必安矣"。但是秦不行是风而欲肆威海外，于是"秦祸北构于胡，南挂于越，宿兵无用之地，进而不得退。行十余年，丁男被甲，丁女转输，苦不聊生，自经于道树，死者相望。及秦皇帝崩，天下大叛"。由此得出结论："秦贵为天子，富有天下，灭世绝祀者，穷兵之祸也。故周失之弱，秦失之强，不变之患也。"秦最终还是施行了不对头的"穷兵"政策。徐乐上书中尖锐提出："天下之患在于土崩，不在于瓦解，古今一也。何谓土崩？秦之末世是也……何谓瓦解？吴、楚、齐、赵之兵是也……此二体者，安危之明要也，贤主所留意而深察也。"他之所以上书，"其要，期使天下无土崩之势而已矣"。忧虑的中心点非常明确，还是"穷兵"的可能结局。

第三，当时国内是不是存在隐患。徐乐说："间者关东五谷不登，年岁未复，民多困穷，重之以边境之事，推数循理而观之，则民且有不安其处者矣。不安故易动。易动者，土崩之势也。"可知天灾是一。严安则说：

"今外郡之地或几千里，列城数十，形束壤制，旁胁诸侯，非公室之利也。"可知人祸是二。"夫兵久而变起，事烦而虑生。""今欲招南夷，朝夜郎，降羌僰，略濊州，建城邑，深入匈奴，燔其茏城，议者美之。此人臣之利也，非天下之长策也。"因为它会加重天灾人祸，导致土崩。

从三篇上书看，仍然感到秦亡教训的巨大震惊，亦说明贾谊的《过秦论》影响之深入。而三人上书当在元光元年(公元前134年)，更不应晚于元朔二年，是刚发生马邑之役以后汉武帝思虑大伐匈奴之际。上书极言穷兵之祸、"土崩"之势的危害，与汉武帝之思虑显然是冲突的，但汉武帝见到三人之奏议，反倒是说："公等皆安在？何相见之晚也！"并拜三人为郎中。可见汉武帝之气度恢宏。而事态发展的一切负面影响都在他的掌控之中，他有这样的信心，也不必对提出警示的人进行责罚，这使汉武帝运筹帷幄之成竹在胸已跃然纸上。《史记》在叙述这平静的表态背后，也预示着事势之发已箭在弦上，且见对汉武帝坚毅意志的褒奖了。

二、显见财政盈耗

《平准书》是《史记》的精彩篇章，集中讲汉武帝时的国家财政及其相关的改革措施。文篇叙述，经文景之治国家财富充盈，"民则人家给足，都鄙廪庾皆满，而府库余货财"，钱币、粮食、马匹都多得不得了。基于这样的积蓄，激发起汉武帝开拓边陲的雄心，但接着问题就严重出现了。对此，文篇有一段集中的表述：

> 自是之后，严助、朱买臣等招来东瓯，事两越，江淮之间萧然烦费矣。唐蒙、司马相如开路西南夷，凿山通道千余里，以广巴蜀，巴蜀之民罢然。彭吴贾灭朝鲜，置沧海之郡，则燕齐之间靡然发动。及王恢设谋马邑，匈奴绝和亲，侵扰北边，兵连而不解，天下苦其劳，而干戈日滋。行者赍，居者送，中外骚扰而相奉，百姓玩弊以巧法，财赂衰耗而不赡，入物者补官，出货者除罪，选举陵迟，廉耻相冒，武力进用，法严令具。兴利之臣自此始也。

这段话是说明武力拓边与国家政治及财富耗损之间关系的一个总纲，从而指出相继发生了一系列的选举、吏道、法令、文学、世风方面的社会问题，制约着整个国家的发展进程。对四方的武力征伐中，文篇更加突出抗击匈奴战争对拖垮国家财政的负面影响。

元朔二年（公元前 127 年），汉将岁以数万骑出击匈奴，及卫青取匈奴河南地，又兴十余万人筑卫朔方。"转漕甚辽远，自山东咸被其劳，费数十百巨万广，府库益虚"。

元朔五年（公元前 124 年）及六年，卫青将六将军两次出击匈奴，共获首虏三万四千级。赏给捕斩首虏之士黄金达二十余万斤，数万名俘虏都得到了赏赐，他们的衣食也要靠政府供给，而汉军之士马死者十余万，兵甲之财、转漕之费还没有计算在内。"于是大农陈藏钱经耗，赋税既竭，犹不足以奉战士"。

元朔六年（公元前 123 年），霍去病仍再出击匈奴，获首四万。这年秋天，匈奴浑邪王率数万之众来降，汉军发车二万乘迎接，"既至，受赏，赐及有功之士。是岁费凡百余巨万"。

汉武帝为伐匈奴，在长安养了数万匹马，从旁近郡调来了牵掌卒，加上投降的匈奴都要政府供给，"县官不给，天子乃损膳，解乘舆驷，出御府禁藏以赡之"，以至于动用起内府的钱财。

元狩四年（公元前 119 年），大将军卫青、骠骑将军霍去病大出击匈奴，进至漠北，得首虏八九万级，赏赐花费五十万金，汉军马死掉了十余万匹，转漕车甲的费用还不计算在内。"是时财匮，战士颇不得禄矣。"

一系列讨伐匈奴的行动，以及其后诛羌、灭南越等的举措，使国家的财政负担非常沉重，再加上应付自然灾害的塞河穿渠，徙民假产，已经花光了汉兴七十多年所积攒起来的财富。为了缓解财政困难，因而引发出诸如更钱造币、盐铁专营、算缗钱、献酎金、均输平准等强制性的经济措施，以"兴利""骛于功利""言利事析秋毫"的手段，将诸多侯王、地方豪强、富商大贾的财富转移至中央，严重地打击了寓富于民的思想，使有中等财富以上的家庭大体上都破产了。在继续实施征伐四夷的同时，汉武帝不惜使自己站在了"与民争利"的浪尖上，承受着民众的怨恨与政客的批判。但《史记》所叙如实指出，亦是汉武帝的诸多改革，最终竟有效地实现了"民不益赋而天下用饶"①的情势转变。故此，在总体方面，《史记》还是给予了汉武帝的财政改革以充分的肯定。

三、表现汉武决策

《匈奴列传》为匈奴的发展史传，也是汉匈交往的忠实记录。然而其前半篇，主要是从匈奴"天性"、周秦时期匈奴之侵暴中原、和亲约束之使汉室蒙羞三方面，为汉武帝之伐匈奴提供了论说的依据。

匈奴，其先祖为夏后氏之苗裔，居于北蛮，随畜牧而转移，"逐水草迁徙，毋城郭常处耕田之业"，其习俗为善于骑射，宽缓的时候，借助"射猎禽兽为生业"，形势紧急"则人习战功以侵伐"，记述指出，这是他们的"天性"。由此，他们有强烈的趋利心理，"利则进，不利则退，不羞遁走。苟利所在，不知礼义"，这说明他们是不会为道义的说教所动的。匈奴对自然条件的依赖性非常强，所以他们每年要祭祀祖先、天地、鬼神。"举事而候星月，月盛壮则攻战，月亏则退兵"。他们保持着自己的战斗特点，"故其战，人人自为趣利，善为诱兵以冒敌。故其见敌则逐利，如鸟之集；其困败，则瓦解云散矣"，危害性很强，不容易加以征服。

自古公亶父在歧下"作周"以后，戎狄就有不断"侵暴中原"的记录，以至于促使"周平王去丰鄗而东徙洛邑"，秦襄公也因为救周，"伐戎至歧，始列为诸侯"。其后戎狄的势力发展，不仅伐齐、伐燕，还直接渗入洛邑而"破逐周襄王"，"于是戎狄或居于陆浑，东至于卫，侵盗暴虐中国"，故当时诗人作歌唱出"戎狄是膺"，"薄伐猃狁，至于大原"，"出舆彭彭，城彼朔方"等，都表达了中原民众对这种侵暴行为的痛恨感情。春秋时期，秦晋为强国，为抗拒戎狄发挥了有益的作用。进入战国，七雄中有三国与匈奴交界，秦、赵、燕均设边郡及筑长城以防御匈奴。秦皇统一，专门委派蒙恬率十万大军"北击胡，悉收河南地"。同时沿北边黄河修建要塞，

---

① 见《史记·货殖列传》。

"筑四十四县城临河，徙适戍以充之"，加强防务；又花大力气从九原至云阳修筑直道。秦建立了"起临洮至辽东万余里，又度河据阳山北假中"的北方防线。

楚汉战争爆发，秦时北方防线解体，加上其时匈奴向左消灭了东胡，向右击败了月氏，往南并吞了楼烦、白羊河南王，势力强大，"控弦之士三十余万"，重又收复了被蒙恬夺去的土地，将与中原的边界推至黄河以南，并侵犯燕、代，后往北征服诸小国实现了漠北的统一。汉则初定中原，国力疲惫，在实力上与匈奴比较暂时处于下风，故自高帝至景帝，汉室都采取了卑弱的和亲政策，而相关的三件事载于记述之中。一是匈奴得韩王信，引兵攻太原，到了晋阳，于是高帝自将兵往击之，大寒雨雪，急追至平城，被匈奴四十万精兵包围在白登，后虽以计解围，但汉匈第一次交战，刘邦以失败而蒙羞。二是刘邦去世，吕后执政，匈奴冒顿单于在与汉室通信中侮辱吕后，吕后想出兵击匈奴，大臣们劝止说"以高帝贤武，然尚困于平城"，吕后亦只能作罢，继续执行和亲政策。三是文帝即位，内部有济北王的谋反，再加上有使者如中行说之投降匈奴，老上单于更为傲慢。汉遇上匈奴进犯，只是派兵将其逐出边境而已。至文帝在位后期，在与匈奴的通信往来中，仍然承诺"长城以北，引弓之国，受命单于；长城以南，冠带之室，朕亦制之"，分割南北，图谋相安。还说"朕追念前事，薄物细故，谋臣计失，皆不足以离兄弟之国"，双方互以兄弟相称。而且最后保证，"单于留志，天下大安，和亲之后，汉过不先"，面对匈奴的无数干扰，说汉家绝不先行毁约。在这之后，文帝还下令"汉无出塞，犯今约者杀之"。[①] 可见，和亲仍然是文帝不可动摇的国策。

《建元以来侯者年表》序文说："自《诗》、《书》称三代'戎狄是膺，荆荼是征'，齐桓越燕伐山戎，武灵王以区区赵服单于，秦缪用百里霸西戎，吴楚之君以诸侯役百越。况乃以中国一统，明天子在上，兼文武，席卷四海，内辑亿万之众，岂以晏然不为边境征伐哉！"语虽带讥刺，但《匈奴列传》以具体史事为之阐释，为汉武帝之能发动多边行动提供了当视之为正

---

① 　上引均见《史记·匈奴列传》。

义之举的论说依据。

自马邑之役以后，汉武帝决意改变和亲政策，对匈奴发动了一系列大规模的进攻。约经十余年，至元狩四年（公元前 119 年），卫青之军已到达阗颜山赵信城，而霍去病之军已登临翰海，《史记》叙"是后匈奴远遁，而幕南无王庭。汉度河自朔方以西至令居……稍蚕食，地接匈奴以北"。约至元鼎五年（公元前 112 年），汉军到达浮苴井和匈河水的时候，均已"不见匈奴一人"。与此同时，汉武帝勒兵十八万至朔方巡边而使郭吉风告单于，"而单于终不肯为寇于汉边，休养息士马，习射猎，数使使于汉，好辞甘言求请和亲"，双方所处的形势、地位已经发生了根本变化。在汉军的压力下，至元封六年（公元前 105 年）以后，"单于益西北，左方兵直云中，右方直酒泉、敦煌郡"。太初元年（公元前 104 年）汉使贰师将军李广利西伐大宛，"破大宛，斩其王而还。匈奴欲遮之，不能至"，匈奴的势力已是强弩之末。《匈奴列传》最后说："汉既诛大宛，威震外国。天子意欲遂困胡，乃下诏曰：'高皇帝遗朕平城之忧，高后时单于书绝悖逆。昔齐襄公复九世之仇，《春秋》大之。'是岁太初四年（公元前 101 年）也。"《史记》的叙述，肯定了汉武帝以果决精神开展的对匈战争，最终取得了开拓疆土、维护中原安宁的重大成就。

四、衬托将领胆识

《史记》在《匈奴列传》的论赞中提出，人主"欲兴圣统"，重要的条件就是"择任将相"，司马迁的意思是批评汉武帝在对匈奴作战中，没有很好地发挥将领中真正勇武之士的作用，而仅注意于在用人上搞裙带关系。但事实上，《史记》还是客观地以专篇表现出卫青、霍去病等军事将领的才能及其成就。从《卫将军骠骑列传》看，二人能忠于职守，不骄纵，不专权，有效地完成了作战任务；作战中有胆量，敢于深入，天寒地冻，行军困苦，出其不意，远征漠北，及时投入战斗，追杀顽敌；二人成为大将军后，如卫青曾率领多达六将军作战，号令分明，协调有当；霍去病年轻气盛，思绪敏捷，行为果决，合理处置，引导匈奴浑邪王数万人顺利降汉。对卫青、霍去病的多种表现，《卫将军骠骑列传》中均有如实的反映。传的最后，以一种特殊的形式列出"两大将军及诸裨将名"，说卫青"凡七出击匈奴，斩捕首虏五万余级。一与单于战，收河南地，遂置朔方郡，再益封……其校尉裨将以从大将军侯者九人。其裨将及校尉已为将者十四人。为裨将者曰李广，自有传"。接着列出这十四人的姓名及其事迹。为此，《史记》还写有一篇《李将军列传》，为李广的有勇力而未封侯的不济命运鸣不平，亦可能是为"择任将相"的不佳做出注脚。说霍去病"凡六出击匈奴，其四出以将军，斩捕首虏十一万余级。及浑邪王以众降数万，遂开河西酒泉之地，西方益少胡寇。四益封……其校吏有功为侯者凡六人，而后为将军二人"，后面列出路博德、赵破奴二位将军。总计汉武帝时期对匈奴直接作战的将军达十九人之多，而卫青、霍去病正是他们中的领袖和杰出代表，故班固在《汉书·公孙弘卜式兒宽传》的论赞中，说及"汉之得人，于兹为盛"时，其中提出"将帅则卫青、霍去病"，就是一种很有价值的论定和证明了。

张骞在卫青下属伐匈奴的将领之中，然在前说班固的《汉书》论赞中，他被列入"奉使"的名臣之中，因之他更重要的作用在于外交方面。张骞睿智、坚毅、强力、宽信，骞之出使西域，使汉廷扩大了视野，并决定了新的行动方针。《史记·大宛列传》记："天子既闻大宛及大夏、安息之属皆大国，多奇物、土著，颇与中国同业，而兵弱，贵汉财物；其北有大月氏、康居之属，兵强，可以赂遗设利朝也。且诚得而以义属之，则广地万里，重九译，致殊俗，威德遍于四海。"汉武帝高兴之余，同时决定要再次致力于开通西南夷的事业。张骞还向汉武帝建议，联络西北的乌孙，与之结为昆弟而"断匈奴右臂"，如此则"自其西大夏之属皆可招来而为外臣"，汉武帝因之又派张骞并携副使交通西域诸国，开创了"西北国始通于汉"的历史，自后汉家声威远播，使众多西域小国，"皆随汉使献见天子"。在此基础上，汉武帝为取得大宛的"天马"派贰师将军李广利两次西讨，终得所愿才"罢而引归"，这已经是太初四年（公元前101年）前后的事了。而在建元与元封间，已有唐蒙、司马相如等出使开通西南夷的事迹。

《史记》专为汉武帝时期设了二表。《建元已来王子侯者年表》是记述

"诸侯王或欲推恩分子弟邑者"的，体现了削弱诸侯王以加强中央集权的思想与利害关系，涉及王室内部的权益分配。而《建元以来侯者年表》，则多与汉武帝之拓边有关，且具事关国家强盛并富激励意义的明显倾向性。汉武帝封侯总计73人，除褒奖丞相、绍封周后、以方术、以先人各封1人之外，余69人，以因击匈奴、南越、朝鲜而归义者共32人，其中匈奴降者19人；以因出击东、北、西南三方之战功者共37人，其中涉及伐匈奴者24人（包括卫青三子在内）。总计伐匈奴中因归义及战功封侯的共43人，约近涉军事原因封侯者的三分之二，伐匈奴的重要性与艰苦性可想而知。当然也还有参与战事而因军功不及未封侯的，如李广就是。汉武帝不仅以封侯激励将领，也有因违反汉武帝意旨、处事不当而被诛杀的，在对朝鲜的军事行动中，荀彘因心胸狭小，执捕杨仆并其军，最后虽定朝鲜，却"坐争功相嫉，乖计"而被处以"弃世"；济南太守公孙遂此前被派去调解矛盾，"有便宜得以从事"①而支持了荀彘的作为，回报天子时亦先已被诛。《史记》的叙述表明，汉武帝需要有人来贯彻自己的拓边意志。比如，汉武帝分别给卫青、霍去病委以重任，裙带关系固然是一个因素，但更重要的还是他们自身所具备的胆识、才能等良好条件，决定他们能有力地实施汉武帝的拓边意图，他们是有功于历史的。

五、蕴含拓边赞誉

司马迁对汉武帝之拓边陲所造成的政治、经济、社会生活的影响，在相关的评论中常提出了批评。但司马迁明确宣称，对于"今汉兴，海内一统，明主贤君忠臣死义之士"是要加以"论载"的，他绝不会"废明圣盛德不载，灭功臣世家贤大夫之业不述"。因此，作为本持"实录"原则的史学家，他在《太史公自序》后的诸篇提要的相关处，肯定了"设备征讨""使略通""引领内向"等的价值，从而正面肯定了汉武帝拓边的重要作用。

在《史记》中，《司马相如列传》是与《平津侯主父列传》前后呼应、涉及

① 《史记·朝鲜列传》。

对匈战事的相关论述的文篇，这在内容取材与篇次安排上，司马迁应是经过缜密思考的。正是在这篇列传中，叙述相如被拜为中郎将，建节往使西夷时，针对"蜀长老多言通西南夷不为用，唯大臣亦以为然"的情况，发表了意见而作《难蜀父老辞》。很有意义的是，《史记》全文引录其言，并说它是"且因宣其使指，令百姓知天子之意"，表明这篇文字有对汉武帝意旨的明确宣扬。文篇揭示自殷周以来的儒家传统，认为在人们可知的区域范围内，都应是中国帝王统治或教化所及的地方，有所谓"普天之下，莫非王土；率土之滨，莫非王臣"的说法。所以六合之内，八方之外，恩泽不及，君王就应感到羞耻。中原帝王所要做的事，则是要使恩威广播，夷狄向慕，冀万物以润泽，辽异域而一统，垂仁广义，阻暗光明，遐迩合体，中外安福。如果哪一个远方没有沐浴王政，那个地方的民众就会发问："今独曷为遗己？"以故汉武帝之"北出师以讨强胡，南驰使以诮劲越"，就是适应当地民众"举踵思慕，若枯旱之望雨"的企盼举动。"夫拯民于沉溺，奉至尊之休德，反衰世之陵迟，继周氏之绝业，斯乃天子之急务也。百姓虽劳，又恶可以已哉？"这样说来，汉武帝之拓边征讨是体现帝王美德和国家强盛的急务，出现一点社会动荡、财政紧缩、民众困苦等平常事，又算得了什么呢？

　　因而文辞中说："盖世必有非常之人，然后有非常之事；有非常之事，然后有非常之功。非常者，固常人之所异也。"做非常之事，常人看起来有些困惑，而造成这种非常的原委，一般人是不知晓的，所以就感到害怕，等到事情最后做成了，天下的怨恨也就会消失。司马相如的意思是说，汉武帝承受了一种历史责任，作为帝王他必须义无反顾，排除一切干扰，做出常人不敢做的事来，因此汉武帝当是一位"非常之人"了。以此相如还将汉武帝之征伐比作夏禹治水，在经历了艰难困苦之后，"故休烈显乎无穷，声称浃乎于兹"，其功之伟，将及后世。《司马相如列传》收录《难蜀父老辞》，不仅是为了存录其文辞之美或表述相如使命之重，在《史记》取材的安排和篇卷次序的构思上，它有承载着为汉武帝之征伐四夷进行小结的作用。司马迁是借相如之文，以隐约的方式来赞誉汉武帝的，所以他也是有心表彰汉武帝在海内一统中，是有着造福万世的"非常之功"的。

第七章 《史记·货殖列传》述评

《史记》一百三十篇，其中有两篇集中表现了司马迁的经济思想。《平准书》集中阐发了司马迁的财政经济思想，而《货殖列传》则集中阐发了司马迁关于社会生产和交换方面的经济思想。二篇联系紧密，互为表里。

一、基本理论

《货殖列传》在经济思想上的重要价值，是司马迁提出了他对社会历史发展基本理论的认识。司马迁明确指出，老子"小国寡民"的思想已经不能适应发展的形势，他认为只有通过农、虞、工、商的社会分工所进行的物质资料的生产和交换，人类社会的一切其他活动才有可能。而社会物质的生产和交换活动又是永远不会停息的，就像"水之趋下"一样，"日夜无休时，不召而自来，不求而民出之"。它有着自己符合"自然之验"的发展规律，不受任何政令的约束，亦即不以任何人的主观意志为转移。司马迁的这种理论思想，打破了天命决定人事和政教是社会历史动因的观念，而使他对整个社会历史的观察分析建立在朴素的唯物论认识的基础之上。

基于这样的认识，《货殖列传》首先提出了一份全国范围内物质资源概略的考察报告。它分别列举了山西、山东、江南、龙门碣石北等地所出产的有经济价值的动植物、矿物等资源，以及"铜铁则千里往往山出棋置"的分布盛况。司马迁肯定物质资源的重要性，指出它们是形成社会生产和充实人们生活的必备条件，"皆中国人民所喜好，谣俗被服饮食奉生送死之具也"。只有丰富的物质资源，才可实现农、虞、工、商的生产分工。

其次，《货殖列传》提出了"富者，人之惰性，所不学而俱欲者也"，以及"天下熙熙，皆为利来；天下攘攘，皆为利往"的思想。司马迁用"富""利"二字来解释人们的社会心理，并有一段精妙的议论。他将"深谋于廊庙"的"贤人"，与那些在军的壮士，劫人作奸的少年，借交报仇的任侠，连车骑的游闲公子，舞文弄法的吏士，乃至于出不远千里不择老少的赵女郑姬和博戏驰逐、斗鸡走狗之徒等同起来，指出他们的生活目的同样都只有一个，就是竭尽全力去追索财货。这其中当然更包括了"医方诸食技术之人"与"农工商贾畜长"。在这里，司马迁排除了一切社会政治道德观念和职业性质的差别，深刻地揭示出人们的社会心理本质，并把它视为构成人类一切社会活动的原动力，从而戳破了儒家只言义不言利的虚伪面纱。在富利思想的支配下，贫穷当然是人们最害怕的："夫千乘之王，万家之侯，百室之君，尚犹患贫，而况匹夫编户之民乎！"司马迁以此嘲笑了那些自甘于贫贱的儒生，并认为由于社会财富占有的不平等所产生的奴役与被奴役的现象，也是符合规律的，不值得大惊小怪。

最后，司马迁认为指导社会生产发展的最好办法是采取顺应自然的政策，适当地加以引导，并辅之以教诲、整齐。他反对影响社会经济发展的横加干涉，尤其反对国家"与民争利"的巧取豪夺的各项措施。所以《货殖列传》提出："善者因之，其次利导之，其次教诲之，其次整齐之，最下者与之争。"这既是他理论思想的必然延伸，又是他对国家经济统治政策所持的批判态度。

司马迁在《货殖列传》中还提出了发展经济以富国富民的重要思想。司马迁认为农、工、商、虞四业，是"民所衣食之原"，四业发展则民足国盛，四业衰退则民贫国弱，所以"原大则饶，原小则鲜。上则富国，下则富家"。能否通过促进社会生产和交换的发展而致富，关键在于智能的巧拙："贫富之道，莫之夺予，而巧者有余，拙者不足。"对于个人来说，关键在于有没有善于蓄货积财的本领，对于国家来说，关键在于能不能制定顺应自然发展的正确的经济政策。《货殖列传》特别总结了先秦时期因发展经济而国富家富的典型事例。春秋时期，齐国从太公望的"劝其女功，极技巧，通鱼盐"，导致"海岱之间敛袂而往朝"，到管仲的"设轻重九府"，导致齐桓公称霸，最后一直使齐国"富强至于威、宣"，这是因富而不断强盛的一例。越王勾践与吴国争战失败，困于会稽而奋发图强，发展经济，"修之十年，国富"，结果以强大的经济力量作为后盾，洗刷了会稽之耻，"遂报强吴，观兵中国，称号'五霸'"，这是由衰败跃为霸主的一例。

同样的思想，在《史记》的其他叙述中也有表现。例如，讲秦自商鞅变法后，因发展经济，实力增强，而导致最后统一中国；在建立秦王朝以后，不集中力量发展生产，一味大肆兴作，耗费民力物力，使"男子疾耕不足粮饷，女子纺绩不足衣服"，最后在陈涉"首难"的形势下而灭亡；而汉初与民休息，发展经济以至出现文景盛世，使武帝得以凭借强大国力而有所作为。这些记载，都是司马迁关于经济思想更为深刻的综合表述。在富家方面，《货殖列传》举出了"陶朱公"、子贡、白圭、猗顿、郭纵、乌氏倮、巴寡妇清等，满怀热情地记叙了他们的理财事迹。特别是他指出孔子的名布扬天下，是与子贡的富足有密切关系，肯定了"倮鄙人牧长，清穷乡寡妇"能够受到秦始皇的青睐而"礼抗万乘，名显天下"，就是因为他们特别富有。这说明拥有充足的财富就足以使暴君折服，司马迁有意宣扬了财富所具有的巨大魅力。

与此同时，司马迁还发挥了管仲的思想，论述了道德教化与经济发展的关系。指出要使人民遵循一定的道德规范，当政者必须首先在经济发展方面满足他们最基本的生活要求，否则，一切道德礼义都只能是空洞的说教，会变得毫无意义。所谓"礼生于有而废于无"，"人富而仁义附焉"，就是这一思想最为现实的精确表述。

二、商品经济

自古以来，中国社会长期推行重农抑商政策，压制商业的发展。汉初，先是"重租税以困辱"商人，后来虽有所放松，但商人的"子孙亦不得仕宦为吏"，剥夺了他们从政的权利。尽管如此，从战国以迄汉武帝时期，商业经济仍然得到了不断发展。司马迁深入考察社会发展的历史与现实，发现商业的繁荣和商品流通的活跃对促进社会财富的增长和政治局面的安定有不可忽视的作用。司马迁是重农的，他在论述社会经济结构和经济活动时，总是将"农"放在第一位，把"商"置于农的后面，并说"本富为上，末富次之"，主张商业的发展不能损害农业，要做到"农末俱利"，并要求商业经营所积累的财富最终应用来加强农业，"以末致财，用本守之……

变化有概，故足数也"，说这才是商业前途的根本归宿。这反映了司马迁思想的时代局限，他不可能为商品经济的发展寻找出冲破封建约束的新的广阔道路。

但是，《货殖列传》的光辉之处是它突出地强调了商品经济的发展，极力赞扬了商业经营家的智慧和才能。司马迁认为，要使国富民富，最重要的途径是要大力发展商业经济。他说："用贫求富，农不如工，工不如商，刺绣文不如倚市门。"由此，总结社会发展商业的经验，揭示出商品生产和流通的某些规律，成了《货殖列传》记述的重要任务。比如，重视"时用则知物"，要求在农业社会应预测岁时的丰歉来决定商业经营的内容；提出"积著之理，务完物，无息币。以物相贸，易腐败而食之货勿留，无敢居贵。论其有余不足，则知贵贱。贵上极则反贱，贱下极则反贵。贵出如粪土，贱取如珠玉，财币欲其行如流水"，以及"乐观时变，故人弃我取，人取我予"，"能薄饮食，忍嗜欲，节衣服，与用事僮仆同苦乐，趋时若猛兽鸷鸟之发"等关于商品流通的规律和商人应有的品质。司马迁把那些能为社会发展做出贡献，掌握了某些商品流通规律并具有商业经营者优秀品质的理财家，与"伊尹、吕尚之谋，孙、吴用兵，商鞅行法"等同看待，并给予他们以智、勇、仁、强的高度评价，这就极大地提高了商业经济在整个社会发展中的历史地位。司马迁对汉代统一所创造的"开关梁，弛山泽之禁"的有利条件更是热烈称颂。他说，"是以富商大贾周流天下，交易之物莫不通，得其所欲"，其兴奋心情溢于言表。

正是由于汉代商品经济的繁荣发展，使得司马迁具有研究社会经济的广阔天地，从而激发起他深邃的历史思想和敏锐的观察能力，以至能从全国范围内来评议商品经济的发展。《货殖列传》勾画出了汉代商业经济发展的关中、三河、齐鲁、越楚、南阳五大区域，并分别叙述了各区的特点及其商品流通的方向、历史传统、民情风俗与商业发展的相互关系，阐明了城市在商业经济发展中的地位和作用。这些评述，虽然并不完全正确，但他看到了汉代商业经济发展的繁多种类和生产规模，觉察到了商品流通在社会生活中所呈现的生命力，这些思想观点有着新人耳目和振聋发聩的作用，无疑是对重农抑商思想的一种反抗，是为商品生产的现实性和合法性所做的一种政治和道德的理论说明。

三、"素封"论

司马迁在《货殖列传》中，还善于运用商品流通过程中的比价观念及大量详细的统计数字为获得巨大财富的商业经营家争取崇高的社会地位。通过推算，他得出结论说，那些经营畜牧业、渔业、林业以及其他经济作物和蔬菜种植业的"百万之家"，不仅"此其人皆与千户侯等"，而且他们还有"不窥市井，不行异邑，坐而待收，身有处士之义而取给"的更为突出的优越条件。在城市中以一定规模经营酿造、车船、屠宰、帛絮皮裘、果品诸业和"子贷金钱"并能获得"什二"利润的，"此亦比千乘之家"。这里表现了司马迁对传统封建等级政治制度的蔑视。从那些"无秩禄之奉，爵邑之入"的商业财富占有者的"衣食之欲，恣所好美"的程度而言，他们完全可与当时的许多封君相比拟，这就是所谓"素封"。在这一思想的指导下，司马迁勇敢地称那些因商而致富者为"贤人"，并在竭力称赞他们的才能和品德的同时，炫耀他们的财富与欢乐。例如，蜀卓氏"田池射猎之乐，拟于人君"；山东迁虏程郑"富埒卓氏"；宛孔氏"家致富数千金"；鲁人曹邴氏"富至巨万"，影响所及，"邹、鲁以其故多去文学而趋利"；齐刁间善于使用桀黠奴"起富数千万"，周人师史"致七千万"；宣曲任氏因看准形势经营粮食"富者数世"，而且特别艰苦廉洁，"以此为闾里率，故富而主上重之"；桥姚拓边畜牧，"致马千匹，牛倍之，羊万头，粟以万钟计"；长安无盐氏平定吴楚七国叛乱时，"出捐千金贷，其息什之"，一年之中，"富埒关中"。其他还有"亦巨万"的关中富商大贾。司马迁说，这些人只不过是"当世千里之中""章章尤异"的商业财富的拥有者，他们"皆非有爵邑奉禄弄法犯奸而富"，都享有受人尊敬和仰慕的社会地位，实在令人钦佩、赞叹。

因此《货殖列传》不只是如此地说富、道富、肯定富、表彰富，而且为商人的致富提供了合法的理论依据。他认为"富足"并不是某些人长期固有的特权，财富的占有是随着社会历史的变化而不断转移的。而占有财富的唯一标准，不应该是官爵的大小和等级地位的高低，而应该是由人的智慧、才能、品质、经验等决定的。所以，《货殖列传》最后总结说："富无经业，则货无常主，能者辐凑，不肖者瓦解。"紧接着司马迁提出质问："千金之家比一都之君，巨万者乃与王者同乐。岂所谓'素封'者邪？非也？"很明显，"素封"论，正是司马迁通过研究历史与现实，肯定商业财富的合理性及其在社会发展中的重要地位之后，面对封建专制的等级制度所提出的要求按照财富的多少实现权力再分配的思想理论。对于长期被儒家观念所禁锢的思想领域来说，这种为富人辩护的理论，不亚于一声惊雷响彻天空，这是对传统意识的挑战。"素封"论，是司马迁重视经济生活在社会历史发展中的作用，尤其是探索商品经济发展规律所必然得出的结论。因之，"素封"论思想，具有重要的理论和现实意义。

北京师范大学史学探索丛书

　　《货殖列传》是我国古代史学家把社会的生产与交换问题引入历史研究著述的第一个专篇，开创了正史记载经济内容的先例，在历史文献学上有重要意义。同时，它所具有的深远史识，是以雄健的文笔表述出来的。文章纵横捭阖，将阐发议论、记叙物产与传述人物结合在一起，初看起来像是不伦不类，似乎杂乱无章，但细加研讨，却知司马迁高瞻远瞩，成竹在胸，笔墨落处，其所指画，皆精意所存。故其文从整体看，瑰玮奇变，结构谨严。郭嵩焘《史记札记》评论说："案史公传《货殖》，自写共湮郁，而揽括天下大势，上下古今，星罗棋布，惟所指画。前后分立数传，要自一气贯输，是一篇整段文字，中间指数关中、巴、蜀、天水、北地、上郡列郡情形，为一大枢纽，亦见汉世承六国之遗，抚临郡国，相奖势力，尽天下皆然，而能者遂以致富，高掌远蹠，睥睨千古。此自史公发摅生平一段胸臆，与他体全别。班固讥之，故为不伦。"这是批评班固讥司马迁传货殖为"崇势利而羞贱贫"之不当，亦指明了《货殖列传》文笔结构之奇。

　　《太史公自序》叙述作《货殖列传》的动机时说："布衣匹夫之人，不害于政，不妨百姓，取与以时而息财富，智者有采焉"。可知司马迁是感于时政而发，文中有其批评的目的在。但司马迁又不可全然坦露，所以文章从细处观又议论宏发，巧于含蓄。钱锺书在《管锥编》中说："斯传文笔腾骧，固无待言，而卓识钜胆，洞达世情，敢质言而不为高论，尤非常殊众也。夫知之往往非难，行之亦或不大艰，而如实言之最不易；故每有举世成风，终身为经。而肯拈出道破者少矣。"司马迁以其卓绝的胆识，洞察世情，敢于质言，但他也善于讽刺，巧于隐晦，意在言外，须细加推求方可得其本旨。例如，其所言"虽户说以眇论，终不能化"，"善者因之，最下者与之争"，"仓廪实而知礼节，衣食足而知荣辱"，称富商为"贤人"而斥长贫贱好语仁义一类的儒生为"足羞"等都是这方面的适当例子。尤其是他说"贤人深谋于廊庙，议论朝廷"，也是"归于富厚"，并将他们和任侠少年、赵女郑姬、游闲公子放在一起比照议论，从而描述了一幅为利欲支配而奔忙的社会图景，把那些将军、宰相、处士、儒生的求富本质从正谊明道的虚伪外衣下揭示出来，其讥刺何等辛辣！

第八章 "盛德之后，必百世祀"

　　这可以说是提出了一个关于历史哲学方面的问题。也就是说，远古的圣哲在国家构建与社会发展方面所做出的开创性贡献，因为长远地造福于民众，其影响深深地渗透于世俗的认知与记忆之中，故而普遍受到人们的景仰与追思，以此，他们的后代蒙其余荫，在不同的历史时期或断或续地仍可获得相应的封国，而延续其爵禄，千百年后对此圣哲的奉祀亦将存留不缺，其家世之光辉自当彪炳于史册。

一、崇奉"盛德"

　　语出自《史记·陈杞世家》。"晋平公问太史赵曰：'陈遂亡乎？'对曰：'陈，颛顼之族。陈氏得政于齐，乃卒亡。自幕至于瞽瞍，无违命。舜重之以明德。至于遂，世世守之。及胡公，周赐之姓，使祀虞帝。且盛德之后，必百世祀。虞之世未也，其在齐乎？'"

　　这里揭示出对舜的后代奉祀，可以从多个层面来进行观察。

　　首先，《史记》是将中国历史的创始归结为黄帝，黄帝之后经颛顼、帝喾、尧而至舜。黄帝因战胜"最为暴"的蚩尤，被诸侯咸尊为天子，从而建立起显示四至并"万国和"的一统天下和以农桑为基础的生产规模及封禅等祭祀制度。颛顼继承黄帝之业，继续扩大四至的国境范围。帝喾则仁惠修身，尽地用而抚教万民，使其时"日月所照，风雨所至，莫不从服"。帝尧承位，重要贡献是组织天象观测，建立起顺应四时的农用法规，并在治服洪水、流放四罪和实施巡行制度上有卓著功勋，然而他最杰出的成就当是发现与选用考察了舜，并以禅让的方式传位于舜。舜，乃帝颛顼之七世孙，自其父祖始均微为庶人，他自己则因仁孝声闻乃得使四岳咸荐于尧。舜在位，在前四帝成就的基础上创设了中央政权朝廷机构的建制规模，确立起能驾驭领导全国的组织核心，并各配备有才能的负责人。他还在选贤举能方面任用"八元""八恺",使其在治事布教上获得显著成就,并善恶分明,严惩了"四凶",保证了社会安宁。在他的治理下,国土的四至更为宽广,且整个国土经所任命的大禹的治理,咸得其宜,切实保证了贡赋的充盈及输送的通畅,真正实现了国家自朝廷至地方的有效管理,一个真实国家的构建至此才算大功告成。帝舜是黄帝以来国家创建事业的集大成者,所以《史记》说"天下明德皆自虞帝始"①,是道出了其中的真谛。因此,这里的引文从奉祀之能延绵不断的角度,表述出"重之以明德",正是申述了其行为的崇高及合理性。

其次,《史记》从陈的层面来观察对舜的后代祭祀。舜还是庶人的时候,尧拟选用他,就将自己的两个女儿嫁给舜,并安排他们"居于妫汭"②,以便对舜进行观察、考查,其后代因此而姓妫。舜去世,他儿子商均受夏之封,国于虞,后之续封者中有虞思、虞遂。遂之后遏父曾做了周之陶正,生了满。周武王克殷后,乃求舜后,知道了妫满,就将他封于陈,以奉帝舜祀,因称胡公。所以,帝舜的后裔胡公满,受封而有了陈国。其受封的缘由就是周朝要奉祀满的先祖虞舜。《史记》亦特地增设了一篇《陈杞世家》,以崇奉对国家之构建的有功之人,由此也可以想见司马迁创立世家体裁之"拱辰共毂"的又一深刻旨意。

最后,《史记》从田齐的层面来观察对舜的后代祭祀。春秋前期,陈厉公生子敬仲完。陈传至宣公之二十一年(公元前 672 年),陈完时年三十四岁,宣公欲立嬖姬之子款,乃杀其太子御寇。御寇与完素来亲爱友善,陈完惧祸及己,于是奔齐,齐桓公使为工正,陈的势力开始了在齐国的发展,陈氏亦改称田氏。公元前 479 年(此依《辞海》之附表)楚惠王灭掉陈国,而那正是孔子去世的一年。田氏在齐国因行阴德于民,甚得众心,宗族亦更为强大。田完五传至田乞,齐悼公时为相,已专揽政事。田乞之子田常,杀齐简公,并"尽诛鲍、晏、监止及公族之强者",完全把持朝政。田常后三传至田和,于齐康公之十九年(公元前 386 年),乃请"立为齐侯,列

---

① 上引均见《史记·五帝本纪》。
② 《史记·陈杞世家》。

于周室，纪元年"。因此田齐取代了姜齐，以七雄之一的姿态活跃于战国的舞台上，对帝舜的奉祀亦已经有了新的着落而延绵不绝。

这里，不能不使人思考，是什么力量能使对帝舜的奉祀延绵不绝呢？

田敬仲之出现有其奇妙之处。与其他政治人物不同的是，关于他的出生及配偶，却有着"卦得《观》之《否》"，及卜后"是谓凤皇于蜚，和鸣锵锵。有妫之后，将育于姜。五世其昌，并于正卿。八世之后，莫之与京"的占辞，从而引发出司马迁《田敬仲完世家》的论赞语，指出"《易》之为术，幽明远矣，非通人达才孰能注意焉"，并说"田乞及常所以比犯二君，专齐国之政，非必事势之渐然也，盖若遵厌兆祥云"。① 司马迁所说的"遵厌兆祥"，明确是指田乞、田常的行为使前说之占卦之辞得到了实现，正体现了《易》的幽明通达，这其中的奥妙已经是很深远了。然而，联系起帝舜的百祀不绝，则可知还有着更长时期的历史异动的因素在起支配作用，其动因是否应予探讨呢？卦辞实是一种历史经验的哲学般的回顾与总结。有些可能是思维中将自然与社会之相互关系的某种局部规律加以抽象表述，使之看起来成为具有普遍指导意义的原则，以便破除人们思想中的诸多疑惑，而它多面游离性的特征，又赋予其广泛且不确定的放射功能及想象空间，从而利于不同人群的运用与阐释。如此理解，则"盛德"的品格及其对人们思维的历史穿透力，将有益地引导行为者去实现自己并非完全自觉的某些预定目的。

基于这样的思考，《史记》极为推崇"盛德"。《吴太伯世家》载季札聘鲁观周乐，谈到歌《颂》时，评论说："至矣哉，直而不倨，曲而不诎，近而不逼，远而不携，迁而不淫，复而不厌，哀而不愁，乐而不荒，用而不匮，广而不宣，施而不费，取而不贪，处而不底，行而不流。五声和，八风平，节有度，守有序，盛德之所同也。"《颂》主要内容是歌颂周之文、武、成、康及鲁僖公、宋襄公的，与虞舜相距甚远。引用此一评论是可以看见吴季札对一般"盛德"含义的理解深度。而接下来，吴季札见到的是舞《招箾》，就直接表现出有虞氏的乐曲了，季札评论说："德至矣哉，大矣，

---

① 上引均见《史记·田敬仲完世家》。

如天之无不焘也，如地之无不载也，虽甚盛德，无以加矣。观止矣，若有他乐，吾不敢观。"这是宣扬在广阔的天地的万事万物间，舜时代是达到了"盛德"的最高境界，而他人则难以企及了。这亦足以证明舜之"盛德"在政治思想文化领域所具有的巨大影响力，从而使他在人们的追思、怀念中占有崇高的地位，以至不得不创设条件，"百世"地去真诚奉祀他。

二、赞扬"遗烈"

《史记·越王勾践世家》之论赞语："禹之功大矣，渐九川，定九州，至于今诸夏艾安。及苗裔勾践，苦身焦思，终灭强吴，北观兵中国，以尊周室，号称霸王。勾践可不谓贤哉！盖有禹之遗烈焉。范蠡三迁皆有荣名，名垂后世。臣主若此，欲毋显得乎！"

大禹之治水，为人们在中华大地上之，所以能繁衍生息创造了条件，与此同时，他率领民众在这片土地上进行的大规模环境整治，确立了国家行政管理职能之可实现的物质基础。由此，他所建立的旷世奇功，如日月般地光照大地，普遍施惠于后代子孙。

大禹形象受景仰之所以能深深根植于民众的心中，还在于他那无私的艰苦奋斗精神。在浩浩的洪水面前，他是"劳身焦思，居外十三年，过家门不敢入。薄衣食，致孝于鬼神。卑宫室，致费于沟淢"[①]，始终无怨无悔地奋斗在战胜洪水与整治山河这一伟大事业的第一线，为中华民族树立了一个光辉的榜样。

勾践的先代，为"禹之苗裔，而夏后帝少康之庶子也"。这位庶子被封于会稽，让他来奉守对大禹的祭祀。他以奋斗的姿态顺应民俗，开辟其封邑，传至他的孙子就是越王勾践。勾践弘扬其先祖大禹可歌可泣的顽强奋斗精神，在与当时吴国的对抗中，忍受着前期失败的屈辱，卧薪尝胆，韬光养晦，增强实力，最后利用形势的变化，终灭强吴，被周王室赐命为伯，"越兵横行于江、淮，东诸侯必贺，号称霸王"。勾践之能成就这番事

---

① 《史记·夏本纪》。

业，除了他自身的有谋略、肯用人的贤能条件之外，其祖先大禹功勋所留存的精神光辉起到了潜移默化的重要作用，这是不可忽视的。

涉及论述越王勾践之能存国称霸，对"盛德之后，必百世祀"的思想观念仍是有力的证明。不仅如此，即使至勾践之后的第六代王无强被楚威王伐而大败，"服朝于楚"，也并不是表明其家族势力就已经灭亡。恰恰相反，王无强之"后七世，至闽君摇，佐诸侯平秦。汉高帝复以摇为越王，以奉越后。东越，闽君，皆其后也"①。对此，《史记》所设《东越列传》有着明确的记载，应该说其族系对禹的奉祀及于汉武帝之时而未绝。故《东越列传》的论赞亦说："越虽蛮夷，其先岂尝有大功德于民哉，何其久也！历数代常为君王，勾践一称伯。然馀善至大逆，灭国迁众，其先苗裔繇王居股等尚封为万户侯，由此知越世世为公侯矣。盖禹之余烈也。"

为什么有禹之遗烈、余烈，其后世就可以建国、封万户侯呢？

遗烈、余烈，是远古圣哲遗存下来的巨大业绩及所显示的思想辉煌。它之所以能在历史发展过程中产生影响，应该是基于如下的原因。远古圣哲在国家社会构建中的"大功德"所具有的独特震撼力，使它在长期的岁月流逝中普遍受到人们的歌颂、赞扬，尤其是大禹上古英雄般的人物形象，能让人在内心深处自然地产生出爱恋尊崇的敬佩之情，影响所及，其族属之后代也因此而沐浴着无限的荣光，从而获得了强大的精神动力，激励自己为恢宏其先祖的业绩而立志去创造新的功勋。而大禹在治水与整治山河中所显示的艰苦奋斗的大无畏气魄，又为族属之后代创业建功提供了巨大的榜样力量，也使越王勾践十年生聚、十年教训的复国图强思想得以坚持下去，并获得最终的成功。另外，历史的发展是曲折的，一个族属虽强大，亦不可能始终占据社会潮流的主导地位，而会相应地退出历史舞台，然此族属依存的本质渊源只要归之于"大功德"的正义范围，它也不会自此永远在历史中消失，而会以另外的形式潜行发展，遇到适当的时机，则可因为获得新的土壤而又一次显现其灿烂辉煌，重新展示其固有的力量。而这种展示又不会是先前圣哲功勋的全然重复，但却是它原有正义本质力量

———————————

① 见《史记·越王勾践世家》。

的另一种形式的延续。我们在这里看到的勾践称伯与闽君封侯，可以视为是对这样一种历史现象理解的切实例证。

《燕召公世家》的论赞说："召公奭可谓仁矣！甘棠且思之，况其人乎？燕外迫蛮貉，内措齐、晋，崎岖强国之间，最为弱小，几灭者数矣。然社稷血食者八九百岁，于姬姓独后亡，岂非召公之烈邪！"

燕之分封，地处北偏，北界戎夷，南接齐晋。其时北之戎夷势力尚弱，除燕庄公之二十七年（公元前 664 年）山戎来侵，并获齐桓公之相救伐败之外，均未见有更强大之戎夷的南扰，应该说总体上北部边境是相对平静的。南接之齐晋虽均为强国，但都面临着各自较长时期的内部矛盾，齐有田氏之取代，晋有三家之分裂，与燕之关系，除在齐湣王与燕昭王时相互伐败之外，亦未见更多的战事争执。燕国远离其时中原之争斗中心，避免了楚秦在其发展中之侵扰，对它的政权存在是十分有利的。加之其内部燕哙让位于其相子之的事件，震动即使很大，但干扰的时间也不太长，所以很快就能平静下来。它本身没有什么大的改革措施，相对保守的政治策略也使它没有什么大的作为，成为六国纵长也只是一种暂时的炫耀。十六诸侯世家中，吴、鲁、燕、管蔡、卫、晋、郑、魏、韩均属姬姓，燕之后亡，主要与它所处的地理形胜有关，而司马迁则强调有"召公之烈"的重要因素在起作用，仍然是肯定仁德政治在历史发展中的地位。确实，召公在建周过程中的功勋及其后维护周王朝的努力，使他的事业成就与思想光辉在后世的延续中发挥了潜在的作用。

《郑世家》开篇谈到桓公友与太史伯的对话，议及选择定居中心时的相互表述为如下。公曰："周衰，何国兴者？"对曰："齐、秦、晋、楚乎？夫齐，姜姓，伯夷之后也，伯夷佐尧典礼。秦，嬴姓，伯翳之后也，伯翳佐舜怀柔百物。及楚之先，皆尝有功于天下。而周武王克纣后，成王封叔虞于唐，其地阻险，以此有德与周衰并，亦必兴矣。"郑桓公同意了太史伯的分析，将其定居中心选择在洛东。二人的对话主要涉及地理形胜对建国发展的判断，而这里所叙则是探讨了齐、秦、晋、楚的后来发展与其先祖功德的关系，实际亦是总体概述了"遗烈"的相关作用。

及于"虞舜之勋"，还有因赵简子而引出的故事。赵简子生病，昏厥，五日不省人事。但醒过来以后，说他神游了钧天，见到了天帝，天帝告诉他："晋国且世衰，七世而亡。"这是指预言了后来的三家分晋。还说："今余思虞舜之勋，适余将以其胄女孟姚配而七世之孙。"[①]赵国经七代传赵武灵王，就有一位叫孟姚的女子受到宠幸而成为惠后，赵国亦因武灵王的胡服骑射而一时强大起来。这种记述，仍然是对"遗烈"思想的特别宣扬。

三、称誉"阴德"

阴德，用通俗的语言表述就是暗地里做好事，其表现形式有多种类型。

田敬仲在齐国谋求发展，其五世孙为釐子乞。《田敬仲完世家》记："田釐子乞事齐景公为大夫，其收赋税于民以小斗受之，其禀予民以大斗，行阴德于民，而景公弗禁。"这是通过放、收粮食时更换大小斗来使民众得到实惠，以便在夺取姜齐政权时争得民众的支持、拥护，其结果是"由此田氏得齐众心，宗族益强，民思田氏。晏子……与叔向私语曰：'齐国之政其卒归于田氏矣。'"田釐子行阴德有着明显的目的性。

晋襄公时，赵盾代赵衰为执政。灵公即位，奢侈残暴，赵盾数谏，不听，反而派人刺杀盾，刺客见赵盾廉节，不忍杀忠君之人遂触树而死。接着，晋灵公请赵盾饮酒，拟伏甲攻杀盾，当时有个宰夫叫示眯明的，劝赵盾觞三行后就离开宴席，伏士未及攻杀，灵公于是放出嗷獒要咬死盾，示眯明则搏杀獒。灵公又派伏士出逐赵盾，示眯明加以反击阻止了伏士前进，赵盾终于脱身了。示眯明为什么要如此舍身救赵盾呢？赵盾曾经在首山田猎，见到桑树下有位饿人，赵盾就给他一份食物，饿人自己将这份食物吃了一半，留下一半，赵盾问他是什么缘故，饿人说自己在外宦学三年，不知母亲还是否在世，希望将这半份食物送给母亲吃。赵盾认为这位饿人很懂得仁义，就多多地给了他一些肉食饭菜。后来这位饿人做了晋的宰夫，于是就出现了上述的一幕。赵盾不明白一位宰夫要这样坚决地来救

---

① 《史记·赵世家》。

他是出于何种缘故，示眯明说，他就是当年赵盾在首山接济过的那位桑下饿人。《晋世家》叙述时说赵盾："然不知明之为阴德也。"示眯明关键时刻站出来解救赵盾，就是为了报答赵盾当年在他穷困潦倒时给予一饭的恩德。赵盾问他叫什么名字，他没有说。赵盾脱难了，示眯明也因此逃离了。这是济人于厄而后出现知恩回报的有名例证。说明一位政治家的行为理念，常常会关乎普通民众的生存，其无意识的举动能起到影响历史进程的无法预测的作用。而且，在这一看似是个人之间的事件中，赵盾亦因行阴德而彰显了自己生命的价值，并相应地改变了晋国的政治格局。后来，赵穿弑灵公，赵盾复返，仍任国政。

在"赵氏孤儿"的故事中，韩厥占有重要的地位。当晋景公时之司寇屠岸贾要诛灭赵氏的时候，韩厥坚决表示反对。屠岸贾不听劝阻，韩厥就告知赵盾之子赵朔赶快逃亡，赵朔不肯，说："子必不绝赵祀，朔死不恨。"韩厥答应了，称疾不出，屠岸贾于下宫杀了赵朔、赵同、赵括、赵婴齐，皆灭其族。嗣后，程婴、公孙杵臼保护赵孤的活动，韩厥知道得很清楚，但他保守了秘密，使赵孤能存活下来。过了十五年，韩厥趁晋景公生病要求禳祸之机，具以实告，提出复立赵孤，于是推出赵武，归还赵氏的全部田宅，续赵氏祀并反攻屠岸贾，灭其族。赵氏因此复位，后来赵武成了晋之正卿。在此过程中，韩厥起了不可替代的作用。司马迁专就此事，而立议其为《韩世家》之论赞说："韩厥之感晋景公，绍赵孤之子武，以成程婴、公孙杵臼之义，此天下之阴德也。韩氏之功，于晋未睹其大者也。然与赵、魏终为诸侯十余世，宜乎哉！"《太史公自序》之《韩世家》提要也说："韩厥阴德，赵武攸兴。绍绝立废，晋人宗之。"这均是将韩之能在战国时长久立国，有意归之于韩厥之能行阴德。这应该是多种类型阴德的最高层面，以至于它关系到行阴德之人所能体现出的一个国家的兴起。由此，以其根植于人心趋向的仁德政治中所闪烁的隐性光芒，使它与"必百世祀"的盛德及舜、禹之遗烈一样，同样具有不可阻遏的精神力量，在强大历史发展的行进中，必然生发出并非人们可以显见而实是不可忽视的强劲作用。《史记》的记述表明，司马迁密切地关注这一导人哲理思索的社会历史命题，是很有意义的。

阴德，从道德的层面说，是以正义感和同情心为基础，救人之困，脱人于厄，但它与后来的游侠不同的是，不是那么仗义执言、张扬过市，而多为一种隐秘的行为，是不愿为人所知的。从政治层面说，它可以抑制、打击邪恶势力，虽经曲折磨难，终可使国家强盛，使受人拥戴的政治人物推行他的主张、延续他的业绩，但它与权势始终不可同日而语。然而这里提到的均是涉及十六诸侯世家范围的内容，还特别显示出在新旧势力的争斗中所给予新兴势力成长的道义与舆论方面的明显支持，赞誉阴德的背后，是对社会前进方向的有力肯定。

所以，阴德既是古代仁德政治观念之价值的一种表现形式，同时又是统治集团解决复杂社会矛盾的不可或缺的一种补充手段。

四、余　论

通过如上引述的世家论赞，可以体味到司马迁是有意倡导为国家的创制与民众的安福建树功勋，并宣扬以长久的祭祀表彰其贡献。评议中肯定先哲们的"盛德""大功德""阴德"，以"德"为先，正是一种德政思想主张的体现。一方面，先哲的"盛德"应该受到后代的崇敬与尊重；又一方面，远古的"遗烈"，又能教导和鼓舞其后代去开创新的业绩，优秀的传统镕铸成民族的脊梁，从而转化为可歌可泣的具有无限凝聚力的精神力量。时至今日，这正是对唐尧虞舜、秦皇汉武、唐宗宋祖、成吉思汗、康熙乾隆，乃至于"今朝"的"风流人物"之所以会被人们传颂、歌唱的社会深层次的历史诱因的阐释。

以史事记载所依托的世家体裁而言，此类论述表彰，也着眼于看重功勋之家的后代延续。因为使功勋之家的后代延续其封爵与荣宠，将可使当朝的统治者获得极佳的政治支持与道德赞扬，从而在社会舆论上有利于凝聚民众心声，以加强他们在位权势的可信度与亲和力，这正是封建时代刚刚受命的帝王之所以要给功勋之家的后世封为王侯所进行的政治考量，也是"必百世祀"之能往复实现的社会必然现象。

顺应时势，自强不息，艰苦奋斗，是发扬远古"遗烈"、致"百世祀"的重要条件。功勋之家能百世祀，除后世圣明帝王的封爵之赐以外，就是其后代能在恰当的环境中自强奋斗，又重新创立起受人尊敬的封国之业，而延续其先祖业绩的辉煌。越王勾践正是中国历史上这一作为的典型，他的精神光照千秋，亦使他在民族传统的继承与发扬方面占据了显著的地位。这种精神正是舜之盛德的有力发扬。

弘扬先哲"盛德"还需要运用历史眼光，关注历史潜力。历史知识的传播需要依靠各种载体，但历史本身是一种客观潜在的有时甚至会表现为是一种未知的力量，并非所有的载体都能将历史活动、历史现象表露无遗，有时候需要运用独特的历史眼光，去关注并观察某种历史潜力，并对它所能发挥的作用进行解释、做出说明。在这样的历史潜力中，盛德、大功德、阴德正是它得以活动的思想与精神的原动力，它能弘扬正义，抑制并打击邪恶，使某种受到人们歌颂的事物重新获得社会公平对待，以人们所期望的方式得到彰显、赞扬。

后　记

　　大家都在说《史记》，我也来参加说《史记》，书名之意，如此而已。

　　本书中说《史记》的一些体会，从时间跨度讲涉及近 30 年，日月流逝，认识上难免有些差距，但不太大。其中，我也提出些问题，如司马迁关于"势"的思想，中国史学的自觉是不是起始于《史记》，关于人的主体性思想，《史记》本纪的含义可否理解为"本天地之法则，建帝王之纲纪"之类，但也有可商榷的内容。在论析上也有简单、不够全面之处。总之，一偏之见，任由评说。

　　书中所收集说《史记》的文字，绝大部分均已见诸刊物及相关文集，如《人文杂志》《史学史研究》，渭南、咸阳、信阳三师范学院与湖南行政学院的学报，《古籍研究》，中国历史文献、史记两研究会的会刊及其他相关专题的著述，还有安徽和县、江苏宿迁与苏州的项羽与孙子研究会的会议文集，等等。对如此众多的学界同人和朋友所给予的支持，我从内心深致谢忱！

　　如果条件允许，我将继续说《史记》，尽己之所能，以期无愧于当今之时代。

　　感谢历史学院领导的关心、帮助，及出版社相关同志为本文集面世所付出的辛勤努力！

杨燕起

2014 年夏

北京师范大学史学探索丛书